高等院校经济管理类专业应用型系列教材

会计制度设计

Accounting System Design

主编 谭 青 张利民

中国财经出版传媒集团

经济科学出版社
Economic Science Press

图书在版编目（CIP）数据

会计制度设计/谭青，张利民主编. —北京：经济科学出版社，2020.6

高等院校经济管理类专业应用型系列教材

ISBN 978-7-5218-0076-0

Ⅰ.①会… Ⅱ.①谭…②张… Ⅲ.①会计制度-设计-高等学校-教材 Ⅳ.①F233

中国版本图书馆CIP数据核字（2018）第287581号

责任编辑：杜　鹏　常家凤
责任校对：靳玉环
责任印制：邱　天

会计制度设计

谭　青　张利民　主编

经济科学出版社出版、发行　新华书店经销
社址：北京市海淀区阜成路甲28号　邮编：100142
编辑部电话：010-88191441　发行部电话：010-88191522
网址：www.esp.com.cn
电子邮件：esp_bj@163.com
天猫网店：经济科学出版社旗舰店
网址：http://jjkxcbs.tmall.com
固安华明印业有限公司印装
787×1092　16开　23.75印张　500000字
2020年9月第1版　2020年9月第1次印刷
ISBN 978-7-5218-0076-0　定价：49.00元
（图书出现印装问题，本社负责调换。电话：010-88191510）
（版权所有　侵权必究　打击盗版　举报热线：010-88191661）
QQ：2242791300　营销中心电话：010-88191537
电子邮箱：dbts@esp.com.cn

前 言
INTRODUCTION

随着我国市场化进程的加快和会计国际化发展势头的提升，企业在面对更多发展机遇的同时，也面临着越来越大的竞争压力。那么，从会计制度设计的角度如何帮助企业提升竞争力呢？建立健全有效的、适合本单位的企业会计制度是一条重要途径，这不仅有利于企业会计准则的实施和加强财务管理工作，还有助于提高企业经营管理水平，提升企业经营效率，促进企业可持续发展。每一个企业都需要一套适合本企业的会计制度，会计人员不仅要会记账、算账、报账，还要会根据经济发展的需要设计一套适合自身发展的制度。会计制度设计将成为每个企业会计工作必不可少的组成部分。

本教材基于《会计法》《企业会计准则》等国家有关财经法规，立足于企业的现实需求，在阐明会计制度设计的基本概念和理论的基础上，沿着企业经济业务发生、发展的主线，以企业业务流程为主导，描述其可能面临的风险，明确其关键控制点及具体业务的内部控制目标、业务核算程序和具体核算方法。

本教材的特色主要体现在三个方面：一是将《企业会计准则》等最新知识体系全面、系统地融入教材，力求与时俱进，跟上会计准则更新的步伐；二是每一章节均由案例导入，便于读者理解的同时又提升阅读兴趣，更有助于读者结合理论知识与实务案例，学习效果更佳，此外，在每一章节后均通过客观题和案例分析题强化读者对理论知识的掌握及实务知识的运用；三是将业务流程、内部控制、会计核算方法融为一体，并配以图表，逻辑性、可读性、实用性强。

本教材既可作为高等院校会计学专业、财务管理专业会计制度设计课程的教材使用，也可作为企业财务与会计人员等其他会计实务工作者设计具体单位会计制度的参考用书，还可作为了解、学习与企业会计制度设计相关知识的首选读物。

本教材由杭州电子科技大学谭青教授、浙江水利水电学院张利民高级会计师任主编。谭青负责提纲、总撰、校验、案例和第十章、第十一章的编写，张利民负责第一至九章和基本训练题的编写。另外，杭州电子科技大学会计专业学生翁佳敏、张琪、毛迪亚、赵笛知、高梦滢、许佳丽等也做了不少基础性工作。

本教材是浙江省高等教育"十三五"第一批教学改革研究项目（jg20180109）的系列研究成果之一。会计制度设计是一门理论性和应用性都很强的学科，在西方国家早已成为会计学专业学生必修的一门专业主干课程，它对于实现会计专业的培养目标非常重要。该课程注重理论联系实际,注重调查和实践。学生应结合案例进行学习,掌握制度设计中的核心理论和方法。会计制度设计教材的编写难度大,尽管力争反映有关法律、法规、准则的最新变化,但限于水平和经验,教材中难免存在不足和疏漏之处,恳请读者给予指正。无论是会计制度设计的任课教师,还是阅读与使用本教材的学生、读者,如有疑问或存在需要进一步交流的问题,请联系如下邮箱地址:tanqing2008@126.com。

编 者

2020 年 5 月

目 录
CONTENTS

第一章 会计制度设计概论 …………………………………………………… 1

  学习目标 ………………………………………………………………………… 1
  重要概念 ………………………………………………………………………… 1
  本章导入 ………………………………………………………………………… 1
    第一节 会计制度概述 ……………………………………………………… 2
    第二节 会计制度设计的意义与要求 ……………………………………… 5
    第三节 会计制度设计的原则 ……………………………………………… 8
    第四节 会计制度设计的程序和方法 ……………………………………… 9
    第五节 会计制度总则设计 ………………………………………………… 12
    第六节 会计制度总体设计 ………………………………………………… 15
  本章小结 ………………………………………………………………………… 21
  延伸阅读 ………………………………………………………………………… 21
  基本训练 ………………………………………………………………………… 24

第二章 会计工作组织系统设计 …………………………………………… 28

  学习目标 ………………………………………………………………………… 28
  重要概念 ………………………………………………………………………… 28
  本章导入 ………………………………………………………………………… 28
    第一节 会计工作组织制度的内容与设计原则 …………………………… 29
    第二节 会计机构设计 ……………………………………………………… 30
    第三节 会计人员及职责设计 ……………………………………………… 37
    第四节 会计档案管理设计 ………………………………………………… 43
    第五节 会计工作交接制度设计 …………………………………………… 49
  本章小结 ………………………………………………………………………… 51
  延伸阅读 ………………………………………………………………………… 51
  基本训练 ………………………………………………………………………… 55

第三章 会计核算组织程序设计 ………………………………………………… 59

学习目标 ……………………………………………………………………… 59
重要概念 ……………………………………………………………………… 59
案例导入 ……………………………………………………………………… 59
第一节 会计科目设计 ……………………………………………………… 59
第二节 会计凭证设计 ……………………………………………………… 66
第三节 会计账簿设计 ……………………………………………………… 73
第四节 账务处理程序设计 ………………………………………………… 79
本章小结 ……………………………………………………………………… 84
基本训练 ……………………………………………………………………… 85

第四章 财务会计报告设计 ……………………………………………………… 88

学习目标 ……………………………………………………………………… 88
重要概念 ……………………………………………………………………… 88
案例导入 ……………………………………………………………………… 88
第一节 财务会计报告设计概述 …………………………………………… 88
第二节 财务报告编报程序设计 …………………………………………… 93
第三节 对外财务会计报告设计 …………………………………………… 96
第四节 对内财务会计报告设计 …………………………………………… 107
本章小结 ……………………………………………………………………… 120
基本训练 ……………………………………………………………………… 120

第五章 货币资金与工资业务会计制度设计 …………………………………… 124

学习目标 ……………………………………………………………………… 124
重要概念 ……………………………………………………………………… 124
案例导入 ……………………………………………………………………… 124
第一节 货币资金业务会计制度设计 ……………………………………… 125
第二节 工资业务会计制度设计 …………………………………………… 138
本章小结 ……………………………………………………………………… 145
基本训练 ……………………………………………………………………… 145

第六章 采购与销售业务会计制度设计 ………………………………………… 149

学习目标 ……………………………………………………………………… 149
重要概念 ……………………………………………………………………… 149
案例导入 ……………………………………………………………………… 149
第一节 采购业务会计制度设计 …………………………………………… 150
第二节 销售业务会计制度设计 …………………………………………… 162

本章小结 ··· 173
　　基本训练 ··· 174

第七章　存货、固定资产与无形资产业务会计制度设计 ··················· 178

　　学习目标 ··· 178
　　重要概念 ··· 178
　　案例导入 ··· 178
　　　第一节　存货业务会计制度设计 ································· 179
　　　第二节　固定资产业务会计制度设计 ··························· 193
　　　第三节　无形资产业务会计制度设计 ··························· 201
　　本章小结 ··· 211
　　基本训练 ··· 211

第八章　成本、费用与税务会计制度设计 ································· 215

　　学习目标 ··· 215
　　重要概念 ··· 215
　　案例导入 ··· 215
　　　第一节　成本、费用与税务会计制度设计概述 ················ 216
　　　第二节　成本、费用会计制度设计 ······························ 218
　　　第三节　税务会计制度设计 ······································· 235
　　本章小结 ··· 261
　　基本训练 ··· 261

第九章　企业投资、融资会计制度设计 ···································· 265

　　学习目标 ··· 265
　　重要概念 ··· 265
　　案例导入 ··· 265
　　　第一节　企业投资会计制度设计 ································· 266
　　　第二节　企业融资会计制度设计 ································· 281
　　本章小结 ··· 290
　　基本训练 ··· 290

第十章　会计信息化制度设计 ··· 295

　　学习目标 ··· 295
　　重要概念 ··· 295
　　案例导入 ··· 295
　　　第一节　会计信息化制度设计概述 ······························ 296
　　　第二节　会计信息化内部控制设计 ······························ 302

  第三节　会计信息系统维护与管理制度设计 …………………………………… 311
  第四节　会计信息系统审计 ……………………………………………………… 318
  本章小结 …………………………………………………………………………… 333
  基本训练 …………………………………………………………………………… 334

第十一章　企业内部会计监督与内部稽核制度设计 …………………………… 337

  学习目标 …………………………………………………………………………… 337
  重要概念 …………………………………………………………………………… 337
  案例导入 …………………………………………………………………………… 337
  第一节　企业内部会计监督制度设计 …………………………………………… 338
  第二节　企业内部稽核制度设计 ………………………………………………… 342
  第三节　会计错误与会计舞弊的稽核制度设计 ………………………………… 352
  本章小结 …………………………………………………………………………… 364
  基本训练 …………………………………………………………………………… 364

主要参考文献 ………………………………………………………………………… 369

第一章 会计制度设计概论

学习目标

1. 通过本章学习，了解我国会计制度的历史变迁；
2. 理解会计制度的内涵与意义；
3. 掌握会计制度设计的要求、原则、步骤和方法；
4. 根据会计制度总则设计实例加深对会计制度设计的理解；
5. 了解会计制度总体设计的基本要求和作用；
6. 掌握拟订调查提纲和设计调查资料的基本方法和基础技能。

重要概念

会计制度；制度设计；总体设计；核算总则

本章导入

我国会计制度的历史变迁

随着改革开放政策的实施，我国的经济体制经历了从计划经济向有计划的商品经济，进而向社会主义市场经济发展的转变过程。与此同时，会计工作作为经济管理的重要组成部分，也发生了一系列深刻的变革。

第一阶段：1949~1979年，建立各行业统一的会计制度。新中国成立之前，各行业、各企业的会计制度不统一，既没有全国性的会计准则来规范各行业的会计工作，又没有各行业的统一会计制度来规范系统内各单位的会计工作。1950年，财政部制定和发布了《各级人民政府暂行总预算会计制度》和《各级人民政府暂行单位预算会计制度》。1951年和1952年，中央财政部为部分单位制定了一套完整且统一的财务会计制度，在"一五"时期，对已建立的会计制度进行了修订和完善。

1958~1959年，受"烦琐哲学"思想的影响，会计工作遭到破坏。1960~1966年，经济发展使人们认识到了错误，会计制度设计工作又得到重视。在这一段时间，财政部拟订了一些新的会计制度，如《建设单位简易会计制度》（草案）和《国营企业会计核算工作原理》等。1978年开始，随着全国工作的重心转移到经济建设上来，我国会计制度的设计出现了新的局面。

第二阶段：1979~1992年，解决了中外合资经营企业在会计核算和利用会计信息方面的困难。由于对外开放政策的实施，中外合资经营企业大量涌现。为解决中外合资经营企业在会计核算和利用会计信息方面的困难，财政部于1979年开始起草《中外合资经营企业会计制度》，经过三次修订之后，1985年7月1日开始施行，这是新中国第一部参照国际惯例设计的会计制度。

第三阶段：1992~1997年，进一步修改并完善了外商投资企业的会计处理规范。1992~1997年间，随着外商在华投资的增加，中外合资经营企业已不是独有的组织形式，外商独资企业、中外合作经营企业层出不穷，统一规范上述三类外商投资企业的会计核算显得十分必要和迫切。1992年5月，财政部和国家体改委联合颁布了《股份制试点企业会计制度》，并从1992年1月1日起在股份制试点企业施行。1992年6月24日财政部发布了《中华人民共和国外商投资企业会计制度》，取代《中外合资经营企业会计制度》，并于1992年7月1日实行。此后，1992年11月财政部颁布了《企业会计准则》，并陆续出台了大量借鉴国际惯例的分行业会计制度。《企业会计准则》于1993年7月1日开始生效，它对会计核算的基本前提、一般原则、会计要素的确认、计量与报告提出原则性要求。它统一了全国各行业的企业会计工作的标准，实现了会计确认、计量和报告的统一。

第四阶段：1997年以后，我国的会计制度逐步完善，与国际会计准则逐步接轨。我国于1997年发布了第一项具体会计准则《企业会计准则——关联方关系及其交易的披露》（自1998年开始实施），到2001年底我国已颁布了16项具体准则，标志着与国际惯例相适应的中国会计准则体系逐步建立。从2001年1月1日起《企业会计制度》正式施行，2001年《金融企业会计制度》的颁布、2004年《小企业会计制度》和《民间非营利组织会计制度》的颁布，进一步完善了会计制度体系。2007年1月1日，《企业会计准则》全面取代会计制度（除少数准则保持中国特色外），与国际会计准则逐步实现了趋同，进一步缩小了我国企业会计准则与国际会计准则之间的差异。

第一节　会计制度概述

一、会计制度的内涵

会计制度是指导和约束企业会计工作的规范。它是由国家财政部门或者企事业单位制定和实施的，用以规范和管理会计工作的一系列规则、程序和方法，是会计人员在会计实践工作中应遵循的行为准绳，具有一定的强制性。根据会计制度的制定机关和作用的不同，它可以分为国家政府部门制定的统一会计制度和单位内部会计制度。

单位内部会计制度的主要内容如图1-1所示。

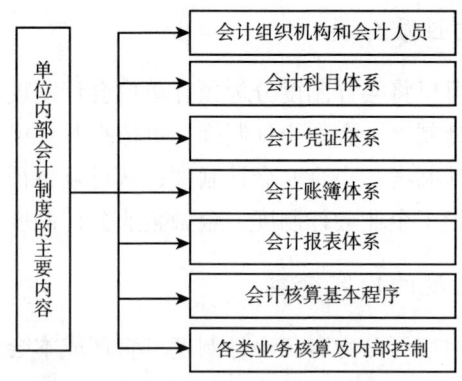

图 1-1 单位内部会计制度的主要内容

二、会计制度的作用

(一) 会计制度是现代企业制度的重要组成部分

会计制度中规定了各种会计程序和方法，对企业经济活动实行核算、监督和控制，是会计理论与会计准则指导会计工作必不可少的媒介，是确保经济活动正常运转的重要条件之一。

(二) 建立科学完备的会计制度对于发挥会计核算和监督具有重要意义

会计提供的信息资料不仅要满足企业经营管理者的需求，还必须满足企业投资人、债权人、政府职能部门以及劳动管理者等利益相关者的需求。建立健全企业内部会计制度可以保证会计核算及相关工作有序运转，可以保证会计监督作用的有效发挥，提高会计工作的效率，有效避免各种错误与舞弊行为的发生，保证会计信息质量。

(三) 促使会计工作有组织、有秩序地进行

健全会计制度能有效提高管理水平，确保企业各项生产经营活动按照既定的管理目标有序进行，从而避免由于管理混乱而造成资源的浪费和损失。

三、会计制度的种类

(一) 按设计会计制度的单位分类

按照设计会计制度的单位分类，有企业自己设计的会计制度，有企业主管部门或者中央各部门和地方财政部门组织设计的示范性会计制度，也有企业委托社会会计服务机构（如会计师事务所）设计的会计制度。

(二) 按单位的性质分类

按照单位的性质可以将会计制度分为预算单位会计制度和企业会计制度。本教材主要研究企业会计制度。企业会计制度又可依据其规模等分为上市公司会计制度、大中型企业会计制度、小企业会计制度；从行业特征看，还可以分为商品流通企业会计制度、施工企业会计制度、金融企业会计制度等。

(三) 按会计制度的内容分类

按照会计制度的内容可分为财务会计制度、管理成本会计制度以及会计工作机构和人员方面的制度。

1. 财务会计制度。即特定主体为外部利害关系人服务所必须遵循的规则、方法和程序之总和。它是处理特定主体财务会计事务的规范和准绳，通常包括财务报告制度、会计科目制度、会计凭证制度、会计账簿制度、账务处理程序制度和财务会计事务处理制度等内容。

2. 管理成本会计制度。即特定主体为加强内部管理，侧重于为其管理当局服务所制定的会计制度。它通常包括制造成本会计制度、销售成本会计制度、标准成本会计制度、责任会计制度和质量会计制度等内容。

3. 会计工作机构和人员方面的制度。包括会计机构的设置和会计人员的任免、配备及其职责的分配等。

四、会计制度的特点

(一) 整体性

会计制度是由会计记录、会计计量和会计报告构成的制度化的有机整体。因此，在认识和设计会计制度时，必须从整体出发，全面考虑，从记录、计量和报告的相关关系中探求制度整体的本质和规律，同时，也可将会计确认、会计计量和会计报告分别作为一个独立的系统进行研究，并使各系统结构合理、系统内外协同作用增强，以提高制度设计的整体效益。

(二) 目的性

会计制度的目的很明确，就是规范特定主体的会计实务工作，并通过会计确认、会计计量和会计报告，帮助管理当局制订行动计划，进行财务决策，提高管理者的管理水平和特定主体的经济效益。

(三) 实践性

各层级会计制度尽管是人为设计的，但并不是人们主观臆想出来的，而是人们通过"实践—认识—再实践—再认识"的途径，从丰富的会计实践经验中提炼、总结出来的。

(四) 强制性

会计制度对会计工作实务的规范系统，一般由特定主体自行设计或委托社会会计服务机构设计，必须贯彻国家有关法令和法规，由特定主体管理当局颁布实施，在特定主体范围内具有强制性。《中华人民共和国会计法》（以下简称《会计法》）第十三条明确规定："会计凭证、会计账簿、会计财务报告和其他会计资料，必须符合国家统一的会计制度的规定。""使用电子计算机进行会计核算的，其软件及其生成的会计凭证、会计账簿、会计财务报告和其他会计资料，也必须符合国家统一的会计制度的规定。"

第二节 会计制度设计的意义与要求

设计是在某项工作开始之前，根据一定的目标和要求，预先筹划，系统制订相应的方案等。会计制度设计是企业以国家会计规范体系、企业经济管理和内部控制的需要为依据，运用系统的原理，对会计规范和准则所涉及的会计组织系统、会计信息系统、会计控制系统、会计核算系统以及其他涉及会计工作的有关方面进行的设计。它是进行会计工作、实施管理控制的依据。根据会计制度组织会计工作、规范会计核算和业务行为，是保证会计资料真实、完整，提高会计信息质量，实现会计目标的基本保证，也是评价会计工作质量的主要依据。

一、会计制度设计的意义

（一）贯彻落实相关财经政策和法律法规，防范合规性风险

企业会计制度设计要求贯彻落实国家相关财政政策和诸多法律法规。国家相关财经政策和法规具有一定的抽象性和概括性，需要通过企业制度使其变得更具体、更具有可操作性。合规性风险（尤其是会计、财务方面的综合性风险）是潜在的可能使企业受到法律制裁、监管处罚、重大财务损失和声誉损失的风险。企业内部会计制度是否完善是企业风险管理策略最需要关注的问题之一，建立合理的企业内部会计制度也是很多上市公司进行合规性风险管理和合规性文化建设的前提条件。

（二）优化会计组织系统，保证会计工作有序高效进行

会计组织是企业开展风险评估、实施控制活动、促进信息沟通、强化内部监督的基础和平台。科学高效、分工制衡的会计组织机构不仅可以合理保证各项工作平稳、有序、高效地进行，而且可以促进信息在企业内部各层级之间、企业与

外部利益者之间及时、准确、顺畅地传递，提升企业各项生产经营活动的效率和结果，加强会计日常监督与专项监督的力度和效率。会计组织系统的设计是强化企业会计工作和内部控制的重要支撑。

（三）规范会计系统运行，强化内部管理和控制

会计系统是为确认、记录、分析、汇总和报告企业经济业务信息，保持相关资产和负债的受托责任而建立的各种会计记录、会计政策、会计核算、业务处理流程、会计报告和档案管理等制度的总称。会计系统是企业实施内部控制的基础和方法，设计良好的会计系统具有以下重要意义：（1）有利于企业严格执行国家统一的会计准则，保证会计处理符合会计准则的要求；（2）明确会计凭证、会计账簿和财务报告的处理程序，保证会计资料真实、完整；（3）通过职责分工、相互制约和相互监督，防止差错和舞弊行为的发生；（4）加强会计基础工作，明确岗位责任，保护资产安全、完整；（5）记录日常交易，积累和汇总会计资料，服务内部各阶层管理者的分析、评价和决策；（6）保管会计档案和相关资料，对日后的数据追踪、责任界定、纠纷处理、诉讼仲裁等具有重要价值。

（四）保证会计工作质量，提高财务报告使用价值

会计制度对会计工作应遵循的原则、采用的程序和方法、应达到的质量要求等做出明确规定，使各项会计工作有了依据和标准。通过强化会计基础工作，能够提高会计工作质量，从而提升会计报告的质量，提高会计信息的使用价值。因此，良好的会计制度设计是形成高质量会计信息的前提和基础。

二、会计制度设计的要求

（一）明确会计机构的设置和会计人员的职责

会计工作要对企业生产经营活动进行核算和监督。为了能够独立地行使会计的基本职能，不受其他业务部门的干扰，会计机构应具有一定的独立性。企业应根据自身的生产经营规模、企业的内部管理体制及其业务量的多少等，确定会计机构的设置、人员配备及内部的分工，有计划、有组织地进行会计工作，建立会计工作的正常程序，充分发挥会计人员的积极性，为提高会计工作的效率提供可能。

（二）设计一套科学的会计核算制度

任何单位的经济业务都在不停发展，为了把这些经济业务资料整理、加工成符合管理所需的会计资料（会计信息），就需要采取科学的程序和方法，并通过会计凭证、会计科目、会计账簿以及会计报表等形式，对各项经济业务资料进行

整理、记录、分类、登记、分配、计算和汇总等，所有这些构成了会计核算制度的内容。一个科学的会计核算制度，在考虑企业发展战略对企业会计或经济信息需求的前提下，既能简化会计核算手续，又能全面、及时、准确地提供管理所需的资料，还有利于企业对各项经济业务的管理。会计制度设计的目标之一，就是要设计出一套科学的会计核算制度，为进行日常会计核算工作提供依据。由于会计工作可以是手工操作，也可以是电算化，因而会计核算制度应根据使用核算工具的不同做出设计。

（三）设计一套科学的会计指标体系

会计指标是会计制度设计的关键，是确定会计报告的种类和项目、设置会计科目和账户、进行会计分析的依据。企业在进行会计指标体系设计时，应当充分考虑以下内容。

1. 为国家宏观调控提供服务的综合性指标，以便国家根据国民经济各行业汇总的综合信息，制定宏观调控政策。

2. 为企业的所有者、债权者、供应者、潜在的投资者和信贷者、职工、财务分析和咨询人员、经纪人、证券承揽人、律师、证券交易所以及社会民众提供服务的指标。这些指标的作用就在于向企业外部的利害关系人提供有关投资和信贷决策方面的信息，估计现金流量及未来前景，以及提供有关企业在资产、资本上的权利及其变动情况的信息。

3. 为企业管理当局提供决策服务的指标。为了搞活企业，加强企业的内部经营管理，提高效率，实现企业利润最大化的目标，会计指标体系应提供有助于企业管理当局做出经营决策和投资决策所必需的财务信息及与之相关的其他经济信息。随着企业间竞争方式及程度的改变，科学的会计指标体系应多维度、多层次为各层级企业管理当局提供针对性服务。

三、建立严密的监督制度

会计监督包括事前、事中和事后的监督，内容比较广泛。首先，会计必须监督各项经济活动不违反国家有关法令、政策和各项财经制度，完成各项计划或预算，保护各项财产物资的安全和完整等。为此，需要设计必要的规章制度。例如，审核报销制度、各项开支的控制制度等，以便在日常的工作中有所依循，使会计监督工作制度化和常态化。其次，为了便于管理，应着重设计与企业密切相关的微观经济管理所需要的指标，以便进行计划、核算和考核。最后，为了充分发挥会计在经济管理中的作用，会计还要参与对经济活动前景的预测，制订计划，考核、分析财务计划的执行情况等。为了做好这些工作，应在各项经济业务的管理制度中，对这些工作内容具体规划，严格执行。例如，为了做好对经济前景预测的工作，需要在管理制度中设计定期和不定期进行预测的内容、应采取的方法及适当的分工等。

总之，建立一定的会计机构，明确会计人员的职责，并在此基础上设计出一套科学的会计指标体系、严密的会计信息系统和有效的会计控制系统是进行会计工作的依据，这既是会计工作的任务，也是会计制度设计的任务。

第三节　会计制度设计的原则

我国会计制度设计的指导思想是：在不断总结我国会计实践的基础上，充分研究和借鉴国际会计惯例，按照符合我国社会主义市场经济体制的要求，增强企业核心竞争力，加强市场体系培育，设计有利于深化分配以及与企业管理相匹配的会计制度。

一、合法性原则

合法性是财务会计制度设计要遵循的基本原则。企业的会计制度设计必须符合国家法律、法规和政策。《会计法》是我国会计工作的根本大法，是最高层次的会计规范，是处理会计事务所依据的基本法。《企业会计准则》是企业进行会计核算工作的规范，是企业会计工作自由度和统一度相平衡的标准。会计制度设计必须符合基本准则中一般原则的规定，符合会计要素确认、计量的规定，并与具体会计准则相协调。会计制度设计要与国家其他有关法规相协调，企业采用的会计政策、会计方法要符合财务、税收、金融、环保等方面的国家法规。

二、效益性原则

会计制度是企业进行会计管理的章程，这就决定了会计制度设计一定要从企业的生产实际出发，针对企业的实际情况来进行。效益性包括两层含义：一是指进行会计制度设计时尽量节约设计费用，提高经济效益和质量；二是要以最小的成本来实施会计制度设计，取得最大的经济效益。例如，成本会计制度，必须根据企业所生产产品的工艺流程和生产组织方式等特点来设计，只有这样才能及时、正确地反映各项资金的使用和物资消耗情况，并及时披露实际与计划的偏差，促使企业改善生产经营管理，提高经济效益。特别应当指出的是，会计制度设计要与企业内部控制制度相适应。内部控制制度是企业为加强岗位责任、保护资本安全、确保会计记录正确和可靠，在企业内组织分工、业务处理、凭证手续和会计程序等方面所规定的既相互联系又相互制约的一系列管理制度。

三、控制性原则

控制性是指设计企业财务会计制度时，必须应用内部控制制度以防止舞弊，保护单位财产的安全与完整。建立健全内部控制系统，是企业财务会计制度设计的一项重要目标。在财务会计制度设计中，控制性作为一项重要内容应用于企业各个业务环节和每个岗位，体现在每个工作人员的职责权益中，使每个人及其所做的工作都处于他人的监督之下，从而防止错误、舞弊和贪污等行为发生。

四、稳定性原则

稳定性是指企业会计制度设计要经过科学论证，内容符合实际，并保持一定的稳定性，以便于执行，同时还要考虑未来发展的需要。会计制度不是一成不变的，应随着市场经济客观形势的发展变化而不断改进。因此，会计制度设计也不是一劳永逸的。由于与会计制度密切相关的财务管理具有综合性，若变更过于频繁，将会给会计工作带来不便，甚至造成企业的财务混乱，因而企业在设计会计制度时应将制度管理的权限集中于管理决策的高层，不宜分散；同时，应注意保持会计制度的相对稳定性，除非特殊情况，一般在一个会计年度内不宜做较大的变动，以降低制度变动成本。比如会计科目的分类编号，应当留些空号，当业务发展时可以增设，而不必改变整个编号系统。

第四节 会计制度设计的程序和方法

一、会计制度设计的程序

会计制度设计的程序是指设计工作的步骤。合理的设计程序有利于保证设计工作的质量，降低设计费用，提高工作效率。会计制度设计工作一般分为准备、设计、试行和修正四个阶段。

（一）准备阶段

准备阶段是会计制度设计基本程序的第一个环节，其主要任务是选用心思缜密的会计人员、聘用注册会计师或者相关科研院所的会计专家充当顾问，归集相关资料。这一阶段由设计调查、分析研究和提出设计思路及建议三个步骤组成。

(二) 设计阶段

在做好上述准备工作后，就进入了会计制度的设计阶段。设计阶段的工作一般分为总体设计和具体设计两个步骤。在这一阶段，设计者一般会提出会计制度设计报告。会计制度设计报告应至少包括设计说明和具体会计制度设计两个部分。会计制度设计报告应当做到：报告内容简明易懂；尽量符合管理当局的期望；报告应持客观态度。

(三) 试行阶段

会计制度草案设计就绪后，应当组织相关人员讨论，征求意见，并运用历史资料进行反复测算，以验证制度的可行性，然后付诸试行。

(四) 修正阶段

对新制度实施过程中发生的问题应随时注意并予以详细记录。特别应注意实施效果是否达到原定目标，并根据实施过程中发现的问题，采取针对性强的方法予以修正，使会计制度逐步趋于严密和完善，然后正式施行，有效地指导会计工作。

二、会计制度设计的方法

会计制度设计方法是对会计制度内容进行阐述的一种形式，是会计制度的外在表现。目前我国对会计制度设计的方法归纳起来主要有文字说明法、表格说明法、图示说明法三种。

(一) 文字说明法

文字说明法是使用文字说明阐述会计制度所要确定的内容，并以规范性文件的形式固定下来，要求企业所有员工必须执行。如资金管理制度、存货管理制度、固定资产管理制度和工资管理制度等。这种方法是企业使用最多的会计制度设计方法。其主要特点是以通俗易懂又科学合理的语言规范会计制度，包含几个方面并具体到相应的细节部分，既具有一定的系统性，又具有一定的规范性。企业以文字说明法，根据业务内容分类形成一个会计文件体系，如会计核算文件、会计管理制度文件、会计分析制度文件和会计检查文件等。

(二) 表格说明法

表格说明法是用表格形式反映会计制度的有关内容。表格说明法主要用来反映会计制度中使用的会计凭证、会计账簿和会计报表等。该方法可以更为直观地反映某个数据的形成及各种数据共同说明的问题，为有效管理企业、完善企业内部控制、提高管理质量、降低成本等提供依据。

（三）图示说明法

图示说明法是用图形反映会计制度中项目组织管理或者业务处理程序等内容的方法。该方法的优点是清晰、直观、简洁，使人们容易了解和掌握制度的核心内容和操作步骤。图示说明法包含框图式和符号式两种。

1. 框图式。框图式流程图主要用于反映简单的业务处理流程或者组织构架关系。图 1-2 是记账凭证核算组织的程序。

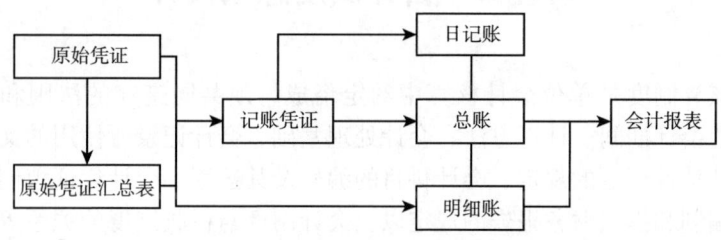

图 1-2　记账凭证核算组织的程序

2. 符号式。符号式流程图是用来描述业务流程或演算推演逻辑的独特语言，利用具有一定意义的各种特定图形符号，以图表的方式来说明业务处理程序或演算逻辑的方法及步骤。它比框图式流程图表达的内容更全面，不仅能反映业务处理部门和人员，还能反映信息传递、变换的过程和信息载体生成、传递、记录、存档的情况。此法被广泛应用于业务处理程序设计中。符号式流程图要事先规定好符号及其含义并规定绘制规则，表 1-1 是××房地产开发有限公司流程图常用符号示意。

表 1-1　　　　　××房地产开发有限公司流程图常用符号示意

符号	含义	符号	含义
▭	凭证	▱	开始
┄┄	副本	⬡	处理
⎅	账簿	▱	输入输出
▭	报表	▽	保存
📄	文件	▽	暂存
○	连接	┄┤	注释
⬡	准备	→	流程线/数据线
◇	决策	↔	核对
		┴	汇总

在流程图设计中应注意以下六个问题：（1）只能有一个逻辑上的起点；（2）至少有一个逻辑终点；（3）判断和决策符号通常有一条流入线，至少有两条流出线；（4）终止符号不可以有流出线，其他符号只能有一条流出线；（5）除了起始符号之外，每个符号必须有一条流入线；（6）画线和制图时应注意整洁和对齐。

第五节　会计制度总则设计

会计核算制度是单位会计核算中约定俗成、须共同遵守的法则和章程。例如，采用的会计期间、计算方法、会计处理基础、会计记录所使用的文字、会计政策和会计估计变更的规定、会计科目的编号及其运用、会计凭证填制、会计账簿登记、编制和提供财务报告的规定以及会计制度与税收制度的关系等。这些内容在国家统一会计制度中都有原则规定，但具体到各个单位，就会由于其业务性质、规模大小和管理组织形式等方面的差异，而存在不同。有些会计核算规则在不违背国家统一会计制度的前提下，单位有一定的选择权。因此在进行会计核算制度设计时，要在会计制度总则中加以明确。

1. 会计期间的确定。会计期间的确定是单位会计核算的基本前提之一，也是单位设计和选择会计方法的重要依据。为了满足单位管理者和利害关系人及时使用会计信息的需求，会计人员必须确定从何时开始到何时截止对经济活动进行核算。也就是说，需要人为地将单位持续不断的经济活动划分为若干个间隔相等的期间，以提供分阶段的会计信息。企业通常将一年作为划分会计期间的标准，也可以以其他的标准来划分会计期间。以一年为会计期间称为一个会计年度。为了满足管理上的需要，还可以划分若干较短的会计期间，一般按月份或季度来划分。

2. 记账方法的选用。记账方法是根据一定的原理和规则，采用一定的符号，利用账户记录经济业务的会计核算方法。科学的记账方法，对提供正确全面的会计信息，完成会计工作的各项任务，实现会计职能有着重要的意义。

记账方法有单式记账和复式记账之分。单式记账法是指对发生的经济业务只在一个账户中做单方面登记的一种方法。由于该方法账户设置不完整，不能全面、系统地反映经济业务的来龙去脉，无法了解会计要素有关项目的增减变动情况，也不便于检查账户记录的正确性和真实性。所以，这种方法已不适应现代经济管理的需要。复式记账法是对发生的每一笔经济业务用相等的金额在两个或两个以上相互联系的账户中进行登记的一种方法。虽然复式记账法记账手续较单式记账法复杂一些，但它能完整地反映每一项经济业务的过程和结果。在全部经济业务登记入账以后，还可以通过账户之间的相互关系，对记录的结果进行试算平衡，以检查账户记录的正确性。因此，复式记账法是一种科学的记账方法，是填制会计凭证、登记会计账簿、进行试算平衡和编制会计报表的基础。

3. 会计处理基础的确定。会计处理基础是在确定会计期间的基础上区分本期和非本期的收入与费用的入账基准。会计处理基础有两种方法：一是权责发生制；二是收付实现制。

权责发生制也称应计制或应收应付制，是指"收入和费用以其归属期或权责关系为标准确定的"一种制度。采用权责发生制，对于有关收入和费用就要按照其归属期或权责关系在本期和非本期之间进行分配确认，为此需要在会计上运用应收、应付、预收、预付、待摊、预提等一些特殊的会计处理方法。

收付实现制又称现金制或者实收实付制，是指"本期的收入和费用是以其收支期为标准确定的"一种制度。采用收付实现制，对于收入和费用的确认只看其是否收到或支付了款项。因此，会计一般不需要运用应收、应付、预收、预付、待摊、预提等一些特殊的会计处理方法。采用收付实现制进行会计核算，手续比较简便，可以真实地反映单位一定时期的现金流量，但难以真实地反映单位一定时期的经营成果。

目前我国财政总预算会计和行政单位会计是以收付实现制为会计处理基础的；事业单位会计根据单位的实际情况，分别采用收付实现制和权责发生制；企业会计均以权责发生制为会计处理基础，只有在编制现金流量表和为了简化会计核算工作、节约核算成本、处理一些不重要的会计事项时才运用收付实现制。因此，单位在设计会计制度时，必须在总则中明确本单位所采用的会计处理基础。

4. 记账本位币和会计记录文字的确定。记账本位币是一个单位在会计核算时统一使用的记账货币。在会计核算时，对于采用人民币记账还是采用人民币以外的货币记账，《会计法》做出了原则性规定。单位会计核算应以人民币为记账本位币，业务收支以人民币以外的货币为主的单位可以选定其中一种货币作为记账本位币，但是编报的财务会计报告应当折算为人民币。这就给外币业务发生频繁的单位，如实反映和简化会计核算手续、选择适合本单位情况的记账本位币，提供了理论基础和法律依据。因此，此类单位在设计会计核算总则时，应明确规定本单位所选用的记账本位币，并且编报的财务会计报告应当折算为人民币反映，即单位对外报出的财务报告应以人民币金额反映，各个外币账户的期末余额应严格按照我国对外币折算的要求进行处理。对于我国在境外设立的企业，一般以当地的币种进行经营活动和会计核算，但为了便于国内有关部门了解企业的财务状况和经营成果，在向国内报送财务报告时，应折合为人民币来反映企业的情况。

会计记录文字是指在进行会计核算时，记录会计凭证、账簿、财务会计报告等会计核算资料所使用的文字。它是会计核算和提供会计资料不可缺少的工具，会计记录文字的使用必须规范。我国是一个多民族的国家，除了汉字以外还有多种少数民族文字，同时涉外单位也经常使用某种外国文字。在会计核算时到底采用哪种文字记录，必须在设计本单位会计制度总则时进行明确规定。我国《会计法》规定，会计记录的文字应当使用中文；民族自治地方的单位的会计记录文字可以同时使用当地的一种民族文字；在中国境内设立的外商投资企业、外国企业和其他外国组织的会计记录可以同时使用一种外国文字。这就给我国少数民族地区的单位和涉外单位在选择会计记录文字时提供了理论和法律依据。

5. 运用会计科目的规定。单位会计核算制度一般包括总则、会计科目、会计报表、主要会计事项分录举例等。会计科目的分类、编号、名称以及对会计科目使用的详细说明都应在会计科目设计中进行规定，而在会计制度总则中对运用会计科目的规定只是原则性的要求。一般有以下三点。

（1）单位会计核算制度应按照国家统一的会计制度规定会计科目的编号，以便于编制会计凭证、登记账簿、查阅账目、实行会计电算化并保证提供会计信息的统一性。单位所属各核算部门（包括分公司、分支机构）不应随意改变或打乱重编会计科目的编号。会计制度规定在某些会计科目之间留有空号，主要供增设会计科目之用。

（2）各核算部门（包括分公司、分支机构）应按会计制度的规定设置和使用会计科目。在不影响会计核算要求和会计报表指标汇总以及对外提供统一财务报告的前提下，各核算部门可以根据实际情况自行增设、减少或合并某些会计科目。明细科目的设置，除单位会计制度已有规定外，在不违反统一会计核算要求的前提下，各核算部门（包括分公司、分支机构）可以根据需要自行规定。

（3）各核算部门在填制会计凭证、登记账簿时应同时填列会计科目的名称和编号，不应只填科目编号或科目的名称。

6. 会计凭证填制的规定。单位办理经济业务事项必须填制或者取得原始凭证并及时送交会计机构。会计机构、会计人员必须按照国家统一的会计制度的规定对原始凭证进行审核，对不真实、不合法的原始凭证有权不予接受，并向单位负责人报告；对记载不准确、不完整的原始凭证予以退回，并要求按照国家统一的会计制度的规定更正、补充。原始凭证记载的各项内容不得涂改，原始凭证有错误的，应当由出具单位重开或者予以更正，并且更正处应当加盖出具单位的印章。原始凭证金额有错误的，应当由出具单位重开，不得在原始凭证上更正。记账凭证应当根据经过审核的原始凭证及有关资料编制。

7. 会计账簿登记的规定。会计账簿登记必须以经过审核的会计凭证为依据，并符合有关法律、行政法规和国家统一的会计制度的规定。会计账簿应当按照连续编号的页码顺序登记。会计账簿记录发生错误或者隔页、缺号、跳行的，应当按照国家统一的会计制度规定的方法更正，并由会计人员和会计机构负责人（会计主管人员）在更正处盖章。使用电子计算机进行会计核算的，其会计账簿的登记、更正，应当符合国家统一的会计制度的规定。

8. 编制和提供财务报告的规定。编制和提供财务报告的详细说明应在财务报告设计中进行规定，在会计制度总则中只对编制和提供财务报告提出原则性的要求。

（1）合法性要求。单位应当按照《会计法》以及国家统一的会计制度关于财务报告的编制要求、提供对象和提供期限的规定，根据经过审核的会计账簿记录和有关资料编制并提供真实、完整的财务报告。

（2）财务报告的内容。单位向外提供的财务报告包括资产负债表、利润表、现金流量表、所有者权益变动表、有关附表和会计报表附注以及财务情况说明书。会计报表种类和格式、会计报表附注的主要内容应符合国家统一的会计制度的要求。单位内部管理需要的会计报表由单位会计制度规定。

（3）财务报告提供的时间。单位的财务报告应当按相关法规规定的时间内向有关各方提供。需要向股东提供财务报告的，还应按公司章程规定的期限向股东提供。

（4）财务报告使用的货币计量单位。财务报告的填列一般以人民币"元"为金额单位，"元"以下填至"分"。

（5）编制和提供财务报告的责任。单位向外提供的财务报告应依次编定页数，加具封面，装订成册，并加盖公章。单位对外提供的财务报告应当由单位负责人和主管会计工作的负责人、会计机构负责人（会计主管人员）签名并盖章。设置总会计师的单位，还须由总会计师签名并盖章。《会计法》还特别强调了单位负责人应当保证财务报告的真实、完整，加大了单位负责人的责任。

第六节　会计制度总体设计

会计制度的设计一般可分为总体设计和具体设计两大步骤。总体设计是对所设计的会计制度内容及其设计工作做出全面规划，是具体设计的基础。具体设计应在总体设计的规划指导下进行。本节讨论总体设计，以后各章讨论具体设计。

一、总体设计的意义

总体设计要解决两个问题：一是对所设计的会计制度内容拟订出总体的规划；二是对会计制度设计的工作过程做出全面安排。总体设计确定了会计制度设计的基本内容，提出了初步意见或者方案，勾画出会计制度设计的大概轮廓。通过总体设计，可以起到以下三点作用。

（一）总体设计是具体设计的基础

总体设计是会计制度设计的起点。从总体到具体、从一般到个别，这是会计制度设计的科学程序，通过总体设计，对所设计的会计制度内容已经做出了规划，在进行具体设计过程中，就可以根据这些规划设计出具体的会计制度。如果不经过总体设计的过程，按照制度设计的主观设想直接做出具体设计，就难以保证所设计的制度的完整性，而且将来发现不妥之处，返工的工作量太大。

（二）总体设计是各项制度之间同步协调的保证

会计制度设计是一项系统工程，就整个管理制度体系而言，会计制度与其他有关的管理制度密切关联；就会计制度本身而言，它又是由若干具体制度构成的，各项具体制度相互配合。由于在总体设计中同时考虑了有关制度的内容，必然就要对其相互关联之处采取相互协调一致的方法。这样就使各项规章制度有机地联系起来，共同构成一个完整的制度体系。因而总体设计是各项制度之间同步协调的保证和基础。

（三）总体设计是会计制度设计工作顺利进行的前提

会计制度设计是影响涉及面广、技术性强的复杂工作，要使会计制度设计工作顺利进行，必须有一个行动方案做指导。在总体设计中，会计制度中各个部分的基本内容相互关联，并对所需人力和时间进度等做出了安排，这有利于设计工作的分工合作，按照既定的目标、原则、方法和要求进行设计，并按照规定的时间进度完成设计任务。

二、会计制度总体设计的基本要求

会计制度设计的目标是建立与市场经济相适应的会计制度体系。这就要求在进行总体设计时，从市场经济对会计工作的要求出发，使所设计的会计制度不仅符合国家宏观调控的需要，还要满足企业经营管理的需要，也需要满足投资者、债权人和其他有关方面的需要。

（一）满足国家宏观调控的需要

市场经济的有效运行离不开国家对经济的宏观调控。会计信息虽然不能直接地提供全部宏观调控所需要的信息，但会计信息是宏观调控所需资料的基础。因此，会计制度的总体设计，要先考虑国家宏观调控的要求和整个社会的利益，使所设计的会计制度要能为整个国民经济管理服务，为加强财政、信贷、税务和审计监督提供方便。

（二）满足企业经营管理的需要

企业是市场经济的主体，企业要在市场竞争中处于不败之地，必须加强内部的经营管理，努力提高经济效益。会计在企业内部管理中起着极其重要的作用。因此，要针对生产经营的特点和经营管理的要求，进行会计制度的总体设计。通过总体设计，使会计制度成为内部管理制度的有机组成部分，使会计制度所提供的信息为内部经营决策服务。这是设计者首先要考虑，也是最需要考虑的。

（三）满足有关各方了解企业财务状况和经营成果的需要

在市场经济条件下，企业不是孤立存在的，它必然要与外界各方发生各种各样的联系，进行信息交流。例如，企业的投资者和债权人出于对其投入资金的安全完整以及能否在投资中获得相应收益的需要，而关心企业的财务状况和盈利状况，需要利用会计信息进行有关经济决策。因此，在进行有关会计制度总体设计时，要考虑外界各方的要求，使所设计的会计制度能够为外界各方提供决策有用的会计信息。

三、设计调查

（一）设计调查的内容

设计调查是为进行会计制度的总体设计和具体设计而进行的调查研究，是会计制度总体设计的初始阶段。设计人员只有通过调查研究，才能熟悉情况，做到心中有数，才能设计出切合实际、使用性强的会计制度。

设计调查的内容和范围取决于设计的种类和方式。就设计种类而言，包括全面设计、局部设计和修订性设计。其中，全面设计内容复杂、涉及面广，需要调查被设计单位与会计工作有关的所有内容；局部设计和修订性设计一般内容比较单一、涉及面较小，不需要对被涉及单位进行通盘的完整调查。就设计的方式而言，可分成自行设计和委托设计等方式。其中，自行设计是由本单位的设计人员进行的设计，由于设计人员比较了解自己所在单位的情况，需要调查的内容和范围相对较少；委托设计是由会计师事务所进行的设计，由于设计人员对被设计单位的情况不甚了解或者被设计单位财会人员由于各方面原因不太配合，需要调查的内容和范围就相对多一些。

企业对会计制度进行全面设计时，调查的内容一般包括以下四个方面。

1. 企业一般情况的调查。会计制度是在一定的经济环境和客观条件下实行的，随着环境和条件的变化，必然会引起会计制度的废、改、立。企业一般情况的调查，就是要搞清楚企业内部与会计制度设计有关的一切情况。调查内容至少包括：（1）企业发展的历史；（2）企业生产的产品和经营范围；（3）企业的经营方针和经营政策；（4）企业的隶属关系和所有制形式；（5）企业的组织形式和组织机构；（6）企业的规模；（7）企业的资产、负债以及所有者权益构成状况；（8）企业的远期规划和近期目标。

2. 企业经营管理情况的调查。会计是企业经营管理的重要组成部分，会计信息应满足企业管理的各方面需要。企业经营管理情况的调查，就是要了解会计制度与企业各分项管理制度的相互联系，了解企业各方面管理对会计工作的要求。调查内容主要包括：（1）企业组织结构的类型；（2）职能部门的设置及其职责权限；（3）各职能部门相关的管理制度；（4）各职能部门与财会部门的关系；（5）各职能部门对会计工作的要求；（6）企业管理人员的业务水平和工作能力；（7）企业的办公条件包括自动化水平；（8）统计情况；（9）生产管理情况；（10）销售管理情况；（11）各职能模块管理情况。

3. 企业会计工作情况的调查。会计制度设计，有的是对新建企业会计制度的首次设计，有的是对老企业会计制度的重新设计。对于后者，就需要对企业现行会计工作情况进行调查，通过调查，总结经验，发现问题，在此基础上设计新的会计制度。调查内容一般包括：（1）现行的会计制度及其执行情况；（2）会计机构的设置和人员配备情况；（3）会计人员的素质情况，含年龄、学历、专业阅历、性别结构等；（4）会计工作在企业经营管理中发挥作用的情况；（5）电子计算机在会计上的应用程序；（6）现行会计事务处理方法，例如资金筹集业务的处理、采购业务的处理、收入业务的处理等。

4. 同行业通用会计实务的调查。以上几个方面的内容都是关于企业内部情况的调查。行业是企业所属的、关系最密切的外部环境，行业通行的会计实务处理规划必然制约和影响企业具体的会计业务。因此，在进行企业内部各项内容调查的同时，还要进行行业通行会计实务的调查，通过这方面的调查，把握行业的特点和规律性。

（二）拟订调查提纲

由于设计调查的内容较多，范围较广，为避免调查时的疏忽和遗漏，调查人员应在调查前拟订调查提纲，列出需要调查的事项，依次进行调查和记录。调查提纲的拟订需要注意以下三个方面。

1. 调查提纲中只列入会计制度设计所必需的项目，可有可无的项目不要列入，必需的项目也不要遗漏。

2. 列入调查提纲的项目，提法要具体、明确，并对项目进行必要的分类，以便于调查人员对调查资料的分析整理。

3. 调查提纲可以用文字形式进行表达，也可以用列表方法进行反映，还可以根据不同的调查内容同时使用这两种方式。

【案例分析】

列举一份关于供、产、销业务处理情况的调查提纲

1. 采购业务的关注点。

（1）是否有正规、独立的采购部门；订单由谁负责签订，怎样签订；是否有必要组建一个采购部门。

（2）是否采用书面订单的形式；正在使用的订单格式有多少联，怎样使用、是否合理。

（3）大宗购货的批准权限由何人掌握，各个部门如何填制请购单；购货是否在数量上或者金额上有固定金额。

（4）对于采购业务设有哪些激励，对这些激励如何检查；收到购货发票后是否通过采购部门检查，由哪几方面的人员共同负责。

（5）是否有专职验收人员，他们的责任是什么，货物收进、验收证明有哪些手续和记录。

（6）各种材料、商品到货后是否全部集中在仓库，是否有直接送到各个使

用和销售部门的情况，有无寄存在外单位的商品、材料。

（7）对货物运输保管中发生的损失有哪些追究办法，对短缺、损坏的货物如何处理。

（8）货物是如何储存的，是否设有独立的仓库部门；存货业务属于哪一部门领导管理。

（9）仓库管理员的职责是怎样划分的，材料收发记录与实物管理是否分开；物资领发手续是否健全。

（10）仓库对于各种材料或商品是否定有最高和最低储备额。

（11）材料或商品采用何种计价方法，该种方法与企业情况是否相适应。

（12）仓库和存货多长时间进行一次实物盘点，如何进行盘点，由何人监督执行这项工作。

（13）材料、商品是采用永续盘存制，还是采用定期盘存法；如采用永续盘存制，能否保持账实相符。

（14）该单位的永续盘存制是只反映数量或只反映金额，还是数量、金额都能反映。

（15）材料、商品明细分类账和盘存记录一般设在何处。

2. 生产业务关注点。

（1）如何记录直接生产工人的考勤和工作时间，由何人对此进行检查并负责，如何记录管理人员工作的时间。

（2）对于原材料、辅助材料、燃料、低值易耗品的领用有无合适的记录，在执行原有制度的情况下，上述物品的耗用是否经常超过预算、定额，其原因何在，与制度是否有关。

（3）主要材料与其他材料的领用、记录有无区别，对于已领未使用的材料有无退库处理手续和记录格式，是否实行限额领料制。

（4）通知各车间进行生产的业务凭证（生产通知单）如何开出，与成本计算有无联系。

（5）在连续加工生产企业中，加工件结转下一车间或工序的交接手续是否健全，有无半成品库。

（6）机器使用的效率如何，是否充分发挥其作用，有无管理检修制度，设备保养的责任制度如何。

（7）企业生产工艺属于何种类型，是分步骤连续生产还是单件小批生产或其他类型；企业现采用的成本方法与生产工艺类型是否相适应；生产的产品是标准系列产品，还是接受特殊订货的产品，或两者兼而有之。

3. 销售业务关注点。

（1）企业主要是现销业务还是赊销业务，现销和赊销的比例各占多少，现销和赊销在价格上有无差异，企业有无分期付款业务和代销业务，或其他特殊的销售业务。

（2）企业年销售量和销售额分别是多少。

（3）企业的销售和生产是否属于季节性的，若是，则其淡季和旺季分别在什么时间段。

（4）是否有独立的赊销管理部门，其职责是什么，是属于赊销部门还是财务部门，其在批准赊销和收回欠款方面的处理手续是什么。

（5）是否有必要建立单独催收欠款制度，有无对账报告单，或是只有发货票而无其他手续。

（6）有无销售分支机构，其如何由主管部门进行控制。

（7）销售量是否分商品部、门市部和销售部门；若有，如何划分。

（8）制造企业是否有单独的销售部门，其基本情况如何。

（9）销售业务如何报告，销售部门所用的账簿、表格、单据是哪一类型的，什么时候开出发票，怎样开出发票。

（10）分期付款期限和价格确定的权力由何部门、何人掌握。

（11）销售坏账损失情况如何，赊账是否过多。

（12）销售费用是否单独计算，其内容是否合理。

（三）设计调查方法

确定了调查的内容和范围，拟订调查提纲之后，就要采用一定的方法进行深入的调查研究，调查方法一般有以下五种。

1. 查阅和收集有关制度的文件。在调查的最初阶段，要充分利用现成资料及信息。当然，现成材料不一定能反映企业的全面情况，其中需要剔除一些不常规、不合理的内容。

2. 座谈会。调查人员可邀请被调查单位的知情人士参加座谈、讨论。他们或者具有特殊地位，或者了解企业的历史，或者曾尝试解决某一问题等。请他们提出自己的见解，对会计制度设计提出一些有益的建设性意见。

3. 个别谈话。这种方式简便、灵活、深入。谈话的有效与否，不仅取决于个人的素养和经验，也取决于谈话的方式、方法。即便是一个富有经验的调查人员，也要拟订谈话计划，重视谈话的技巧和原则。

4. 发调查表。通过调查表，可以广泛地获取人们的意见、态度等资料。设计调查表之前，必须明确调查的目的和所需获取的资料；设计调查表时，必须对所调查的问题和供选择的答案进行分类排队，做到繁简适宜，既能达到目的，又便于操作。

5. 现场调查。调查人员对认为重要且不甚了解的内容可以进行现场调查。例如，到生产车间了解生产工艺流程，到仓库了解财产物资保管情况，到财务部门查看有关资料等。现场调查可以获得直接的第一手材料。

（四）调查资料分析

获得大量调查资料后，应对其加以整理和分析，具体步骤如下。

1. 资料取舍。即分析所调查的资料哪些对设计会计制度是有用的，哪些是无用的。应剔除那些与会计制度设计无关的资料。

2. 资料分类。即分清哪些资料是反映企业一般情况的，哪些是反映经营管理情况的，哪些是反映企业会计工作情况的。应该指出，资料分类整理在调查一开始就应着手进行，即及时鉴别、及时整理，这是在调查过程中整理思路、推进调查所必须做的工作。但是，在调查结束后，有必要对已经归纳整理的资料按新的分类标准和分析要求进行调整。

3. 资料分析。资料分析的过程也就是会计制度总体设计的初步构思过程。例如，根据企业的规模、组织形式和经济业务情况，初步设想企业应运用哪些总账科目。

本 章 小 结

会计制度是指导和约束企业会计工作的规范，是会计人员在会计实践工作中应遵守的工作准绳，具有一定的强制性。根据会计制度的制定机关和作用不同，可分为政府部门制定的统一会计制度和单位内部会计制度。统一会计制度包含在国家会计法规体系中，会计法规体系包括《会计法》、会计行政法规、国家统一的会计规章制度和地方性会计行政法规。单位内部会计制度一般包括会计机构和会计人员、会计科目体系、会计凭证体系、会计账务体系、会计报表体系、会计核算基本程序、各类业务流程及内部控制。

会计制度设计就是根据一定的理论、原则并结合会计实际工作，根据会计法的规定运用文字、图表等形式对全部会计实务、会计处理程序和方法、会计机构以及会计人员的职责进行系统规划的工作。设计会计制度有利于贯彻国家统一的会计法规和制度，优化会计机构，规范会计行为，提高会计工作效率，保证会计工作质量，提供真实有效的会计信息；完善内部会计控制，强化企业的经营管理。

会计制度设计的内容包括会计组织制度、会计核算制度和会计业务流程制度。设计会计制度时应遵循合法性原则、效益性原则、控制性原则、稳定性原则。

会计制度设计的程序一般包括：准备阶段、设计阶段、试行和修订阶段。通常使用的方法有文字说明法、表格法和流程图法。

会计制度总则是会计制度的总体说明，体现了会计制度的基本指导思想和会计核算的基本要求。会计制度总则起统驭作用，说明制定目的与依据、适用范围和会计工作任务等，全面规范会计工作。会计制度总则在设计时，首先要明确制定的目的，其次要确定适用的范围和要求。会计核算总则主要包括会计期间、记账方法、会计处理基础、记账本位币和会计记录文字的确定、会计科目、会计凭证、会计账簿以及财务报告等相关内容。

设计调查是为进行会计制度的总体设计和具体设计而进行的调查研究。设计调查的内容包括：企业一般情况的调查、经营管理情况的调查、企业会计工作情况的调查、同行业通用会计实务的调查等。设计调查的方法一般有：查阅和收集有关制度的文件、座谈会、个别谈话、发调查表、现场调查。设计调查资料的分析包括：资料取舍、资料分类、资料分析。

延 伸 阅 读

请认真阅读企业会计制度总则并思考以下问题：
1. 如何认识总则是会计制度的一部分？
2. 说明总则的重要性。
3. 说明企业会计制度总则与会计制度其他部分的关系。

《小企业会计制度》

总说明

第一条 为了规范小企业的会计核算，提高会计信息质量，根据《中华人民共和国会计法》《企业财务会计报告条例》及其他有关法律和法规，制定本制度。

第二条 本制度适用于在中华人民共和国境内设立的不对外筹集资金、经营规模较小的企业。本制度中所称"不对外筹集资金、经营规模较小的企业"，是指不公开发行股票或债券，符合原国家经济贸易委员会、原国家发展计划委员会、财政部、国家统计局2003年制定的《中小企业标准暂行规定》（国经贸中小企〔2003〕143号）中界定的小企业，不包括以个人独资及合伙形式设立的小企业。

第三条 符合本制度规定的小企业可以按照本制度进行核算，也可以选择执行《企业会计制度》。

1. 按照本制度进行核算的小企业，不能在执行本制度的同时，选择执行《企业会计制度》的有关规定；选择执行《企业会计制度》的小企业，不能在执行《企业会计制度》的同时，选择执行本制度的有关规定。

2. 集团公司内部母子公司分属不同规模的情况下，为统一会计政策及合并报表等目的，集团内小企业应执行《企业会计制度》。

3. 按照本制度进行核算的小企业，如果需要公开发行股票或债券等，应转为执行《企业会计制度》；如果因经营规模的变化导致连续三年不符合小企业标准的，应转为执行《企业会计制度》。

第四条 小企业可以根据有关会计法律、法规和本制度的规定，在不违反本制度规定的前提下，结合本企业的实际情况，制定适合于本企业的具体会计核算办法。

第五条 小企业应当根据会计业务的需要设置会计机构，或者在有关机构中设置会计人员并指定会计主管人员；不具备设置条件的，应当委托经批准设立从事会计代理记账业务的中介机构代理记账。

第六条 小企业填制会计凭证、登记会计账簿、管理会计档案等，应按照《会计基础工作规范》和《会计档案管理办法》的规定执行。

第七条 小企业的会计核算应当以持续、正常的生产经营活动为前提。会计核算应当划分会计期间，分期结算账目，会计期末编制财务会计报告。

本制度所称的会计期间分为年度和月度，两者均按公历起记日期确定。会计期末，是指月末和年末。

第八条 小企业的会计核算以人民币为记账本位币。业务收支以人民币以外的货币为主的小企业，可以选定其中一种货币作为记账本位币，但编报的财务会计报告应当折算为人民币。

小企业发生外币业务时，应当将有关外币金额折合为记账本位币金额记账。除另有规定外，所有与外币业务有关的账户，应当采用业务发生时的汇率或业务发生当期期初的汇率折合。期末，小企业的各种外币账户的外币余额应当按照期末汇率折合为记账本位币。

第九条 小企业的会计记账采用借贷记账法。

第十条 小企业会计记录的文字应当使用中文。在民族自治地方，会计记录可以同时使用当地通用的一种民族文字。

第十一条 小企业在会计核算时，应当遵循以下基本原则：

1. 小企业的会计核算应当以实际发生的交易或事项为依据，如实反映其财务状况和经营成果。

2. 小企业应当按照交易或事项的经济实质进行会计核算,而不应仅以法律形式作为会计核算的依据。

3. 小企业提供的会计信息应当能够满足会计信息使用者的需要。

4. 小企业的会计核算方法前后各期应当保持一致,不得随意变更。如有必要变更,应将变更的内容和理由、变更的累积影响数,或累积影响数不能合理确定的理由等,在会计报表附注中予以说明。

5. 小企业的会计核算应当按照规定的会计处理方法进行,会计指标应当口径一致、相互可比。

6. 小企业的会计核算应当及时进行,不得提前或延后。

7. 小企业的会计核算和编制的财务会计报告应当清晰明了,便于理解和运用。

8. 小企业的会计核算应当以权责发生制为基础。凡在当期已经实现的收入和已经发生或应当负担的费用,不论款项是否收付,都应作为当期的收入和费用;凡是不属于当期的收入和费用,即使款项已在当期收付,也不应作为当期的收入和费用。

9. 小企业在进行会计核算时,收入与其成本、费用应当相互配比,同一会计期间内的各项收入与其相关的成本、费用,应当在该会计期间内确认。

10. 小企业的各项资产在取得时应当按照实际成本计量。其后,各项资产账面价值的调整,应按本制度的规定执行。除法律、法规和国家统一会计制度另有规定外,企业不得自行调整其账面价值。

11. 小企业的会计核算应当合理划分收益性支出与资本性支出的界限。凡支出的效益仅及于本年度(或一个营业周期)的,应当作为收益性支出;凡支出的效益及于几个会计年度(或几个营业周期)的,应当作为资本性支出。

12. 小企业在进行会计核算时,应当遵循谨慎性原则。

13. 小企业的会计核算应当遵循重要性原则,在会计核算过程中对交易或事项应当区别其重要性程度,采用不同的核算方法。

第十二条 小企业如发生非货币性交易,应按以下原则处理:

1. 以换出资产的账面价值,加上应支付的相关税费,作为换入资产的入账价值。

2. 非货币性交易中如果发生补价,应区别不同情况处理:

(1) 支付补价的小企业,应以换出资产的账面价值加上补价和应支付的相关税费,作为换入资产的入账价值。

(2) 收到补价的小企业,应按以下公式确定换入资产的入账价值和应确认的损益:换入资产入账价值=换出资产账面价值-(补价÷换出资产公允价值)×换出资产账面价值-(补价÷换出资产公允价值)×应交的税金及教育费附加+应支付的相关税费应确认的损益=补价×[1-(换出资产账面价值+应交的税金及教育费附加)÷换出资产公允价值]

3. 在非货币性交易中,如果同时换入多项资产,应按换入各项资产的公允价值占换入资产公允价值总额的比例,对换出资产的账面价值总额和应支付的相关税费等进行分配,以确定各项换入资产的入账价值。

第十三条 小企业如发生债务重组事项,应按以下规定处理:

1. 以低于债务账面价值的现金清偿某项债务的,债务人应将重组债务的账面价值与支付的现金之间的差额,确认为资本公积;债权人应将重组债权的账面价值与收到的现金之间的差额,确认为当期损失。

2. 以非现金资产清偿债务的,债务人应将重组债务的账面价值与转让的非现金资产账面价值和相关税费之和的差额，确认为资本公积或当期损失；债权人应将重组债权的账面价值作为受让的非现金资产的入账价值。如果债务人以多项非现金资产清偿债务，债权人应按取得的各项非现金资产的公允价值占非现金资产公允价值总额的比例，对重组应收债权的账面价值和应支付的相关税费之和进行分配，按分配后的价值作为各项非现金资产的入账价值。

3. 以债务转为资本的，债务人应将重组债务的账面价值与债权人因放弃债权而享有的股权的账面价值之间的差额确认为资本公积；债权人应将重组债权的账面价值作为受让的股权的入账价值。

4. 以修改其他债务条件进行债务重组的，应分情况处理：

（1）作为债务人，如果重组债务的账面价值大于将来应付金额，应将重组债务的账面价值减记至将来应付金额，同时将减记的金额确认为资本公积；如果重组债务的账面价值等于或小于将来应付金额，则不作账务处理。

（2）作为债权人，如果重组债权的账面价值大于将来应收金额，应将重组债权的账面价值减记至将来应收金额，同时将减记的金额确认为当期损失；如果重组债权的账面余额等于或小于将来应收金额，则不作账务处理。

第十四条 本制度中所称的账面余额，是指某科目的账面实际余额，不扣除作为该科目的备抵项目（如坏账准备等）；账面价值，是指某科目的账面余额减去相关的备抵项目后的金额。

第十五条 小企业应按本制度的规定，设置和使用会计科目：

1. 在不影响对外提供统一财务会计报告的前提下，可以根据实际情况自行增设或减少某些会计科目。

2. 明细科目的设置，除本制度已有规定外，在不违反本制度统一要求的前提下，可以根据需要自行确定。

3. 本制度统一规定会计科目的编号，以便于编制会计凭证，登记账簿，查阅账目，实行会计电算化。企业不应随意打乱重编。某些会计科目之间留有空号，供增设会计科目之用。

第十六条 小企业年度财务会计报告，除应当包括本制度规定的基本会计报表外，还应提供会计报表附注的内容。本制度中规定的基本会计报表是指资产负债表和利润表。企业也可以根据需要编制现金流量表。小企业应按照本制度规定，对外提供真实、完整的财务会计报告。企业不得违反规定，随意改变财务会计报告的编制基础、编制依据、编制原则和方法，不得随意改变本制度规定的财务会计报告有关数据的会计口径。

第十七条 执行本制度的小企业，转为执行《企业会计制度》时，应按会计政策及其变更的相关规定进行处理。

基 本 训 练

一、单项选择题

1. 在会计制度设计工作的四个阶段中，由设计调查、分析研究和提出设计思路及建议三个步骤组成的是（   ）阶段。

　　A. 准备阶段　　　　B. 设计阶段　　　　C. 试行阶段　　　　D. 修正阶段

2. 会计制度设计的针对性原则是指（   ）。

　　A. 针对单位的具体实际进行设计　　　　B. 针对国家的宏观要求进行设计

　　C. 针对决策者的要求进行设计　　　　　D. 针对国家的监管要求进行设计

3. 会计制度的特点是（   ）。

①整体性　②目的性　③相关性　④实践性　⑤强制性
A. ①②③④　　　　B. ②③④⑤　　　　C. ①③④⑤　　　　D. ①②④⑤

4. 会计制度的种类按照会计制度的内容分类，不包括的是（　　）。
   A. 财务会计制度　　　　　　　　　B. 管理成本会计制度
   C. 会计工作机构和人员方面的制度　D. 审计会计制度

5. 会计制度设计的程序一般不包括（　　）。
   A. 设计阶段　　　　　　　　　　　B. 准备阶段
   C. 预算阶段　　　　　　　　　　　D. 试行与修订阶段

6. 根据会计制度的（　　）不同，会计制度可以分为国家政府部门制定的统一会计制度和单位内部会计制度。
   A. 制定机关和作用　　　　　　　　B. 单位的性质
   C. 内容　　　　　　　　　　　　　D. 单位

7. 下列关于会计凭证和会计账簿总体设计方案的说法中，不正确的是（　　）。
   A. 小型企业可以直接到会计用品商店购买
   B. 业务比较简单的中型企业可以直接到会计用品商店购买
   C. 业务比较复杂的大中型企业一般需要自行设计和印制
   D. 任何企业都必须到会计用品商店购买，不得自行设计和印制

8. 中小型企业会计报表不需提供的部门和单位是（　　）。
   A. 企业所有者　　　　　　　　　　B. 企业经营者
   C. 债权人　　　　　　　　　　　　D. 国家证券监督管理机构

9. 会计制度可以有不同的分类，其中按会计制度的内容分类的是（　　）。
   A. 预算单位会计制度　　　　　　　B. 管理成本会计制度
   C. 企业会计制度　　　　　　　　　D. 示范性会计制度

10. 下列关于会计制度的作用错误的是（　　）。
    A. 建立科学完备的会计制度对于发挥会计核算和监督的作用具有重要意义
    B. 健全会计制度能有效提高管理水平
    C. 是确保经济活动正常运转的重要条件之一
    D. 只需要满足企业经营管理者的需求

二、多项选择题

1. 以下关于设计调查内容的说法，正确的有（　　）。
   A. 对老企业进行调查时，需要对企业现行会计工作情况进行调查，通过调查，总结经验，发现问题，在此基础上设计新的会计制度
   B. 调查人员在调查时可以随心所欲，进行项目取舍
   C. 就设计种类而言，包括全面设计、局部设计和修订性设计
   D. 会计制度一经确立，就不能再修改

2. 下列说法中有误的有（　　）。
   A. 图示说明法中，框图式流程图比符号式流程图表达的内容更全面
   B. 各个单位的会计核算规则在遵循统一会计制度下有一定的选择权
   C. 现代经济管理可选择单式记账与复式记账两种记账办法
   D. 企业会计必须均以权责发生制作为会计处理基础

3. 下列关于会计制度总则的说法中正确的有（　　）。
   A. 会计制度总则是统领会计制度的适用于会计工作各个环节的概括性总原则

B. 会计科目的分类、编号、名称以及对会计科目使用等应在总则中详细规定
C. 会计制度制定的目的与依据是会计制度制定的唯一前提
D. 会计制度总则的作用体现在统领整个会计制度以及指导做好会计工作

4. 下列关于设计调查和调查提纲的说法中正确的有（　　）。
A. 设计调查是会计制度总体设计的初始阶段
B. 调查提纲中要列入所有与会计制度相关的项目
C. 对于列入调查提纲的项目要进行必要的分类
D. 设计调查的内容较多，为避免调查时的疏忽和遗漏，调查人员应在调查前拟订调查提纲

5. 改革开放前后，我国会计制度的目的和依据发现变化的原因有（　　）。
A. 体制的不同
B. 会计制度设计人员业务水平的不同
C. 经济管理要求的不同
D. 所有制形式的不同

6. 企业在设计会计制度时应充分考虑（　　）。
A. 为国家宏观调控提供的综合性指标
B. 向企业外部利害关系人提供服务的指标
C. 向会计师事务所检查时提供的指标
D. 为企业管理当局决策服务的指标

7. 下列属于会计制度设计原则的有（　　）。
A. 符合《会计法》《企业会计准则》等会计法规的要求
B. 保证会计信息的一致性和可比性
C. 管理权限相对分散，保持制度的相对稳定性
D. 避免与国际会计惯例重合，要有中国特色

8. 下列关于会计制度设计方案的表述中，正确的有（　　）。
A. 新建的企业一般需要进行全面设计
B. 改制、兼并与收购的企业一般需要继续局部设计
C. 手工记账改为电脑记账，需要的是补充性设计
D. 对外投资核算方法由成本法改为权益法，需要的是修正性设计
E. 存货会计核算由后进先出法改为先进先出法，需要的是补充性设计

三、判断题

1. 会计制度是指导和约束企业会计工作的规范，由国家财政部门制定和实施，是会计人员在会计师是工作中应遵循的行为准绳。（　　）
2. 会计制度按单位性质可分为预算单位会计制度和企业会计制度。（　　）
3. 《会计法》是我国会计工作的根本大法，是居于最高层次的规范。（　　）
4. 会计信息的一致性是指企业会计处理方法前后各期应当一致，不得变更。（　　）
5. 会计制度设计的方法中，图示说明法是企业使用最多的方法。（　　）
6. 事业单位会计根据单位的实际情况，分别采用收付实现制和权责发生制。（　　）
7. 会计制度设计的目标是建立与市场经济相适应的会计制度体系。（　　）
8. 原始凭证金额有错误的，应当由出具单位重开或者更正，更正处应当加盖出具单位的印章。（　　）
9. 编制和提供财务报告的详细说明应在会计制度总则中进行规定。（　　）

四、简答题

1. 阅读"我国会计制度的历史变革"部分,并结合所学知识简答我国会计制度变迁的原因。

2. 某大型国有企业,为了加强对国有企业管理,准备对国有企业核算和管理进行总体设计。该企业属于制造业,固定资产占很大的比重。如果你是该国有企业的管理人员,请问在总体设计时应关注哪些方面?

五、思考题

1. 简述企业会计制度总体设计的内容及要求。

2. 会计制度与内部控制制度之间有什么关系?

六、拓展题

1. 材料:《××集团公司财务管理制度》。

第一章　总则

第一条　为了加强集团有限公司(以下简称集团公司)财务管理和会计监督,规范财务行为,适应社会主义市场经济和建立现代企业制度的需要,根据《中华人民共和国会计法》《企业财务通则》《企业会计准则》《公司法》,以及有关法规、政策、制度,结合本集团的实际情况,制定本制度。

第二条　本制度适用于集团公司,各全资子公司(含事业性质、企业化管理单位)和控股子公司(以下简称所属企业)。

……

(1) 根据材料,指出该企业会计制度制定的目的和依据,以及其适应范围。

(2) 简述会计制度中总则的作用。

2. 我国已经建立了由 1 项基本会计准则、38 项具体会计准则与有关的会计准则应用指引以及《企业会计准则解释》,这表明我国形成了完整的以会计准则为主的会计标准体系,企业日常活动应该严格遵守会计准则的相关规定,会计准则就是企业会计制度。

问题:上述说法正确吗?试分析并说明理由。

第二章 会计工作组织系统设计

学习目标

1. 明确企业会计组织和会计机构设置的重要意义;
2. 了解会计机构、岗位设置的基本原则和形式;
3. 掌握会计内部组织设计方法和原则;
4. 掌握会计人员的岗位和职责设计;
5. 了解会计档案制度、会计工作交接制度的主要内容和相关法律规定。

重要概念

会计工作组织制度;内部组织设计;会计岗位设计;会计档案管理设计;会计交接制度;牵制性原则;电算化档案管理

本章导入

评析 ERP 系统下企业会计组织系统的特点,具体如表 2-1 所示。

表 2-1　　　　　　　　ERP 系统下企业会计组织系统

特 点	说 明
会计组织以流程为中心	在 ERP 环境下,企业按照"流程负责、流程服从、流程支持"的原则,建立与流程管理相适应的新的会计组织。基于会计业务流程重组的会计组织实际上是一种二维的组织结构,即流程维与职能维。一方面,会计组织以业务流程为主干,建立与流程相适应的会计业务流程小组,满足与业务流程相关的全面控制的要求;另一方面,各个会计业务流程小组都归属于会计服务中心,根据流程的需要合理安排人员,为员工提供专业指导与咨询,参与解决流程执行上的问题,从而在纵向上保证本组织内进行核算与管理的系统性
会计组织网络化	ERP 系统下的企业以信息技术的广泛应用为基础,保证了采集、加工、传输会计信息的有效性和效率。新的组织结构框架下,ERP 环境下重组后会计业务流程的数据采集工作已由各业务部门完成,业务部门设立专门的数据处理部门,下设数据录入员、数据审核记账员、数据文档管理员,负责业务数据的录入、审核记账和存档等工作。同时,会计部门只需设立系统部及财务小组。系统部主要负责 ERP 系统财务模块的使用、维护及数据库管理
会计组织界限模糊化	会计部门在重组后设立的财务小组也不划分专门的职能岗位,财务小组的主要职能是利用各种信息,对有关的要素进行管理、监督等

续表

特　点	说　明
会计组织扁平化	传统会计组织是金字塔式、自上而下、递阶控制的层级结构，ERP系统下的企业会计组织系统承担了大量数据的汇总、分解、协调和控制，在组织结构的垂直化中大大压缩会计管理层次，成为高效的扁平化组织
会计组织柔性化	传统的会计组织为了保证采集、加工、传输会计信息的效率和有效性，其管理职能条块分割，岗位设置繁复，管理层次多，造成了管理过程中协调多、效率低。ERP环境下的会计组织结构互相配合、互相协调，使整个会计组织柔性地结合在一起

第一节　会计工作组织制度的内容与设计原则

企事业单位为使会计工作正常、高效运行，必须科学地组织会计工作。会计组织是开展会计工作的组织，由专门的机构和专职会计人员组成。会计组织系统是由科学的机构设置、合理的人员分工、明确的岗位责任、完善的会计工作等有机组成的。会计组织系统设计就是拟订有关会计组织系统的方法、措施和制度。

一、会计工作组织制度的内容

（一）会计工作组织制度的意义

会计工作的目标是保证会计信息的真实性和完整性，提高会计信息的使用价值。要充分发挥会计的反映和监督职能，及时完成会计任务，有效实现会计目标，就必须建立和健全会计工作的组织制度，结合本单位的具体情况对会计工作进行科学组织和设计制度。

设计会计工作组织制度的意义主要表现在四个方面：一是建立最优化的会计组织机构和会计运行机制，确保会计工作的高效率、低消耗；二是完善会计工作的支持与保障系统，确保会计工作的科学化、有序化；三是营造严谨规范的会计工作环境，强化会计人员的责任感、使命感；四是科学合理的会计工作制度有利于提高企业经营管理水平，改善内部管理，维护国家财经法规。

（二）企业财务会计工作组织制度的内容

会计工作组织制度的任务是运用组织、规划和协调等手段，完善会计组织机构，优化会计人员结构，提高会计工作效率，降低人、财、物力的消耗，实现会计工作目标。它包含的内容主要有：

1. 会计机构的设置与内部的岗位分工及岗位责任制的建立；
2. 会计人员的配备、职责划分及任免；

3. 会计档案的保管、查询及销毁；
4. 会计工作的交接；
5. 会计核算组织形式和账务处理程序；
6. 会计工作中的其他组织制度。

上述六个方面的制度交织在一起，共同保障会计工作的有序运行。

二、会计工作组织制度的设计原则

要充分发挥会计在经济活动中的管理作用，科学严谨地组织会计工作，有效地完成会计任务，必须按照一定的原则设计会计工作组织制度。一般来说，应遵循以下三条原则。

（一）适应性原则

设计会计组织机构，应与单位的经营类型和业务规模相适应。会计档案的管理制度、会计工作的交接制度既要与国家有关规定相吻合，又必须适应本单位的具体要求。

（二）牵制性原则

内部牵制是内部控制的重要内容，在设计内部机构时应贯彻内部牵制的原则。一方面要在生产经营各个环节的关键点上设置控制岗位，运用会计专门方法和手段，达到控制单位经营运作的目的；另一方面要求会计机构内部各个岗位和会计人员应有明确的职权、责任和具体的工作内容，实行岗位责任制，分工协作，相互制约和监督，防止舞弊，减少差错，达到提高会计信息质量的目的。

（三）效率性原则

会计机构的设置应体现成本效益原则，其规模大小应该符合最佳配备：能以最少的人、财、物的消耗为信息需求者提供最大价值的信息资料，避免机构重叠、人浮于事、互相扯皮和形式主义，提高会计工作的效率和质量。

第二节　会计机构设计

会计机构是制定和执行会计制度、组织领导和处理会计工作的职能部门。会计机构的设置必须满足经济管理对会计工作的要求，并与国家的会计工作管理体制相适应。

《会计法》明确规定："国务院财政部门管理全国的会计工作，地方各级人民政府的财政部门管理本地区的会计工作。"为此，财政部设有会计事务管理专职机构。该机构的主要职能责任是：在财政部领导下，拟订全国性的会计法规，研究、制定和改进会计工作的措施与会计工作规划，颁发会计工作规章制度，组织会计人员的技术资格考试和培训等。各省、市、自治区的财政厅（局）一般也设有相应的会计事务管理机构，负责本地区的会计工作。中央和地方的各级业务主管部门一般设置财务会计司（局）、处，负责管理本部门的会计工作。由此可见，我国会计工作在管理体制上具有统一领导、分级管理的特点。

一、会计机构设计的意义

会计工作是由会计机构与会计人员共同完成的，它们构成一个会计组织系统。其中，会计机构是单位内部组织领导和直接从事会计工作的职能部门，同时也是制定和执行会计制度的部门。会计人员则是从事财务会计工作的人员，同时又是会计制度的主要执行人员。会计制度的贯彻执行情况如何，主要取决于会计机构和会计人员。因此，建立健全会计机构，配备专职的会计人员，并明确规定他们的工作范围和职责，是会计制度设计必须首先解决的问题。

会计的职能是对各单位的经济活动过程和结果进行反映与监督，以保证经济活动的合法性和合理性、会计信息的及时性和准确性。要想充分发挥会计的职能，尤其是监督职能，必须首先保证会计监督职权的独立性和会计业务处理的专一性，使其不受其他机构的干扰或制约。这就要求会计工作必须有独立的工作机构和专职的工作人员，以便有组织、有秩序、规范地办理会计业务，实行会计监督。

因此，设置会计机构，对于明确会计工作的范围和内容以及责任，制定会计的任务并保证其完成，完善会计核算体系，强化会计监督，充分发挥会计在经营管理中的作用等，都具有非常重要的意义。

二、会计机构设计的原则

（一）与单位的规模和管理级别相适应原则

单位的规模大，其经济业务就多，会计机构的规模也应大一些。大型企业集团可设"部"，大中型企业应设置"处"或"科"，小型企业可设置"股"或"室"。就行政、事业单位而言，会计机构的级别必须与单位的行政级别相适应，这样才便于开展会计工作。部级单位应设"司"，局（省、市）级单位应设"处"，县级单位应设"科"，县级以下单位应设"股"。关于所设会计机构的名称，根据我国企业现状，财务与会计工作多数都由会计机构办理，而不单设财务机构，故应称为财会处（科、股）。但实际工作中多称为财务处（科、股），也有称为会计处（科、股）的。

关于财务与会计的关系，在会计理论界争论较多，观点不外乎有三种，即会计包括财务、财务包括会计以及各自独立。这三种观点体现在机构的设置上，必然也有三种体系，即会计机构里包括从事财务工作的人员、财务机构里包括从事会计工作的人员以及财务机构与会计机构分别独立设置。从现实情况看，我国绝大多数单位都只设一个机构，称为财务部（处、科、股）或会计部（处、科、股）或财会部（处、科、股）。在这个机构的内部组织和人员分工方面，财务与会计的界限也很不清楚，一个组织或一个人既管财务又管会计的情况多见。这样做的优点是能密切财务与会计的关系，使会计数据能及时提供，减少信息传递时间，提高工作效率，但造成职责不清、内部控制部分失灵，而且容易产生"重核算轻管理"的弊端。随着改革开放的不断深入，财务机构与会计机构的分设变得越来越重要。因为在市场经济条件下，企业筹资渠道多元化，对外投资自主化，不仅能吸收国有资本，还可吸收其他企业、个人和外商的资本。对筹资单位而言，吸收何种资本，存在资本成本问题，必须由专业人员进行分析计算，以提高筹资效益。此外，现代企业还常常利用闲置的资金（包括有形资产和无形资产）对外投资，其目的自然也是为了取得投资收益，这也需要专门人员调查了解被投资单位的商机和信誉等情况，测算可能得到的投资报酬率。为此，财务机构与会计机构应分别设置，由财务机构负责预测、决策、筹集、使用和分配资金；会计机构负责对资金运动进行记录、报告、分析和监督。表 2－2 中简单介绍了财务机构与会计机构合设、分设各自的特点及其优缺点、适用范围。

表 2－2　　　　　　　　财务机构与会计机构合设、分设

设置方法	合设	分设	
机构名称	财会部（处、科、股）	财务部（处、科、股）	会计部（处、科、股）
负责人	财会部（处、科、股）长	财务部（处、科、股）长	会计部（处、科、股）长
组成人员	会计部门和财务部门的全体工作人员	出纳员、资金管理员、利润管理员	记账员、稽核员、成本核算员、工资核算员、材料核算员、报表编审员
主要工作内容	会计、财务的全部工作	资金的筹集、调拨、使用、分配、保护和归还	资金运动的过程及结果的确认、记录、计算、报告和分析
优点	1. 密切财务与会计职能的联系，便于协调工作 2. 减少信息传递时间，提高工作效率	1. 分工明确、各司其职 2. 有效防止"重核算轻管理"现象 3. 便于加强内部控制制度	
缺点	1. 易造成职责不清 2. 易减弱内部控制 3. 易导致"重核算轻管理"	1. 信息传递速度较慢 2. 工序复杂、协调相对困难 3. 管理费用加大	
适用范围	中小型单位	大型企事业单位	

（二）与本单位会计工作组织形式相适应原则

一般单位的经济业务发生在内部的各个部门。会计工作对其组织核算，不外乎集中核算与非集中核算两种形式。采用集中核算组织形式，企业经济业务的明细核算、总分类核算、会计报表编制和各有关项目的考核分析等会计工作，集中由厂（公司）一级会计部门进行。其他职能部门、车间、仓库的会计组或会计人员，只负责填制原始凭证，经初步整理，为厂（公司）一级会计部门进一步核算提供资料。采用非集中核算组织形式，某些业务的凭证整理、明细核算、有关会计报表，特别是适应企业内部单位日常管理需要的内部报表的编制和分析，分散到直接从事该项业务的车间（分公司）、部门进行，如材料的明细核算由供应部门及其所属的仓库进行。但总分类核算、厂（公司）一级会计报表的编制和分析仍由厂（公司）一级会计部门集中进行，其会计部门还应对企业内部各单位的会计工作进行业务上的指导和监督。设置会计机构时，必须与该单位采取的会计工作组织形式相适应。如采取集中核算形式，由于会计核算工作大部分集中在公司的会计机构进行，其他部门、车间（分公司）一般不设置会计分支机构和会计人员，因此，公司的会计机构的规模相对大一些。如采取非集中核算形式，由于其他部门、车间对本身所发生的经济业务要进行较全面的核算，需要设置会计分支机构和会计人员，因此，公司的会计机构的规模就相对小一些。

（三）贯彻精简、高效和岗位责任制原则

会计的根本任务是提高经济效益，所以会计机构一定要根据实际需要设置，应贯彻精简、高效的原则，防止机构重叠、人浮于事。在会计机构内部，要建立会计人员的岗位责任制。对不同岗位可根据实际情况设置一人一岗、一人多岗或一岗多人。分工时要注意内部控制，以防止会计工作中的失误和错弊。

三、会计机构设计的要求

关于会计机构的设置，我国《会计法》第三十六条明确规定："各单位应当根据会计业务的需要设置会计机构，或者在有关机构中设置会计人员并指定会计主管人员。"具体来讲，凡实行独立核算的企事业单位都必须单独设置会计机构，配备相应的会计人员；会计业务不多的小型单位经有关部门批准后，虽可以不单独设置会计机构，但必须配备专职的会计人员，或者委托具有会计记账业务代理资质的中介机构代理记账。

各单位应按《会计法》和《会计基础工作规范》的规定设计本单位会计机构。各个企业、行政及事业单位原则上都要单独设置专职的会计机构，由本单位行政领导人直接领导，称为一级管理机构；规模较小的单位可根据情况设置附属于其他有关机构之下的二级管理机构或在有关机构内配备专职的会计人员，但应指定会计主管人员；未设置会计机构和会计人员的单位，应当根据《代理记账管

理暂行办法》的规定，委托会计师事务所或持有代理记账许可证书的其他代理记账机构进行代理记账。

四、会计机构的内部组织设计

会计机构的内部组织，是指在会计机构内部，如何根据各种会计业务及其相互之间的联系，进行合理的分工和组合，使机构内部形成若干相对独立的工作小组，专门负责某类经济业务的会计处理。合理的会计机构内部组织，不仅有利于各小组之间的职责划分，建立岗位责任制，有条不紊地组织和从事会计工作，而且有利于强化内部控制，做到相互制约、相互监督，防止工作中的失误和舞弊。同时，由于会计人员承担的任务专一，企业会计组织中可以设置以下小组：总账报表组、采购和应付款组、销售和应收款组、工资核算组、仓库核算组（或存货核算组）、固定资产核算组、成本核算组、对外投资核算组。企业会计机构应当设计安排一定数量的会计人员，以顺利完成会计工作。在进行会计人员配备与分工设计时应遵循一定的原则。在建立会计岗位责任制时，应做到将工作任务和工作方法、职责和权限、专门核算和群众核算有机地结合起来，保证会计任务的完成。

其主要岗位包括会计部门主管岗位、采购及应付款核算岗位、销售及应收款核算岗位、工资核算岗位、固定资产核算岗位、成本核算岗位、总账报表岗位、出纳岗位、稽核岗位、综合分析岗位。

企业财务与会计组织机构及其岗位责任制的设计受许多因素的影响。企业的生产经营类型、规模的大小、业务的繁简、管理的要求、人员的多少、银行的金融信用政策、资本市场状况等都会影响企业财务与会计组织机构及其岗位责任制的设计。通常，在设计企业财务与会计组织机构及其岗位责任制时应遵循下列原则。

（一）适应性原则

它是指企业财务与会计组织机构及其岗位责任制的设计应与企业生产经营环境、规模、特点和管理要求相适应，保证企业会计信息的生成、加工和传递真实可靠、及时有效，财务管理活动能够按照企业目标正常进行。企业的生产经营环境、规模、特点和管理要求不同，财务与会计工作的组织方法、工作人员的数量和机构的内部分工也不同。通常，经营规模大、经营过程复杂、经济业务量大、与资本市场关系密切和管理要求严格的企业，财务与会计机构应相对大一些，财务与会计人员相应多一些，财务与会计机构的内部分工也应细一些；相反，经营规模小、经营过程简单、经济业务量少、不参与资本市场和管理要求不高的企业，财务与会计机构就应相对小一些，财务与会计人员数量少一些，财务与会计机构的内部分工也更粗一些。

（二）统一指挥原则

它是指在财务与会计组织系统中除特殊情况和重大问题外，一个人只对一个上级领导负责，实行"一元化指挥"，并按管理层次进行上传下达，不能"一仆二主"，不得越级。实行统一指挥原则，可以避免"多头指挥"和"政出多门"的现象。

但在实行统一指挥原则时，应注意克服其缺点，比如，在组织关系中缺乏横向联系，若中间某环节出现问题，就会使传达通道受阻而使指挥系统陷入瘫痪；在管理层次较多时，"上传下达"的信息速度慢，影响工作效率。因此，在特殊情况或处理重大问题时，上级领导可以适当进行越级指挥或增设某一协调环节，并授权于专人进行横向协调。

（三）系统性原则

企业财务与会计组织机构及其岗位责任制的设计是一个系统工程，在设计时，不仅应充分注意财务或会计工作的上、下组织环节及其岗位责任的相互依存和相互制约的关系，而且还应注意财务或会计部门与其他职能部门、业务部门之间岗位责任的相互联系，使其成为一个行之有效的企业业务、会计组织机构和财务与会计岗位责任制系统。例如，会计与财务合并设置的有限责任公司，不仅要科学设计负责会计日常核算与监督的部门、岗位及相应职责，而且要科学设计负责企业内部业绩考核与业绩评价的部门、岗位及相应职责等。

（四）有效管理幅度原则

它是指在分配某位管理人员的职责时，应注意其精力、体力、时间和有限理性上的限制，并将其直接领导的部门个数或下属人数控制在能够有效指挥的跨度范围之内。所谓有效管理幅度是指由于知识、经验、精力、体力和时间的限制，一个管理人员能够有效地直接领导的部门个数或下属人数的最大值。通常，管理幅度与管理层次成反比，即管理幅度越大，管理层次就越少；反之，管理幅度越小，管理层次就越多。

如果一个管理者直接领导的部门个数或下属人数超过其有效限度，他的工作就很难做到具体和高效，就可能出现顾此失彼和无效指挥的问题。由于每个人的知识、能力和体力不同，其有效管理幅度往往是不同的。影响一个人的有效管理幅度的主要因素包括职务的高低、知识和能力水平的高低、经验的多少、工作内容和要求的多少、职能机构的健全程度、信息反馈的速度等。

（五）责权对等原则

它是指在设计财务与会计岗位责任制时，必须明确规定每一位管理者应负的职责，并相应地赋予其一定的权力，做到有职必有权、有权必有责、权责对等。所谓权力，就是管理者在其职位（或职务）上所享有的指挥、行事的权力。权力可以适当下放（或转移）给下属人员，也就是说，上级人员对下级人员不仅可以委派工作任务，还可以授予一定的权力。所谓责任，就是管理者在其职位（或职务）上应尽的义务。责任与权力不同，责任是不能授予别人的。一位管理者应对其所承担的工作负全部责任，即使他的下属分担其一部分工作任务，该管理者仍要承担这项工作结果的全部责任。

（六）明晰性原则

它是指企业财务与会计机构内部的分工应该明确和具体。对于企业财务与会计机构内部各部门和每一位财务或会计人员，都应明确其职权、责任和具体的工作内容，做到部门之间和人员之间职责清、任务明，以避免相互推诿的情况发生。

（七）控制性原则

它是指在经营的关键环节设置必要的财务与会计内部控制制度，使有关人员相互制约、相互监督，使企业财务与会计组织机构及其岗位责任制具有必要的查错防弊功能，并形成一套对企业经营全过程、全方位的有效监控系统。控制手段主要包括会计记录、核算、分析、稽核和报告等。例如，某公司在产品生产的关键环节（如材料的采购与付款、材料的领用、生产工人的工时安排、工资制度、各项费用的审核等），按不相容职务相分离的原则设置必要的控制制度，利用计划指标、定额标准、限额审批权等实施有效控制；通过凭证的审核、账证核对、账账核对等程序，加强对会计质量的控制；设立专人审核岗位，定期核对会计记录。

（八）精简与效率原则

它是指企业财务与会计组织机构及其岗位责任制的设计必须体现精简、高效的要求，防止岗位重叠、人浮于事，避免人力、物力的浪费和低效率的工作环境。这一方面要求企业财务与会计组织机构及其岗位责任制设计的繁简程度相宜，使财务与会计机构内部的每个部门和人员各司其职，协调一致地履行财务与会计的职责；另一方面要求在保证会计信息质量的前提下尽可能地降低会计信息的输出成本。

根据上述会计机构设置的基本思路，一般工业企业会计机构的内部组织大致结构如图 2-1 所示。

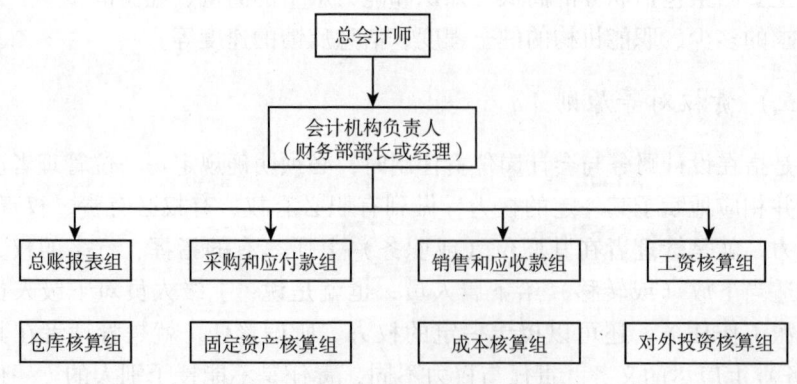

图 2-1 会计机构内部组织结构

第三节 会计人员及职责设计

一、会计工作岗位设计

为了科学地组织会计工作，应当建立健全会计部门内部岗位责任制，将会计部门的工作分为若干岗位，并且为每个岗位规定相应的职责和要求。设计会计岗位时，应考虑单位经济管理对会计信息要求的详略程度和单位经济业务工作量的大小。以大中型企业为例，独立设置的会计机构在会计核算和财务管理分设情况下，对岗位设计以及岗位职责要求如下。

（一）会计核算岗位

1. 采购及应付账款组。本组主要负责记录和监督采购业务：审核采购业务的原始凭证，如采购计划、采购合同是否经过供应部门和主管领导的批准；审核材料入库手续是否完备；核算材料采购成本，按合同规定支付货款；根据原始凭证编制记账凭证，登记应付账款明细账；定期对材料仓库组织盘点实物，核对材料总账和明细账，做到账账相符、账实相符。

2. 销售及应收账款组。本组主要负责反映和监督销货业务：审核发票账单的真实性、正确性；登记应收账款明细账，设置销货日记簿；建立账龄分析表，催收本单位欠款，处理坏账损失业务；核对库存商品总账和明细账，并检查商品是否相符；定期编制商品销售分析报告。

3. 出纳组。出纳组名曰"组"，实则可能只有一人。主要根据国家有关现金管理和银行结算制度及外汇管理的相关规定，审核签章的凭证，办理现金收付和结算业务；序时登记现金及银行存款日记账；保管库存现金和各种有价证券；保管有关空白支票、空白收据及相关的印章；保证现金账户余额与库存现金相符，核对银行存款余额。

4. 员工薪酬核算组。本组负责计算员工的薪酬，办理与员工的各项薪资结算；参与制订薪酬总额计划，分析员工薪酬总额计划的执行情况，控制其支出；按计划基数提取薪酬总额，按规定缴纳五险一金，审核发放员工薪酬；年终计算并编制员工薪酬清算表，参与有关薪酬清算；办理员工个人所得税的计算、缴纳和其他代扣工作。

5. 固定资产核算组。本组负责制定固定资产目录（划分生产经营用和非生产经营用固定资产）；负责审核订货合同、工程立项批准书等，做好固定资产增加的核算（含购入、自行建造、其他单位投资转入、融资租入、改建扩建、接受捐赠等）；负责审核批准文件，做好固定资产减少的核算（含出售、盘亏、毁损、投资转出等）；使用正确方法计算提取固定资产折旧，核算固定资产大小修理支出，负责协调固定资产清查、盘点和对账工作；督促财产主管部门和使用部门提高资产利用效率。

6. 成本核算组。本组负责核对各项原材料、物品，产成品、在产品入库领用事项及收付金额，编制材料领用转账凭证；审核受托及委托外单位加工事项；进行成本、费用的分配及账目之间的调整，计算生产及销售成本；做好成本日常控制，进行内部成本核算及业绩考核；编制单位有关成本报表。

7. 税务筹划组。本组负责办理各种税金计提、缴纳、查对、复核等事项；办理所得税的减免税等事项；办理进出口业务的关税缴纳、免税申请及退税等事项；办理企业有关工商、税务的开业、变更登记等事项；负责申办及登记进出口证书业务、单据及结算等事项；负责编制税务报表及相关分析报告。

8. 总账及报表组。本组负责汇总记账凭证的登记、总账的登记及对外报表的编制；负责期末结算、利润计算及结转等工作；对会计报表进行定期分析，出具综合分析报告。

9. 主管及复核组。本组负责复核各种记账凭证，复核凭证是否合法，内容是否真实，手续是否完备，数字是否正确，会计分录是否符合会计准则和会计制度的规定。对账簿记录进行抽查，并将计算机中的数据与会计凭证进行核对；复核各种会计报表是否符合会计准则和会计制度规定的编报要求。复核中发现问题和差错，应通知有关人员查明、更正和处理；负责审查财务收支，根据财务收支计划和财务会计制度逐笔审核，对计划外或不符合规定的收支，应提出意见，并向有关领导汇报。

（二）财务管理岗位

1. 预算组。本组负责编制企业财务预算，包括现金预算、销售收入预算、生产成本及各项费用预算、资本预算等，并负责各项预算执行情况的检查，处理其他与预算有关的事项。

2. 资金管理组。本组负责对企业资金的筹集和运用的管理，包括根据资本预算，核定资金需要量，选择筹资渠道，筹集资金，对资本结构和资金成本进行控制；对企业各种投资进行可行性研究，包括对外投资、基建投资和设备更新改造的可行性研究；提出决策建议，对投资项目的现金流量进行估算和控制。

3. 利润管理组。本组负责制定企业利润规划，对利润计划执行和完成情况进行监督和评价；拟订企业利润分配政策，并对已批准的利润分配方案组织实施。

二、会计工作岗位职责的设计

《会计基础工作规范》对会计岗位设置规定了基本原则和示范性要求：一是会计岗位可以一人一岗、一人多岗或一岗多人，但应符合内部牵制的要求，出纳人员不得兼管稽核、会计档案和收入、费用、债权债务账目的登记工作；二是会计人员的工作岗位应当有计划地进行轮换，以促进会计人员全面熟悉业务，提高综合工作能力，相互配合，协调工作；三是会计工作岗位的设置由各单位根据会计业务需要确定。

（一）总会计师的岗位职责

《总会计师条例》第七～九条规定了总会计师的职责。

1. 编制和执行预算、财务收支计划、信贷计划，拟订资金筹措和使用方案，开辟财源，有效地使用资金。
2. 进行成本费用预测、计划、控制、核算、分析和考核，督促本单位有关部门降低消耗、节约费用、提高经济效益。
3. 建立健全经济核算制度，利用财务会计资料进行经济活动分析。
4. 承办单位主要行政领导人交办的其他工作。
5. 负责对本单位财会机构的设置和会计人员的配备、会计专业职务的设置和聘任提出方案；组织会计人员的业务培训和考核；支持会计人员依法行使职权。
6. 协助单位主要行政领导人对企业的生产经营、行政事业单位的业务发展以及基本建设投资等问题做出决策。

同时《总会计师条例》第十～十四条规定了总会计师的权限。

1. 总会计师对违反国家财经法律、法规、方针、政策、制度和有可能在经济上造成损失、浪费的行为有权制止或者纠正。制止或者纠正无效时，提请单位主要行政领导人处理。
2. 总会计师有权组织本单位各职能部门、直属基层组织的经济核算、财务会计和成本管理方面的工作。
3. 总会计师主管审批财务收支，除一般的财务收支可以由总会计师授权的财会机构负责人或者其他指定人员审批外，重大的财务收支，须经总会计师审批或者由总会计师报单位主要行政领导人批准。
4. 预算、财务收支计划、成本和费用计划、信贷计划、财务专题报告、会计决算报表，须经总会计师签署。涉及财务收支的重大业务计划、经济合同、经济协议等，在单位内部须经总会计师会签。
5. 会计人员的任用、晋升、调动、奖惩，应当事先征求总会计师的意见。财会机构负责人或者会计主管人员的人选，应当由总会计师进行业务考核，依照有关规定审批。

（二）会计主管的岗位职责

如前所述，对于单独设置会计机构的单位，应指定会计机构负责人；对于没有单独设置会计机构，只在其他机构配备会计人员的单位，应该在会计人员中指定会计主管人员。会计主管（即会计机构负责人）是单位中层管理人员，具体组织管理本单位的会计工作。在单位负责人的领导下，会计主管负有组织、管理本单位所有会计工作的责任，其工作水平的高低、质量的好坏直接关系整个单位会计工作的水平和质量，有必要对其从业资格进行严格管理。因此，《会计法》第38条对会计主管的任职资格做出明确规定："担任单位会计机构负责人（会计主管人员）的，除取得会计从业人员资格证书外，还应当具备会计师以上专业技术职务资格或者从事会计工作三年以上经历。"从这里可以看出，会计主管的任职条件较一般会计人员从业资格更加严格。这主要是由会计主管的地位和职责所决定的。

关于会计主管的任职条件依据《会计基础工作规范》的规定，会计机构负责人（会计主管人员）除应具有一定会计专业技术资格外，还应具备以下基本条件。

1. 政治素质，即应能坚持原则，做到廉洁奉公。会计工作直接处理经济业务，经济上的问题必然会在会计处理中反映出来；不能坚持原则，就不可能发现已经出现的漏洞，就不会去纠正违反财经纪律和财务会计制度的行为；没有廉洁奉公的品质，还可能犯下协同作弊的错误甚至走上犯罪道路。

2. 工作经历，即主管一个单位或者单位内一个重要方面的财务会计工作时间不少于2年。作为会计机构的负责人或者会计主管人员，没有一定的实践经验显然是不行的，否则既会"误人子弟"（不能对下级实施有效的指导）又会贻误工作，造成经济损失。

3. 政策业务水平，即应熟悉国家的财经法律、法规、规章制度和方针、政策，掌握本行业业务管理的有关知识。市场经济是法制经济，在建立社会主义市场经济的过程中，我国的经济立法工作取得了巨大的成绩，任何单位的经济业务都要直接或间接地受到有关法律、规章的规范。从事财务会计管理工作如果不了解这方面的知识，容易使单位的经营管理工作走入法律的"盲区"或"误区"，带来危险的后果。

4. 组织能力，即会计机构负责人或者会计主管人员应当具备一定的组织能力，包括协调能力、综合分析能力等。组织能力对整个会计工作的效率和质量是十分关键的。它是一种基本的领导能力。

5. 身体条件，即要求身体状况能够适应本职工作的要求。会计工作劳动强度大、技术难度高，作为会计机构负责人或者会计主管人员必须有较好的身体状况，以适应本职工作。

上述这些条件，是对会计机构负责人素质的全面要求。各单位在选配会计机构负责人或会计主管人员时，应该坚持《会计法》和《会计基础工作规范》的这些标准，严格把关，才能把本单位的财务会计工作做好，从而对本单位的整个经营管理工作起到积极的作用。

会计主管的主要职责包括：

1. 遵守国家法规制定的企业财务制度。具体领导本企业的财务会计工作，对各项财务会计工作要定期研究、布置检查、总结。要积极宣传、严格遵守财经纪律和各项规章制度。要把专业核算与经营管理紧密结合起来，并不断改进财务会计工作。组织制定本单位的各项财务会计制度，并督促贯彻执行。根据《企业财务通则》和《企业会计准则》的规定，结合本企业的生产经营特点，制定适合本企业的各项财务会计制度，贯彻经济核算的原则，提高经济效益。要随时检查各项制度的执行情况，发现违反财经纪律、财务会计制度的情况，要及时制止和纠正，有重大问题要向领导或有关部门报告。及时总结经验，不断地修订和完善本企业各项财务会计制度。

2. 认真研究税法，督促足额上缴。对于应该上缴的税金、费用等款项，要按照国家税法等规定严格审查，督促办理解缴手续，做到按期足额上缴，不挤占、不拖欠、不截留，积极组织完成各项上缴工作。

3. 组织分析经济活动，参与经营决策。按月份、按季、按年分析计划的完成情况，找出管理中的漏洞，提出改善经营管理的建议和措施，进一步挖掘增收节支的潜力。参加生产经营管理会议，参与经营决策。充分运用会计资料，分析经济效果。提供可靠信息，预测经济前景，为领导决策当好参谋和助手。

4. 参与审查合同，维护企业利益。审查或参与拟订经济合同、协议及其他经济文件。对于违反国家法律和制度，损害国家和集体利益以及没有资金来源的经济合同和协议，应拒绝执行，并向本单位领导报告。对重要的经济合同和协议，要积极参与拟订，加强事前监督。

5. 提供财务报告，汇报财务工作。负责按规定定期或不定期地向企业管理当局、职工代表大会或股东大会报告财务状况和经营成果，以便高层管理人员进行决策。要按照会计制度和上级有关规定，认真审查对外提供的会计报表，保证会计资料的真实性和可靠性，并及时按规定报送给有关部门。

6. 组织会计人员学习，考核调配人员。要建立学习制度，组织会计人员学习业务技术，不断提高会计人员的业务水平。定期召开专业研讨会，研究工作问题。要制定对会计人员的考核办法，按期进行考核。参与研究会计人员的任用和调配。对不适合做会计工作的人员，要提出建议，进行调整；对不能胜任会计工作的人员，要帮助培养提高，或者另行安排适当的工作。

三、会计人员配备的设计

合理配备会计人员和不断提高会计人员的素质，是做好会计工作的决定性因素。因此，任何一个企业和行政事业单位都应配备必要的、合格的会计人员。为了使会计人员充分发挥自己的积极性，应当明确会计人员的编制、职责、权限等规定，使会计人员的工作有明确的方向和办事准则，以便更好地发挥会计人员的积极性和创造性。

会计人员的编制是指各单位从事会计工作所需会计人员的数量和层次结构。确定会计人员的定员时，既要符合精简机构的原则，又要能保证会计任务的及时完成。具体可采用测定工作量法或按员工人数来配备，确定各个岗位所需的会计人员数量。一般来说，5 000人以上单位不低于1%；3 000人以上5 000人以下单位不低于1.2%；1 000人以上3 000人以下单位不低于1.5%；1 000人以下单位不低于2%，最少要配备2人。

会计人员的定员确定以后，还应根据会计工作各岗位的要求确定会计人员的层次结构，使各个会计工作岗位都能配备相应级别的会计人员，以满足会计工作的需要。一般情况下，会计人员的层次结构应按下列要求确定。

（一）总会计师

《会计法》第三十六条规定："各单位应当根据会计业务的需要，设置会计机构，或者在有关机构中设置会计人员并指定会计主管人员；不具备设置条件的，应当委托经批准设立从事会计代理记账业务的中介机构代理记账。国有的和国有占控股地位或者主导地位的大、中型企业必须设置总会计师。总会计师的任职资格、任免程序、职责权限由国务院规定。"总会计师是企业单位经济核算和财务会计的行政领导人之一，是企业中的财务与会计管理专家。总会计师应坚持正确的经营方向，坚持原则；有组织领导能力；熟悉本企业和国内外同行业的生产、技术和经营情况；在企业管理、财政金融、经济核算、财务、会计和审计等方面具有扎实的专业知识和领导才能。

（二）会计机构负责人、会计主管人员

《会计法》第三十八条规定，会计人员应当具备从事会计工作所需要的专业能力。担任单位会计机构负责人（会计主管人员）的，应当具备会计师以上专业技术职务资格或者从事会计工作3年以上经历。会计机构负责人、会计主管人员应具备下列基本条件。

1. 坚持原则，廉洁奉公；
2. 具有会计专业技术资格；
3. 主管一个单位或者单位内一个重要方面的财务会计工作时间不少于2年；
4. 熟悉国家财经法律、法规、规章制度和方针、政策，掌握本行业业务管理的有关知识；
5. 有较强的组织能力；
6. 身体状况能够适应本职工作的要求。

一般来说，厂（公司）一级会计机构负责人应由高级会计师或会计师担任，科、室级会计机构负责人应由会计师或助理会计师担任。

（三）一般会计人员

各单位根据本单位会计业务的需要配备合格的会计人员。没有从事会计工作所需要的专业能力的人员，不得从事会计工作。

为充分调动会计人员的积极性和创造性，国家在企业、行政、事业单位的会计人员中实行专业技术职务制度。会计专业技术职务分别定为高级会计师、会计

师、助理会计师、会计员。各级专业技术职务均有基本要求如下。

1. 会计员。会计员应初步掌握财务会计知识和技能，熟悉并能执行有关会计法规和财务会计制度，能担负一个岗位的财务会计工作；大学专科或中等专业学校毕业，在财会岗位实习1年期满。

2. 助理会计师。助理会计师应掌握一般的财务会计理论和专业知识，熟悉并执行有关的财经方针、政策和财务会计法规、制度；能担负一个方面或某个重要岗位的财务会计工作，取得硕士学位，或取得第二学士学位或研究生班结业证书；大学本科毕业、在财会工作岗位实习1年期满；大专毕业，担任会计员2年以上；中专毕业，担任会计员4年以上。

3. 会计师。会计师应较系统地掌握财务会计基础理论和专业知识，掌握并能贯彻执行有关的财经方针、政策和财务会计法规、制度；具有一定的财务会计工作经验，能担负一个单位或管理一个地区、一个部门、一个系统某个方面的财务会计工作；掌握一门外语；具备规定学历和专业工作经历，即取得博士学位；取得硕士学位，并担任助理会计师2年左右；取得第二学士学位或研究生班结业证书，并任助理会计师2年；大学本科或大专毕业，任助理会计师4年以上。

4. 高级会计师。高级会计师应较系统地掌握经济、财务会计理论和专业知识，具有较高的政策水平和丰富的财务会计工作经验，能担负一个地区、一个部门、一个系统的财务会计管理工作；能熟练地掌握一门外语；具有规定学历和工作经历，即取得博士学位，并任会计师2~3年；取得硕士学位、第二学士学位或研究生班结业证书、大学本科毕业并担任会计师5年以上。

第四节　会计档案管理设计

会计档案是会计核算的专业材料，是一种重要的经济档案和历史资料，是检查企业、单位过去经济活动的重要依据。因此，会计档案管理是会计工作不可忽视的一部分。为防止会计档案被篡改、被盗窃而泄露经济机密，必须加强其管理，管理方法也应在会计制度设计时加以规定。

一、内容设计

(一) 会计档案的范围

《会计档案管理办法》（1998年）明确规定了会计档案的范围，包括会计凭证、会计账簿和财务报告等会计核算专业资料。具体包括以下方面。

1. 会计凭证类：原始凭证、记账凭证、汇总凭证、其他会计凭证。
2. 会计账簿类：总账、明细账、日记账、固定资产卡片、辅助账簿、其他会计账簿。

3. 财务报告类：月度、季度、年度财务报告，包括会计报表、附表、附注及文字说明，其他财务报告。

4. 其他类：银行存款余额调节表、银行对账单、其他应当保存的会计核算专业资料、会计档案移交清册、会计档案保管清册、会计档案销毁清册。

《会计档案管理办法》同时规定，对采用电子计算机进行会计核算的单位，应当保存打印出的纸质会计档案。具备采用磁带、磁盘、光盘、微缩胶片等磁性介质保存会计档案条件的，由国务院业务主管部门统一规定，并报财政部、国家档案局备案。认真保管会计档案，无论是对加强和改善单位经营管理，还是对查验经济财务问题、防止贪污舞弊，都具有十分重要的意义。

（二）《会计法》中的相关法律规定

《会计法》对会计档案的管理和保管提出了明确的要求，并对不按照有关法规和规定保管会计档案所造成过失的法律责任也做了明确规定。

第二十三条规定："各单位对会计凭证、会计账簿、财务会计报告和其他会计资料应当建立档案，妥善保管。"

第四十二条规定："未按照规定保管会计资料，致使会计资料毁损、灭失的，可以对单位并处三千元以上五万元以下的罚款；对其直接负责的主管人员和其他直接责任人员，可以处二千元以上二万元以下的罚款；属于国家工作人员的，还应当由其所在单位或者有关单位依法给予行政处分。"

第四十四条规定："隐匿或者故意销毁依法应当保存的会计凭证、会计账簿、财务会计报告，构成犯罪的，依法追究刑事责任。有前款行为，尚不构成犯罪的，由县级以上人民政府财政部门予以通报，可以对单位并处五千元以上十万元以下的罚款；对其直接负责的主管人员和其他直接责任人员，可以处三千元以上五万元以下的罚款；属于国家工作人员的，还应当由其所在单位或者有关单位依法给予撤职直至开除的行政处分；对其中的会计人员，并由县级以上人民政府财政部门吊销会计资格证书。"

第四十五条规定："授意、指使、强令会计机构、会计人员及其他人员伪造、变造会计凭证、会计账簿，编制虚假财务会计报告或者隐匿、故意销毁依法应当保存的会计凭证、会计账簿、财务会计报告，构成犯罪的，依法追究刑事责任；尚不构成犯罪的，可以处五千元以上五万元以下的罚款；属于国家工作人员的，还应当由其所在单位或者有关单位依法给予降级、撤职、开除的行政处分。"

二、整理、立卷设计

各单位的会计资料往往是分散的，数量也很多，因此，为了更好地发挥会计档案的作用，必须对会计资料进行收集、整理。会计档案整理是指将会计档案分门别类、按序存放的工作。

(一) 会计凭证的整理、立卷

对取得和填制的各种会计凭证，在登记账簿后应按照凭证类别和时间顺序编号整理，于定期或每个月份终了，将所有应归档的会计凭证收集齐全，并根据记账凭证分类整理其附件，剔除不属于会计档案范围和没有必要归档的资料，补充遗漏的、必不可少的核算资料，按适当厚度分成若干本，填制凭证封面，统一编号，装订成册，并由专人负责保管。

如果在一个月内凭证数量过多，可分装为若干册，在封面上注明共几册、第几册字样。如果某些记账凭证所附原始凭证数量过多，也可以单独装订保管，但应在其封面及有关记账凭证上加注说明。对重要原始凭证和单据，如合同、契约、押金、收据以及需要随时查阅的收据等，需要单独保管时，应编制目录，并在相应记账凭证上注明原始凭证另行保管，以便查核。

(二) 会计账簿的整理归档

年度终了，各种账簿（包括仓库的材料、产品或商品的明细分类账）在结转下年、建立新账后，一般都要把旧账送交总账会计集中统一整理。将活页账表按页码顺序排好，据以逐本登记。会计档案（会计账簿）封面的有关内容要齐全。

(三) 会计报表的整理归档

会计报表一般在年度终了后，由专人（一般是主管报表的人员或会计机构负责人）统一收集、整理、装订、立卷归档。平时，月（季）度报表由主管人员负责保存。年终，将全年会计报表按时间顺序整理装订成册，登记会计档案（会计报表）目录，逐项写明报表名称、页数、归档日期等。经会计机构负责人审核、盖章后，由主管报表人员负责装盒归档。

(四) 其他财会资料的整理归档

其他财会资料，包括年（季）度成本与利润计划、月度财务收支计划、经济活动分析报告等，都应视同正式会计档案进行收集整理。但这部分资料不全部移交档案部门，有的在相当长的时期内仍由财会部门保存，因此，应逐件进行筛选、鉴别，将需移交档案部门保存的，另行组卷装订并移交，其余的则由财会部门保存，以便随时查看。

(五) 会计档案的整理要规范化

封面、盒、袋都要按统一的尺寸、规格制作，卷脊、封面的内容要按统一的项目印制、填写。会计档案应做到：收集按范围，装订按标准，整理按规范。

三、分类和编号设计

(一)分类设计

会计档案的分类要遵循会计档案的形成规律和本身固有的特点,并从本单位会计档案的实际出发进行,具体来讲,可选以下分类方法。

1. 年度—形成分类法。年度—形成分类法是指把一个年度形成的会计档案分为凭证、账簿、财务会计报告三大类,然后分别组成若干保管单元(卷)。这种方法适用于一般的企业、事业单位。

2. 年度—机构分类法。年度—机构分类法是指先把一个年度内形成的会计档案按机构分开,在机构内按凭证、账簿、财务会计报告分别组成保管单元。这种方法一般适用于各级财政、税务等部门以及银行和所属单位多的大型企业。

(二)编号设计

为了实现会计档案管理规范化,有利于电算化处理,根据会计档案排列"年"(所属年度)、"类"(种类)、"限"(保管期限)三要素的多种组合方式,可以选用以下两种排列编号方法。

1. 按"年、限、类"排列。一般的企业、单位可采用"年、限、类"的排列编号方法。也就是说,首先,以每一年度的会计档案为一单元,将每个案卷按不同保管期限依次排列;其次,将同一保管期限的案卷分类排列;最后,以第一卷"永久"卷为1号,按顺序编制目录号,这些号码也作为案卷号。

2. 按时间先后顺序排列。对于由于种种原因会计档案仍由财会部门保管的单位,可将当年的"永久"案卷集中按时间"先过去、后现在"顺序排列,用大流水方法编号,即首卷为"1"号,以后各卷按顺序编下去。其余定期保管案卷,仍以每一年度为一单元,按上述"年、限、类"方式排列编号。

四、保管、利用和销毁设计

(一)会计档案的保管

各单位对立卷归档的会计档案必须妥善保管,在设计会计制度时要认真设计并严格执行安全、保密制度和检查、保管制度。安全制度,包括会计档案的保存、保护责任制,检查、监督等方面的制度。保密是指会计档案的信息不能超越规定传递的范围。保密制度包括接收会计档案信息的范围、对象,利用会计档案时保密的程序、方法以及各环节保密的责任等。检查、保管是指要有专人负责保管会计档案,有关单位、人员要定期地检查会计档案保存情况,要严格按规定的程序、技术方法处理档案保存中的问题。

不同的会计档案发挥作用的时间是不一样的,因此,各类会计档案的保管期限也不相同。一般来说,作为经济活动最原始的记录、具有法律效力的原始凭证,是会计核算最原始的资料,是产生其他会计档案的基础,发挥作用的时间要长一些。因此,会计原始凭证的保管期限要长一些。会计账簿、会计报表(决算报表除外)是根据会计凭证登记、编制的,不具有经济活动的直接证明作用,因而其保管期限可短些。

各类会计档案的保存期限,根据其特点分为永久、定期两类(见表2-3)。定期保存期限分为10年、30年两种。年度会计决算报表和涉及外事、兼并重组的会计凭证和会计账簿都要长期保存;各种总账、明细账保存期限一般为15~25年;各种会计原始凭证和记账凭证,保存期限一般为15年;会计月报、季报表保存期限一般为3~5年。以上各种会计档案的保存期限,从会计年度终了后的第一天算起。

表2-3 企业和其他组织会计档案保管期限表

序号	档案名词	保管期限	备注
一	会计凭证		
1	原始凭证	30年	
2	记账凭证	30年	
二	会计账簿		
3	总账	30年	
4	明细账	30年	
5	日记账	30年	
6	固定资产卡片		固定资产报废清理后保管5年
7	其他辅助性账簿	30年	
三	财务会计报告		
8	月度、季度、半年度财务会计报告	10年	
9	年度财务会计报告	永久	
四	其他会计资料		
10	银行存款余额调节表	10年	
11	银行对账单	10年	
12	纳税申报表	10年	
13	会计档案移交清册	30年	
14	会计档案保管清册	永久	
15	会计档案销毁清册	永久	
16	会计档案鉴定意见表	永久	

(二）会计档案的使用制度

保存会计档案的目的是调阅和使用会计档案，会计档案的整理、归档、保管等工作，只是为使用奠定基础，因此，必须重视和加强会计档案的使用工作。本单位人员调阅会计档案要经会计主管人员同意，外单位人员调用会计档案要有正式介绍信，经会计主管人员或单位领导人批准。调阅会计档案一般应在档案室查阅。外单位人员调用会计档案原则上不得借出，如因特殊需要，则须报经上级主管部门批准。在指定地点查阅档案时，不得拆散原卷册，并限期归还。查阅会计档案人员不准在会计档案上作任何记录、勾画和涂改，更不能抽、撤单据，违者应视情节轻重进行严肃处理。

(三）会计档案的销毁制度

对保管期满的会计档案应按规定销毁，销毁时要填制会计档案销毁目录，将需要销毁的会计档案的案卷标题、起止日期、目录号、案卷号、卷内文件张数等逐项登记后，交档案部门编入会计档案销毁清册，按规定保存。机关、团体、企事业单位销毁会计档案应报本单位领导批准后，方可销毁。销毁时要按规定监销。各单位在按规定销毁会计档案时，应由档案部门和财务会计部门派人员监销；各级主管部门销毁会计档案时，应由同级财政部门、审计部门派人监销；各级财政部门销毁会计档案时，由同级审计部门派人监销。监销人员要认真负责，在销毁会计档案以前要认真清点核对，销毁时要防止泄密、丢失。销毁后，档案部门、财务部门和各有关部门的监销人员要在"会计档案销毁目录"封面上签字盖章，归档长期保存，以备查阅。

(四）会计电算化档案管理

1. 立卷、编目。电算化会计档案的立卷，除了计算机打印出来的会计档案按传统会计档案立卷外，其他生成的计算机电子文件的立卷应按电子文件档案立卷。对于会计使用的计算机程序（也称软件），已经输入存储的会计档案（会计凭证、记账、报表、其他资料等）软盘，都应作为计算机会计档案长期或短期保存。对于供检索会计档案文件使用的软盘，应永久保存。专用的会计数据库里已载入了数据信息的软盘和程序，均应作为计算机会计档案的保管单位，按其记录特点或按时间顺序，分门别类编制档号，再填制计算机档案案卷目录，以便查考、利用。

2. 库房管理。归档的载体应作防涂写处理。不得擦、划、触摸记录涂层。载体应妥善存放，并应做到避光、防尘、防变形，要保持适宜的温、湿度，还要远离磁场。

3. 管理人员的职责。管理人员要做好对计算机会计档案的保密：必须对源程序和数据库予以加密，未经财会负责人批准，任何人不得解密；会计数据（磁盘）未经单位领导批准，不得拷贝给制度规定以外的单位；源程序未经版权所有者同意不得拷贝复制，更不得转让。会计数据软盘不得带出档案室外，不得丢失；在保管期间不得随意乱放，不得放在不符合保存条件的环境下保存，以防会计数据的自行丢失。对计算机会计软件的备份及恢复：要设立备查登记簿，认真登记备份的时间、数量及保管方式，需要登记数据恢复的错误类型、恢复的时间、恢复到最近状态的具体日期等。防范计算机病毒及其传染：外出工作使用备用盘，在软盘上贴写保护标签，不要在带有病毒的计算机上使用软盘，也不要在计算机上使用带有病毒的软盘，要定期或不定期地对计算机硬盘和软盘进行病毒检测等，严格预防病毒传染和破坏会计软件系统。

第五节 会计工作交接制度设计

一、需要办理交接手续的情形

会计人员在调动工作或因长期离职时，为了保证会计工作继续进行，必须有人接替其工作，会计工作的这种移交和接替称为会计工作交接。办理好会计工作交接，既有利于分清移交人员和接管人员的责任，使会计工作前后衔接，也可以防止因会计人员的更换出现账目不清、财务混乱等现象。

二、移交前准备工作设计

会计人员工作调动或者因离职需要办理会计工作交接前，必须做好以下准备工作。

（1）已经受理的经济业务尚未填制会计凭证的，应当填制完毕。

（2）尚未登记的账目应当登记完毕，结出余额，并在最后一笔余额后加盖经办人印章。

（3）整理好应该移交的各项资料，对未了事项和遗留问题要写出书面说明材料。

（4）编制移交清册，列明应该移交的会计凭证、会计账簿、财务会计报告、经管的公章、库存现金、有价证券、支票簿、发票、文件、其他会计资料等内容。实行会计电算化的单位，从事该项工作的移交人员应在移交清册上列明会计软件及密码、会计软件数据盘、磁盘等内容。

三、交接程序和内容设计

为了明确责任，会计人员办理工作交接时必须有专人负责监交。通过监交，保证双方都按照国家有关规定认真办理交接手续，防止交接流于形式，保证会计工作不因人员变动而受影响；保证交接双方处在平等的法律地位上享有权利和承担义务，不允许任何一方以大压小、以强凌弱，或采取非法手段进行威胁。移交清册应当经过监交人员审查、签名和盖章，作为交接双方明确责任的证明。

《会计法》对于会计工作交接的监督环节也做出了规定："会计人员调动工作或者离职，必须与接管人员办清交接手续。一般会计人员办理交接手续，由会计机构负责人（会计主管人员）监交；会计机构负责人（会计主管人员）办理交接手续，由单位负责人监交，必要时主管单位可以派人会同监交。"

四、监督交接的设计

在会计工作交接过程中，主要有以下程序。

（一）移交点收

移交人员离职前，必须将本人经管的会计工作，在规定的期限内，全部向接管人员移交清楚。接管人员应认真按照移交清册逐项点收。具体要求如下。

1. 库存现金要根据会计账簿记录的科目余额进行当面点交，不得短缺，接管人员发现不一致或"白条抵库"现象时，移交人员要在规定期限内负责查清处理。

2. 有价证券的数量要与会计账簿记录一致，有价证券面额与发行价不一致时，按照会计账簿余额交接。

3. 会计凭证、会计账簿、财务会计报告和其他会计资料必须完整无缺，不得遗漏。如有短缺，必须查清原因，并在移交清册中加以说明，由移交人负责。

4. 银行存款账户余额要与银行对账单核对相符，如有未达账项，应编制银行存款余额调节表调节相符；各种财产物资和债权债务的明细账户余额要与总账有关账户的余额核对相符；对重要实物要实地盘点，对余额较大的往来账户要与往来单位、个人核对。

5. 经管的公章、收据、空白支票、发票、科目印章以及其他物品等也应交接清楚。

6. 实行会计电算化的单位，交接双方应在电子计算机上对有关数据进行实际操作，确认有关数据正确无误后，方可交接。

7. 会计机构负责人（会计主管）移交时，应将经管的财务会计工作情况、重大财务收支问题和机构中会计人员的思想、业务情况向接管人员介绍清楚。

（二）交接后相关事宜

会计工作交接完毕后，交接双方和监交人都要在移交清册上签名或盖章，并应在移交清册上注明单位名称，交接日期，交接双方和监交人的职务、姓名，移交清册页数以及需要说明的问题和意见等。接管人员应继续使用移交前的账簿，不得擅自另立账簿，以保证会计记录前后衔接，内容完整。移交清册一般应填制一式三份，交接双方各执一份，另一份存档。

本 章 小 结

会计具有反映和监督职能，为了有效地完成会计任务，实现会计目标，必须建立和健全会计工作组织制度。它包含的内容主要有：会计机构的设置与内部的岗位分工；会计人员的配备、职责划分及岗位责任制的建立；会计档案的保管、查询及销毁；会计工作的交接等其他组织制度。

会计机构是制定和执行会计制度、组织领导和处理会计工作的职能部门。会计机构设计需要遵循与单位的规模和管理级别相适应原则，与本单位会计工作组织形式相适应原则，贯彻精简、高效和岗位责任制原则。

会计机构的内部组织设计，是指在会计机构内部，如何根据各种会计业务及其相互之间的联系，进行合理的分工和组合，使机构内部形成若干相对独立的工作小组，专门负责某类经济业务的会计处理。在设计企业财务与会计组织机构及其岗位责任制时，应遵循适应性原则、统一指挥原则、系统性原则、有效管理幅度原则、责权对等原则、明晰性原则、控制性原则、精简与效率原则。

会计工作岗位包括会计核算岗位和财务管理岗位。会计核算岗位包括采购及应付账款组、销售及应收账款组、出纳组、员工薪酬核算组、固定资产核算组、成本核算组、税务筹划组、总账及报表组、主管及复核组。财务管理岗位包括预算组、资金管理组、利润管理组。会计工作岗位设计旨在建立健全会计部门内部的岗位责任制，将会计部门的工作分为若干岗位，明确总会计师、会计主管的岗位职责，对会计人员配备设计。

会计档案是会计核算的专业材料，是一种重要的经济档案和历史资料，是检查企业、单位过去经济活动的重要依据。因此，对会计档案的管理是会计工作非常重要的一部分。会计档案包括会计凭证、会计账簿和财务报告等会计核算专业资料。会计档案管理设计包括对会计档案的内容设计、整理和立卷设计、分类和编号设计、保管利用和销毁设计。

会计工作的移交和接替称为会计工作交接。办好会计工作交接，有利于防止出现账目不清、财务混乱的情况。

延 伸 阅 读

比亚迪股份有限公司财务负责人管理制度

第一章　总　则

第一条　为规范比亚迪股份有限公司（以下简称公司）财务负责人行为，提高公司财务工作质量，加强公司财务监督，健全公司内部监控机制，保障公司规范运作和健康发展，根据《中华人民共和国公司法》（以下简称《公司法》）、《中华人民共和国会计法》（以下简称《会计法》）、《中华人民共和国证券法》（以下简称《证券法》）、《深圳证券交易所股票上市规则》及《比亚迪股份有限公司章程》（以下简称《公司章程》）等有关规定，特制定本制度。

第二条　财务负责人是对企业财务、会计活动进行管理和监督的高级管理人员，会计机构负责人是依法对公司经营活动进行会计核算和监督的负责人。

第三条　财务负责人定期参加公司经营管理会议，对公司所有财务数据信息、财务报告的真实性、合法性、完整性、及时性负责；向总裁、董事会报告工作、接受监事会的监督。

第四条 财务负责人及会计机构负责人必须严格遵守国家有关法律、法规和制度的规定，认真履行职责，切实维护公司及全体股东的利益。

第二章 任职资格和条件

第五条 财务负责人和会计机构负责人不得在公司控股股东及其关联方中担任除董事、监事外的其他职务，不得在控股股东及其关联方领薪；与公司控股股东、实际控制人和公司的董事、监事、高级管理人员存在亲属关系的人员不得担任公司财务负责人和会计机构负责人。

第六条 财务负责人任职资格和条件如下：

（一）具有高度的敬业精神，良好的职业道德和职业操守，坚持原则，遵纪守法，具有高度的责任心和较强的领导组织能力；

（二）具有5年以上大中型企业全面财务管理工作经验；

（三）具有较强的经济分析、财务分析、财务计划和管理、外汇管理和资本运营能力，熟练掌握企业会计准则、税务法律法规、上市公司、法律法规及其他相关法规制度；

（四）具备较强的业务敏感性和良好的判断决策能力、较强的沟通能力和文字表达能力。

第七条 会计机构负责人任职资格和条件如下：

（一）具有高度的敬业精神，有良好的职业道德和职业操守，坚持原则，遵纪守法，具有较强的责任心和较强的领导组织能力；

（二）熟悉企业会计准则、税务法律法规、海关关务法规、银行办事流程及其他相关法规制度；

（三）具备较强的沟通能力和文字表达能力，具备较强的财务分析能力，精通会计核算并能统筹全局核算工作。

第八条 凡有下列情形的，不得担任财务负责人及会计机构负责人：

（一）无民事行为能力或者限制民事行为能力；

（二）曾违反法律、法规和财经制度，有弄虚作假、贪污受贿等违法违纪行为；

（三）个人负有数额较大的到期未清偿债务；

（四）被中国证监会确定为市场禁入者，并且禁入尚未解除；

（五）按照有关法律法规规定不宜担任财务负责人或会计机构负责人。

第三章 职责与权限

第九条 财务负责人的主要职责和权限：

（一）主要职责如下：

1. 负责定期或不定期向总裁、董事会报告工作，提出财务运作、财务管理等方面的分析和建议；

2. 负责参与公司经营计划制订、资产购置、对外投资、企业并购、重大经济合同签订等重大事项的研究、审议，协助管理层做出决策并负责财务保障工作；

3. 负责建立健全和完善公司及子公司财务管理制度及会计监控机制，监督、检查公司及子公司财务运作和资金收支情况，并对公司财务活动的合法性进行监督；

4. 负责审核公司财务报告，对财务报告的真实性、准确性、及时性、完整性负责，配合监管部门、中介机构对公司财务报表的审计及其他审计鉴证工作；

5. 负责公司财务工作的合法性、真实性和有效性，及时发现和制止可能造成公司重大损失的经营行为，制订相应的防范制度、流程并推动执行；

6. 负责对公司会计机构的设置、会计人员的配备、会计专业职务的设置和聘任提出方案；

7. 负责拟订和执行预算、财务收支计划、信贷计划、拟订资金筹措和使用方案；对股东大会、董事会批准的公司重大经营计划、方案的执行情况进行财务监督，定期向董事会报告经济情况和财务状况；

8. 负责拟订公司资产核销、坏账处理和年度财务预决算；负责监督子公司建立全面预算制度，对年度预算的执行情况进行监督和检查；

9. 负责配合中介机构对公司资产的评估工作。

（二）主要权限如下：

1. 财务决策参与权：参与公司对外投资、营销策略、产权转让、资产重组、工程项目建设、筹资融资、抵押担保、资金调度、利润分配、预算、重大经济合同签订、业务流程再造等涉及财务收支的重要经济事项的决策和执行，从其合法性、真实性、效益性等方面进行审查，协助管理层做好决策分析；

2. 财务机构人员管理权：根据会计法规及公司实际需要，落实公司会计机构设置及人员配备；

3. 财务收支审核权：审核对固定资产购置、对外投资、工程项目建设、商品采购等事项的资金使用；审核物料采购、货款结算、税金计缴及各种费用的报销支出；

4. 财务风险管理权：加强风险管理，审核诉讼赔偿，严禁设置账外资产，参与公司绩效考核制度制定与实施等；

5. 财务监督权：对公司各项收入、成本、费用开支的合法性和真实性进行审核，有权制止和纠正违反财经法律法规的经济行为，维护资金安全；审核公司各经营部门年度经营计划完成情况及各项年度预算计划执行情况，参与实施考核、监督、控制和奖惩；

6. 财务信息化实施权：主持公司财务信息化实施，负责财务应用软件与业务应用系统对接；对业务流转环节和核算环节实施监控，确保系统安全、有效运行。

第十条 会计机构负责人的主要职责权限如下：

（一）根据国家财务会计法规和行业会计规定，结合公司特点，拟订公司财务管理、会计核算方面的各项管理制度，并组织实施经批准的各项制度；

（二）负责定期或不定期向财务负责人报告工作，提出会计机构运作、会计核算等方面的建议和分析；

（三）负责编制公司财务报告并交财务负责人审核，对财务报告的质量负责；

（四）在财务负责人指导下，做好上市公司财务数据披露及检查工作，协助会计师事务所完成审计工作，配合审计部完成内审及跟进工作；

（五）负责检查财务人员的岗位设置、绩效计划、监督公司财务预算的执行情况，绩效管理的实施及改进工作，并提出绩效考核建议；

（六）协助财务负责人处理与业务相关的其他事务等。

第四章 考核与离任

第十一条 每年度末公司财务负责人须接受董事会的考核；考核的内容包括遵纪守法、财务决策、财务监督、制度建设、团队建设等，考核结果作为续聘、解聘和奖惩的重要依据。

第十二条 每年度末公司会计机构负责人接受公司财务负责人的考核，考核的形式为季度考核与年终考核相结合的办法，考核的内容包括遵纪守法、财务报表、税收筹划与管理、财务制度执行情况、工作态度、工作效率、业务能力、财务支持等，考核结果作为续聘、解聘和奖惩的重要依据。

第十三条 出现下列情形之一的，考核不得评为合格：

（一）在履行职务时出现重大错误或疏漏，给公司造成重大损失；

（二）违反国家法律、政策法规、公司规章制度，给公司造成重大损失。

第十四条 公司财务负责人离任：

（一）公司财务负责人在任职期间可以向董事会提出辞职，但应提前一个月以书面形式向董事会提交辞职报告，经董事会批准后离任。若未经董事会正式批准擅自离职给公司造成损失的，财务负责人应负赔偿责任。

（二）公司解聘财务负责人时，财务负责人有权就被公司解聘的有关情况，向董事会提交个人申述报告。

（三）公司财务负责人离任前，应当接受董事会审计委员会的离任审查，将有关档案文件、正在办理或待办理事项，在公司审计部的监督下移交。

第十五条 公司会计机构负责人离任：会计机构负责人在任职期间提出辞职，应提前一个月以书面形式提交辞职报告，离任前，应当接受公司审计部的离任审计。

第十六条 公司在聘任财务负责人及会计机构负责人时应与其签订保密协议，遵守公司相关信息保密制度，不得擅自泄露公司秘密。除非国家或公司章程规定或经股东大会、董事会批准，财务负责人及会计机构负责人不得对外披露公司信息。

第五章 责任追究

第十七条 财务负责人和会计机构负责人未能履行工作职责，公司应追究相关责任人的责任。

第十八条 财务负责人的责任追究范围：

（一）违反《会计法》《证券法》等相关法律法规及公司相关制度规定；

（二）未严格执行《企业会计准则》及相关规定，财务信息未能真实、准确、完整、及时地反映公司的财务状况、经营成果和现金流量等情况；

（三）未严格执行信息披露编报规则等相关要求，财务报告信息披露出现重大错误或重大遗漏的；

（四）有渎职、贪污、受贿等行为，或弄虚作假、虚报、瞒报、迟报重大突发事件和重要情况；

（五）未能认真履行其职责，管理松懈，措施不到位或不作为，导致工作目标、工作任务不能完成，影响公司总体工作的；

（六）重大事项违反决策程序，主观盲目决策，造成重大经济损失；

（七）对下属部门或人员滥用职权徇私舞弊等行为包庇、袒护、纵容；

（八）因公司财务问题受到证监会、税务局处罚及其他监管机构处罚；

（九）其他因工作错误或疏漏，给公司造成不良后果或经济损失的。

第十九条 会计机构负责人责任追究范围：会计机构负责人的责任追究，按公司对财务部的考核内容并结合相关考核办法及内部审计结果作为追究责任依据，主要包括资金安全、会计处理、财务预算、财务管理、财务报表、税收筹划与管理等方面。

第二十条 当发生责任追究所涉及事项时，公司审计部应调查责任原因，进行责任认定，并拟订处罚意见和整改措施，并提交相关部门或董事会审计委员会、董事会认定并形成处罚决议。

第二十一条 责任追究主要形式：

（一）警告、责令改正；

（二）公司内通报批评；

（三）调离原工作岗位、停职、降职、撤职；

（四）经济处罚；

（五）解除劳动合同。

第二十二条 财务负责人和会计机构负责人受到责任追究的同时，给公司造成经济损失的，追究其经济责任；构成犯罪的，公司有权向有关司法机关举报，由司法机关依法追究其刑事责任。

第六章 财务负责人权益保障

第二十三条 公司不得因财务负责人坚持原则、遵守法律法规而将其调离、停职、降职、降薪、撤职、辞退以及其他处罚。

第七章 附 则

第二十四条 本制度经董事会审议通过之日起施行。

第二十五条 本制度由董事会负责解释和修订。

基 本 训 练

一、单项选择题

1. 会计档案定期保存期限分为（   ）。
①半年 ②1年 ③3年 ④5年 ⑤10年 ⑥15年 ⑦20年 ⑧25年
A. ①②③④⑤⑥⑦⑧   B. ③④⑤⑥⑦⑧
C. ③④⑤⑥⑧   D. ③④⑤⑦

2. 会计工作是由（   ）共同完成的，它们构成一个会计组织系统。
A. 会计机构与会计档案   B. 会计机构与会计人员
C. 会计人员与会计档案   D. 会计制度与会计档案

3. 下列选项中，一般适用于会计与财务合并设置的小型企业的是（   ）。
A. 总会计师领导下的集中核算模式   B. 会计部经理领导下的集中核算模式
C. 总会计师领导下的分散核算模式   D. 财会主管领导下的集中核算模式

4. 下列关于会计档案的保存期限的说法中，不正确的是（   ）。
A. 各种总账、明细账保存期限一般为 5～15 年
B. 年度会计决算报表和涉及外事、兼并重组的会计凭证和会计账簿都要长期保存
C. 各种会计原始凭证和记账凭证，保存期限一般为 15 年
D. 会计月报、季报表保存期限一般为 3～5 年

5. 下列选项，属于小型企业会计主管岗位基本职责和要求的是（   ）。
A. 负责企业各种税费的计算和缴纳工作   B. 编制各种会计报表
C. 审核原始凭证   D. 定期进行财务成本完成情况的分析

6. 根据我国《会计法》的规定，必须设置总会计师的企业类型是（   ）。
A. 上市公司
B. 国有的和国有资产占控股地位或者主导地位的大、中型企业
C. 国有的和国有资产占控股地位或者主导地位的大型企业
D. 具有大量子公司的大型企业

7. 会计凭证、会计账簿和会计报表的设计是企业会计制度总体设计具体内容中的（   ）。
A. 成本费用核算及其管理制度的设计   B. 财产核算及其管理制度的设计
C. 会计核算形式的设计   D. 会计机构和人员配备的设计

8. 总会计师下面设结算中心，结算中心的主要职责不包括（   ）。
A. 参与经济仲裁，提供经济信息
B. 负责企业单位和部门的经济结算工作，发行厂币，签发内部转账支票

C. 主要对企业有价证券进行管理
D. 负责企业内部资金的调度使用

9. 下列说法中错误的是（　　）。
A. 小型企业会计机构可不必下设内部职能小组
B. 小型企业只设人员不设机构
C. 小型企业不用经常对账
D. 小型企业的出纳与其他岗位的会计应分别由专人任职

10. 精简与效率原则是指企业财务与会计组织机构及其岗位责任制的设计必须体现精简、高效的要求，防止岗位重叠、人浮于事，避免人力、物力的浪费和低效率的工作环境。这方面要求企业财务与（　　）及其岗位责任制设计的繁简程度相宜。
A. 内控制度　　　　　　　　　　B. 会计组织机构
C. 企业会计　　　　　　　　　　D. 管理层制度

二、多项选择题

1. 会计机构的内部组织设计原则包括（　　）。
A. 适应性原则　　　　　　　　　B. 系统性原则
C. 责权对等原则　　　　　　　　D. 精简与效率原则

2. 总会计师领导下的集中核算模式，一般可设置的部门包括（　　）。
A. 会计部　　　　　　　　　　　B. 审计部
C. 成本核算部　　　　　　　　　D. 职工薪酬部
E. 财务管理部

3. 下列选项中，属于会计工作移交前准备工作的有（　　）。
A. 已经受理的经济业务尚未填制会计凭证的，应当填制完毕
B. 尚未登记的账目应当登记完毕，结出余额，并在最后一笔余额后加盖经办人印章
C. 整理好应该移交的各项资料，对未了事项和遗留问题要写出书面说明材料
D. 编制移交清册，列明应该移交的会计凭证、会计账簿、财务会计报告、经管的公章、其他会计资料等内容

4. 下列关于会计档案管理的说法中正确的有（　　）。
A. 各种会计原始凭证和记账凭证，保存期限一般为10年；各种总账明细账保存期限一般为15~25年
B. 外单位人员调用会计档案原则上不得借出，如因特殊需要，则须报经上级主管部门批准，在指定地点查阅，不得拆散原卷册，并限期归还
C. 电算化会计档案的立卷，除了计算机打印出来的会计档案按传统会计档案立卷外，其他生成的计算机电子文件的立卷应按电子文件档案立卷
D. 会计档案的范围，包括会计凭证、会计账簿和财务报告等会计核算专业资料

5. 下列关于会计档案的保管、利用和销毁的说法中正确的有（　　）。
A. 保存会计档案的目的是为了调阅和利用会计档案，会计档案的整理、归档、保管等工作
B. 各单位在按规定销毁会计档案时，应由档案部门和财务会计部门派人员监销
C. 各单位对立卷归档的会计档案必须妥善保管，在设计会计制度时要认真设计并严格执行安全、保密制度和检查、保管制度
D. 调阅会计档案一般应在档案室查阅

6. 企业会计机构内部的分工有多种设计模式，一般的设计模式有（　　）。

A. 财会主管领导下的集中核算模式
B. 总会计师领导下的集中核算模式
C. 总会计师领导下的分散核算模式
D. 会计部经理领导下的集中核算模式
E. 会计部经理领导下的分散核算模式

7. 以下处罚决定中不正确的有（　　）。
A. 保管员小张无意丢失单位 2017 年第三季度的会计资料，被处以 1 500 元人民币罚款
B. 公务员小李因贪污故意损毁相关会计凭证，被单位开除并处以 10 000 元人民币罚款
C. 某民营企业副总经理老张授意会计部门伪造报销凭证，被处以 20 000 元人民币罚款
D. ××公司为逃税篡改相关原始凭证、会计账簿与销售合同，金额重大，涉嫌刑事犯罪，被当地财政部门通报批评，并处 100 000 元人民币罚款

8. 以下说法中不正确的有（　　）。
A. 本单位人员调阅会计档案只要经会计主管人员同意即可
B. 外单位人员调用会计档案要有正式介绍信，经会计主管人员或单位领导人批准
C. 调阅会计档案必须在档案室查阅
D. 查阅会计档案人员不准在会计档案上做任何记录、勾画和涂改，但可以在上级主管部门批准下拆散原卷册进行重新装订

9. 根据《会计法》和《会计基础工作规范》的有关规定，下列对原始凭证的填制、审核和更正的做法中错误的有（　　）。
A. 王某在原始凭证作废时，加盖了"作废"戳记，并销毁了作废凭证
B. 某企业将经公司负责人批准的重大经济业务的批准文件作为原始凭证的附件
C. 王某发现原始凭证的金额上有错误，要求出具单位更正并加盖公章
D. 原始凭证必须经过审核后才能记账

10. 以下属于总会计师职责的有（　　）。
A. 编制和执行预算、财务收支计划、信贷计划，拟订资金筹措和使用方案，开辟财源，有效地使用资金
B. 进行成本费用预测、计划、控制、核算、分析和考核，督促本单位有关部门低消耗、节约费用、提高经济效益
C. 建立健全经济核算制度，利用财务会计资料进行经济活动分析
D. 承办单位主要行政领导人交办的其他工作

三、判断题

1. 根据我国企业现状，财务与会计工作多数都由会计机构办理，而不单设财务机构。
（　　）
2. 对于保管期满但未结清的债权债务的原始凭证不得销毁，应单独抽出，另行立卷，有档案部门保管到未了事项完结时为止。（　　）
3. 集中式核算组织形式，是适应企业内部单位日常管理需要的内部报表的编制和分析，分散到直接从事该项业务的车间（分公司）、部门进行。（　　）
4. 如果在一个月内某些记账凭证所附原始凭证数量过多，可以单独装订保管，但应在其封面及有关记账凭证上加注说明。（　　）
5. 会计档案移交清册和会计档案销毁清册不属于要管理的会计档案。（　　）
6. 外单位人员可以调阅本单位的会计档案，但是一律不得外借。（　　）
7. 总账会计的职责包括：月底负责结转各项期间费用及损益类凭证，并据以登账。（　　）

8. 企业会计组织中可以设置以下小组：总账报表组、采购和应付款组、销售和应收款组、工资核算组、仓库核算组（或存货核算组）、固定资产核算组、成本核算组、对外投资核算组。（　　）

9. 销毁后，档案部门、财务部门要在"会计档案销毁目录"封面上签字盖章，归档长期保存，以备查阅。（　　）

10. 对于违反国家法律和制度，损害国家和集体利益，以及没有资金来源的经济合同和协议，应与同级人员沟通协调。（　　）

四、简答题

1. 实行会计工作组织制度有什么意义？
2. 会计制度设计人员应具备哪些能力和素质要求？
3. 目前，我国正值开展制造业信息化和 ERP 研发应用的高潮期，ERP 环境下的企业组织结构是建立在"扁平化"理论基础之上，以业务流程为导向的。试了解 ERP 环境下的会计组织结构，与职能导向构建的传统会计组织有什么不同？
4. 在设计企业财务与会计组织机构及其岗位责任制时，应遵循哪些原则？

五、案例分析题

某公司为一家中型工业企业，管理能力较强，管理要求较高。一直以来财务机构和会计机构合设，并设置总设计师。近年来，随着企业财务关系的日益复杂，为便于企业进行科学的决策，管理层考虑将财务机构和会计机构分设，并单独设置内部审计部门以加强监督。

要求：请根据上述材料为该公司制定财会机构内部的组织结构，并绘制财会机构组织体系图。

第三章　会计核算组织程序设计

学习目标
1. 了解会计科目、会计凭证、会计账簿和账务处理程序的概念、种类及意义；
2. 理解会计科目、会计凭证、会计账簿和账务处理程序的设计原则和相关内容；
3. 熟悉原始凭证、记账凭证的要素和格式，明确账簿的种类及其设计方法；
4. 掌握不同账务处理程序的设计流程，以及它们各自的优缺点和适用范围。

重要概念
会计科目设计；会计凭证设计；会计账簿设计；账务处理程序设计

案例导入
大学生小张毕业后去杭州某小规模企业做会计，五年过去了，企业也在不断发展和壮大。在职期间，小张有了以下三点发现：(1) 企业的记账凭证是由出纳员王某先盖好章放在会计人员处；(2) 企业的所有账簿都使用便于改错的活页账；(3) 企业一直采用记账凭证账务处理程序。小张认为，在原先企业还处于小规模状态时，采用此种账务处理程序是合理的，但随着企业不断发展，如今已经成为规模较大、业务繁多的大型企业，业务量不断增多，会计部门也反映工作量增大了不少，经常加班加点还无法完成会计工作。企业也尝试再招聘三名新的会计人员，但还是没有很好地解决这个问题。所以，小张觉得需要更改账务处理程序以寻求效率的突破。

思考与讨论：
(1) 该企业的会计凭证处理是否妥当？
(2) 该企业的账簿设置存在问题吗？
(3) 小张的想法对吗？你认为采用哪种账务处理程序更合适？

第一节　会计科目设计

一、会计科目设计概述

会计科目是指对会计对象的具体内容，按其经济业务的内容和经济管理的需要，进行分类核算的项目。会计科目设计是指根据企业业务的需要，为全面完整核算企业的经济业务，选定使用的会计科目。

会计科目是对会计要素内容进行核算和监督所形成的具体项目，是提供会计核算资料的基础。会计科目设计是会计制度设计的重要内容，为会计凭证设计、会计账簿设计、会计报表设计以及会计核算程序设计奠定了基础。每个企业都必须根据自己的经济业务性质、规模大小、经济管理要求等，设计一套科学完整的会计科目体系。

(一) 会计科目设计的意义

会计科目设计是会计制度设计的重要环节，科学和完整的会计科目体系是进行会计记录、确认和报告的基础。会计科目是会计核算的专门方法之一，它为设置账户、编制凭证、登记账簿以及编制会计报表提供了依据。通过设计会计科目对会计要素的具体内容做进一步的分类，有助于全面、系统、分类地核算和监督企业发生的经济业务及所引起的会计要素变化的具体情况，满足经济管理者和会计信息使用者的要求。

(二) 会计科目设计的原则

会计科目是会计核算的基础和前提，是会计核算方法体系的重要组成部分，因此，设计会计科目必须符合会计核算内容本身的特点，遵循会计核算方法本身的规律。具体来讲，设计会计科目应遵循以下四项原则。

1. 合法性原则。合法性原则是指会计科目设计应符合国家现行会计法规制度的要求。国家的会计法规制度体现了国家管理经济和对财会工作的总体要求，设计会计科目时，应依据2006年财政部颁发的《会计科目与主要账务处理》的要求，企业根据本单位的业务范围选取适用的会计科目。

2. 全面性原则。全面性原则是会计科目设计的重要原则，要求在设计会计科目时必须保证会计科目能够全面反映经济业务活动，防止有所遗漏。

3. 满足企业经济管理的需要。会计是经济管理的重要组成部分，通过提供会计信息进行反映和监督。会计科目设计要考虑到企业经济业务特点和生产经营过程，如制造业企业的生产经营活动、商业企业的商品购销活动、租赁企业的租赁活动、服务业的收支活动对经济管理有不同的要求，会计科目设计就应有所差别，否则难以满足需要。会计科目设计应当考虑到企业规模大小，如大中型企业经济业务活动比较复杂、业务量大，会计科目应当详细一些；反之，小企业业务量小，业务性质比较单一，会计科目应力求简明。

4. 会计科目名称能明确地反映其内容，要求简明实用，并保持相对稳定性。会计科目是分门别类地反映经济业务活动的，因此，会计科目的名称必须与其所反映的经济业务内容相一致。为了便于记忆和记账，会计科目的名称应简明扼要，核算内容要明确、界限要清楚，以避免引起混乱和误解。为了使会计核算指标前后期具有可比性，同时，便于核算资料的归类汇总，会计科目设计还应保持相对稳定。

(三) 会计科目设计的步骤

1. 明确与会计科目设计直接相关的会计法规制度。在现行会计法规体系中，直接与会计科目设计相关的会计法规主要是《会计科目与主要账务处理》。《会计科目与主要账务处理》涵盖了各类企业的交易和事项,因此,各企业单位在设计会计科目时,应先对《会计科目与主要账务处理》的内容进行全面了解,以此来选择确定本单位将使用的会计科目。

2. 对会计主体的经济业务进行调查,明确经济业务的内容。会计科目所反映的内容应与企业现有经济业务和潜在经济业务内容一致,即有什么类型的经济业务,就应当有反映该业务内容的会计科目。会计科目既不能过剩,也不能缺少,要做到这一点,必须详细调查企业情况,全面了解本单位的经济业务。

3. 对经济业务进行科学分类,确定会计科目的名称。在全面了解企业经济业务的基础上,应当按照经济管理和会计核算的要求对其进行科学合理的分类,以确定各业务所涉及的会计科目的名称。对经济业务进行分类的方法有多种,例如,可以按照资金运动的过程将经济业务分为资金进入企业的业务(筹资业务)、采购与付款业务、生产业务、销售与收款业务、利润计算与分配业务以及对外投资业务;也可以按照经济业务性质,将经济业务分为涉及企业财务状况的经济业务和涉及企业经营成果的经济业务两类。

4. 对会计科目编号,建立会计科目体系。对会计科目编号实际上就是为会计科目设计代码。其目的是便于使用者对会计科目的掌握和运用,便于登记账簿、查阅账目和推广会计信息化。设计会计科目不仅应确定会计科目的名称,还应为每一会计科目设计代码,以便形成完整的会计科目体系。

5. 编写会计科目的使用说明。会计科目的使用说明是对每一会计科目的核算内容、经济用途、使用方法、主要会计事项的处理方法及特殊事项的会计处理等进行的文字性介绍。编写会计科目的使用说明是设计会计科目最重要和最复杂的工作,其作用在于全面介绍会计科目,帮助会计人员正确理解、使用会计科目。因此,会计科目使用说明的编写质量,是会计科目设计成功与否的标志。

(四)会计科目的具体设计

会计科目按隶属关系的不同可分为总分类科目和明细分类科目。总分类科目是对会计对象不同经济内容做总括分类,反映核算指标总括情况的科目。明细分类科目是对总分类科目所含经济内容作进一步分类,反映核算指标详细、具体情况的科目。

会计科目设计的基本内容包括总分类科目设计、明细分类科目设计、会计科目编号设计和会计科目的使用说明设计。

二、总分类科目设计

我国会计科目及核算内容都是由财政部统一规定的,新的会计科目表将会计科目分为资产类、负债类、共同类、所有者权益类、成本类和损益类六大类。这六大类科目构成了一个完整的会计科目体系。一般常用的会计科目如表3-1所示。

表3-1　　　财政部规定的全国统一的企业会计科目表

序号	编号	会计科目名称	序号	编号	会计科目名称
一、资产类			34	1603	固定资产减值准备
1	1001	库存现金	35	1604	在建工程
2	1002	银行存款	36	1605	工程物资
3	1012	其他货币资金	37	1606	固定资产清理
4	1101	交易性金融资产	38	1701	无形资产
5	1121	应收票据	39	1702	累计摊销
6	1122	应收账款	40	1703	无形资产减值准备
7	—	应收款项融资	41	1711	商誉
8	1123	预付账款	42	1801	长期待摊费用
9	1131	应收股利	43	1811	递延所得税资产
10	1132	应收利息	44	1901	待处理财产损溢
11	1221	其他应收款	二、负债类		
12	1231	坏账准备	45	2001	短期借款
13	1321	委托代销商品	46	2201	应付票据
14	1401	材料采购	47	2202	应付账款
15	1402	在途物资	48	2203	预收账款
16	1403	原材料	49	2204	合同负债
17	1404	材料成本差异	50	2211	应付职工薪酬
18	1405	库存商品	51	2221	应交税费
19	1406	发出商品	52	2231	应付股利
20	1407	商品进销差价	53	2232	应付利息
21	1408	委托加工物资	54	2241	其他应付款
22	1411	周转材料	55	2314	受托代销商品款
23	1461	存货跌价准备	56	2401	递延收益
24	1462	合同资产	57	2501	长期借款
25	1511	长期股权投资	58	2502	应付债券
26	1512	长期股权投资减值准备	59	2701	长期应付款
27	1521	其他债权投资	60	2702	未确认融资费用
28	1522	其他权益工具投资	61	2711	专项应付款
29	1523	投资性房地产	62	2801	预计负债
30	1531	长期应收款	63	2901	递延所得税负债
31	1532	未实现融资收益	三、共同类		
32	1601	固定资产	64	3101	衍生工具
33	1602	累计折旧	65	3201	套期工具

续表

序号	编号	会计科目名称	序号	编号	会计科目名称
66	3202	被套期项目	80	6101	公允价值变动损益
四、所有者权益类			81	6111	投资收益
67	4001	实收资本	82	6115	资产处置损益
68	4002	资本公积	83	6117	其他收益
69	4003	其他综合收益	84	6301	营业外收入
70	4101	盈余公积	85	6401	主营业务成本
71	4103	本年利润	86	6402	其他业务成本
72	4104	利润分配	87	6403	税金及附加
73	4201	库存股	88	6601	销售费用
五、成本类			89	6602	管理费用
74	5001	生产成本	90	6603	财务费用
75	5101	制造费用	91	6701	资产减值损失
76	5201	劳务成本	92	—	信用减值损失
77	5301	研发支出	93	6711	营业外支出
六、损益类			94	6801	所得税费用
78	6001	主营业务收入	95	6901	以前年度损益调整
79	6051	其他业务收入			

三、明细分类科目设计

总分类会计科目只能总括地反映经济活动情况，而经营管理还需要比较明细的核算资料，为此需要在总分类会计科目下设置明细科目。明细科目一般分设二、三级，如有特殊需要可以设置四级明细科目，以便形成一个完整的科目级别体系。由于在企业会计准则附录中对大部分会计科目的明细科目没有作详细规定，同时，企业经营管理对各类会计科目反映的详细经济内容和用途的要求各不相同，因此，对明细科目设置的要求也不一样。

一般来说，实物资产按种类和品名设置明细科目；债权和债务类性质的资产、负债按单位名称或个人设置明细科目；成本计算科目按对象设置明细科目；费用类科目主要按项目设置明细科目；一些收入和支出科目按业务种类和项目设置明细科目。

表3-2以某钢材厂的"原材料"为例，说明会计科目的详细程度分类。

表 3-2　　　　　　　　　　　　　原材料科目

总分类科目 (一级科目)	明细分类科目		
	二级科目（子目）	三级科目（细目）	四级科目
原材料	原料及主要材料	钢材	圆钢
			方钢
			工字钢
		铝材	板材
			管材
			线材
	辅助材料	钢材	管材
			线材

四、会计科目的编号与使用说明

（一）会计科目编号设计

会计科目编号就是确定会计科目的编码。具体来说，就是根据会计科目的经济内容及其在会计科目体系中的地位和特点进行分类，为每一会计科目确定一个号码作为科目的代号，编号一经确定，不得随意变更。

现行企业会计科目表中共分六类：资产类、负债类、共同类、所有者权益类、成本类和损益类。每一类均以不同首位数字（分别是 1、2、3、4、5、6）加以识别。每一类别的一级会计科目的编号采用 4 位制，其中性质相同的科目，前两位号码相同；二级科目采用 6 位制，其中性质相同的科目，前 4 位数字相同；三级科目采用 8 位制。科目编号留有空间，以备增添新的科目编号。

会计科目的编号除涉及总账科目编号外，还应对明细科目进行编号。我国所规定的明细科目的编号方法是数字顺序法，即对按照一定顺序排列的全部总账会计科目或某一总账科目所属全部明细科目，从第一号开始，编至最后一个科目为止。由于各总分类科目所属明细科目的数量不同，很可能有些总分类科目包含的明细科目的数量超过 10 个，因此，编号是从 01 开始，依次递升，不必预留空号。在采用编号书写会计科目时，总分类科目编号与明细科目编号可以像文字书写一样，中间由"—"符号分开，如"2221—01—01"代表"应交税费——应交增值税（进项税额）"，也可以连续书写，我国现行会计制度中采用的是后一种方法，即连续书写，如"22210101"代表"应交税费——应交增值税（进项税额）"科目。

（二）会计科目的使用说明设计

会计科目设计完成后，要在会计科目表后以使用说明的方式对各个会计科目的核算内容、用途、使用方法等进行详细说明，以便正确使用。会计科目使用说明的主要内容包括以下四个方面。

1. 说明各会计科目核算的内容与范围。首先，要说明每一个会计科目核算的具体内容，要严格划分类似科目的界限，以保证正确地核算，防止出现混淆使用会计科目现象。其次，对于财产物资的计价方式也应加以说明。如"在建工程"科目，应先说明其是核算公司为建造或修理固定资产而进行的各项建筑和安装工程，包括固定资产新建工程、改扩建工程、大修理工程等所发生的实际支出，以及改扩建工程等转入的固定资产净值。购入不需要安装的固定资产，不在本科目核算；公司购入为工程准备的物资也不在本科目核算。如"库存现金"科目，要说明该科目只核算单位的库存现金，明确备用金不在该科目核算，应在"其他应收款"科目下设置"备用金"明细科目进行核算。

2. 说明会计科目的核算方法。在会计科目使用说明中，应说明根据会计科目设置的每一账户的性质、用途、结构及主要账务处理和核算要求，以便会计人员正确运用会计科目进行核算和监督。如"库存现金"科目，其用途是核算单位库存现金，应规定收入现金时记入借方，贷记有关科目；支出现金时，应借记有关科目，贷记本科目。同时要求单位设置"现金日记账"，由出纳人员根据收付款凭证，按照业务发生顺序逐笔登记，每日终了，应计算当日的现金收入合计数、现金支出合计数和结余数，并将结余数与实际库存数核对，做到账账相符、账实相符。对于有外币现金的单位，应分别以人民币和各种外币设置"现金日记账"进行明细核算。

3. 说明明细科目的设置。单位使用的会计科目，大多数都需要设置二级科目或三级科目，应在使用说明中规定如何设置和设置哪些明细科目。如"固定资产"科目应说明按固定资产的类别设置二级科目，并设置"固定资产登记簿"和"固定资产卡片"，对固定资产进行明细核算。又如"原材料"科目，规定应按材料的种类、存放地点分别设置明细科目进行核算等。

4. 特殊会计事项账务处理说明。特殊会计事项是指会计科目正常核算范围之外所发生的业务事项，如资产清查和物资运输途中发生的短缺或溢余、自然灾害造成的资产损失等。例如，"库存现金"科目，在每日终了结算现金收支或财产清查中发生的有待查明原因的短缺或溢余，应通过"待处理财产损溢"科目核算：属于现金短缺，应按实际短缺的金额，贷记本科目，借记"待处理财产损溢——待处理现金短缺"科目；属于现金溢余，按实际溢余的金额，借记本科目，贷记"待处理财产损溢——待处理现金溢余"科目。

第二节　会计凭证设计

会计凭证是记录经济业务、明确经济责任并据以登记账簿的书面证明。填制和审核会计凭证是会计合规性的重要内容和基础环节，是登记会计账簿的依据。会计核算程序的基本形式可以概括为"填制和审核会计凭证—登记会计账簿—编制财务报表"。通过填制会计凭证，还有利于加强会计监督和内部控制。因此，科学地设计各种类型的会计凭证，建立健全会计凭证体系，是会计制度设计的重要内容。

一、会计凭证设计概述

会计凭证设计指根据被设计单位实际情况，对凭证的种类、内容、用途、格式、传递程序做出科学的规划，绘制出科学、规范的格式，以便为完整、及时、真实地记录经济活动提供所需要的信息载体。一切业务都必须有真凭实据，这是会计工作应当遵守的一条重要原则，也是保证会计核算资料具有真实性、客观性和可验证性的关键。设计会计凭证，不仅对记录经济业务、反映资金变化、明确经济责任有直接作用，而且影响登记账簿、计算成本、清查财产以及编制财务报表等会计核算工作。

（一）会计凭证设计的意义

会计核算系统的基本形式可以概括为"凭证—账簿—报表"，由此我们可以看出会计凭证是会计核算的起点和基础，在会计系统中占据了重要地位。企业进行任何一项经济业务，都要填制或取得相应的会计凭证，会计凭证详细记录了经济业务发生的具体内容，是记录经济活动的最原始的资料，为经济管理提供决策有用的信息，也为检查和审核工作提供了基础。随着业务的执行与完成，记载业务完成情况的会计凭证经过审核无误后，作为登记账簿的依据。会计凭证在填制以及传递过程中，有关经办人员要在会计凭证上签名、盖章，从而明确他们所承担的经济责任，同时也强化了企业内部控制。

（二）会计凭证的设计原则

1. 清晰性原则。会计凭证要能够全面真实地反映经济活动的发生和完成情况，所以凭证要素要齐全，清晰地反映经济活动的发生时间、地点、内容、责任等情况。再者，不同用途的联次为了易于区分，颜色也应不同，如收款收据一般为三联，第一联给交款人，第二联记账，第三联为存根，各联颜色应有明显区别并标明各联联次。

2. 经济性原则。经济性原则要求设计者尽量考虑一证两用或多用，以节约纸张和减少数字的转抄，比如银行各种结算凭证既是原始凭证又是记账凭证等。凭证面积要以能充分反映业务内容为原则，不宜过大或过小，过大浪费纸张，增加了印刷成本，过小不便于保管。专用凭证的常用项目应事先印刷在凭证上，以避免手写耽误时间且影响整洁和美观。

3. 统一性原则。统一性原则要求凭证的内容和格式应尽量做到统一和标准化。全国性使用的凭证如车船票、机票、增值税专用发票等，有关部门设计时应做到全国统一，不能大小不一、内容不一。一个单位内部使用的凭证更应做到标准化，例如收款凭证中会计科目栏称总账，而付款凭证中该栏又称一级科目，或者收款凭证面积大，付款凭证面积小，都是不符合统一性原则的。贯彻统一性原则不仅使凭证内容更清晰，同时也便于装订和归档保存，还有利于机械化操作和在全国范围内传递及使用信息。

4. 有利于加强经济核算和内部控制原则。自制的许多原始凭证是为加强经济核算和企业内部管理服务的，设计时应充分注意贯彻这一原则。例如职工考勤表、产品加工单、工时记录、停工记录、产量记录、管理费用分配卡等的设计，都要便于各种核算、控制、分析和检查，满足管理和内部控制的需要。

（三）会计凭证设计的种类

会计凭证按其主要用途和填制程序不同，分为原始凭证和记账凭证。原始凭证是用来记录经济业务活动具体内容的发生、完成情况，是编制记账凭证的原始会计核算资料。而记账凭证是会计人员根据审核无误的原始凭证按照经济业务事项的内容加以分类，并据以确定会计分录后所填制的会计凭证，是登记账簿的直接依据。

所以会计凭证的设计主要分为原始凭证的设计和记账凭证的设计两部分。我们将在下面一一讲述。

二、原始凭证的设计

（一）原始凭证的分类

原始凭证的分类如图 3-1 所示。

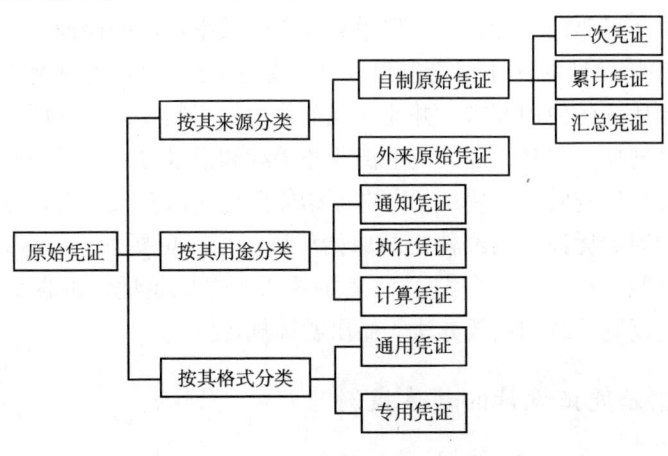

图 3-1　原始凭证的分类

(二) 原始凭证具备的基本要素

由于各单位的经济业务千差万别,因而原始凭证也不尽相同。但不论是哪一种原始凭证,都必须具备以下基本要素:

1. 原始凭证的名称;
2. 原始凭证的编号和填制原始凭证的日期;
3. 填制原始凭证的单位名称和填制人姓名;
4. 经济业务内容(含数量、单价、金额等);
5. 接受凭证单位名称(俗称"抬头");
6. 经济业务内容摘要;
7. 经办部门和人员的姓名和签章。

(三) 原始凭证设计的步骤

1. 根据实际需要,确定原始凭证的种类。原始凭证的种类,既受经济业务具体内容的决定,也受管理要求和核算方式的影响。确定符合实际需要的原始凭证种类,是设计原始凭证必须解决的首要问题,它给原始凭证的设计工作划定了范围、指出了方向。因此,各企事业单位在设计原始凭证时,必须根据本单位的经济业务类型、经营管理要求和会计核算方式等,确定所需要的原始凭证种类,保证单位发生的各种经济业务都有相对应的原始凭证予以反映。

2. 设计原始凭证的格式和联次。不同种类的原始凭证具有不同的用途,因此,各种原始凭证的具体内容也不同。这就要求企事业单位针对不同用途的原始凭证,分别设计各种原始凭证的格式和联次,并规定各联次的具体用途。

3. 制定原始凭证的传递程序。原始凭证传递程序是指凭证从填制或取得开始到最后归档时为止,在本企业各部门和人员之间的传递过程和停留时间。科学合理的原始凭证传递程序,是建立正常的会计业务处理秩序、加强会计工作内部控制、提供真实可靠的会计资料、促进会计工作效率提高的保证。

4. 建立原始凭证的使用保管制度。任何单位在设计完成原始凭证后,都应明确规定原始凭证的使用要求,并建立规范化的使用制度,保证原始凭证使用的合理合法和合规性。同时,在完成经济业务手续和记账之后,必须对原始凭证妥善保管,以便日后查阅。未使用的空白原始凭证也应由专人负责保管,特别是事先已经盖章的原始凭证和已经使用的原始凭证存根,更要加强管理,以防丢失。各单位必须按照《会计档案管理办法》的要求,对原始凭证的保管方法、保存期限、查阅、复制手续和销毁办法等做出明确规定。

(四) 原始凭证设计的具体案例

1. 反映财产物资增减变化的原始凭证(以实例说明,见表3-3至表3-5)。

表3-3 固定资产入库单

年 月 日　　　　　　　　　　　　　　　入库单号：

资产编号	资产名称	规格型号	资产类别	供应商	单位	数量	单价（元）	金额（元）	备注
合计									

验收意见：　　　　　　　　　　　　　　　验收人员（签字）：

资产管理员（签字）：　　　　　　　　　　采购员（签字）：

第一联　财务部门

表3-4 固定资产入库单

年 月 日　　　　　　　　　　　　　　　入库单号：

资产编号	资产名称	规格型号	资产类别	供应商	单位	数量	单价（元）	金额（元）	备注
合计									

验收意见：　　　　　　　　　　　　　　　验收人员（签字）：

资产管理员（签字）：　　　　　　　　　　采购员（签字）：

第二联　资产管理部门

表3-5 固定资产入库单

年 月 日　　　　　　　　　　　　　　　入库单号：

资产编号	资产名称	规格型号	资产类别	供应商	单位	数量	单价（元）	金额（元）	备注
合计									

验收意见：　　　　　　　　　　　　　　　验收人员（签字）：

资产管理员（签字）：　　　　　　　　　　采购员（签字）：

第三联　采购部门

从这份原始凭证我们可以看出：

（1）在此凭证中需要设计固定资产的编号、名称、规格型号、资产类别、供应商、数量、单价、金额等内容，以便对固定资产采购业务进行检验和考察，对固定资产进行保管和实物核算等工作；

（2）由于固定资产增加涉及的部门有财务部、资产管理部和采购部，因而凭证涉及的张数也相应增加至3联，并且最好在实物设计时将各联用不同颜色进行区分。

2. 反映货币资金收支变化的原始凭证（以实例说明，见图3-2）。

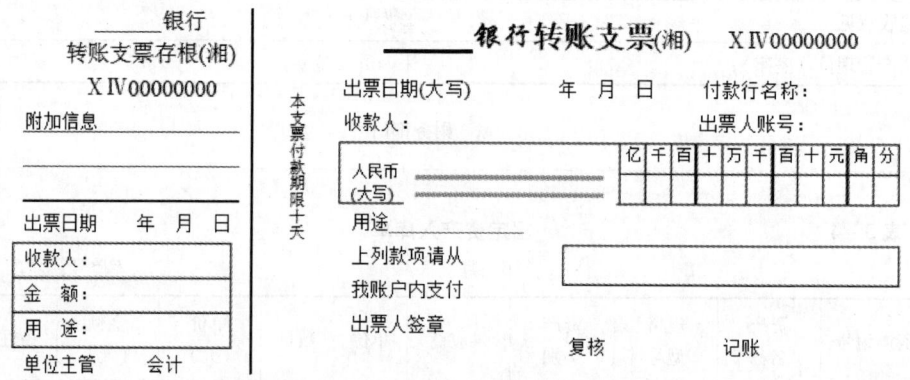

图3-2 反映货币资金收支变化的原始凭证

从这份原始凭证我们可以看出：

（1）为了保证货币资金的安全，防止涂改、伪造现象的发生，凭证的金额栏除设有小写金额以外，还设计了大写金额栏；

（2）凭证上要有经济业务说明栏，即此份支票中的用途一栏，表明货币资金收支的原因；

（3）有关责任人的签章必须齐全。

3. 反映费用成本分配计算的原始凭证（以实例说明，见表3-6）。从这份原始凭证我们可以看出：

（1）费用项目要与本企业生产特点和管理需求紧密结合，适合本企业的具体情况；

（2）要明确各栏目之间的勾稽关系、计算依据和相应的计算方法，以保证计算的准确性；

（3）费用分配表应当设计费用的分配标准及分配率并置于醒目的位置；

（4）该类原始凭证属于内部使用，不必加盖公章，金额也不必大写。

三、记账凭证的设计

（一）记账凭证具备的基本要素

记账凭证虽有多种形式，但其主要作用都在于对原始凭证进行分类整理，确定

表 3-6　　　　　　　　反映费用成本分配计算的原始凭证

制造费用分摊表

编制单位：				期间：		
费用项目	生产车间分摊的费用					合计
分配标准：直接生产工资	当月发生小计	A 车间		B 车间		
		分配率	分配额	分配率	分配额	
车间管理人员工资						
机物料消耗						
设备保养维修						
折旧						
水电						
房租						
其他						
合计						

审核人：　　　　　　　　　　　　　　　　制表人：

会计分录，据以登记账簿。因此，无论哪一种记账凭证，都必须具备以下基本内容：

1. 记账凭证的名称；
2. 填制凭证的日期和凭证的编号；
3. 填制单位的名称；
4. 经济业务内容摘要；
5. 会计科目，包括一级科目、二级科目和明细科目的名称、方向和金额；
6. 所附原始凭证的张数；
7. 填制、审核、记账、会计主管等有关人员的签名或盖章，收付款的记账凭证还应有出纳人员的签名、盖章。

(二) 记账凭证的具体设计

记账凭证按照用途和格式，可以分为通用记账凭证和专用记账凭证。

1. 通用记账凭证。通用记账凭证是指可以用来反映所有经济业务的记账凭证。在通用凭证中，经济业务所涉及的会计科目全部填列在一张凭证内，借方在前，贷方在后。各会计科目所记应借应贷的金额填列在"借方金额"和"贷方金额"栏内，借贷要相等。通用记账凭证一般适用于规模较小的小型企事业单位，其格式与转账凭证相同。

2. 专用记账凭证。按其记录的经济业务内容不同，分为收款凭证、付款凭证和转账凭证。

收款凭证是用来记录现金和银行存款等货币资金收款业务的凭证，它是根据现金和银行存款收款业务的原始凭证填制的。付款凭证是用来记录现金和银行存款等货币资金付款业务的凭证，它是根据现金和银行存款付款业务的原始凭证填制的。转账凭证是用来记录与现金、银行存款等货币资金收付款业务无关的转账业务的凭证，它是根据有关转账业务的原始凭证填制的。

具体见表 3-7 至表 3-11。

表 3-7　　　　　　　　　　　　　记账凭证

　　　　　　　　　　　　　　　　年　月　日　　　　　　　　　字第____号
　　　　　　　　　　　　　　　　　　　　　　　　　　　　　　　附件____张

摘要	会计科目	账页	借方金额		贷方金额	
			总账科目	子目、细目	总账科目	子目、细目
合计						

会计主管　　　　记账　　　　出纳　　　　复核　　　　制证

表 3-8　　　　　　　　　　　　　记账凭证

　　　　　　　　　　　　　　　　年　月　日　　　　　　　　　字第____号
　　　　　　　　　　　　　　　　　　　　　　　　　　　　　　　附件____张

摘要	会计科目		记账符号	借方金额	贷方金额
	总账科目	子目、细目			
合计					

会计主管　　　　记账　　　　出纳　　　　复核　　　　制证

表 3-9　　　　　　　　　　　　　收款凭证

　　　　　　　　　　　　　　　　年　月　日　　　　　　　　　字第____号
借方科目　　　　　　　　　　　　　　　　　　　　　　　　　　附件____张

摘要	贷方科目	账页	金额	
			总账科目	子目、细目
合计				

会计主管　　　　记账　　　　出纳　　　　复核　　　　制证

表 3-10　　　　　　　　　　　　　付款凭证

　　　　　　　　　　　　　　　　年　月　日　　　　　　　　　字第____号
贷方科目　　　　　　　　　　　　　　　　　　　　　　　　　　附件____张

摘要	借方科目	账页	金额	
			总账科目	子目、细目
合计				

会计主管　　　　记账　　　　出纳　　　　复核　　　　制证

表 3-11　　　　　　　　　转账凭证

年　月　日　　　　　　　　　　　字第_____号
　　　　　　　　　　　　　　　　　附件_____张

摘要	会计科目		账页	借方金额	贷方金额
	总账科目	子目、细目			
	合计				

会计主管　　　　　　记账　　　　　　复核　　　　　　制证

第三节　会计账簿设计

一、会计账簿设计概述

会计账簿是由具有专门格式并以一定形式联结在一起的账页组成的，以会计凭证为依据，全面、连续、系统地记录和反映企事业经济业务的簿籍。会计账簿设计是指根据相关规定以及企业自身实际情况，来选定企业所使用的会计账簿。

（一）会计账簿设计的意义

会计账簿具有汇总会计数据、便于保管的特性，是分类、归纳、整理会计资料的重要工具。会计账簿能够全面、系统、连续地反映经济活动情况，既可以提供序时的历史资料，又可以提供总括的明细核算指标。会计账簿是会计凭证与财务报表联系的纽带，为编制各种会计报表提供了必要的资料。根据会计账簿中的数据计算出一系列的财务指标，评价企业经营状况和财务成果的好坏，从而为企业的经营决策和预测提供可靠的参考数据。

（二）会计账簿设计的原则

1. 与企业规模和会计分工相适应的原则。企业规模较大，经济业务必然较多，会计实务操作人员的数量也相应较多，其分工较细，会计账簿也较复杂，册数也多，在设计时考虑这些特点以适应其需要；反之，企业规模小，经济业务量少，一个会计足够处理全部经济业务，在设计会计账簿时没有必要设多本账，所有的明细分类账可以集合成 1~2 本即可。

2. 既满足管理需要又避免重复设账的原则。账簿设计的目的是取得管理所需要的资料，因此，账簿设置也以满足需要为前提，避免重复设账、记账，浪费人力、物力。例如材料账，一些企业在财务科设了总账和明细账，在供应科又设一套明细账，在仓库还设三级明细账，就是重复设账的典型例子。事实上若在财务科只设总账，供应科设二级明细账（按类别）、仓库设三级明细账（按品名规格),一层控制一层,互相核对,数据共享,既省时又省力。

3. 账簿设计与账务处理程序紧密配合原则。账务处理程序的设计实质上已大致规定了账簿的种类,在进行账簿的具体设计时,应充分注意已选定的账务处理程序。例如,若设计的是日记总账账务处理程序,就必须设计一本日记总账,再考虑其他账簿;又如,若设计的是多栏式日记账账务处理程序,就必须设计四本多栏式日记账,分别记录现金和银行存款收、付业务,然后再考虑其他账簿的设计。

4. 账簿设计与会计报表指标相衔接的原则。账簿设计应做到省时省力、简便易行、便于查阅、控制与保管。账簿的设计要考虑登账、审核与保管的要求。会计报表是根据账簿记录编制的,报表中的有关指标应能直接从有关总分类账户或明细分类账户中取得和填列,以加速会计报表的编制,而尽量避免从几个账户中取得资料进行加减运算来填报。

（三）会计账簿的种类

由于各个单位的经济业务和经营管理要求不同,所设置的账簿种类与格式也不尽相同,这些账簿可以按不同的标准进行分类。其中,按用途分类是需要掌握的重点,这三种账簿我们将在下面一一讲述(见图3-3)。

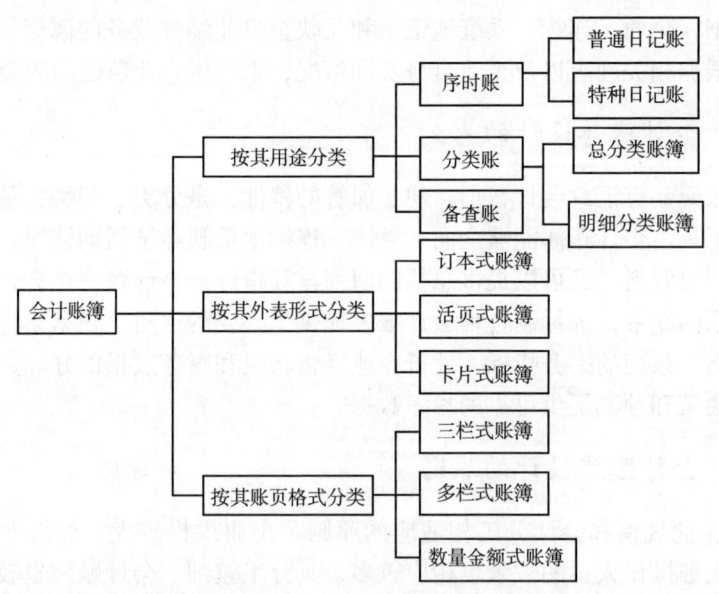

图3-3 会计账簿的种类

二、序时账簿的设计

序时账簿按记录的内容不同,又分为普通日记账和特种日记账两种。

（一）普通日记账的设计

普通日记账是用来登记本单位全部经济业务的账簿。在账簿中,按照每日发生的经济业务的先后顺序，逐项编制会计分录并作为登记分类账的依据。设置普通日记账的单位，一般不再设置特种日记账，以免重复（见表3-12）。

表3-12　　　　　　　　　　　普通日记账

年		凭证号	摘要	会计科目	借方金额	贷方金额	过账
月	日						

普通日记账的优点是，可以全面反映一个单位的经济业务状况，对原始凭证起保护作用；其缺点是，需要根据会计分录逐笔入账，过账工作量大。

（二）特种日记账的设计

特种日记账，是用来登记某一类经济业务发生情况的账簿，如库存现金日记账、银行存款日记账、材料采购日记账等。在账簿中将该类经济业务按先后发生的顺序登记，详细反映其增减变动情况。

1. 库存现金日记账和银行存款日记账。库存现金日记账由是出纳人员根据库存现金的收、付款凭证，每日逐笔顺序登记，反映企业现金收入、支出、结存业务的一种日记账簿。一般采用三栏式现金日记账，其格式如表3-13所示。

表3-13　　　　　　　　　　　库存现金日记账

年		凭证号数		摘要	对应账户	过账	借方	贷方	余额
月	日	现收	现付						

银行存款日记账是由出纳人员根据银行存款的收、付款凭证，每日逐笔顺序登记，反映银行存款收付业务的账簿。银行存款日记账与库存现金日记账基本相同，也采用三栏式，不同之处在于，为了方便同银行对账，需增设"结算方式"栏，再将凭证号数栏中的现收、现付改为银收、银付即可。其格式如表3-14所示。

表3-14　　　　　　　　　　　银行存款日记账

年		凭证号数		结算方式	摘要	对应账户	过账	借方	贷方	余额
月	日	银收	银付							

2. 购货日记账的设计。购货日记账是专门用来登记购货业务的账簿。赊购业务较多的企业，对采购业务的发生及完成情况，要设置购货日记账。购货日记账可以设置为"一栏式"，也可以设计为"多栏式"。购货业务少的企业可将购货业务并入普通日记账登记，而不专设"购货日记账"（见表3-15和表3-16）。

表 3–15　　　　　　　　　　　　　一栏式购货日记账

年		凭证		摘要	应付账款明细科目	材料		借:原材料 贷:应付账款	账页
月	日	字	号			数量	单价		

表 3–16　　　　　　　　　　　　　多栏式购货日记账

年		凭证		摘要	应付账款明细科目	账页	甲材料	乙材料	丙材料	合计
月	日	字	号							

3. 销货日记账的设计。销货日记账是用来序时地登记产品销售业务的发生情况。赊销业务多的企业最好设置该日记账。与购货日记账一样，销货日记账可以设置为"一栏式"，也可以设计为"多栏式"，按产品类别或销售区域分别记录，以便分析考核各类产品或各销售地区的销售情况，从而及时发现问题并采取相应措施（见表 3–17 和表 3–18）。

表 3–17　　　　　　　　　　　　　一栏式销货日记账

年		凭证		摘要	应付账款明细科目	产成品		借:应收账款 贷:主营业务收入	账页
月	日	字	号			数量	单价		

表 3–18　　　　　　　　　　　　　多栏式销货日记账

年		凭证		摘要	应收账款明细科目	现销			赊销			账页
月	日	字	号			甲材料	乙材料	丙材料	甲材料	乙材料	丙材料	

三、分类账簿的设计

（一）总分类账簿的设计

总分类账简称总账，它是根据总分类会计科目设置的，用来汇总特定要素的经济业务的账簿，因此，总分类账能较为全面地反映企业的经营状况和经营成果。总分类账通常采用三栏式的订本账，其格式见表 3–19。

表 3–19　　　　　　　　　　　　　　　总分类账
账户名称：

年		凭证		摘要	借方	贷方	余额
月	日	字	号				

(二)明细账簿的设计

明细分类账簿是对总分类账簿的补充,记录各种资产、负债、所有者权益、收入、费用和利润变化的具体情况,为经营管理提供详细的资料。明细分类账的格式主要有三种,即三栏式明细账、数量金额式明细账和多栏式明细账。

1. 三栏式明细账。三栏式明细账,其格式与三栏式总账相同。只设有借方、贷方、余额三个金额栏,不设数量栏,用来登记只需反映金额的经济业务,一般适用于债权、债务等不需要进行数量核算的明细分类账户。如"应收账款""应付账款""短期借款"等明细账(见表3-20)。

表3-20　　　　　　　　　××明细账

账户名称:

年		凭证		摘要	借方	贷方	借或贷	余额
月	日	字	号					

2. 数量金额式明细账。数量金额式明细账是在三栏式明细账上增加数量、单价而形成的。它适用于既要进行金额核算又要进行数量核算的"原材料""库存商品"等财产物资的明细核算。下面以"原材料明细账"为例(见表3-21)。

表3-21　　　　　　　　　原材料明细账

材料类别:　　　　　编号:　　　　　储存特点:　　　　　最高储量:
材料名称:　　　　　规格:　　　　　计量单位:　　　　　最低储量:

年		凭证		摘要	收入(借方)			发出(贷方)			结存		
月	日	字	号		数量	单价	金额	数量	单价	金额	数量	单价	金额

3. 多栏式明细账。多栏式明细账是在三栏式的基础上,根据经济业务的需求,开设若干专栏,用于登记明细项目多、借贷方向单一的经济业务。如"生产成本""制造费用""管理费用""主营业务收入""本年利润"等明细账。下面以"制造费用明细账"为例(见表3-22)。

表3-22　　　　　　　　　制造费用明细账

车间名称:

年		凭证		摘要	借方							贷方
月	日	字	号		工薪	机物料费	水电费	折旧费	修理费	劳保费	合计	

四、备查账簿的设计

有些会计事项在序时账和分类账中不予或无法记录,但管理上需要加以控制或掌握情况,通常用备查账来记录,以弥补序时账和分类账的不足。

备查账的数量和格式,通常根据企业实际需要来设计,较为灵活。在企业中,常用的备查账有以下三种。

(1)代管财产物资登记簿。即对保管的不属于本单位的资产设置的账簿,如租入固定资产登记簿、受托加工材料登记簿等。

(2)分类账或统计资料整理登记的备查账。例如,按销售地域设置的产品销售分类登记簿。

(3)其他登记簿。即不能用货币表现,但必须进行业务登记的账簿。例如,合同执行情况登记簿、固定资产使用情况登记簿、重要空白凭证领用簿等。

下面以"租入固定资产备查账簿"和"空白凭证领用备查簿"为例,说明该类备查账簿的格式设计(见表3-23和表3-24)。

表3-23　　　　　　　　　租入固定资产备查账簿

资产名称	规格	合同号	出租单位	租入日期	租期	租金	使用单位	备注

表3-24　　　　　　　　　空白凭证领用备查簿

购入日期	凭证类别	起止号码	领用日期	领用人	领用号	交回记录

五、其他内容

(一)账簿启用表的设计

账簿是储存会计数据资料的重要档案,登记账簿必须有专人负责。为了保证账簿记录的合法性和账簿资料的完整性,明确岗位责任,考核记账人员的工作情况,应当设计"账簿启用与经管人员一览表",作为各本账的扉页在账簿启用时填列(活页账和卡片账在装订成册后填列)。表中详细载明账簿名称、单位名称、账簿编号、账簿册数、账簿页数、启用日期,并加盖单位公章及会计主管和记账人员章。更换记账人员时,需办理交接手续。因此,还应在表中设计交接日期、交接人员姓名以及监交人员姓名,以分清经济责任。"账簿启用与经管人员一览表"的一般格式见表3-25。

表 3–25　　　　　　　账簿启用与经管人员一览表

账簿名称_____　　　　　　　　单位名称_____
账簿编号_____　　　　　　　　账簿册数_____
账簿页数_____　　　　　　　　启用日期_____
会计主管（签章）　　　　　　　　记账人员（签章）

移交日期			移交人		接管日期			接管人		会计主管	
年	月	日	姓名	盖章	年	月	日	姓名	盖章	姓名	盖章

（二）账页格式设计的要求

为了保证账簿的规范性、适用性，便于账簿的登记和保管，节约账簿的设计工作量和印刷费用，在设计账页格式时，应当注意以下事项。

1. 账簿应尽可能地采用现成的通用格式，以便从商店直接购买，减少绘制、印刷等工作，节省开支。同时，可以尽快满足单位开展会计工作的需要。

2. 账页的规格尺寸，一般以 16 开本为宜，横式绘制、装订。多栏式明细账需要的栏目较多时（如制造费用、管理费用明细账），可采用两张账页对接的方式，绘制出全部栏目，以便全面反映明细核算的具体内容。

3. 账页中金额栏的各位数应当以文字表明，以便记账和看账。设置几位数字栏，应以业务可能发生的最高数额为限，既要满足记录需要，又不设置用不到的栏目。

4. 印制账簿所用的纸张，既要经久耐用，又要经济实惠。活页账账页的穿孔，要位置适当，大小适宜，便于装订。

5. 账页各行次之间的距离，既要保证记账和改正错账的需要，又要避免过宽形成浪费。划线最好使用蓝色或绿色，一般不使用黑色，以保证划线和记账内容（数字和文字）之间具有明显的区别。各栏次之间的区分线颜色最好深一些、线条粗一些。

此外，账页中的文字字体、字号、各栏之间的准确尺寸等都应予以详细说明，以保证账簿印制的质量，进而保证账簿登记内容的清晰性和美观性。

第四节　账务处理程序设计

一、账务处理程序设计概述

账务处理程序，是指在会计核算工作中，以账簿体系为核心，将会计凭证、会计账簿、会计报表、记账程序和方法有机结合起来的技术组织方法。账务处理程序设计则是指根据企业自身情况如业务量大小、企业规模等，选择合适的账务处理程序。

（一）账务处理程序设计的意义

合理、科学的账务处理程序对于提高会计工作的质量和效率，提供全面系统的会计核算资料，保证会计信息的真实与完整，充分发挥会计反映和监督的基本职能，节约核算费用从而降低会计成本，都具有十分重要的意义。

（二）账务处理程序设计的原则

1. 符合本单位的实际情况。每个单位的生产经营和业务活动都有自己的特点，业务繁简、规模大小、管理要求等也是不尽相同。因此，要从实际情况出发，选择适合本单位的账务处理程序，有助于会计核算质量的提高，也有利于建立岗位责任制，明确会计人员的分工和协作。

2. 满足经营管理的需要。科学合理的账务处理程序，要能正确、及时和完整地提供会计信息，以满足加强内部控制、经营管理的需要。

3. 在保证会计核算质量的前提下降低核算成本。在会计核算工作中，有大量的记录、计算工作。从凭证到报表，环环相扣、组织严密才能保证质量。但同时也要尽量减少不必要的计算和重复，力求简化程序，从而提高会计工作效率，节约账务处理费用，减少会计成本。

（三）账务处理程序设计的种类

在我国，常用的账务处理程序主要是记账凭证账务处理程序、汇总记账凭证账务处理程序和科目汇总表账务处理程序。所以本教材重点介绍这三种账务处理程序。各种账务处理程序的主要区别在于登记总分类账的依据和方式不同，一般来说，在登记总分类账时，既可以将经济业务逐笔登入总分类账，简称逐笔登账，又可以将经济业务汇总登记总分类账，简称汇总过账，不同经济业务、不同经营规模、不同经济管理要求的企业选择不同的账务处理程序。

虽然各种账务处理程序的内容不同，但基本流程大致如图3-4所示。

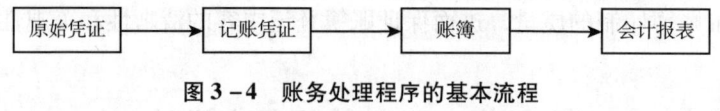

图3-4 账务处理程序的基本流程

二、记账凭证账务处理程序

（一）记账凭证账务处理程序的特点和核算要求

记账凭证账务处理程序是指对发生的经济业务，先以原始凭证或原始凭证汇总表编制记账凭证，然后根据记账凭证逐笔登记总分类账户的一种会计处理程序。其显著特点是直接根据记账凭证逐笔登记总分类账。在这一程序中，记账凭证可以是通用记账凭证，也可以分设收款凭证、付款凭证和转账凭证；需设置现金日记账、银行存款日记账、总分类账和明细分类账，现金日记账、银行存款日记账和总分类账一般采用三栏式，明细分类账则可以根据经营管理的需要采用三栏式、数量金额式或多栏式。

（二）记账凭证账务处理程序的核算步骤

记账凭证账务处理程序如图3-5所示。

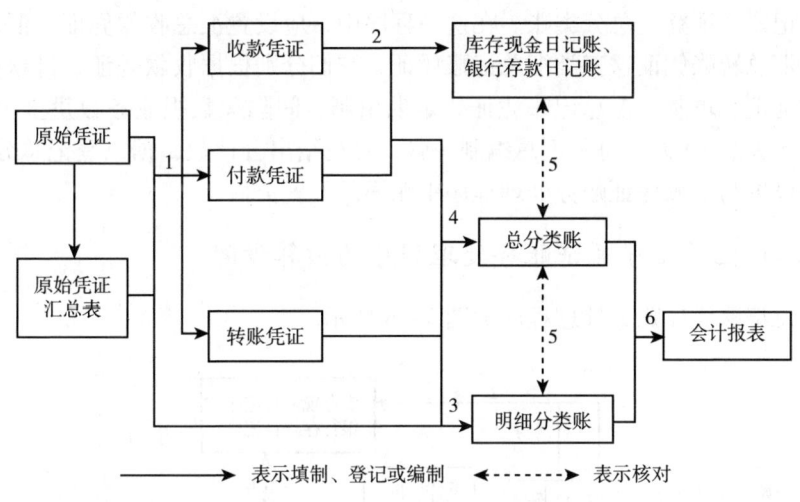

图3-5 记账凭证账务处理程序

1. 根据各种原始凭证或汇总原始凭证，编制记账凭证；
2. 根据收款凭证、付款凭证及所属原始凭证，由出纳逐笔登记现金日记账和银行存款日记账；
3. 根据记账凭证，参考原始凭证或汇总原始凭证，登记各种明细分类账；
4. 根据记账凭证逐笔登记总分类账；
5. 月终，将现金日记账、银行存款日记账的余额以及各种明细分类账户余额合计数，分别与总分类账中有关科目的余额进行核对；
6. 月终，根据核对无误的总分类账和各种明细分类账的记录，编制会计报表。

（三）优缺点和适用范围

记账凭证账务处理程序的优点是：方法易掌握，简单明了，手续简便。总分类账较详细地记录和反映经济业务的发生情况，过程清楚，便于查对账目。不足之处是：由于总分类账是直接根据记账凭证逐笔登记的，如果企业规模大，记账凭证多，登记总分类账的工作量就很大。因此在不实行会计电算化的手工记账情况下，这种账务处理程序一般只适用于规模小、经济业务简单、业务量少、记账凭证不多的单位。

三、汇总记账凭证账务处理程序

(一) 汇总记账凭证账务处理程序的特点和核算要求

汇总记账凭证账务处理程序是根据原始凭证或原始凭证汇总表编制记账凭证,再根据记账凭证编制汇总记账凭证,然后据以登记总分类账的一种会计处理程序。它的显著特点是:先根据记账凭证定期汇总编制汇总记账凭证,期末再根据汇总记账凭证登记总分类账。在这一程序中,应设置汇总收款凭证、汇总付款凭证和汇总转账凭证这三类汇总记账凭证,它们分别根据收款凭证、付款凭证和转账凭证汇总填制。汇总记账凭证要定期填制,间隔天数视业务数量多少而定,一般为 5 天或 10 天。每月汇总编制一张,月终结出合计数,据以登记总分类账。账簿的设置与记账凭证账务处理程序中账簿的设置类似。

(二) 汇总记账凭证账务处理程序的核算步骤

汇总记账凭证账务处理程序如图 3-6 所示。

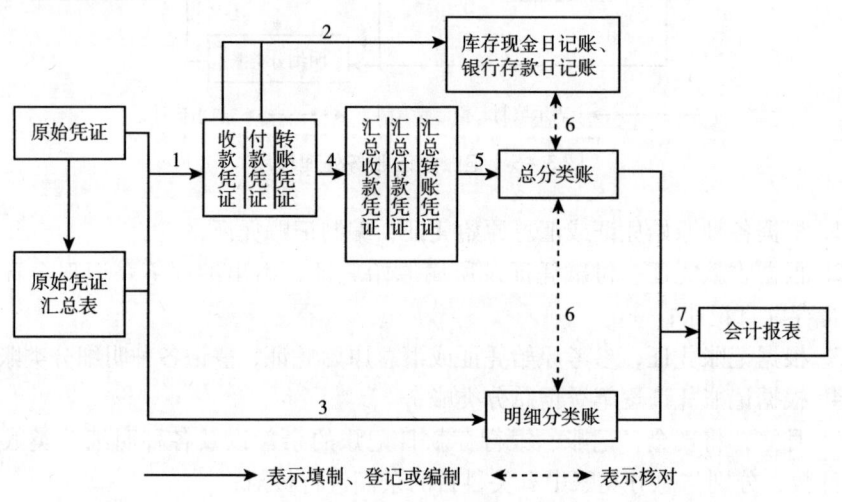

图 3-6 汇总记账凭证账务处理程序

1. 根据原始凭证和汇总原始凭证,编制收款凭证、付款凭证和转账凭证;
2. 根据收款凭证和付款凭证,登记现金日记账和银行存款日记账;
3. 根据记账凭证并结合原始凭证、汇总原始凭证,登记各种明细分类账;
4. 根据一定时期内的全部记账凭证,汇总编制汇总收款凭证、汇总付款凭证和汇总转账凭证;
5. 根据定期编制的汇总收款凭证、汇总付款凭证和汇总转账凭证,登记总分类账;
6. 月终,将现金日记账、银行存款日记账的余额,及各种明细分类账的金

额合计数,分别与总分类账中有关科目的余额核对相符;

7. 月终,根据核对无误的总分类账和各明细分类账的记录,编制会计报表。

(三) 优缺点和适用范围

汇总记账凭证账务处理程序的优点是:汇总记账凭证是根据一定时期内全部记账凭证,按照科目对应关系进行归类、汇总编制的,以便于通过有关科目之间的对应关系,了解经济业务的来龙去脉。在汇总记账凭证账务处理程序下,总分类账根据汇总记账凭证,于月终时一次登记入账,减少了登记总分类账的工作量,这一点克服了记账凭证账务处理程序的缺点。不足之处在于:汇总转账凭证是按每一贷方科目,而不是按经济业务的性质归类、汇总的,因而不利于会计核算工作的分工。当转账凭证量多时,编制汇总转账凭证的工作量较大。因此,它适用于规模大、经济业务较多的经济单位。

四、科目汇总表账务处理程序

(一) 科目汇总表账务处理程序的特点和核算要求

科目汇总表账务处理程序是指对发生的经济业务,首先根据原始凭证或原始凭证汇总表编制记账凭证,然后根据记账凭证定期编制科目汇总表,并据此登记总分类账的一种会计处理程序。其显著特点是:定期将所有记账凭证编制成科目汇总表,然后根据科目汇总表登记总分类账。在这一程序中,可以采用通用记账凭证,也可以采用收款凭证、付款凭证和转账凭证。为了定期将全部记账凭证进行汇总,还应设置"科目汇总表",并且编制"科目汇总表"的间隔时间不宜太长,一般以5天或10天为宜,业务不多的企业可以一个月汇总编制一次。同时,需设置现金日记账、银行存款日记账、总分类账和明细分类账。现金日记账、银行存款日记账和总分类账都采用三栏式,不过,由于不反映各科目的对应关系,总分类账采用不设"对方科目"的借、贷、余三栏。明细分类账根据经营管理的需要分别采用三栏式、数量金额式或多栏式。

(二) 科目汇总表账务处理程序的核算步骤

科目汇总表账务处理程序如图3-7所示。

1. 根据原始凭证和汇总原始凭证,编制收款凭证、付款凭证和转账凭证等记账凭证;

2. 根据收款凭证、付款凭证及所属原始凭证,逐笔登记现金日记账和银行存款日记账;

3. 根据记账凭证,参考原始凭证、汇总原始凭证登记各种明细分类账;

4. 根据一定时期内的全部记账凭证,汇总编制科目汇总表;

5. 根据定期编制的科目汇总表,登记总分类账;

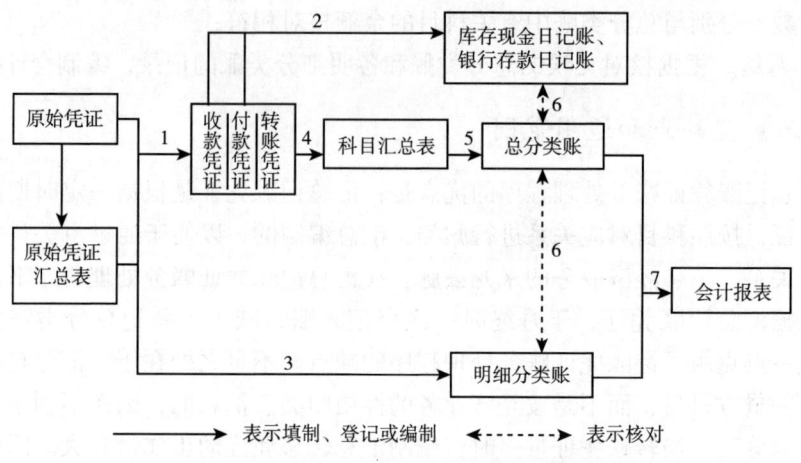

图 3-7 科目汇总表账务处理程序

6. 月终，将总分类账分别与现金日记账、银行存款日记账和各明细分类账的余额核对相符；

7. 月终，根据核对无误的总分类账和各明细分类账的记录，编制会计报表。

（三）优缺点和适用范围

科目汇总表账务处理程序的优点是：由于总分类账是根据定期编制的科目汇总表登记的，因此，大大减少了登记总账的工作量。其不足之处在于：科目汇总表是按总账科目编制的，只能作为登记总账和试算平衡的依据，不能明确地反映账务的对应关系，不便于分析和检查经济业务的来龙去脉，不便于查对账目。因此，这种账务处理程序一般适用于经济业务量较多的经济单位。

本 章 小 结

会计科目是对会计对象的具体内容进一步分类的项目，它的设计主要分为总分类科目的设计和明细分类科目的设计。会计科目及核算内容都是由财政部统一规定的，会计科目按经济内容分为资产类、负债类、共同类、所有者权益类、成本类和损益类六大类。而由于在企业会计准则附录中对大部分会计科目的明细科目没有做详细规定，并且企业经营管理对各类会计科目反映的详细经济内容和用途的要求各不相同，企业可根据自身实际情况按照规定自行合理设置明细科目。

会计凭证是记录经济业务、明确经济责任，按一定格式编制的作为记账依据的书写证明。会计凭证按其填制的程序和用途不同，可分为原始凭证和记账凭证两大类。原始凭证是在经济业务发生时取得或填制的、用以证明经济业务的发生或者完成情况的凭证。记账凭证指会计人员根据审核无误后的原始凭证或原始凭证汇总表，按照经济业务的内容，用来确定会计分录而填制的作为登记账簿依据的会计凭证。

账簿是用来全面、连续、系统地记录各项经济业务的簿籍，也是保存会计数据的工具。按账簿的用途不同可以分为序时账簿、分类账簿和备查账簿三种；账簿按其外表形式又可分为订本式账簿、活页式账簿和卡片式账簿；账簿按其账页格式可分为三栏式账簿、多栏式账簿和数量金额式账簿。每个独立核算单位都要建立总账、日记账和明细账。

账务处理程序是指，在会计核算中，以账簿体系为核心，把会计凭证、会计账簿、会计报表、记账程序和记账方法有机结合起来的技术组织方式。现在常用的主要有逐笔过账型和汇总过账型两种模式。逐笔过账型的有记账凭证账务处理程序和日记总账账务处理程序。汇总过账型的有科目汇总表账务处理程序、汇总记账凭证账务处理程序。在我国，常用的账务处理程序主要是记账凭证账务处理程序、汇总记账凭证账务处理程序和科目汇总表账务处理程序。

基 本 训 练

一、单项选择题

1. 在设计原始凭证时，重点是要（　　）。
   A. 真实地记录经济业务的发生过程　　B. 充分体现企业内部控制的要求
   C. 科学地建立凭证的传递程序　　　　D. 合理地安排原始凭证的基本要素
2. 下列各项中，应设置备查账簿进行登记的是（　　）。它一般情况下不需要根据记账凭证登记。
   A. 经营性租出的固定资产　　　　　　B. 经营性租入的固定资产
   C. 无形资产　　　　　　　　　　　　D. 资本公积
3. 记账凭证账务处理程序的主要特点是（　　）。
   A. 根据各种记账凭证登记日记账和明细账
   B. 直接根据记账凭证逐笔登记总分类账
   C. 根据汇总记账凭证登记总分类账
   D. 根据总账和明细账记录编制会计报表
4. 科目汇总表汇总的是（　　）。
   A. 全部科目的借方发生额　　　　　　B. 全部科目的贷方发生额
   C. 全部科目的借贷方余额　　　　　　D. 全部科目的借贷方发生额
5. 为总分类科目"固定资产"设置明细分类会计科目时，一般采用的设计依据是（　　）。
   A. 按总分类科目的核算对象设计
   B. 按总分类科目核算的内容类别设计
   C. 按总分类科目涉及的部门设计
   D. 按总分类科目来源或支出的用途设计
6. 各种账务处理程序的主要区别是（　　）。
   A. 登记明细分类账的依据和方法不同　　B. 登记总分类账的依据和方法不同
   C. 总账的格式不同　　　　　　　　　　D. 编制会计报表的依据不同
7. 规模较大、业务量较多的企业适宜采用的账务处理程序是（　　）。
   A. 记账凭证和汇总记账凭证账务处理程序
   B. 科目汇总表和汇总记账凭证账务处理程序
   C. 科目汇总表和记账凭证账务处理程序
   D. 汇总记账凭证和原始凭证账务处理程序
8. 在会计循环中，属于会计主体日常会计核算工作内容的是（　　）。
   A. 根据原始凭证填制记账凭证
   B. 编制调整分录并予以过账
   C. 根据全部账户记录，编制结账后的试算表

D. 编制结账分录并登记入账
9. 在会计循环中，不属于会计主体期末会计核算工作内容的是（   ）。
A. 编制结账分录并登记入账
B. 编制调整分录并予以过账
C. 根据全部账户数据资料，编制结账后试算表
D. 根据原始凭证填制记账凭证
10. 在各种账务处理程序中，相同的会计账务处理工作是（   ）。
A. 编制汇总付款凭证　　　　　　　　B. 登记总分类账
C. 编制汇总收款凭证　　　　　　　　D. 编制记账凭证

二、多项选择题

1. 下列会计科目中，属于盘存类的有（   ）。
A. 库存现金　　　　　　　　　　　　B. 发出商品
C. 原材料　　　　　　　　　　　　　D. 委托代销商品
E. 受托代销商品
2. 企业选择设计何种记账凭证会受到（   ）的影响。
A. 单位经营规模大小　　　　　　　　B. 经济业务量多少
C. 财会机构内部分工粗细　　　　　　D. 会计核算形式
E. 内控制度健全制度
3. 特种日记账能够序时、分类、详细地反映各类经济状况。企业常用的特种日记账有（   ）。
A. 固定资产备查账　　　　　　　　　B. 现金日记账
C. 银行存款日记账　　　　　　　　　D. 原材料收发日记账
4. 汇总记账凭证账务处理程序的优点有（   ）。
A. 反映了科目的对应关系　　　　　　B. 编制汇总转账凭证的工作量小
C. 减少了登记总账的工作量　　　　　D. 有利于会计核算工作的分工
E. 可以了解经济业务的来龙去脉
5. 在下列账务处理程序中，能够减少登记总账的工作量的有（   ）。
A. 记账凭证账务处理程序　　　　　　B. 科目汇总表账务处理程序
C. 汇总记账凭证账务处理程序　　　　D. 普通日记账账务处理程序
E. 以上都可以
6. 以下属于调整类科目的有（   ）。
A. 累计折旧　　B. 生产成本　　C. 制造费用　　D. 坏账准备
7. 会计凭证的作用有（   ）。
A. 记录经济业务，提供会计信息　　　B. 明确经济责任，便于内部控制
C. 为监督检查提供主要依据　　　　　D. 保证会计信息的传递和保管
8. 在对固定资产原始凭证和账表进行设计时，固定资产基础工作的设计是重中之重，具体包括（   ）。
A. 固定资产折旧和修理费用的处理方法　B. 固定资产的计价
C. 规定固定资产构成条件　　　　　　D. 固定资产的分类
E. 固定资产的清理
9. 下列经济业务事项中，用"在建工程"科目进行核算的有（   ）。
A. 建造或修理固定资产工程发生的实际支出

B. 改扩建工程转入的固定资产净值
C. 购入无须安装的固定资产
D. 购入为工程准备的物资

10. 下列账务处理程序中，适用于规模大且业务多的企业的有（　　）。
A. 日记总账账务处理程序　　　　　B. 科目汇总表账务处理程序
C. 汇总记账凭证账务处理程序　　　D. 多种日记账账务处理程序

三、判断题

1. 原始凭证对于发生和完成的经济业务具有法律证明效力。　　　　（　　）
2. 总账不论采用何种形式，都必须采用订本式账簿，以保证总账记录的安全和完整。
　　　　　　　　　　　　　　　　　　　　　　　　　　　　　　（　　）
3. 日记账应该逐日逐笔顺序登记，总账可以逐笔登记，也可以汇总登记。（　　）
4. 记账凭证账务处理程序的特点是直接根据记账凭证登记总分类账。（　　）
5. 企业采用何种会计核算形式，不要求统一，应根据各单位规模大小、业务繁简、工作基础强弱、经营业务特点而定。　　　　　　　　　　　　　　　　　（　　）
6. 记账凭证账务处理程序因为省略了编制科目汇总表或汇总记账凭证的程序，故对于业务量小的企业而言，最为适用。　　　　　　　　　　　　　　　　　（　　）
7. 记账凭证核算形式适用于规模较大、业务较多的单位。　　　　　（　　）
8. 在记账凭证账务处理程序下，在总分类账上能够比较详细地反映经济业务的发生情况。
　　　　　　　　　　　　　　　　　　　　　　　　　　　　　　（　　）
9. 记账凭证账务处理程序的主要缺点是总分类账的登记工作量过大。（　　）
10. 制造费用分配表需加盖公章，金额需大写。　　　　　　　　　（　　）

四、简答题

1. 设计明细科目的方法有哪些？各种方法适用于哪些明细科目的设计？
2. 企业该如何选择会计核算程序？
3. 试分析备查账设计在实务中的应用技巧。

五、案例分析题

某企业成立车船票、机票代售处，已办理营业执照。经调查已知：
（1）代售处与企业是承包关系，实行单独核算；
（2）开班前，企业拨给代售处10万元周转金作为注册资本；
（3）代售处房租系租入，每月按合同交付租金，房屋要装修；
（4）代售处的收入主要是代销票手续收入，由车站、码头、机场按规定付给；
（5）代售处已安装电话一部，购电脑一套，另购置必要的家具和设备；
（6）与车站、码头、机场的结算方法是：先领回票，每五天结算一次，付清票款，登记手续费收入；
（7）每年向企业交一定数额的承包费；
（8）代售处人员均为企业职工，开业后工资及福利自理；
（9）按规定缴纳有关税金；
（10）已在银行单独开户。

要求：试设计该单位的账务处理程序。
（1）画出流程图；
（2）说明其优缺点。

第四章 财务会计报告设计

学习目标
  1. 了解财务会计报告设计的目标、意义、种类及基本要素；
  2. 掌握财务会计报告设计的原则；
  3. 了解财务报告编报和报送程序；
  4. 熟悉对外财务会计报告和对内财务会计报告的特点、要求和分类，并掌握设计的原理和方法，能结合企业实际情况为其设计内部会计报表。

重要概念
  财务会计报告；编报程序设计；对外财务会计报告设计；对内财务报告设计

案例导入
  方方是杭州某大学会计系新生，家境富裕。其父母热爱炒股，方方在家总能听到他们谈论股票，好奇心驱使她开始关注股票。但是方方通过上网搜索发现股票有上千只，如何才能知道哪一只股票值得投资呢？经过询问身为公司财务总监的母亲，方方知道了要阅读财务报表。
  当方方看到上市公司出具的财务会计报告后，她更加疑惑了，如何才能从众多报表和繁杂的数据中找出所要的信息呢？财务报表如何设计才能满足使用者的各种需求？

第一节 财务会计报告设计概述

  财务会计报告是企业对外提供的反映企业某一特定日期财务状况和某一会计期间经营成果、现金流量的文件，它包括会计报表、会计报表附注和财务情况说明书。财务会计报告设计是遵照现行企业会计准则和会计制度的规定，并结合企业自身需要为企业确定财务报告的过程。

一、财务会计报告设计的意义

  财务报告的目标是向财务报告使用者（包括投资者、债权人、政府及其有关部门和社会公众等）提供与企业财务状况、经营成果和现金流量等有关决策相关的会计信息，反映企业管理层受托责任履行情况，有助于财务报告使用者做出经济决策。

财务会计报告是会计核算工作的结果，也是企业经营活动的总结。财务会计报告还是提供财务会计信息资料的一种重要手段，有利于全面、系统、综合地反映单位经济活动情况，有助于财务报告使用者进行管理和投资决策。

设计科学合理的财务会计报告，对于加强企业经营管理、满足与企业相关的各利益相关方的需要、充分发挥会计在国民经济发展中的作用，具有十分重要的意义，是会计制度设计的核心内容之一。财务会计报告设计的意义主要体现在以下五个方面。

1. 为企业管理者进行经营管理提供必要的信息资料；
2. 为投资者进行投资决策提供必要的信息资料；
3. 为债权人进行信贷和信用决策提供必要的信息资料；
4. 为财政、工商、税务等行政管理部门提供对企业实施管理和监督的各种信息资料；
5. 为企业内审机构和外部审计部门检查监督企业的生产经营活动提供必要的信息资料。

二、财务会计报告设计的原则

（一）完整性与系统性相结合原则

会计报表及其指标体系应当严密完整，形成一个系统文件，从而全面、准确地反映核算对象一定时期内的财务状况、经营成果和现金流量，为信息使用者提供高质量的会计信息。会计报表中的各类指标应该相互联系、相互补充、相互衔接，共同构成一个完整的会计指标体系，以便反映企业经济活动的全貌。

（二）统一性与灵活性相结合原则

统一性是指遵照现行企业会计准则和会计制度的规定设计对外会计报表。财政部门在《企业会计准则》中对对外会计报表的名称、种类、格式、项目排列及内容、编制时间和要求等都做出了统一规定，企业没有自主设计权。

灵活性是指结合自身管理的要求和业务特点，设计适合企业需要的各种对内会计报表，以满足企业内部经营管理的需要。

（三）稳定性原则

会计报表的指标内容、名称应保持相对稳定性。设计会计报表的过程实质上也就是设计会计报表指标体系的过程，因此，会计报表指标及指标体系一经确定，就不应随意改动，以保持不同时期会计报表指标的可比性。

（四）简易性原则

会计报表内容及指标要力求简单易懂，便于编制。会计工作是一项专业性极强的工作，会计报表作为会计工作的最终产品，也必然具有极强的专业性。但是，由于会计报表应用广泛，其所涉及的使用者并非全部为会计专业人员。因此，为了保证会计人员及时编制会计报表，也为了使广大会计信息使用者能够在较小的使用成本下准确理解会计信息和及时地应用会计信息，会计报表的内容及指标应力求概括，简单易懂，并便于编制。

三、财务会计报告的种类

《会计法》第二十条第二款规定："财务会计报告由会计报表、会计报表附注和财务情况说明书组成。"会计报表是财务会计报告的核心内容，所以财务会计报告的种类也可以说是会计报表的种类。会计报表可以按照不同的标准进行分类，如按反映的经济内容分类、按服务对象分类、按编制单位分类、按编制时间分类等，其中按服务对象分类的结果是我们需要掌握的重点，也是我们将在下面具体讲述的内容（见图 4-1）。

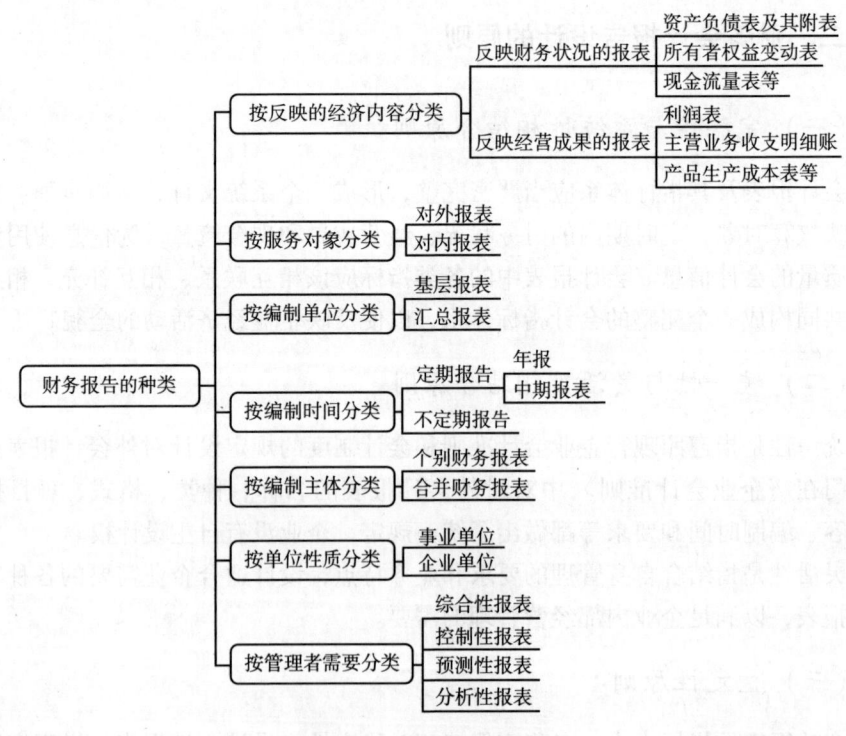

图 4-1 财务报告的种类

（一）按反映的经济内容分类，财务会计报表分为反映财务状况的报表和反映经营成果的报表

反映财务状况的报表，指反映企业在某一时点的资产、负债和所有者权益的构成情况及其在一定期间的变动情况的报表。主要有资产负债表及其附表、所有者权益变动表和现金流量表等。

反映经营成果的报表，指反映企业一定期间收入、费用和利润情况的报表。这类报表主要有利润表、主营业务收支明细表、产品生产成本表、制造费用明细表和管理费用明细表等。

（二）按服务对象分类，财务会计报表分为对外报表和对内报表

对外报表是指为了满足企业外部投资者、债权人和政府部门了解企业经营状况和经营成果的需要而定期对外提供和发布的会计报表。包括资产负债表、利润表、所有者权益变动表和现金流量表，这些对外报表的具体格式、编制方法和报送时间均由财政部统一设计颁布。

对内报表是指各企业根据自身的经营特点和管理要求自行规定和设计，以满足企业内部经营管理的需要而定期或不定期报送企业内部管理者的会计报表。

（三）按编制单位分类，财务会计报表分为基层报表和汇总报表

基层报表，是由独立核算的基层单位编制的反映本单位经济活动情况的报表。

汇总报表，是由基层单位的主管部门根据所属单位编报的基层报表逐级汇总编制而成的报表。

（四）按编制时间分类，财务会计报表分为定期报告和不定期报告

定期报告的编制和报送时间固定，一般分为年报、中期报表（包括半年报、季报、月报）。年报是年度终了以后编制的，全面反映企业财务状况、经营成果及其分配、现金流量等方面的报表。中期报表是指短于一年的会计期间编制的会计报表，如半年报、季报、月报。半年报是指每个会计年度的前六个月结束后对外提供的财务会计报告。季报是季度终了以后编制的报表，种类比年报少一些。月报是月终编制的会计报表，只包括一些主要的报表，如资产负债表、利润表等。

不定期报告的编制和报送时间不固定，一般根据使用者的需要确定。

通常，对外报告是定期报告，对内报告包括定期报告和不定期报告。

（五）按编制主体分类，财务会计报表分为个别财务报表和合并财务报表

个别财务报表是由企业在自身会计核算基础上对账簿记录进行加工而编制的财务报表，它主要用以反映企业自身的财务状况、经营成果和现金流量情况。

合并财务报表是以母公司和子公司组成的企业集团为会计主体，根据母公司

和所属子公司的财务报表,由母公司编制的综合反映企业集团财务状况、经营成果及现金流量的财务报表。

(六) 按单位性质不同,财务报表具体内容不同

事业单位编制的财务报表包括资产负债表、收入支出表、财政补助收入支出表以及相关附表。

企业单位编制的财务报表应包括资产负债表、利润表、现金流量表、所有者权益变动表以及相关报表附注。集团公司在此基础上还需按规定编制合并会计报表。

(七) 按管理者需要,财务报表可分为综合性报表、控制性报表、预测性报表、分析性报表等

综合性报表,指为体现企业整个财务状况、经营成果和现金流量等而设计的报表,如资产负债表、利润表、现金流量表、所有者权益变动表等。

控制性报表,指为报告业务实际活动情况以便管理者及时采取控制行动而设计的报表,如销售、生产、存货、预算执行情况等报表。

预测性报表,是控制企业资金、成本和利润总量的重要手段,包括成本预测表、财务变动预测表、销售预测表等。

分析性报表,可为企业采取应对措施、制订未来计划以及衡量绩效提供支持,如经营绩效分析表、销售分析表、成本分析表等。

四、财务会计报告具备的基本要素

财务会计报告具备的基本要素具体如表 4-1 所示。

表 4-1　　　　　　　　　财务会计报告具备的基本要素

报告财务会计格式和内容	表头	报表名称和编号、编制单位、计量单位、报表日期
	正表	会计报表中的各项经济指标(含指标名称、数量、金额等)
	表尾	制表人和审核人
	附注	又称报表的补充资料,是为了帮助报表使用者阅读和使用报表指标而提供的一些参考资料,一般包括:不符合会计核算基本前提的说明,重要会计政策和会计估计以及变更的说明,或有事项和资产负债表日后事项的说明,关联方关系及其交易的披露,重要资产转让及其出售的说明,企业合并、分立的说明,会计报表中重要项目的明细资料等

五、财务会计报告设计的步骤

(一) 设计调查提纲

调查提纲应包括:

1. 国家统一会计报表的种类、格式及编制要求、方法;
2. 单位经济业务实际情况;
3. 单位的管理要求。

(二) 确定财务报表的种类

财务报表种类繁多,企业应结合自身实际需要,编制自身所需的财务报表。比如企业根据证券交易委员会的规定,每年度对外报送年度报告时,应编制相应的资产负债表、利润表、现金流量表、所有者权益变动表以及附注等报表;企业各管理部门需要编制内部报表时,则应根据不同的需求而编制,如预测性报表、分析性报表等。

(三) 绘制会计报表的格式

企业应按规定绘制各类对外报表。例如,在结构设计上,资产负债表有"账户式"和"报告式"两种结构可供选择。账户式,又称平衡式,是根据会计平衡公式设计,在报表的左方列示资产,右方列示权益;报告式,又称垂直式,是根据"资产－负债＝所有者权益"的会计恒等式设计的,报表项目自上而下排列,分别列示资产、负债和所有者权益。我国目前采用的是国际通用的账户式结构。

利润表的结构主要有单步式和多步式两种。单步式利润表是将当期所有的收入列在一起,然后将所有的费用列在一起,两者相减得出当期净损益。多步式利润表是通过对当期的收入、费用、支出项目按性质加以归类,按利润形成的主要环节列示一些中间性利润指标,如营业利润、利润总额、净利润,然后分步计算当期净损益。我国企业一般采用多步式结构。

现金流量表采用报告式结构,分为三个基本组成部分及相关的附注。三个基本组成部分是:经营活动现金流量、投资活动现金流量和筹资活动现金流量,每一部分现金净流量都是以"现金流入－现金流出＝现金净流量"这一基本平衡公式设计的。

(四) 写出编制程序及编制方法说明

企业在编制完所需的报表后,需要写明报表编制程序及编制方法,以便财务报表使用者进一步了解财务报表。

第二节 财务报告编报程序设计

财务报告编报程序,应包括从确定会计年度起到报告上报时止的一系列过程。

一、财务报告编制程序的设计

(一) 会计年度与经营期间的确定

我国《企业会计准则》规定以日历年度作为会计年度。为进行短期汇总和结账工作,还应在会计年度确定各个经营期间。我国统一规定经营报告期为阳历月份。

(二) 期末账项调整

编制财务报告前,有必要对有关账户的余额和发生额按权责发生制作必要调整,以合理反映当期收入和费用,使营业收入和费用得以配比,从而比较正确地计算出各期经营成果。同时,相关资产、权益等项目也会发生相应的增减变化,因此进行期末账项调整也是出于正确反映期末财务状况的需要。

期末账项调整主要内容归纳为以下四种类型:
1. 本期已实现但尚未收到的款项;
2. 本期已发生但尚未支付的款项;
3. 已经收款但不属于本期或部分属于本期的收入;
4. 已经付款但不属于本期或部分属于本期的费用。

(三) 期末对账与结账程序控制

控制对账与结账的主要手段是制定对账、结账日程表,分析影响对账和结账完成的关键环节,并给出有利于控制对账与结账程序的相应对策,保证报告的及时性与准确性。

(四) 编制工作底稿

工作底稿是将一定期间发生的经济业务通过调整、试算、分析汇集在一起的信息载体。通过编制工作底稿,可以减少记账差错,加快报表编制进程,有助于了解企业财务状况和经营成果。

工作底稿作为账项调整、结账和编制会计报表的辅助工具,具有很多优点:首先,账项调整在工作底稿上进行,之后再正式登账,可以减少记账差错;其次,可根据工作底稿直接编制会计报表,而不必先进行账户的调整和结算,因而大大缩短了编制会计报表前的资料整理准备时间,从而加快了会计报表编制进程;最后,工作底稿集中了期末的主要会计资料,因而便于报表使用者了解企业的财务状况和经营成果。

工作底稿的格式和内容各不相同,用途也不相同。在此介绍一种六栏式用于编制资产负债表、利润表和现金流量表的工作底稿,格式如表4-2所示。

表 4-2　　　　　　　　　资产负债表、利润表工作底稿

编制单位：　　　　　　　　　　　年　月　　　　　　　　　　　金额单位：元

行次	账户名称	试算表		账项调整		调整后试算表		账项结转		利润表		资产负债表	
		借	贷	借	贷	借	贷	借	贷	借	贷	借	贷

（五）编制财务报表及附注

为使报表使用者对会计报表的内容了解更深入，在编制会计报表后，还需根据单位规章及会计处理的明细资料以附注形式对报表项目做出恰当解释。

（六）编制财务情况说明书

在编制会计报表及附注的同时，对单位的财务情况进行文字说明，总结经验教训，指明发展趋势，提出整改措施。财务情况说明书内容应简练，并配以数据与分析。

二、财务报告报送程序的设计

财务报告按报送对象不同分为对外报送和对内报送。对内报送主要向单位管理层报送，较为简单。对外报送主要是向外部报告使用者报送，过程较为复杂，应按规定程序和要求进行。其程序设计一般包含以下步骤。

（一）复核、整理财务会计报告

财务会计报告编好后，应由编制人员自行复核，纠正错漏。确保数据准确、文字恰当后，将财务报告依次编页码、加封面、装订、盖章。封面应注明单位名称、地址、财务报告所属期间、报送日期等。

（二）审核、签章

财务报告应提交机构负责人、主管会计工作的负责人和单位负责人审核并签章，并着重说明单位负责人应保证财务会计报告真实、完整的责任（《会计法》在总则中明确规定了单位负责人对本单位的会计工作和会计资料的真实性、完整性负责，其中"会计资料"就包括财务会计报告）。设置总会计师的单位，还需要总会计师签名并盖章。

（三）委托注册会计师审计

注册会计师所出具的审计报告应当随同财务报告一并对外报送。

（四）按规定对象、方式和期限对外报送

财务报告的报送对象一般包括单位的主管部门、财政部门、税务机关、单位

投资者、主要债权人等。

报送方式一般有报送、公告和提交三种。对于单位主管部门、财政部门、税务机关，企业必须定期报告；对于其股东，股份有限公司必须公告，公告的方式包括登记公告和公开置放备查；对于审计部门，企业应及时提交财务报告。

报送期限按国家统一会计制度规定执行：月报应于月终后 6 天内报出；季度报告于季终后 15 天内报出；中期报告于年度中期结束后 60 天内报出；年度报告于年终后 4 个月内报出。

第三节 对外财务会计报告设计

根据《企业会计准则》的规定，一套完整的对外财务会计报告至少应包括"四表一注"，即资产负债表、利润表、现金流量表、所有者权益变动表以及报表附注。

一、资产负债表的设计

（一）资产负债表设计的原理

资产负债表是反映企业某一特定日期财务状况的报表，所以资产负债表是一张状态表，而不是流量表。它列示的是一个主体某一时点的资产、负债和所有者权益情况。在结构设计上，资产负债表有"账户式"和"报告式"两种结构可供选择。其设计原理：账户式是根据"资产 = 负债 + 所有者权益"这一会计等式，而报告式是根据"资产 - 负债 = 所有者权益"这一会计等式。

（二）资产负债表设计的格式与提供的数据资料

在资产负债表可供选择的"账户式"和"报告式"两种结构中，我国目前采用的是国际通用的账户式结构。

账户式，又称平衡式，这种格式是根据上面所提到的会计恒等式设计的，把报表分为左、右两部分，左方列示资产，右方列示权益，左、右两方总额必须相等。权益又分为上下两部分，上部分列示负债，下部分列示所有者权益。其中资产项目按流动性排列，即按流动程度由强到弱排列；负债项目按偿还期排列，偿还期短的排列在前，偿还期长的排列在后；所有者权益项目按永久性排列，永久性强的排列在前，永久性弱的排列在后。所有者权益项目还可按在企业留存时间进行排列，留存时间长的排列在前，留存时间短的排列在后。资产负债表项目按此方法列示能够比较清楚地反映企业的偿债能力，便于报表使用者分析企业的财务实力，以及企业清算能力的大小等。

账户式资产负债表的优点是对资产、负债和所有者权益的等式关系列示比较直观，能一目了然地看出企业的财务状况和资本结构，便于查阅、理解和应用。

此外，为反映企业财务状况与前期相比的变动情况，资产负债表各项目均需填列"年初余额"和"期末余额"两栏。其中，"年初余额"应根据上年末资产负债表各项目"期末余额"栏的数字填列，"期末余额"则一般根据总账和有关明细账的期末余额填列，其格式如表 4-3 所示。

表 4-3　　　　　　　　　　　　资产负债表　　　　　　　　　会企 01 表

编制单位：　　　　　　　　　　　年　月　日　　　　　　　　　单位：元

资　产	期末余额	年初余额	负债和所有者权益（或股东权益）	期末余额	年初余额
流动资产：			流动负债：		
货币资金			短期借款		
交易性金融资产			交易性金融负债		
衍生金融资产			衍生金融负债		
应收票据			应付票据		
应收账款			应付账款		
应收款项融资			预收款项		
预付款项			合同负债		
其他应收款			应付职工薪酬		
存货			应交税费		
合同资产			其他应付款		
持有待售资产			持有待售负债		
一年内到期的非流动资产			一年内到期的非流动负债		
其他流动资产			其他流动负债		
流动资产合计			流动负债合计		
非流动资产：			非流动负债：		
债权投资			长期借款		
其他债权投资			应付债券		
长期应收款			租赁负债		
长期股权投资			长期应付款		
其他权益工具投资			预计负债		
其他非流动金融资产			递延收益		
投资性房地产			递延所得税负债		
固定资产			其他非流动负债		
在建工程			非流动负债合计		
生产性生物资产			负债合计		
油气资产			所有者权益（或股东权益）：		
使用权资产			实收资本（或股本）		
无形资产			其他权益工具		
开发支出			其中：优先股		
商誉			永续债		
长期待摊费用			资本公积		
递延所得税资产			减：库存股		

续表

资　产	期末余额	年初余额	负债和所有者权益（或股东权益）	期末余额	年初余额
其他非流动资产			其他综合收益		
非流动资产合计			专项储备		
			盈余公积		
			未分配利润		
			所有者权益（或股东权益）合计		
资产合计			负债和所有者权益（或股东权益）合计		

注：对于拥有子公司的企业，除了应编制母公司资产负债表外，还应编制合并资产负债表。在年报中，必须分别编制个别资产负债表和合并资产负债表。

二、利润表的设计

（一）利润表设计的原理

利润表是反映企业一定时期经营成果的会计报表，又称损益表。它是一张动态报表，是反映流量的报表。它列示了一个会计主体某一时期的收入、费用和利润情况。其设计原理是"收入－费用＝利润"这一会计公式。

（二）利润表设计的格式与提供的数据资料

利润表格式主要有单步式和多步式两种。单步式利润表的优点是简单直观，易于编制。其缺点是不能反映净利润的形成过程及结构，不利于对企业经营成果进行分析和对未来盈利能力进行预测。而多步式利润表虽编制烦琐，却能提供利润构成和形成情况，便于信息使用者对企业经营成果进行分析和对未来盈利能力进行预测。目前，我国采用的是"多步式"利润表。

多步式利润表将利润计算过程分为四个步骤。

第一步，用营业收入减去营业成本、税金及附加、销售费用、管理费用、研发费用、财务费用，加上其他收益、投资收益（损失以"－"号填列）、净敞口套期收益（损失以"－"号填列）、公允价值变动收益（损失以"－"号填列）、信用减值损失、资产减值损失、资产处置收益（损失以"－"号填列）后，计算出营业利润；

第二步，用营业利润加上营业外收入、减去营业外支出后计算出利润总额；

第三步，用利润总额减去所得税费用，计算出净利润（或净损失）；

第四步，用净利润加上其他综合收益各项目分别扣除所得税影响后的净额后，计算出综合收益总额，最后根据收益准则的规定计算每股收益。

对于利润表内的每一个项目，应分别列出"本期金额"和"上期金额"。"本期金额"来源于本期损益类账户的发生额净额，"上期金额"来源于上年同期金额，即上年同期利润表中的"本期发生额"，便于比较分析。多步式结构利润表的格式如表4-4所示。

表4-4 利润表

会企02表

编制单位： ___年__月 单位：元

项　　目	本期金额	上期金额
一、营业收入		
减：营业成本		
税金及附加		
销售费用		
管理费用		
研发费用		
财务费用		
其中：利息费用		
利息收入		
加：其他收益		
投资收益（损失以"-"号填列）		
其中：对联营企业和合营企业的投资收益		
以摊余成本计量的金融资产终止确认收益（损失以"-"号填列）		
净敞口套期收益（损失以"-"号填列）		
公允价值变动收益（损失以"-"号填列）		
信用减值损失		
资产减值损失		
资产处置收益（损失以"-"号填列）		
二、营业利润（亏损以"-"号填列）		
加：营业外收入		
减：营业外支出		
三、利润总额（亏损总额以"-"号填列）		
减：所得税费用		
四、净利润（净亏损以"-"号填列）		
（一）持续经营净利润（净亏损以"-"号填列）		
（二）终止经营净利润（净亏损以"-"号填列）		
五、其他综合收益的税后净额		
（一）不能重分类进损益的其他综合收益		
1. 重新计量设定受益计划变动额		
2. 权益法下不能转损益的其他综合收益		
3. 其他权益工具投资公允价值变动		
4. 企业自身信用风险公允价值变动		
……		
（二）将重分类进损益的其他综合收益		
1. 权益法下可转损益的其他综合收益		
2. 其他债权投资公允价值变动		
3. 金融资产重分类计入其他综合收益的金额		

续表

项　　目	本期金额	上期金额
4. 其他债权投资信用减值准备		
5. 现金流量套期储备		
6. 外币财务报表折算差额		
……		
六、综合收益总额		
七、每股收益		
（一）基本每股收益		
（二）稀释每股收益		

三、现金流量表的设计

（一）现金流量表设计的原理

现金流量表是反映企业某一特定日期（通常是年末）现金及现金等价物的流入、流出及其流量净额的报表。其中，现金指库存现金和可以随时用于支付的银行存款；现金等价物指企业持有的期限短、流动性强、易于转换为已知金额现金、价值变动风险很小的投资；现金流量是指现金和现金等价物的流入和流出的全部资金收付数量。现金流量表的设计原理是"现金流入量－现金流出量＝现金净流量"这一基本平衡公式。现金流量表由经营活动现金流量、投资活动现金流量以及筹资活动现金流量这三个基本部分组成，每一部分现金净流量都以该基本平衡公式为基础设计。其设计意义在于正确评价企业的支付能力，分析企业的收益质量及影响现金流量的因素，预测企业未来的现金流量。

企业在确定经营活动产生的现金流量时有两种方法，即直接法和间接法。

1. 直接法。直接法是以本期营业收入为起点，通过调整与经济活动有关项目的增减变动，计算出经营活动的现金流量。由于在直接法下列示了各项现金流入的来源及金额和各项现金流出的用途及金额，所以直接法更有助于预测企业未来经营活动的现金流量，揭示企业用经营活动产生的现金来偿付其债务的能力以及进行再投资和支付股利的能力。

2. 间接法。间接法是以本期净利润为起点，调整不涉及现金的收入、费用项目以及其他有关项目，据以计算出经营活动的现金流量。间接法有助于分析利润与经济活动现金流量差异的原因，并从现金流量的角度分析企业净利润的质量。

（二）现金流量表设计的格式与提供的数据资料

现金流量表的项目主要有经营活动现金流量、投资活动现金流量、筹资活动现金流量、汇率变动对现金及现金等价物的影响、现金及现金等价物净增加额、期末现金及现金等价物余额等项目，采用报告式排列。现金流量表格式因行业特点不同而有所区别，分别对一般企业、商业银行、保险公司和证券公司等企业类型予以规定。企业应根据其经营活动的性质，确定本企业适用的现金流量表格式。

《企业会计准则第31号——现金流量表》规定，现金流量表为比较报表，至少每年编制一次，表中各项目需提供"本期金额"和"上期金额"两项数据。在年度现金流量表中的"本期金额"指各报表项目本年度累计金额；"上期金额"则指上年度现金流量表中各项目"本期金额"栏的数字。在季度现金流量表中，"本期金额"指各报表项目本季度累计金额；"上期金额"则指上年同季度现金流量表中各项目"本期金额"栏的数字（上年同期数）。一般企业现金流量表及现金流量表补充资料的格式如表4-5所示。

表4-5　　　　　　　　现金流量表及现金流量表补充资料

会企03表

编制单位：　　　　　　　　年　月　日　　　　　　　　　单位：元

项目	行次	本期金额	上期金额
一、经营活动产生的现金流量：			
销售商品、提供劳务收到的现金			
收到的税费返还			
收到其他与经营活动有关的现金			
经营活动现金流入小计			
购买商品接受劳务支付的现金			
支付给职工以及为职工支付的现金			
支付的各项税费			
支付其他与经营活动有关的现金			
经营活动现金流出小计			
经营活动产生的现金流量净额			
二、投资活动产生的现金流量：			
收回投资收到的现金			
取得投资收益收到的现金			
处置固定资产、无形资产和其他长期资产收回的现金净额			
处置子公司及其他营业单位收到的现金净额			
收到其他与投资活动有关的现金			
投资活动现金流入小计			
购建固定资产、无形资产和其他长期资产支付的现金			
投资支付的现金			
取得子公司及其他营业单位支付的现金净额			
支付其他与投资活动有关的现金			
投资活动现金流出小计			
投资活动产生的现金流量净额			

续表

项 目	行次	本期金额	上期金额
三、筹资活动产生的现金流量：			
吸收投资收到的现金			
取得借款收到的现金			
收到其他与筹资活动有关的现金			
筹资活动现金流入小计			
偿还债务支付的现金			
分配股利、利润和偿付利息支付的现金			
支付其他与筹资活动有关的现金			
筹资活动现金流出小计			
筹资活动产生的现金流量净额			
四、汇率变动对现金及现金等价物的影响			
五、现金及现金等价物净增加额			
加：期初现金及现金等价物余额			
六、期末现金及现金等价物余额			

补充资料	行次	本期金额	上期金额
1. 将净利润调节为经营活动现金流量			
净利润			
加：资产减值准备			
信用损失准备			
固定资产折旧、油气资产折耗、生产性生物资产折旧			
无形资产摊销			
长期待摊费用摊销			
处置固定资产、无形资产和其他长期资产的损失（收益以"－"号填列）			
固定资产报废损失（收益以"－"号填列）			
净敞口套期损失（收益以"-"号填列）			
公允价值变动损失（收益以"－"号填列）			
财务费用（收益以"－"号填列）			
投资损失（收益以"－"号填列）			
递延所得税资产减少（增加以"－"号填列）			
递延所得税负债增加（减少以"－"号填列）			
存货的减少（增加以"－"号填列）			
经营性应收项目的减少（增加以"－"号填列）			
经营性应付项目的增加（减少以"－"号填列）			
其他			

续表

补充资料	行次	本期金额	上期金额
经营活动产生的现金流量净额			
2. 不涉及现金收支的投资和筹资活动			
债务转为资本			
一年内到期的可转换公司债券			
融资租入固定资产			
3. 现金及现金等价物净变动情况			
现金的期末余额			
减：现金的期初余额			
加：现金等价物的期末余额			
减：现金等价物的期初余额			
现金及现金等价物净增加额			

四、所有者权益变动表的设计

（一）所有者权益变动表设计的原理

所有者（或股东）权益变动表是反映一定会计期末所有者（或股东）权益构成及当期增减变动情况的报表，属于年报。其主要内容包括实收资本、资本公积、盈余公积、未分配利润和库存股等。该表在反映所有者（或股东）权益总量增减变动的基础上，还要反映所有者（或股东）权益增减变动的重要结构性信息，特别要反映直接计入所有者（或股东）权益的利得和损失，以便报表使用者准确理解所有者权益增减变动的根源。

（二）所有者权益变动表设计的格式与提供的数据资料

为清楚表明所有者（或股东）权益各组成部分当期的增减变动情况，所有者（或股东）权益变动表应当以矩阵形式列示。一方面，列示导致所有者（或股东）权益变动的交易或事项，以便能够按所有者（或股东）权益变动的来源对一定时期内所有者（或股东）权益变动情况进行全面反映；另一方面，按照所有者（或股东）权益各组成部分及其总额列示交易或事项对所有者（或股东）权益的影响。

根据《企业会计准则第 30 号——财务报表列报》的规定，企业需要提供比较所有者（或股东）权益变动表，因此，所有者（或股东）权益变动表应提供各项目"本年金额"和"上年金额"两组数据信息。其格式如表 4-6 所示，企业在设计时可根据具体情况进行删减。

表 4-6　　　　　　　　　　　所有者（或股东）权益变动表

编制单位：　　　　　　　　　　　　　　年　　　　　　　　　　　　　　　　会企 04 表
单位：元

项目	本年金额										上年金额									
	实收资本（或股本）	其他权益工具			资本公积	减:库存股	其他综合收益	专项储备	盈余公积	未分配利润	所有者权益合计	实收资本（或股本）	其他权益工具			资本公积	减:库存股	其他综合收益	专项储备	盈余公积	未分配利润	所有者权益合计
		优先股	永续债	其他									优先股	永续债	其他							
一、上年年末余额																						
加：会计政策变更																						
前期差错变更																						
其他																						
二、本年年初余额																						
三、本年增减变动金额（减少以"-"号填列）																						
（一）综合收益总额																						
（二）所有者投入和减少资本																						
1. 所有者投入的普通股																						
2. 其他权益工具持有者投入资本																						
3. 股份支付计入所有者权益的金额																						
4. 其他																						
（三）利润分配																						
1. 提取盈余公积																						
2. 对所有者（或股东）的分配																						
3. 其他																						
（四）所有者权益内部结转																						
1. 资本公积转增资本（或股本）																						
2. 盈余公积转增资本（或股本）																						

续表

项目	本年金额									上年金额								
	实收资本(或股本)	其他权益工具			资本公积	减:库存股	其他综合收益	专项储备	盈余公积	未分配利润	所有者权益合计	实收资本(或股本)	其他权益工具			资本公积	减:库存股	其他综合收益	专项储备	盈余公积	未分配利润	所有者权益合计
		优先股	永续债	其他									优先股	永续债	其他							
3. 盈余公积弥补亏损																						
4. 设定受益计划变动额结转留存收益																						
5. 其他综合收益结转留存收益																						
6. 其他																						
四、本年年末余额																						

五、报表附注的设计

附注是会计报表不可或缺的组成部分,是对资产负债表、利润表、现金流量表和所有者或股东权益变动表等报表中列示项目的文字描述或明细资料,以及对未能在这些报表中列示项目的说明。附注与主体报表具有同等的重要性,是报表使用者了解企业财务状况、经营成果和现金流量的必读内容。根据财务报表列报准则的规定,报表附注应当包括如下内容。

(一) 企业的基本情况

企业的基本情况包括:企业注册地、组织形式和总部地址;企业的业务性质和主要经营活动;母公司以及集团最终母公司的名称;财务报告的批准报出者和财务报告批准报出日等。

(二) 财务报表的编制基础

会计报表是以会计账簿和其他会计核算资料为依据编制的,是对某一时期内所有会计核算工作的总结。

财务报告编制基础分为通用目的编制基础和特殊目的编制基础。通用目的编制基础,是指旨在满足广大财务报表使用者共同的财务信息需求的财务报告编制基础,主要是指会计准则和会计制度。特殊目的编制基础,是指旨在满足财务报表特定使用者对财务信息需求的财务报告编制基础,包括计税核算基础、监管机构的报告要求和合同的约定等。

(三) 遵循企业会计准则的声明

企业应当声明编制的会计报表符合企业会计准则的要求，真实、完整地反映了企业的财务状况、经营成果和现金流量等有关信息。

(四) 重要会计政策和会计估计

企业应当披露采用的重要会计政策和会计估计，不重要的会计政策和会计估计可不披露。在披露重要会计政策和会计估计时，应披露重要会计政策的确定依据和财务报表项目的计量基础，以及会计估计所采用的关键假设和不确定因素。

(五) 会计政策和会计估计变更以及差错更正的说明

主要包括以下事项：会计政策变更的内容和理由；会计政策变更的影响数；会计政策变更的累积影响数不能确定的理由；会计估计变更的内容和理由；会计估计变更的影响数；会计估计变更的影响数不能合理确定的理由；重大会计差错的内容；重大会计差错的更正金额。

(六) 报表重要项目的说明

企业应当结合文字和数字，披露报表重要项目的构成或当期增减变动情况，并且列示报表重要项目的明细金额合计。在披露顺序上，一般应当按照资产负债表、利润表、现金流量表、所有者权益变动表的顺序及其项目列示的顺序进行。

(七) 或有事项的说明

或有事项是过去的交易或事项形成的一种不确定事项。其结果须由未来不确定事件的发生或不发生加以证实。常见的或有事项有商业票据背书转让或贴现、未决诉讼、未决仲裁、产品质量保证等。或有事项可分为或有负债和或有资产。或有负债若确认为负债，则需确认支出，不确认为负债时只需做相关说明；或有资产不记入收益。但是或有负债确认为负债时，所确认支出仅是估计值，不确认为负债时不必披露金额，投资者需对或有事项发生的可能性及金额予以估计。具体按照《企业会计准则第13号——或有事项》第十四条和第十五条的相关规定进行披露。

(八) 资产负债表日后事项的说明

资产负债表日后事项是指资产负债表日至财务报表批准报出日之间发生的有利或不利事项，包括资产负债表日后调整事项和非调整事项。资产负债表日后事项的说明，包括每项重要的资产负债表日后事项的性质、内容及其对财务状况和经营成果的影响；企业利润分配方案中拟分配的及经审议批准宣告发放的股利或利润等。

(九) 关联方关系及其交易

在存在控制关系的情况下,关联方如为企业时,不论它们之间有无交易,都应说明企业的经济性质或类型、名称、法定代表人、注册地、注册资本及其变化,以及企业的主营业务、所持股份或权益及其变化。

在企业与关联方发生交易的情况下,企业应说明关联方关系的性质、交易类型及其交易要素,比如交易的金额或相应比例、未结算项目的金额或相应比例等。

第四节 对内财务会计报告设计

对外财务会计报告的指标体系、格式等都由国家统一规定,不能完全满足企业内部管理的需要。因此,企业需要编制对内财务报告,作为对外财务会计报告的补充。具体来说,对内财务报告是指各企业根据自身的经营特点和管理要求自行规定和设计,以满足企业内部经营管理的需要而定期或不定期报送企业内部管理者的会计报表,用于企业沟通、控制以及决策。

对内会计报表包括反映成本、费用和收支情况的会计报表,其种类、格式、编制方法及编制时间均根据各企业自身的经营特点和管理要求自行设计。

一、对内财务会计报告的特点

对内财务会计报告与对外财务会计报告存在以下区别:(1)内部报表内容有较强的针对性,对外报表内容具有普遍性;(2)内部报表指标具有多样性,对外报表指标具有相对单一性;(3)内部报表期限具有灵活性,对外报表具有定期性。

对内财务会计报告的特点具体如下。

(一) 报告内容有较强的针对性

对外报告的报送对象是外界信息使用者,为了满足不同信息使用者的需要,其内容具有普遍性;而对内报告是为了满足本单位管理部门或人员的特定管理要求设计的,其内容具有较强的针对性。

(二) 报告指标的多样性

在对外报告中,为了综合反映企业财务状况和经营成果,便于信息使用者对指标的分析和评价,采用的指标都是价值指标。而对内报告是为企业的经营管理服务的,其使用重点是通过对报告指标的分析、比较和评价,检查计划和预算执行中存在的问题。因此,它不仅可以采用价值指标,也可以采用实物指标,而且一般不需要数据上的绝对精确。

(三) 编报周期的灵活性

对内报告根据报告的使用者和报送对象不同具有一定的灵活性,既可以定期编制,也可以根据企业经营和内部管理的需要不定期编制,而不用像对外报告需要遵守国家和有关部门严格规定的编制和报送时间。

(四) 报告种类的不固定性

对内报告是根据企业经营和管理的需要而设计的,因此,不同时期根据管理需要的不同,报表的种类也有所不同。

二、对内财务会计报告设计的要求

(一) 专题性

内部会计报表主要反映内部核算与管理某一方面的问题,因此,专题性是内部会计报表的重要特点。

(二) 针对性

内部会计报表格式的设计要能针对某一具体业务的特点及其存在的问题,重点突出,简明扼要。

(三) 实用性

内部会计报表指标的设计要适应企业内部管理的要求,按使用者的需要设计各种形式的指标。使用者通过设计的报告指标进行分析、比较和评价,可以监督计划和预算的执行情况,分析计划和预算执行过程中存在的问题和不足,总结其中的经验,最终提高企业的管理水平。

(四) 及时性

预测和决策具有较强的时效性,而内部会计报表信息是企业预测和决策的主要依据,因此,内部会计报表需要及时编制、及时反馈。

内部会计报表在期限上可以进行不定期编制,在指标上可以灵活选用多种指标,在格式上可以不拘一格(在不影响其功能的前提下,尽量排列整齐、美观大方、简单易懂),在种类上根据管理需求确定报告类型。

三、对内财务会计报告的分类

根据经济内容的不同,可将对内财务会计报告进行分类,具体如图 4-2 所示。

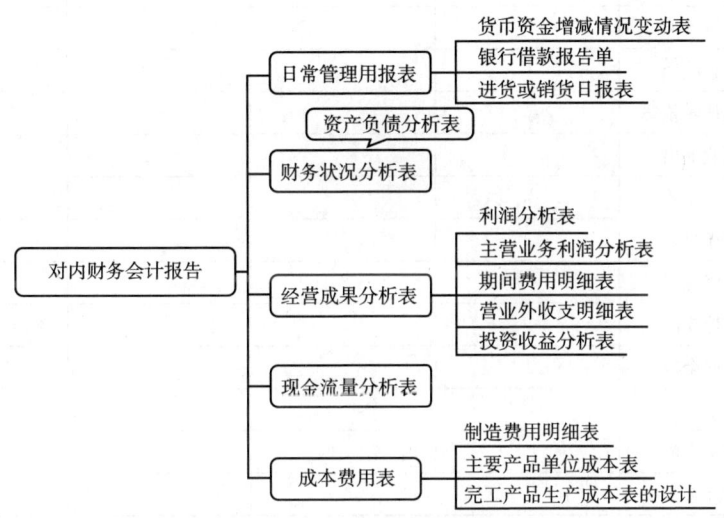

图 4-2 对内财务会计报告

(一) 日常管理用报表的设计

企业日常管理主要是指货币资金管理、存货管理和销售管理。为了适应日常管理的需要,通常需要编制反映当日货币增减变动和结余情况,当日或一定时期的存货增减变动和结存情况,以及当日和一定时期商品销售情况的会计报表,这类报表可以按日编制,也可以视业务量的多少按周、旬或月编制。

1. 货币资金增减情况变动表。货币资金增减变动情况表是反映企业库存现金及银行存款每日增减变动及其结余情况的会计报表,由出纳在每日业务结束后,根据库存现金、银行存款日记账及其他有关资料编制,报送会计负责人和企业主要领导,以便及时掌握企业库存现金和银行存款的变动情况,合理调配资金,并准确做出货币资金的使用决策。

为了全面反映企业各项货币资金的变动、结余和存放情况,便于资金调度,设计该表时应突出三方面内容:一是当日实际资金余额,根据昨日账面余额,加本日增加金额,减去本日减少金额计算得出;二是本日货币资金增加的渠道和减少的去向;三是资金的存放点和账户。其参考格式如表 4-7 所示。

表 4-7　　　　　　　　　　　　货币资金增减变动情况表

编制单位：　　　　　　　　　　　　年　月　日　　　　　　　　　　　　单位：元

项　目	银行存款	库存资金	合计	备注
一、昨日账面余额				
加：营业收入				
融资金额				
投资收回				
欠款收回				
其他收款				
减：营业支出				
归还欠款				
归还投资				
投资支出				
其他支出				
二、本日账面余额				
未记账增加数				
未记账减少数				
三、本日实际余额				

会计主管　　　　　　　出纳　　　　　　　制表　　　　　　　审核

2. 银行借款报告单。银行借款报告单是对企业各种银行借款的借入、偿还和结欠情况进行详细反映的报表。一般由主管银行借款的会计人员在每月月底编制并报送会计负责人和企业主要负责人，使其在及时了解与掌握银行借款的增减变动和余额情况的同时，加强银行借款管理，按期归还借款。

银行借款报告单的设计，应按银行借款的种类（短期借款、长期借款）划分档次，分别反映不同种类借款每月的借入、归还和欠款数。其参考格式如表 4-8 所示。

表 4-8　　　　　　　　　　　　　银行借款报告单

　　　　　　　　　　　　　　　　年　月　日　　　　　　　　　　　　　单位：元

项　目	短期借款	长期借款	合计	备注
一、上月欠款总额				
其中：逾期未还数				
二、本月借款总额				
三、本月还款总额				
四、月末欠款总额				
其中：逾期未还数				

会计主管　　　　　　　　　　制单　　　　　　　　　　审核

3. 进货或销货日报表。此表是对企业每日商品或产品销售、采购的详细情况进行反映。其中，进货日报表由主管材料和应付账款的会计人员编制，报送采购部门和其他相关部门。其编制目的是反映物资采购计划的执行情况，加强采购业务的管理。销货日报表由主管销售和应收账款的会计人员编制，报送企业主要领导和其他相关部门。其编制目的是反映销售计划的执行情况，以便及时发现问题，调整销售方式，改进销售策略，增加销售收入，减少销售风险。其格式可参考表4-9。

表4-9　　　　　　　　　　　××日报表

年　月　日　　　　　　　　　　　　　单位：元

品名	规格及型号	计量单位	数量	单价	金额			本月累计购进（销售）	
					现购（销）	赊购（销）	合计	数量	金额
合计									

会计主管　　　　　　　　　制表　　　　　　　　　审核

（二）财务状况分析表的设计

财务状况分析表是指根据资产负债表的有关资料，对各项资产、负债及所有者权益在各自总额中所占比重以及报告期和基期比较的变化情况进行分析的报表，也称资产负债分析表。其在财务会计对外报告基础上进行分析——趋势分析与结构分析，体现了财务会计与管理会计互相依存的关系。通过分析，可查找企业资产、负债和所有者权益增减变动的原因，考察企业资产、负债的构成是否合理，便于了解企业的偿债能力，预测企业未来的财务状况。其格式可参考表4-10。

表4-10　　　　　　　　　　财务状况分析表

年　月　日　　　　　　　　　　　　　单位：元

资产项目	上期数		本期数			负债及所有者权益项目	上期数		本期数		
	金额	比重(%)	金额	比重(%)	增减额	增减百分比(%)	金额	比重(%)	金额	比重(%)	增减额	增减百分比(%)
一、流动资产							一、流动负债					
1. 货币资金							1. 短期借款					
2. 交易性金融资产							2. 应付款项					
3. 应收款项							3. 预计负债					
4. 存货							二、非流动负债					

续表

资产项目	上期数		本期数			负债及所有者权益项目	上期数		本期数		
	金额	比重(%)	金额	比重(%)	增减额	增减百分比(%)		金额	比重(%)	金额	比重(%)	增减额	增减百分比(%)
二、非流动资产							1. 长期借款						
1. 长期股权投资							2. 应付债券						
2. 债权投资							3. 长期应付款						
3. 固定资产							4. 其他非流动负债						
4. 在建工程							三、所有者权益						
5. 无形资产							1. 投入资金						
6. 其他资产							2. 留存收益						
合计							合计						

会计主管　　　　　　　　　　　　制表　　　　　　　　　　　　审核

(三) 经营成果分析表的设计

经营成果分析表主要是对企业一定时期构成经营成果的各项目本期实际数与预算数或上期数或上年同期实际数等进行比较和分析的报表。经营成果分为狭义营业利润与广义投资收益之和,通过结构分析与另两张报表结构与趋势的变化可分析出经营成果的主导模式,并用于评价利润质量与资产质量。利用此表,可以反映出本期利润实际数与对比数之间的关系,确定增减变动情况以及各项目对利润总额变化的影响程度,以便据此查明利润升降的原因,发现问题,总结经验,提出措施,改进工作。

1. 利润分析表。该表一般在月末编制。表中应反映利润实际数比计划数或上期数的增减变化情况,及其各利润项目对利润总额变化的影响程度,进而反映利润计划本期和本年累计执行情况。其格式可参考表 4-11。

表 4-11　　　　　　　　　　　利润分析表

年　月　　　　　　　　　　　　　　　　　　　　　　　　单位:元

项目	本期数				本年累计数			
	实际数	预算数	差异额	预算完成率(%)	实际数	预算数	差异额	预算完成率(%)
一、营业收入								
减:营业成本								

续表

项目	本期数				本年累计数			
	实际数	预算数	差异额	预算完成率（%）	实际数	预算数	差异额	预算完成率（%）
税金及附加								
管理费用								
销售费用								
财务费用								
资产减值损失								
加：公允价值变动损益								
其中：对联营和合营企业的投资收益								
二、营业利润								
加：营业外收入								
减：营业外支出								
其中：非流动资产处置损失								
三、利润总额								
减：所得税								
四、净利润								
五、每股收益								
（一）基本每股收益								
（二）稀释每股收益								

会计主管　　　　　　　　　　　制表　　　　　　　　　　　审核

2. 主营业务利润分析表。主营业务利润分析表可按主营业务利润结构进行编制，也可采用因素分析法编制。如果企业想分析和考核各主营业务或所售商品的营业情况，可按主营业务利润结构进行编制；如果企业想对主营业务利润计划执行情况进行分析，把影响主营业务利润的各个因素及影响程度反映出来，可采用因素分析法进行编制。这两种编制方式可参照表4-12和表4-13。

对比主营业务利润分析表与主营业务利润因素表可知，主营业务利润分析表主要是实际数与预算数进行比较，测算是否有什么项目偏差较大，导致主营利润发生变化；而主营业务利润因素表是通过比较每个影响利润因素的变动对利润变动的影响，判断影响利润的主次要因素，比较直接，易于观察。

表 4 – 12　　　　　　　　　　　　　主营业务利润分析表

年　月

商品名称	主营业务收入				主营业务成本				主营业务税金				主营业务利润			
	实际数（元）	预算数（元）	差异额（元）	预算完成率（%）	实际数（元）	预算数（元）	差异额（元）	预算完成率（%）	实际数（元）	预算数（元）	差异额（元）	预算完成率（%）	实际数（元）	预算数（元）	差异额（元）	预算完成率（%）
合计																

会计主管　　　　　　　　　　　　　制表　　　　　　　　　　　　　审核

表 4 – 13　　　　　　　　　　　　　主营业务利润因素表

年　月

影响主营业务利润变动的因素	影响利润变动金额（元）	各影响因素占总变动额百分比（%）
商品销售价格变动影响		
商品销售税金变动影响		
商品销售数量变动影响		
商品销售成本变动影响		
商品销售结构变动影响		
合计		

会计主管　　　　　　　　　　　　　制表　　　　　　　　　　　　　审核

3. 期间费用明细表。期间费用包括管理费用、财务费用和销售费用。该类报表由负责登记相关期间费用明细账的会计人员于月末根据相关期间费用明细账编制，用以反映每月期间费用的实际发生情况。具体编制时，需按费用项目列示，分别反映它们的本月实际费用数、本月计划费用数、实际数与计划数的差异额及差异率、上期实际费用数、本期实际费用数与上期费用数相比的增减额及增减百分比等情况，这样有助于了解期间费用预算的执行情况，分析期间费用的变化趋势，以便发现费用管理中存在的问题，找出进一步控制期间费用的方法和措施，从而提高产品盈利水平。其格式可参考表 4 – 14。

表 4 – 14　　　　　　　　　　　　　× × 费用明细表

年　月

项目	本期实际（元）	本期预算（元）	差异额（元）	差异率（%）	上期实际（元）	增减额（元）	同比增减（%）
1.							
2.							
…							
合计							

会计主管　　　　　　　　　　　　　制表　　　　　　　　　　　　　审核

4. 营业外收支明细表。营业外收支明细表是根据营业外收入明细账和营业外支出明细账的有关资料，对各项营业外收支的本期实际数与上年实际平均数进行对比分析的报表。编制营业外收支明细表，有利于报表使用者了解企业营业外收支的构成情况，以便有针对性地采取措施，控制营业外收支，扩大盈利。其格式可参考表 4 – 15。

表 4 – 15　　　　　　　　　　　营业外收支明细表

年　月　　　　　　　　　　　　　　　　　　　单位：元

项　目	行次	本期实际	上年实际平均数	增减额	增减率（%）
一、营业外收入					
1. 固定资产处置利得					
2. 无形资产处置利得					
3. 非货币性资产交换利得					
4. 债务重组利得					
5. 政府补助					
6. 盘盈利得					
7. 捐赠利得					
营业外收入合计					
二、营业外支出					
1. 固定资产处置损失					
2. 无形资产处置损失					
3. 非货币性资产交换损失					
4. 公益性捐赠支出					
5. 非常损失					
6. 罚款支出					
7. 盘亏损失					
营业外支出合计					
三、营业外收支净额					

会计主管　　　　　　　　　　制表　　　　　　　　　　审核

5. 投资收益分析表。投资收益分析表是根据投资收益明细表的有关资料，对各投资项目的投资收益和投资损失的本年实际数进行反映，并与上年实际数进行对比的报表。由于该表是对构成投资收益的各个项目进行分析，因而也称为投资收益结构分析表。该表一般由负责投资收益明细账的会计人员于每年年末编制，报送企业主要负责人及投资管理部门，以便他们做出正确的投资决策，优化企业投资结构，取得最佳投资效益。其格式可参考表 4 – 16。

表4-16　　　　　　　　　　　　　　投资收益分析表

年　月　　　　　　　　　　　　　　　　　　单位：元

项目	本年实际	上年实际	增减额	增减率（%）
一、投资收益				
1. 交易性金融资产持有收益				
2. 交易性金融资产处置收益				
3. 其他债权投资持有收益				
4. 其他权益投资工具持有收益				
5. 其他债权投资处置收益				
6. 其他权益投资工具处置收益				
7. 债权投资持有收益				
8. 债权投资处置收益				
9. 长期股权投资持有收益				
10. 长期股权投资处置收益				
……				
投资收益合计				
二、投资损失				
1. 交易性金融资产取得费用				
2. 交易性金融资产处置损失				
3. 其他债权投资处置损失				
4. 其他权益投资工具处置损失				
5. 债权投资处置损失				
6. 长期股权投资持有损失				
7. 长期股权投资处置损失				
……				
投资损失合计				
三、投资净损益				

会计主管　　　　　　　　　　　　　　制表　　　　　　　　　　　　　　审核

6. 利润预测表。实行目标利润管理制度的企业，必须编制利润预测表。该表可为企业管理决策部门提供事前信息，是用以制定各种经营计划的基础和依据。其格式可参考表4-17。

表4-17　　　　　　　　　　　　　　　利润预测表

报送：　　　　　　　　　　　　　　年　月　日　　　　　　　　　　　　　单位：元

项目	总额	A产品		B产品		C产品	
		金额	占总额百分比（%）	金额	占总额百分比（%）	金额	占总额百分比（%）
销售收入							
减：变动费用							
贡献毛益							
贡献毛益率							
减：固定费用							
净利润							

设计该表时应当注意三点：

(1) 通常该表的编制采用变动成本法，因此，需将企业的全部费用变为变动费用和固定费用，并假设固定费用在一定条件下不变；

(2) 需要提出目标利润以及达到目标利润要求完成的销售额和目标成本；

(3) 实行责任会计制度或内部银行的企业，各责任单位可以单独预测，以便确定各单位的创利计划。

(四) 现金流量表分析表的设计

现金流量分析表是以现金流量表为依据，对现金流量表中各种活动产生的现金流入、现金流出和现金流量净额进行分析的报表，一般一年编制一次。通过将本年实际数与往年实际数进行环比，判断企业现金流量的变化趋势，并从中找出各类活动以及各项目增减变动的真实原因，了解现金流量的变化结果与变化过程之间的关系。其格式可参考表 4-18。

表 4-18　　　　　　　　　　现金流量分析表

_____年度　　　　　　　　　　　　　　　单位：元

项　目	2015年实际数	2016年			2017年		
		实际数	同比增减额	同比增减率（％）	实际数	同比增减额	同比增减率（％）
一、经营活动							
1. 现金流入							
2. 现金流出							
3. 现金流量净额							
二、投资活动							
1. 现金流入							
2. 现金流出							
3. 现金流量净额							
三、筹资活动							
1. 现金流入							
2. 现金流出							
3. 现金流量净额							
四、汇率变动对现金影响额							
五、现金及现金等价物净增加额							

会计主管　　　　　　　　　　制表　　　　　　　　　　审核

(五) 成本费用表的设计

受企业经营特点影响,不同行业的成本报表也不相同。成本报表属于企业内部管理用会计报表,与企业的管理方法联系密切,因此,成本报表的格式与种类多种多样。在下文中我们将介绍制造企业的几种主要成本报表的设计。

1. 制造费用明细表。制造费用明细表是由负责登记制造费用明细账的会计人员,于每月月末根据制造费用明细账编制,反映企业一定时期制造费用的实际发生情况,并与本期预算数和上年实际数进行对比的内部报表,一般报送给生产成本管理部门及其他有关成本费用管理部门。制造费用明细表也可以分车间按年编制,反映年度制造费用的实际发生额。

编制制造费用明细表,可以及时了解企业制造费用预算执行情况,掌握其发展变化趋势,以便及时采取对策,提高费用管理水平,降低制造费用,从而降低生产成本。其格式可参考表 4-19。

表 4-19　　　　　　　　　　制造费用明细表

年　　月　　　　　　　　　　　　　单位:元

项目	行次	本期实际	本期预算	差异额	预算完成率(%)	上期实际	增减额	同比增减率(%)
1. 职工薪酬								
2. 折旧费								
3. 修理费								
4. 办公费								
5. 水电费								
6. 机物料消耗								
7. 劳动保护费								
8. 季节性和修理期间的停工损失								
9. 其他								
合计								

会计主管　　　　　　　　　　　　制表　　　　　　　　　　　　审核

2. 主要产品单位成本表。主要产品单位成本表是对企业的各种主要产品,按成本项目反映其实际成本构成情况,并与本年目标成本或标准成本进行比较的内部报表。编制此表有利于了解主要产品的单位成本变化情况,便于企业纵向分析和对比产品成本变化,解析成本升降原因,寻求降低成本的途径,加强成本管理。其格式可参考表 4-20。

表4-20　　　　　　　　　　　　主要产品单位成本表

年　月　　　　　　　　　　　　　　　单位：元

产品名称：　　　　　　规格及型号：　　　　　　计量单位：
本月实际产量：　　　　本年累计产量：　　　　　售价：

项　目	行次	本期实际成本	本期目标成本	成本升降额	成本升降率（%）	上年实际平均数	成本升降额	成本升降率（%）
原材料								
燃料及动力								
工薪								
制造费用								
废品损失								
停工损失								
产品生产成本								
合计								

会计主管　　　　　　　　　　　制表　　　　　　　　　　　　审核

3. 完工产品生产成本表。完工产品生产成本表是由负责登记生产成本明细账的会计人员，于每月末根据生产成本明细账编制的，以此来反映企业一定时期内完工产品生产总成本的内部报表。其报送对象是企业主要负责人和有关成本管理部门。完工产品生产成本表通常按照成本项目分别列示本月实际生产成本、本年累计实际生产成本和上年实际平均生产成本等有关指标，以便对比分析，了解企业产品生产成本的发展趋势，强化成本管理。其格式可参考表4-21。

表4-21　　　　　　　　　　　　完工产品生产成本表

年　月　　　　　　　　　　　　　　　单位：元

项　目	行次	本月实际	本年累计实际	上年实际平均
本月生产费用				
其中：原材料				
燃料及动力				
工薪				
制造费用				
废品损失				
停工损失				
加：在产品月初余额				
减：在产品月末余额				
完工产品生产总成本				

会计主管　　　　　　　　　　　制表　　　　　　　　　　　　审核

本 章 小 结

财务报告是企业对外提供的反映企业某一特定日期财务状况和某一会计期间经营成果、现金流量等会计信息的文件。财务报表可以根据需要按照不同的标准进行分类。

财务报告设计要有助于财务报告使用者做出经营和管理决策,有助于企业加强经营管理,提高经济效益。会计报表设计原则有:完整性与系统性相结合、统一性与灵活性相结合、稳定性以及简易性原则。财务报告设计的范围包括对外财务会计报告及附注内容的设计和对内财务会计报告的设计。

对外财务会计报告包括资产负债表、利润表、现金流量表、所有者权益变动表和报表附注。资产负债表是反映企业某一特定日期财务状况的报表,资产负债表的设计原理是"资产=负债+所有者权益",企业会计准则规定,我国的资产负债表采用账户式格式。利润表是反映企业在一定会计期间经营成果的报表,利润表的设计原理是"利润=收入－费用",按照企业会计准则的规定,我国利润表采用多步式的格式。现金流量表是反映企业在一定会计期间现金和现金等价物流入和流出的报表。现金流量表的设计原理是"现金净流量=现金流入量－现金流出量"。所有者权益变动表是反映企业年末所有者权益的各组成部分当期增减变动的情况。所有者权益变动表设计的依据是按所有者权益项目的年初数与年末数进行比较,全面揭示在一定时期所有者权益的变动情况。附注是财务报表的重要组成部分,是对在会计报表中列示项目所作的进一步说明,以及对未能在这些报表中列示项目的说明等。

对内财务报告是为企业管理部门提供的报告,其作用在于为管理部门及时提供预测、决策所需要的信息,对内报告既包括其他部门提供的内部报告,也包括财务部门提供的内部报告,即内部财务报告,它是会计报表体系的重要组成部分。对内财务报告的种类很多,其中按经济内容分主要有日常管理用报表、资金报表、经营业绩报表、成本费用报表等。

基 本 训 练

一、单项选择题

1. 按会计报表的(　　)不同,可分为对外会计报表和对内会计报表两类。
   A. 编制时间　　　　B. 用途　　　　C. 编制主体　　　　D. 经济内容
2. 我国《企业会计准则》规定,资产负债表采用(　　)结构。
   A. 账户式　　　　B. 报告式　　　　C. 单步式　　　　D. 多步式
3. 月报应于月度终了后(　　)报出。
   A. 20天　　　　B. 当天　　　　C. 6天　　　　D. 15天
4. 下列会计报表中属于静态报表的是(　　)。
   A. 资产负债表　　　　　　　　　B. 利润表
   C. 现金流量表　　　　　　　　　D. 所有者权益变动表
5. 下列不属于成本费用报表的有(　　)。
   A. 商品产品成本表　　　　　　　B. 利润表
   C. 主要产品单位成本表　　　　　D. 制造费用明细表
6. 下列不属于期间费用报表反映的内容是(　　)。
   A. 财务费用　　　　B. 管理费用　　　　C. 销售费用　　　　D. 制造费用
7. 对内报表是由企业根据自身的经营特点和管理要求自行规定、自行设计的会计报表,实务中不包括(　　)。

A. 企业收支情况表　　　　　　　　B. 期间费用报表
C. 所有者权益变动表　　　　　　　D. 货币资金增减变动表
8. 在我国现行资产负债表中，对资产项目进行分类的依据是（　　）。
A. 流动性　　　　　　　　　　　　B. 重要性
C. 是否具有实物形态　　　　　　　D. 永久性
9. 利润表项目一般按照相关科目的发生额填列，但例外的是（　　）。
A. 管理费用　　B. 每股收益　　C. 营业收入　　D. 营业成本
10. 按编报时间，所有者权益变动表属于（　　）报表。
A. 月度　　　　B. 季度　　　　C. 半年度　　　D. 年度

二、多项选择题

1. 按照《企业会计制度》的规定，每月终了都需编制和报送的会计报表有（　　）。
A. 资产负债表　　　　　　　　　　B. 利润表
C. 利润分配表　　　　　　　　　　D. 现金流量表
E. 余额调节表
2. 对外会计报表是按《企业会计准则》规定应向企业外部相关利益人报送的会计报表，包括（　　）。
A. 资产负债表　　　　　　　　　　B. 利润表
C. 现金流量表　　　　　　　　　　D. 所有者权益变动表
3. 因企业经营规模和管理要求不同，需设计的对内报表种类也不同。通常，可设计（　　）。
A. 日常管理报表　　　　　　　　　B. 成本费用报表
C. 经营成果分析报表　　　　　　　D. 现金流量表
4. 下列属于会计报表附注内容的有（　　）。
A. 企业的基本情况　　　　　　　　B. 会计报表的编制基础
C. 资产负债表日后事项　　　　　　D. 遵循企业会计准则的声明
5. 日常管理报表包括（　　）。
A. 货币资金收支情况表　　　　　　B. 银行借款报告单
C. 销货日报表　　　　　　　　　　D. 管理费用明细表
6. 与对外会计报表相比，对内会计报表的特点表现为（　　）。
A. 报表内容有较强的针对性　　　　B. 报表指标的多样性
C. 编报期限的灵活性　　　　　　　D. 报表种类的不固定性
7. 反映企业成本费用的报表主要有（　　）。
A. 主要产品单位成本表　　　　　　B. 制造费用明细表
C. 管理费用明细表　　　　　　　　D. 完工产品生产成本表
8. 下列报表中属于资产负债表附表的有（　　）。
A. 资产减值准备明细表　　　　　　B. 股东权益增减变动表
C. 应交增值税明细表　　　　　　　D. 分部报表
9. 财务会计报告的编制基础要求包括（　　）。
A. 真实可靠　　　　　　　　　　　B. 全面完整
C. 便于理解　　　　　　　　　　　D. 适度谨慎
10. 关于资产负债表，下列说法中正确的有（　　）。
A. 又称为财务状况表

B. 可据以分析企业的经营成果

C. 可据以分析企业的债务偿还能力

D. 可据以分析企业在某一日期所拥有的经济资源及其分布情况

三、判断题

1. 企业无须自行设计对外会计报表。（　）
2. 如同对外会计报表一样，对内会计报表在报送时也需要单位负责人的签字。（　）
3. 对内会计报表的报送时间应当由会计人员确定。（　）
4. 对内会计报表的具体格式、编制方法和报送时间均由财政部统一规定，任何单位都不得随意增减。（　）
5. 年报应于年度终了后6天报出。（　）
6. 半年、季度、月度财务会计报表，称为中期财务会计报表。（　）
7. 货币资金收支情况表，也称出纳报告单，是反映企业库存现金及银行存款每日增减变动及其余额情况的会计报表。它由会计在每日业务终了后，根据库存现金、银行存款日记账及其他有关资料编制。（　）
8. 编制完成的财务会计报表应提交企业负责人、主管会计工作的负责人和会计机构负责人（会计主管人员），经审核无误后签名并盖章。（　）
9. 在对外财务会计报告中，资产负债表、利润表、现金流量表和所有者权益变动表为主体报表，附注为次要部件。（　）
10. 现金流量表季报中的"上期金额"是指上个季度结存的金额。（　）

四、简答题

1. 设计财务会计报告应遵循哪些原则？
2. 财务会计报告设计的基本内容包括哪些？
3. 为什么需要分别设计对内财务报告和对外财务报告？两者的区别有哪些？对内财务报告的设计有何特殊要求？

五、案例分析题

1. 红星公司主要生产小型电器产品，从年报来看，公司业绩有所下滑。公司总经理找来主管生产的陈经理商讨对策，希望能在降低成本方面找到方法，以价格优势提高产品的市场占有率。为了找到降低成本的办法，陈经理首先要充分研究目前的生产过程、产品成本及各项费用的发生情况。

要求：为满足陈经理的需要，请你为该公司设计相关的内部会计报表。

2. 下表是××公司编制的2020年的资产负债表。

资产负债表

2020年12月31日

资产	金额	负债和所有者权益	金额
流动资产：		流动负债：	
货币资金	1 011 971.19	短期借款	214 000
应收账款	148 040	应付账款	11 800
减：坏账准备		应付股利	5 000
应收账款净额	148 040	应付福利费	9 348
其他应收款	6 000	其他应付款	5 796

续表

资产	金额	负债和所有者权益	金额
存款	125 322.50	未交税金	22 855.78
待摊费用	1 950	预提费用	1 000
流动资产合计	1 293 283.69	流动负债合计	269 799.78
长期投资:		长期负债:	
长期投资		长期负债	600 000
固定资产:		长期负债合计	600 000
固定资产原价	3 850 000	所有者权益:	
减：累计折旧	446 300	实收资本	3 845 000
固定资产净值	3 403 700	资本公积	10 000
减：固定资产减值准备	3 700	盈余公积	52 677.18
在建工程	5 016	未分配利润	20 822.73
固定资产合计	3 405 016	所有者权益合计	3 928 499.91
无形资产:			
无形资产	100 000		
无形资产合计	100 000		
合计	4 798 299.69	合计	4 798 299.69

要求：按照《企业会计准则》的要求，请说明上面的资产负债表是否正确。此做法违背了会计报表设计的哪些原则？应该怎样调整和补充哪些内容？

第五章 货币资金与工资业务会计制度设计

学习目标

1. 了解企业的货币资金业务流程、业务核算程序和核算方法等设计；掌握货币资金业务控制要点。

2. 了解企业工资业务流程、业务核算程序和核算方法等设计；掌握工资业务控制要点。

重要概念

货币资金业务；工资业务；内部控制；核算程序设计；会计政策设计

案例导入

安泰是一家专门从事服装进出口贸易的公司，该公司的业务只有一部分通过现金方式结算，绝大部分采取赊销方式。公司老板李某对有关内部控制的运作不甚了解。罗某是公司的财务主管，在公司工作多年，同时也是公司的会计兼出纳员，负责有关现金收付和账务处理等一切事宜。

罗某每天将现金存入银行，开具所有支票和登记货币清单，同时还编制每日现金汇总表，登记应收账款账户的折扣和应收账款的余额，负责银行存款余额调节表的编制。除了外部审计人员外，没有人会审查安泰的现金或银行对账单。公司老板李某认为，罗某值得长期信赖，其勤奋工作就是最好的"控制"。罗某配有两名助手，负责登记银行存款日记账及签发支票并帮助编制会计报表。

安泰公司每月的损益表上都有着数量可观的利润，账户里的现金却逐渐减少，后来甚至要靠银行贷款解决燃眉之急。直到有一天，有职员在匿名信中揭发罗某近来生活奢华，购买高档别墅和轿车，其消费与收入水平存在明显差距，又缺乏合理的解释，存在侵吞公司财产的重大嫌疑。这时老板李某隐隐地有一种不祥的预感。通过调查，"兢兢业业"的罗某的真面目暴露了。

起初，罗某收到顾客的现金及支票后，只有很少的一部分存入了安泰公司在银行开设的账户，大部分被存入罗某私人专户。罗某将这笔钱存放一段时间，赚取利息，然后再转入公司账户。后来老板将现金收付及往来账务处理皆让罗某一人经手，罗某再也用不着小心翼翼，大胆地将安泰公司收到的现金直接存入自己的私人账户。同时,罗某将客户付款时公司批准的现金折扣5%,记账时故意增加3%,即将公司给予的折扣虚计为8%,从而将额外的3%折扣占为己有。为掩人耳目,罗某还捏造了许多的销售业务,使公司的交易变得非常复杂。罗某还时刻与客户保持着密切联系,客户无不由衷地赞叹罗某的尽职忠诚。

那么,安泰公司为什么会发生这样的悲剧,在企业管理经营中又该如何防范类似事件的发生呢?

第一节 货币资金业务会计制度设计

一、货币资金业务流程设计

货币资金是指企业在生产经营过程中停留在货币形态的资金,包括库存现金、银行存款和其他货币资金三部分。货币资金是流通的手段,是企业流动资金中最活跃的部分,容易招致非法挪用、侵吞等犯罪行为。因此,无论是投资人、债权人,还是企业管理当局,都非常关心、重视企业货币资金的核算与管理。设计科学、合理的货币资金业务处理程序,对于保证货币资金的安全、提高货币资金的使用效率具有重要的意义。

(一)现金收付业务流程

1. 企业管理部门或者业务部门规定或指派业务人员办理有关现金结算的经济业务。
2. 及时填制或取得原始凭证,并由有关人员签字或盖章,作为收付现金的书面证明。
3. 对于现金收支业务,主管部门负责人或上级主管负责人应做批示。
4. 会计部门收到有关现金收支业务原始凭证后,由会计主管人员或指定的分管会计负责进行审核。
5. 分管会计根据审核后的原始凭证,填制收款、付款凭证,签章后通知办理现金收支事项。
6. 出纳人员复核凭证,并按凭证上所开列金额收付现金,凭证加盖戳记。
7. 稽核人员审查收款凭证及付款凭证。审查合格后,签章传递给会计部门。
8. 会计部门根据复核的收、付款凭证,登记相关账簿。
9. 出纳人员每日营业结束后,清点库存现金实有数,并与库存现金日记账相互核对,确保账实相符。
10. 对于超过库存限额的现金,登记现金送存簿后,及时送存银行。
11. 定期或不定期盘点库存现金,并与库存现金日记账按月进行核对,根据结果编制现金盘点报告单。

现金业务流程如图 5-1 所示。

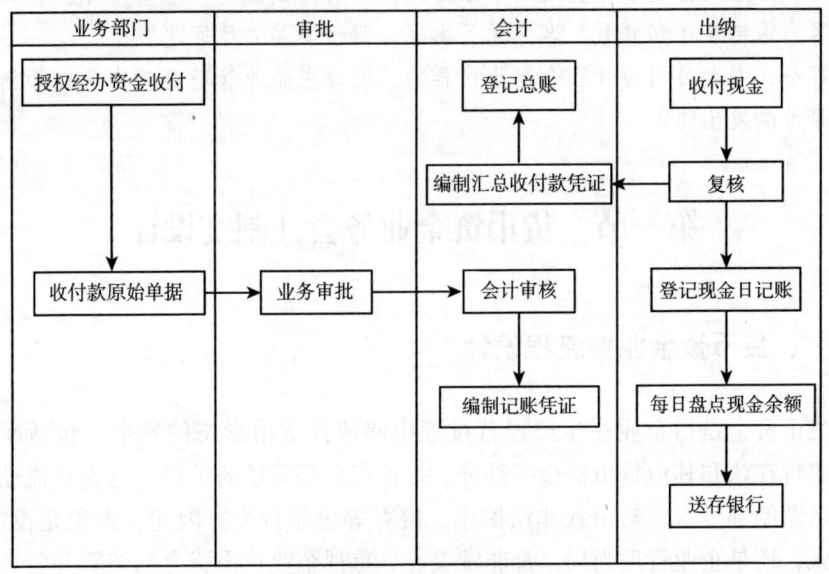

图 5-1 现金业务流程

(二) 银行存款业务流程

1. 业务部门负责人授权业务人员办理涉及银行存款收支的经济业务；
2. 交易双方商定收付款结算方式和时间，以合同或协议方式加以明确；
3. 按照财务会计制度规定，填制或取得原始凭证；
4. 会计主管审核原始凭证及其反映的经济业务，批准办理银行存款收支结算；
5. 出纳员根据已审签的原始凭证，填制或取得银行存款结算凭证；
6. 会计主管审核结算凭证回联，并同原始凭证进行核对；
7. 会计人员根据审签的结算凭证及原始凭证，编制银行存款收付款记账凭证；
8. 稽核员复核记账凭证及所附结算凭证、原始凭证；
9. 会计人员根据各类凭证登记相关明细账；
10. 会计部门逐笔核对银行存款日记账和银行对账单，同时编制银行存款余额调节表；
11. 由非记账人员核对银行存款日记账和有关明细账、总分类账。

银行存款业务流程如图 5-2 所示。

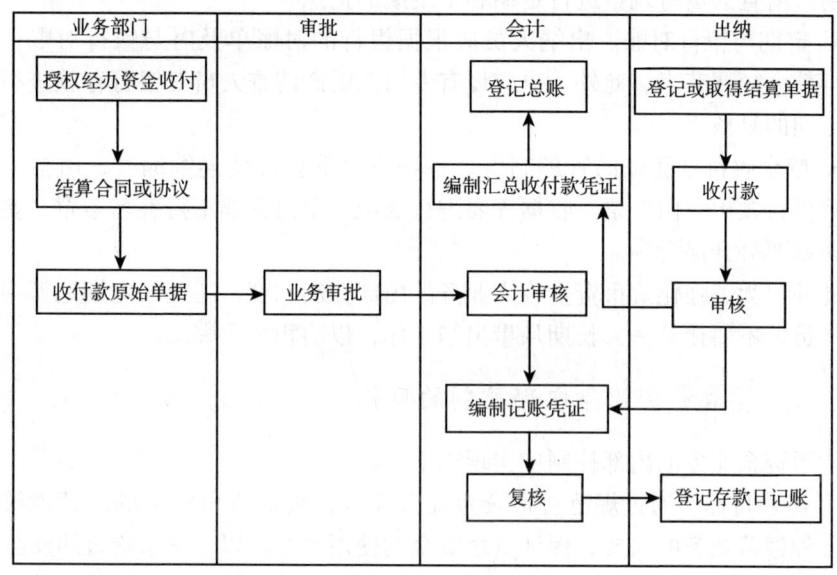

图 5-2 银行存款业务流程

二、货币资金业务的内部控制制度设计

(一) 货币资金业务的特点

货币资金业务是指现金、银行存款和其他货币资金的收支业务。它具有业务数量大、发生范围广的特点。由于以上特点，货币资金业务就成为最容易发生差错和舞弊的业务。可见，货币资金的管理是整个资金管理的重点，货币资金业务的内部控制是整个内部控制制度设计的关键。

(二) 货币资金业务内部控制基本要求

基于以上原因，在设计货币资金业务的内部控制制度时，必须符合以下要求。

1. 严格遵守制度。涉及货币资金的业务应严格遵守与货币资金业务内部控制有关的制度条例，如《现金管理条例》《银行结算制度》《票据法》等。

2. 实行账钱分管原则。货币资金的收付及保管应由被授权批准的出纳人员负责，未经授权的其他人员一律不得接触。此外，出纳人员不得兼做总分类账的登记和保管工作。

3. 及时登记入账。发生货币资金的收入和支出，应立即入账，不得拖延。应设置现金账和银行存款日记账，由出纳人员进行序时登记，并做到日清月结。收到的现金应及时送存银行。

4. 建立现金盘点制度。建立定期和不定期的现金盘点制度。除了每日出纳应进行现金盘点，编制现金日报表，与现金日记账余额及时核对外，还应设有专门的财产清查人员对现金进行定期和不定期的盘点。

5. 定期与银行对账。出纳人员应根据银行的对账单及时与银行对账,编制银行存款余额调节表。此外,也应设有专门的财产清查人员对银行存款进行定期和不定期的复核。

6. 健全收付款凭证的管理制度。各种收付款凭证要连续编号,由会计部门统一管理;领用空白发票、收据等要进行登记;空白支票不得签名盖章,签发支票的印章要分开保管等。

此外,为了强化货币资金收支业务的内部控制制度,还应当定期地调换出纳岗位人员,不要让某一人长期从事出纳工作,以防积久生弊。

(三) 货币资金业务内部控制的目标

货币资金业务的内部控制应实现以下目标。

1. 经营目标。通过规范货币资金业务流程,确保货币资金的运营能够满足企业各种经营业务的需要,保证货币资金的使用效率,以及货币资金的安全。

2. 财务目标。确保货币资金业务核算的及时、规范进行,保证有关货币资金会计信息的可靠、完整。

3. 合规目标。保证货币资金业务的处理符合国家有关法律法规以及公司的内部规定,强化货币资金的内部控制制度。

(四) 货币资金业务内部控制要点

1. 现金内部控制的控制要点。

(1) 授权批准。业务经办人员办理现金收支业务,需得到一般授权或特殊授权。经办人员必须在反映经济业务的原始凭证上签章,经办部门负责人审核原始凭证,并签字盖章。

(2) 审核。会计主管人员或其指定人员审查现金支付原始凭证。主要审核原始凭证反映的现金收支业务是否真实合法,原始凭证的填制是否符合规定要求;审核无误后,签章批准,方可填制现金收付记账凭证。

(3) 收付。出纳员复核现金收支记账凭证及所附原始凭证;按照凭证所列数额,收付现金,并在凭证上加盖"收讫"或"付讫"戳记及私章;为了加强现金收付控制,必须建立严格的出纳责任制,对不相容职务进行分离。

(4) 复核。稽核员复核现金收支记账凭证及所附原始凭证,并签字盖章。

(5) 分工记账。出纳员根据现金收付记账凭证登记库存现金日记账;分管会计人员根据收付凭证登记现金及对应科目相关明细账;总账会计登记总分类账。

(6) 清点。出纳人员应每日清点库存现金。

(7) 清查。由财务部门主管、审计人员和稽核人员组成清查小组,定期或不定期清查库存现金,核对库存现金日记账。清查时,需有出纳人员在场,核对账实;根据清查结果编制现金盘点报告单;账实不符需报批准后予以调整处理。

以上要点均需严格把控,其中,"授权批准""审核""清查"最为重要,是现金控制系统中的关键控制点。

2. 银行存款内部控制要点。

(1) 审批。业务部门批准的业务人员办理有关银行存款事项或经办有关业务,必须要核实原始凭证内容并签章,并交业务部门负责人审核并签章;超出业务部门权限的银行存款收支业务,须报上级主管部门审批并签字盖章。

(2) 审核。会计主管人员或其指定人员审核原始凭证和结算凭证,审核无误后再签章同意办理银行存款结算。

(3) 结算。

(4) 复核。稽核员审核银行存款收付记账凭证是否符合原始凭证及结算凭证,并签字盖章。

(5) 记账。出纳员根据现金收付记账凭证登记库存现金日记账;分管会计人员根据收付凭证登记现金及对应科目相关明细账;总账会计登记总分类账。

(6) 核对。稽核员或其他非记账人员核对银行存款日记账、总分类账;如有误差,报经批准后予以处理,核对人员签字盖章。

(7) 对账。由非出纳人员逐笔核对银行存款日记账和银行对账单,并编制银行存款余额调节表,调整未达账项。

以上要点均需严格把控,其中,"审批""审核""对账"至关重要。

(五) 货币资金收入业务的内部控制

1. 销售货物收入现金的内部控制。为销售货物收取现金实施内部控制,企业可根据不同情况采用不同的方式。

(1) 工业、商品批发等企业,应主要采用填制"销货单""提货单""提货通知单"的方式控制现金收入业务。

(2) 在专设"收款台"的商品零售企业,其控制方式可视同工业和批发企业,即营业员开具"销货票",顾客持票向收款台交付现金,收款员收款后将盖有"收讫"章的销货票交给顾客办理取货。

以上两种情况都是将开票、收款、核对工作进行了分离,分别由业务员、出纳人员和会计人员负责,使他们三者之间形成牵制关系,达到了内部控制的效果。

(3) 无法集中收款的商品零售企业,可考虑采用"售价金额核算法"控制现金收入业务。在这种情况下,虽然由营业员直接收取现金,但由于库存商品明细账反映的是各柜组(实物负责人)持有各种商品的总售价,因此,通过定期盘点确定结存商品的总售价,即可倒挤出各柜组实际收取也即应当交回的现金总额,从而起到内部控制的作用。

(4) 饮食服务等企业销售业务频繁,但每笔销售业务收入的现金不多,为简化开票等手续,可采用周转性购货凭证的方式控制现金收入业务,即收款员收取现金后,交给顾客购货凭证,顾客以此为据购货。营业终了,营业员将购货凭证交财会部门，用来与收款员上交的现金数额核对，以防止现金收入的短缺，达到内部控制的效果。但由于该方式没有完整的业务记录，购货凭证又容易丢失，因此，企业最好采用开具"销货单"的方式。

2. 回收欠款收入现金的内部控制。单位在办理回收各种应收及暂付款项的业务时，应尽可能通过开户银行。如果采用收取现金的方式，通常有两种情况：一是由出纳人员直接收取现金；二是通过邮局汇款方式收取现金。其控制办法如下。

（1）在出纳人员直接向交款人收取现金时，必须由出纳人员开具事先印有连续编号的"现金收据"，采用复写方式，一式三张，在加盖财务专用章和出纳章以及交款人签章后，将其中一张给交款人作为交款凭证，一张送交会计部门作为记账依据，一张留作存根。为保证现金收据的真实性和完整性，会计部门应当将出纳人员交来的收据逐一核对，除核实有关内容是否真实、完整外，应重点检查其编号是否连续，如有短缺，应及时查明原因。即使是作废的收据，也应将三张收据加盖"作废"字样后一并送交会计部门检查后归档保管。

应当指出，"现金收据"最好由会计人员开具，然后交给出纳加盖公章和出纳章，同时收取现金。在这种方式下，由于票据、印章由两人分管，开票和收款工作分离，因此可以进一步强化现金收入业务的内部控制。

（2）在通过邮局汇款方式收取现金时，由于不开具"现金收据"，容易发生截留挪用现金等舞弊行为，也容易遗失。因此，单位之间最好不采用这种方式，非用不可时必须设计严密的防范措施。较好的方法是填制"汇款清单"，即收到汇款时，由收件单位的收发室采用复写方式填制汇款收入清单，注明汇款单位、汇款详细地址、汇款数额及原因等内容，一份送交会计部门，一份连同"汇款单"送交出纳办理取款。会计部门根据"清单"所列内容核查出纳应收入的现金数额，并与有关现金收入原始凭证相核对，检查无误后进行账务处理，编制收款凭证，登记账簿。

需要指出的是，不论在什么情况下、采用什么方式收取现金，除前述应重点加强记录工作，即强调原始凭证的作用外，还必须充分利用账簿的功能，按规定及时登记现金日记账和现金总分类账，并加强两者之间的核对工作。

（六）货币资金支出业务的内部控制

货币资金支出业务与收入业务相比，其相同之处在于支出途径也有两条，即通过银行转账支付和由出纳人员直接支付现金；不同之处在于支出用途多样、业务内容繁杂、牵涉范围广、涉及人员多，加之货币资金支出时资金已离开单位，如果此时发生损失不易挽回。因此，在设计会计制度时，对货币资金支出业务的内部控制制度更应当高度重视。

1. 采购物品支出现金的内部控制。对采购材料、商品等支出现金的业务实施内部控制，关键是在付出现金之前，业务部门应先取得相应的原始凭证，如支付购货款须取得销货单位的发货票，支付货物运费应取得运输单位的收费单据等,并及时送交财会部门,由财会主管审核批准后,交由复核人对付款批准范围、权限、程序的正确性,手续和相关单证的齐备性,金额计算的正确性以及支付方式、支付单位是否妥当等进行复核,复核无误后,交给出纳人员支付现金。这样能够保证在现金付出之前,先经过了业务部门、财会部门,使若干人知晓该笔现金支出业务并实施监督,防止出纳人员独自支付现金可能发生的弊端。

为了进一步强化内部控制,还应当提倡根据付款凭证而不是原始凭证支付现金的方式。也就是说,会计部门在接到发票等原始凭证后,先由财会负责人审核批准,并据此编制付款凭证,注明会计科目、款项用途及金额等后,再交给出纳人员,由出纳人员根据付款凭证列示的金额支付现金并登记现金日记账,最后将付款凭证退交会计部门,以便登记总账。这样,出纳人员应当付出多少现金,会计部门已经记录在案,更有利于形成控制关系。

2. 发放工资支出现金的内部控制(详见本章第二节)。

3. 借款支出现金的内部控制。一般情况下,发生出差借款或其他公务性借款业务时,需要支付现金。该类业务相对较简单,对其实施内部控制应符合三个方面的要求:

(1) 借款人需要预支现金时,首先应填制"借款单",并由所在部门负责人签字,然后交财务主管审核批准,再由出纳人员据以支付现金。

(2) 财会部门应当根据"借款单"编制付款凭证,登记"其他应收款明细账",发挥账簿控制的作用。待借款人出差归来或完成业务后,根据实际用款数长退短补,注销明细账上的有关记录。

(3) 出纳人员根据付款凭证和"借款单"进行支付,借款人签字后由出纳人员在"借款单"上加盖"现金付讫"章。严格禁止非公务性借款行为,不得以便条作为借款手续,更不能搞口头承诺、君子协定等不合规操作。

(4) 出纳人员依据付款凭证登记现金日记账。

(七) 货币资金业务内部控制的监督检查制度

通过检查,一方面可以促使货币资金内部控制制度的有效执行,另一方面可以及时发现货币资金内部控制中的薄弱环节,并及时采取措施,加以纠正和完善。

货币资金业务内部控制监督检查的内容主要包括以下内容。

1. 货币资金业务相关岗位及人员的设置情况,重点检查是否存在货币资金业务不相容职务混岗的情况。

2. 货币资金授权批准制度的执行情况,重点检查货币资金支出的授权批准手续是否健全,是否存在越权审批的行为。

3. 支付款项印章的保管情况,重点检查是否存在办理付款业务所需的全部印章交由一人保管的现象。

4. 票据的保管情况,重点检查票据的购买、领用、保管手续是否健全,票据保管是否存在漏洞。

三、货币资金业务核算程序设计

企业因经营特点、管理方式不同,货币资金业务的核算程序也不相同。下面介绍几种常见的货币资金业务核算程序。

(一) 门市部收现的核算程序

1. 营业员填写一式三联发票,由顾客随货款送交收款员;
2. 收款员收款并加盖戳记后,将第三联留下,其余两联送回营业员;
3. 营业员将发票第一联随商品送交顾客,第二联暂存;
4. 每日营业结束后,营业员根据发票第二联编制销售日报一式两份,一份留存,另一份随同发票第二联报送交会计,进行销售收入核算环节;
5. 每日营业结束,收款员根据发票第三联和货款编制收款日报一式两份,一份留存,另一份随同发票第三联和货款一并送交出纳;
6. 会计和出纳将销售日报和收款日报进行核对。

该流程的关键控制点有:①开票人和收款人相分离;②根据不同的发票联分别编制销售日报和收款日报,并进行核对,以保证销售和收款金额的准确性。

门市部收现核算程序如图5-3所示。

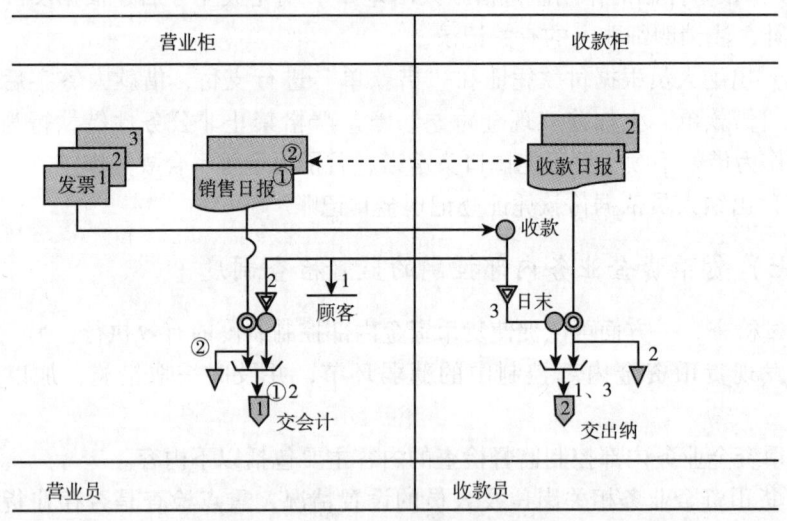

图5-3 门市部收现核算程序

(二) 出纳部门零星收现的核算程序

1. 由业务部门开出一式两联收款通知;
2. 经本部门负责人审核后交出纳部门;
3. 出纳员根据收款通知收取现金,编制收据一式三联,其中一联给客户,一联留存，还有一联随同收款通知在登记库存现金日记账后送交会计部门记账，定期进行账账核对。

该程序的关键控制点有：①开票和收款部门分离。出纳员只有凭审核过的收款通知才可办理收款，并出具收款收据。②库存现金总账和明细账分别由出纳员和会计员登记与保管。③定期进行收款通知单、库存现金日记账和总账的核对。

出纳部门零星收现核算程序如图5-4所示。

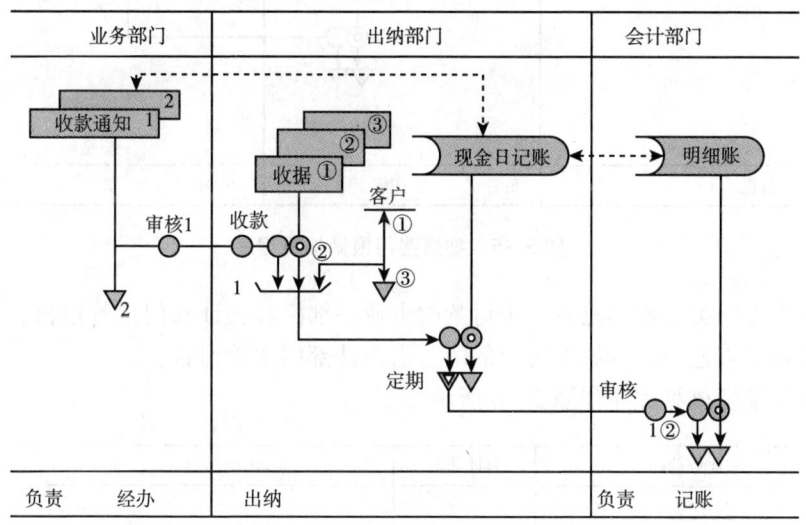

图5-4　出纳部门零星收现核算程序

（三）零星费用报销的核算程序

1. 由支出费用的业务部门相关人员根据原始凭证填制报销凭证；
2. 业务部门主管审批后，送交会计部门；
3. 经会计主管审核同意后交出纳员付款；
4. 将报销清单送交会计部门据此编制记账凭证并登账。

该程序的关键控制点有：①费用报销必须要有原始凭证。②费用报销前，必须由业务部门主管和会计部门主管审核批准。③定期进行账账核对。

零星费用报销核算程序如图5-5所示。

（四）支票签发的核算程序

1. 业务部门取得外单位收款通知或自制付款原始凭证；
2. 业务部门主管审批后送交会计部门；
3. 会计审核后交出纳支付；
4. 出纳员签发支票并在支票登记簿做好记录；
5. 出纳和会计根据支票回执登记银行存款日记账和其他有关账簿。

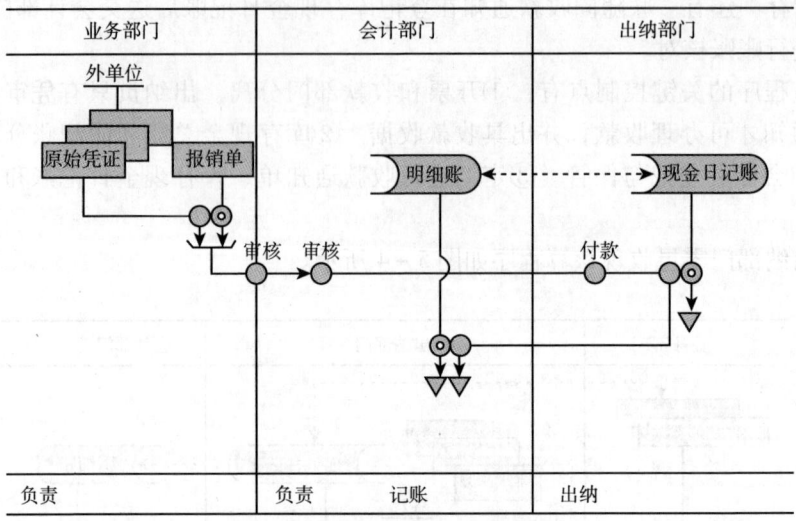

图 5-5 零星费用报销核算程序

该流程的关键控制点有：①付款前由业务部门和会计部门主管审核；②签发的支票做备查记录；③签发支票的印鉴由会计部门主管保管。

支票签发核算程序如图 5-6 所示。

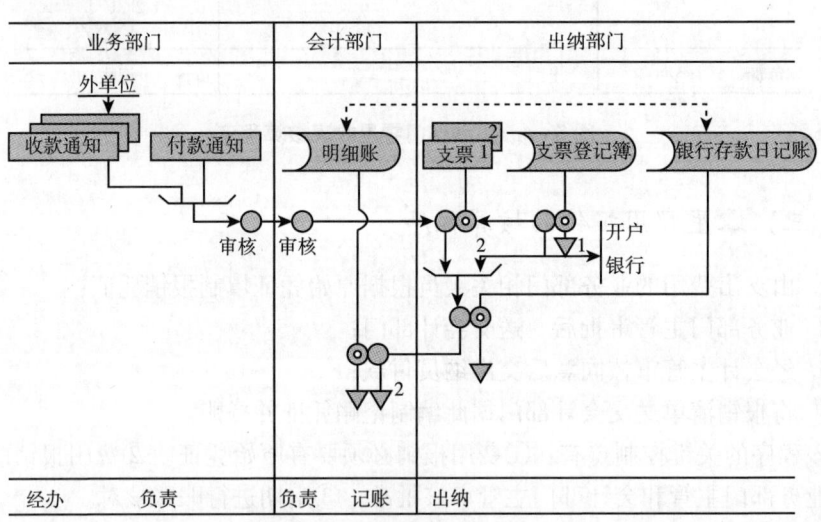

图 5-6 支票签发核算程序

（五）现金、银行存款收付业务注意点

1. 填制或者取得原始凭证时需相关人员签字或盖章。
2. 注意职责分离。
3. 定期不定期进行现金盘点；出纳登记日记账、会计登记分类账。

四、货币资金的会计核算制度设计

(一) 库存现金业务的会计核算制度设计

1. 库存现金开支范围的规定。企业可以使用现金的范围包括:
(1) 职工工资、津贴;个人劳务报酬;
(2) 按照国家规定颁发给个人的科学技术、文化艺术、体育等奖金;
(3) 各种劳保、福利费及国家规定的对个人的其他支出;
(4) 向个人收购农副产品和其他物资的价款;
(5) 出差人员必须随身携带的差旅费;
(6) 结算起点 (1 000 元) 以下的零星支出;
(7) 中国人民银行确定的需要支付现金的其他支出。

2. 库存现金最高限额的规定。在银行开户的企业,对其库存现金量必须核定最高限额。企业库存现金限额由企业提出计划,报开户银行审批。

3. 日常支付现金的来源规定。企业在日常发生的经济业务中收入的现金,应于当日送存开户银行。当日送存有困难的,由开户银行确定具体的送存时间。企业单位因业务需要必须支付现金的,可以用库存现金支付或从开户银行提取现金支付,不得从本单位收入的现金中直接支付现金支出,即不得坐支现金。企业因特殊情况确需坐支的,要事先报经开户银行审查批准,由开户银行核定坐支现金的范围及限额,坐支单位必须在库存现金日记账上如实地反映坐支的具体金额,并按月向开户银行报告坐支现金的金额及具体情况。

4. 现金核算账户的设置。企业必须设立库存现金日记账和现金总账,库存现金日记账要做到日清月结,保证账实相符。

5. 库存现金的日常管理。不得用不符合财务制度的凭证顶替库存现金,即不准白条抵库;企业单位之间不准相互借用现金;不准利用银行账号谎报用途套取现金;不准将单位收入的现金以个人名义存入银行;不准保留账外公款,即不准私设小金库。

6. 库存现金的清查方法及清查制度的选择。库存现金清查可以分为以下两种类别:①出纳人员每日进行的现金清查;②其他人员进行的定期或不定期清查。

库存现金盘点后如果账实不符,应及时查明原因,借记或者贷记"待处理财产损溢——待处理流动资产损溢"账户。

查明原因后:属于少付多收的,应尽快退还对方单位或个人;属于少收多付的,应尽快向对方单位或个人追回;属于记账差错的应及时予以更正;对无法查明原因的长款计入"营业外收入";无法查明原因的短款,根据管理权限,经批准后应计入"管理费用——现金短缺"。

(二) 备用金业务的会计核算制度设计

1. 会计部门"备用金"账户的设置。企业备用金的核算分两种情况：①"其他应收款"总分类账户下设置明细账户"其他应收款——××部门备用金"账户核算；②单独设置"备用金"总分类账户进行核算。

2. 备用金核算制度设计。

（1）定额备用金制度。定额备用金制就是企业的会计部门协同使用备用金的单位，根据日常零星开支的需要，事先核算备用金定额。由使用备用金单位填制借款单一次领出现金，报销时由会计部门根据审核后的报销凭证，用现金补足备用金定额。

（2）临时备用金制度。非定额备用金是指满足临时性需要而暂付给有关部门和个人的现金，事后经批准实报实销。这种方式随借随用，用后报销，无规定的金额限制，主要适用于不经常使用备用金的单位和个人。

临时备用金主要用于包括差旅费、临时采购款、行政临时事务借支等工作性质的一次性借支款。

3. 使用部门的收支登记办法。备用金使用部门必须对支付现金的所有原始凭证顺序编号，与库存现金一起妥善保管，并设立库存现金日记账，按原始凭证号码顺序、逐笔反映备用金的收支情况。

(三) 银行存款业务的会计核算制度设计

1. 银行账户的开立。企业应根据《银行账户管理办法》和《支付结算办法》的规定，在银行开立基本存款账户、一般存款账户、临时存款账户和专用存款账户。

2. 银行存款入账时间的确定以及银行结算方式的选择。企业必须按照会计制度的规定，根据不同的转账结算方式下收到的不同原始凭证来分别确认银行存款的入账时间。一般结算方式有以下七种：①采用银行汇票方式；②采用商业汇票方式；③采用银行本票方式；④采用支票方式；⑤采用汇兑结算方式；⑥采用委托收款结算方式；⑦采用托收承付结算方式。

而不同的银行结算方式特点主要关注适用范围、灵活性、安全性、受限制情况（时间、地点）。

3. 银行存款核算账户的设置。企业必须设立银行存款日记账和银行存款总账。根据日常收付取得的收付款单据编制银行存款收付款记账凭证，并在银行存款日记账上根据企业收付记账凭证逐笔登记收入和支出，银行存款日记账要做到日清月结，保证账实相符。

4. 外币银行存款折算汇率选择及核算方法。按照现行制度的规定，外币货币资金、外币债权债务发生时，应采用业务发生时的汇率或发生当期期初的汇率折合为人民币记账。

期末，外币账户的期末余额按照期末汇率折合的人民币金额与原账面人民币金额之间的差额，作为汇兑损益，分情况处理。

5. 银行存款的清查方法。企业银行存款的清查采用银行存款日记账余额与银行对账单核对的方法，发现两者不相符，表明可能存在着未达账项。如果存在未达账项，则需通过编制银行存款余额调节表进行核查。

五、货币资金业务的会计核算方法设计

（一）现金的核算方法

现金的核算包括总分类核算和序时核算。

1. 现金的总分类核算。为了总括反映企业库存现金的收入支出和结存情况，企业应设置"现金"账户，其借方反映企业现金的增加，贷方反映企业现金的减少，期末借方余额反映企业库存现金的结存数。

2. 现金的序时核算。为了加强对企业现金的管理和核算，系统地了解企业现金收付的动态和库存余额，应设置"现金日记账"。

3. 现金清查。现金清查的主要方法是实地盘点，将现金的实有数与账面余额进行核对。核对后编制"现金盘点报告表"，列明实存、账存与盈亏金额。清查时若发现现金短款，应作如下处理：

借：待处理财产损溢——待处理流动资产损溢　　　　××
　　贷：库存现金　　　　　　　　　　　　　　　　　　××

清查时发现现金长款，作相反的账务处理。在会计实务中，现金的长短款一般通过"其他应收款——现金短缺"和"其他应付款——现金溢余"账户进行核算。

（二）银行存款的核算方法

1. 银行存款的总分类核算。为了总括反映银行存款的收支情况，应设置"银行存款"账户，借方反映由于取得各种收入而引起银行存款的增加数，贷方反映由于提取或各项支出而引起银行存款的减少数，余额在借方表示企业存放在银行的款项数额。

2. 银行存款的序时核算。为了序时核算企业银行存款的收付，应根据开户银行和其他金融机构、存款种类，分别设置"银行存款日记账"，由出纳人员根据银行存款的收付款凭证和将现金存入银行时填制的现金付款凭证，按照经济业务发生的先后顺序逐日逐笔登记，并结出账面余额。

3. 银行存款余额表的编制。为了保证银行存款账户正确无误，企业出纳员应定期将银行存款日记账与银行定期送来的对账单进行逐笔核对，每月至少要核对一次。两者如不一致，除了是因为记账错误外，还可能是由未达账项所造成的。未达账项有下列四种情况：一是银行已记作企业存款增加，而企业尚未入账

的款项。二是银行已记作企业存款减少，而企业尚未入账的款项。三是企业已记作存款增加，而银行尚未入账的款项。四是企业已记作存款减少，而银行尚未入账的款项。

4. 银行转账结算方式。企业之间的业务结算除按规定可以使用现金以外，都应通过银行转账结算。现行的银行转账结算方式主要有汇票（包括商业汇票和银行汇票）、本票、支票、委托收款、汇兑、托收承付等结算方式。这些结算方式有的适用于同城结算，如支票和本票；有的适用于异地计算，如托收承付；有的同城、异地均适用，如商业承兑汇票和银行汇票。

（三）其他货币资金的核算方法

设置"其他货币资金"账户，该账户属于资产类账户，在该账户下，设置"外埠存款""银行汇票存款""银行本票存款""信用证保证金存款""存出投资款"等明细账户，进行明细核算。

第二节 工资业务会计制度设计

一、工资业务流程设计

工资是单位根据一定的分配原则，以货币形式支付给员工的报酬。工资业务处理程序是记录劳动者工作量，对劳动价值进行计划和分配工资的全过程。

工资业务处理中涉及很多原始记录和结算凭证问题，因此，在进行处理程序设计时，应充分考虑到凭证设计问题。工资业务处理程序具体如下。

1. 每月由车间或科室考勤人员将考勤表送交劳动工资科或人事部门；
2. 劳动工资科或人事部门据此编制出汇总表并计算职工的应发工资，编制工资单一式三份和工资汇总表一式两份；
3. 工资单和工资汇总表经审核后送财会部门；
4. 财务部门根据有关部门扣款通知单，在工资单和工资汇总表上计算实发工资，经审核后签发提现支票并登记支票登记簿，或通知银行直接存入职工户头；
5. 一份工资单随现金送交职工，另两份工资单经职工签名后分别返回劳动工资科或人事部门和财会部门留存，而有的单位工资单则不返还劳动工资部门，职工只需在一张工资单签收，由财会部门留存；
6. 工资汇总表一份记入有关账户，另一份交劳动工资部门。

工资业务流程如图 5-7 所示。

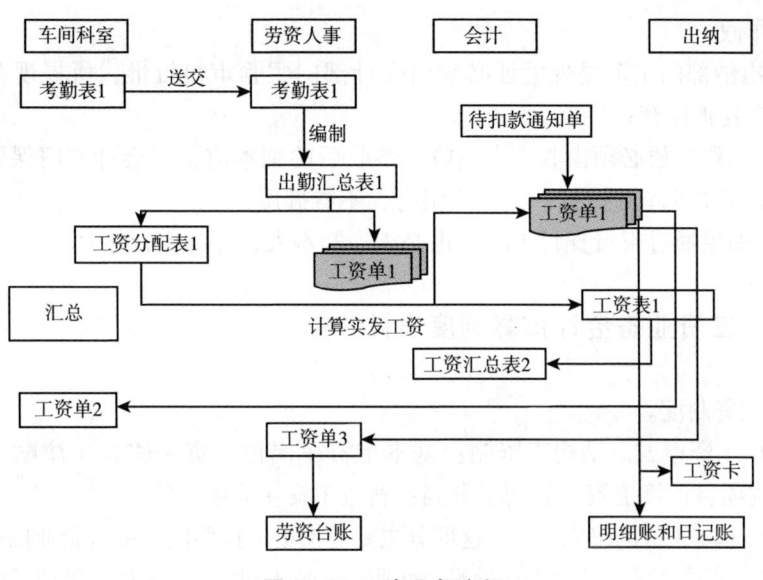

图 5-7 工资业务流程

二、工资业务内部控制制度设计

(一) 工资业务内部控制目标

1. 保证薪酬在劳动力市场上具有竞争性，吸引并留住优秀人才；
2. 对各类员工的贡献给予充分肯定，使员工及时地得到相应的回报；
3. 合理控制企业人工成本，提高劳动生产效率，增强企业产品的竞争力；
4. 通过薪酬激励机制的确立，将企业与员工长期、中短期经济利益有机地结合在一起，促进公司与员工结成利益关系共同体，谋求员工与企业的共同发展。

(二) 工资业务内部控制要点

1. 考勤、工资结算、提现、记账职务四分离；
2. 建立健全完善的考勤制度和考勤记录，为工资计算提供完整、正确的依据；
3. 建立健全工时记录和产量记录，加强产品质量检验，正确计算完工产品数量，制定合理的定额工时；
4. 按照国家规定的工资政策和计算方法，正确计算单位工资定额和每个职工的应发工资；
5. 按有关扣款规定，正确办理各种代扣款项；
6. 按批准的年度工资基金总额发放工资，及时办理工资基金增减变动的申请手续；
7. 按国家和单位规定办理职工转正、定级、晋升、降级等工资调整及调进、调出等工资变动；
8. 对所属单位编制的工资单，应进行认真复核，应与工资汇总表核对，防止弄虚作假；

9. 出纳部门工资提现凭证必须由会计部门主管审核批准，所提现金在工资发放前应妥善保管；

10. 工资发放必须由收款人签收，签收后的副本应交回会计部门保管，对未被领取的工资或单独保管，或存入银行，不得挪用；

11. 如果通过银行支付工资，也必须通知本人，并与银行核对。

三、工资业务会计核算制度设计

1. 工资制度。

（1）工资模式。结构工资制：基本工资＋岗位工资＋奖金＋津贴。项目工资制：按项目计算工资。效薪工资制：薪级工资＋业绩工资。

（2）基本工资的组成部分。这部分主要是指员工按照国家或者企业的级别标准确定的职工标准工资，主要考虑的是行政职务、技术职称、工人的工种或等级等。

（3）岗位工资标准。它主要指岗位补贴。

（4）奖金补贴标准。经常性的奖金和必要的津贴。

（5）绩效标准。按一定的绩效标准或者比例确定职工工资，这部分工资可以是在基础工资、岗位工资、奖金津贴基础之上再加入的部分，也可以是在其中一部分金额基础上再增加的部分，还可以是单独的绩效工资。这要根据企业的具体情况来确定。

2. 工资业务凭证设计。

（1）考勤表的设计。企业在进行工资核算时，应了解每一个职工的出勤、缺勤和工作时间的利用情况，做好工作时间的考核。记录工作时间的方法和凭证，要视各个企业的劳动组织和管理制度等具体情况而定，其参考样式如表5-1所示。

（2）工时汇总表的设计。企业每月终了时，要根据考勤表计算每个职工应得的工资，用以汇总本月职工的工资及各车间耗费的工时，编制工时汇总表，其参考样式如表5-2所示。

表 5-1　　　　　　　　　　　　　考勤表

姓名	工时	考勤记录					工时合计						
		1	2	3	4	5	…	作业工时	其中加班工时	公假	事假	工伤假	病假	旷工
	作业工时													
	非作业工时													
	合计													
作业工时合计	一车间													

表 5-2　　　　　　　　　　　　　工时汇总表

工人班组	工种	作业工时					非作业工时				
		一车间	二车间	三车间	四车间	合计	公假	事假	病假	工伤	旷工
合计											

（3）工程任务单设计。企业采用计时奖励工资或计件奖励工资时,还要记录职工完成的生产数量或工程数量,以便计算职工应得的奖金或计件工资。工程任务单的参考样式如表 5-3 所示。

表 5-3　　　　　　　　　　　　　工程任务单

劳动定额编号	工程项目及施工条件	计量单位	计划任务			实际完成		完成定额(%)	工资	
			工程量	劳动定额	定额工日数	工程量	实用工日数		计件工资	总额
	技术操作和质量要求					质量等级评定				

（4）停工单设计。企业在正常生产或施工过程中,由于等待材料、等待图纸、气候影响、停电等原因而发生停工又无法及时安排其他工作时,应由班组长在当天下班前填写停工单,经有关人员签章后,交给考勤员保管,作为结算工资的凭证。停工单的参考样式如表 5-4 所示。

表 5-4　　　　　　　　　　　　　　停工单

停工原因	停工时间		
	开始时间	结束时间	持续时间

施工员：　　　　　　　　　班组长：

（5）工资结算单的设计。工资结算单也叫工资单,一般按工作班组和职能部门分别编制,每月一张,其参考样式如表 5-5 和表 5-6 所示。

表 5-5　　　　　　　　　　　　工作班组工资结算单

工号	姓名	月标准工资	日标准工资	实际工作日		非工作日数				作业工资、奖金、津贴						合计
				出勤工日	加班加点	公假	病假	事假	工伤	计时工资	加班工资	计件工资	奖金	技术津贴	副食补贴	
合计																

续表

非作业工资				劳保工资	应付工资	代交款项				实发工资	领款人签字
公假工资	病假工资		工伤假工资	合计			住房公积金	养老保险	医疗保险	合计	
	%	金额									

表5-6 职能部门工资结算单

序号	姓名	基本工资			岗位工资			考评工资			应付工资	代扣工资			实发工资
		出勤天数	日标准工资	合计	日常工作表现	岗位工作目标	合计	考评工资标准	完成比例（%）	合计		养老保险	医疗保险	住房公积金	
合计															

（6）劳资人事部门核算凭证设计。会计部门根据各个班组和部门的工资结算单或各施工单位的工资汇总表填制工资结算汇总表，其参考样式如表5-7所示。

表5-7 工资结算汇总表

人员类别	作业工资			奖金、津贴、补贴				非作业工资		劳保工资	应付工资	代交款	实发工资
	计时工资	加班工资	计件工资	奖金	津贴	副食补贴	其他补贴	病假工资	其他工资				

（7）会计部门核算凭证设计。为了总括反映企业各个月份内工资的分配情况，会计部门应根据工资结算汇总表填制工资分配表，进行工资分配的核算。工资分配表的参考样式如表5-8所示。

表5-8 工资分配表

项目	建筑安装工程施工工人	机械施工机上人员	运输作业机上人员	辅助生产工人	工业生产工人	施工单位技术管理人员	行政管理人员	材料采购保管人员	医务保育人员	集体福利部门人员	长期病假人员	合计
工程施工												
机械作业												

续表

项目	建筑安装工程施工工人	机械施工机上人员	运输作业机上人员	辅助生产工人	工业生产工人	施工单位技术管理人员	行政管理人员	材料采购保管人员	医务保育人员	集体福利部门人员	长期病假人员	合计
生产成本												
辅助生产												
间接费用												
管理费用												
采购保管费												
应付福利费												
合计												

四、工资业务的会计核算方法设计

企业应按照劳动工资制度的规定，编制"工资单"计算各种工资，并将其作为应付工资的确认标准。应付工资的计量应按照企业实际发生的工资总额来进行。包括在工资总额内的各种工资、奖金、津贴等，不论是否在当月支付，都应当通过"应付职工薪酬"账户及时予以记录和核算。

工资的会计核算分两步：第一步是工资的计提；第二步是工资的发放。应发工资是指工资合计扣减病事假、迟到早退等情况，再加上加班工资等收入后的工资合计；实发工资是指在应发工资的基础上扣除社会保险费、代缴税费、房租、水电费等税费后实际发放给职工的工资数。

1. 计提工资。会计分录如下。

借：管理费用——职工薪酬——工资（行政管理人员薪酬）
　　生产成本——基本生产成本——直接人工费——工资（生产车间生产工人薪酬）
　　制造费用——工资（生产车间管理人员薪酬）
　　在建工程——待摊支出——工资（从事工程建设人员薪酬）
　　销售费用——职工薪酬——工资（销售人员薪酬）
　贷：应付职工薪酬——工资——基本工资

2. 计提工会经费。按规定提取的工会经费应当在职工为其提供服务的会计期间，根据规定的计提基础和计提比例计算确定相应的职工薪酬金额并计入相关成本或费用中，同时，确认应付职工薪酬。会计分录如下。

借：管理费用——职工薪酬——工会经费

　　　　生产成本——基本生产成本——直接人工费——工会经费
　　　　制造费用——工会经费
　　　　销售费用——职工薪酬——工会经费
　　　　在建工程——待摊支出——工资
　　　　　贷：应付职工薪酬——工会经费
发放工资及代扣各种费用的分录如下。
　　借：应付职工薪酬——工资
　　　　贷：库存现金，银行存款（实发工资数）
　　　　　　应交税费——应交个人所得税
　　　　　　其他应付款——社会保险费——养老保险费——基本养老保险
　　　　　　　　　　　　——社会保险费——医疗保险费——基本医疗保险
　　　　　　　　　　　　——社会保险费——劳动保险费——个人承担失业保险
　　　　　　　　　　　　——住房公积金
　　　　　　其他应收款——水电费（单位代扣的水电费应该通过"其他应收款"科目核算）
　　　　　　　　　　　　——房租
其中，社会保险费和住房公积金分为企业负担和个人负担两部分，企业负担部分的会计分录如下。
　　计提时：
　　借：管理费用
　　　　销售费用
　　　　制造费用（或者在建工程、生产成本等，明细科目为社会保险费或者住房公积金）
　　　　贷：应付职工薪酬——社会保险费（或者住房公积金）
　　缴纳时：
　　借：应付职工薪酬——社会保险费（或者住房公积金）
　　　　贷：银行存款
个人负担的部分由企业在发放工资时代扣。
工会经费计提时：
　　借：管理费用
　　　　销售费用
　　　　制造费用（或者在建工程、生产成本等，明细科目为工会经费）
　　　　贷：应付职工薪酬——工会经费
缴纳时：
　　借：应付职工薪酬——工会经费
　　　　贷：银行存款

本章小结

货币资金是指企业在生产经营过程中停留在货币形态的资金,包括库存现金、银行存款和其他货币资金三部分。设计科学、合理的货币资金业务处理程序,对于保证货币资金的安全、提高货币资金的使用效率具有重要的意义。

货币资金业务包括现金收付业务和银行存款业务,要分别注意其业务处理流程。在进行货币资金业务的内部控制制度设计时,要关注其内部控制基本要求、内部控制目标以及内部控制要点。在进行货币资金业务核算程序设计时,要注意企业因经营特点、管理方式不同,货币资金业务的核算程序也不相同。本章节中介绍了几种常见的货币资金业务核算程序,包括门市部收现的核算程序、出纳部门零星收现的核算程序、零星费用报销的核算程序以及支票签发的核算程序。在货币资金的会计核算制度设计中,包括库存现金业务的会计核算制度、备用金业务的会计核算制度和银行存款业务的会计核算制度。

工资业务处理程序是记录劳动者工作量,对劳动价值进行计划和分配工资的全过程。在进行工资业务会计处理程序设计时,同样要关注其内部控制目标和内部控制要点。在进行工资业务会计制度设计时,要注意结合工资业务的内部会计控制要点,来设计工资业务凭证、劳资人事部门核算凭证和会计部门核算凭证。

基本训练

一、单项选择题

1. 临时备用金一般不能使用于( )。
   A. 临时采购   B. 行政事务借支
   C. 差旅费   D. 零星开支
2. 库存现金支出审批人员可以兼任( )。
   A. 出纳人员
   B. 负责调整银行存款账的人员
   C. 支票保管人员
   D. 记账人员
3. 在支票付款签发的业务流程中,只能由会计部门担任的工作职责是( )。
   A. 审核外单位收款通知或自制付款凭证
   B. 签发支票
   C. 登记银行存款明细账
   D. 登记银行存款日记账
4. 货币资金业务的内部控制要求确保货币资金业务核算及时规范进行,保证有关货币资金会计信息的可靠性和完整性,这属于内部控制目标中的( )。
   A. 经营目标   B. 财务目标
   C. 合规目标   D. 报告目标
5. 货币资金管理制度要求设置现金日记账和银行存款日记账,由( )进行序时登记,并做到( )。
   A. 会计人员;日清月结   B. 会计人员;月清月结
   C. 出纳人员;日清月结   D. 出纳人员;日清日结
6. 下图所示的流程表示的是( )核算程序。

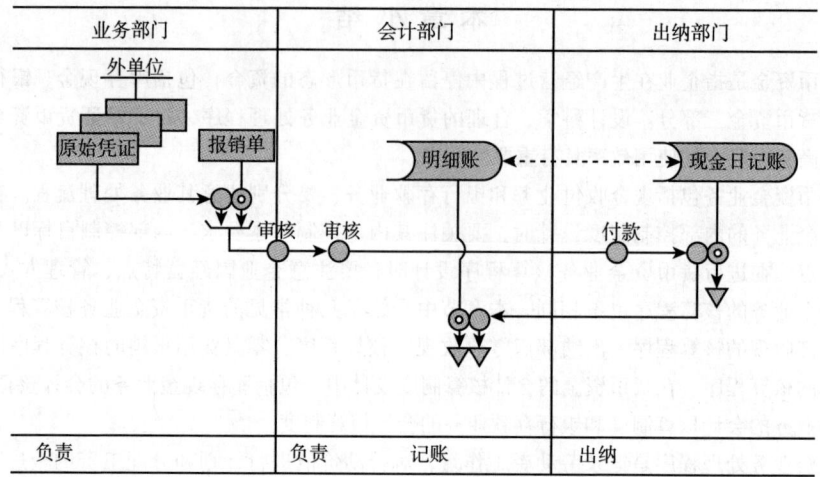

A. 门市部收现　　　　　　　　　B. 出纳部门零星收现
C. 零星费用报销　　　　　　　　D. 支票签发

7. 对企业生产经营影响很大的投资项目，必须报经批准的主体是（　　）。
A. 财务经理　　B. 总经理　　C. 董事会　　D. 车间经理

8. 可以保证现金收支业务按照授权进行，增强经办人员和负责人员的责任感的控制措施为（　　）。
A. 授权批准　　B. 分工记账　　C. 清点　　D. 清查

9. 复核记账凭证及所附结算凭证、原始凭证是（　　）的职责。
A. 稽核人员　　B. 会计主管　　C. 出纳　　D. 分管会计

10. 下列各项中不属于货币资金业务内部控制要点的是（　　）。
A. 严格遵守《现金管理条例》和《银行结算制度》
B. 建立定期和不定期的现金盘点制度
C. 考勤、工资结算、提现、记账职务四分离
D. 加强对各种收、付款凭证的管理

二、多项选择题

1. 下列各项中属于工资业务内部控制要点的有（　　）。
A. 考勤、工资结算、提现、记账职务四分离
B. 建立健全完善的考勤制度和考勤记录
C. 按有关扣款规定，正确办理各种代扣款项
D. 实行钱、账分管的原则

2. 下列各项中属于工资制度中工资模式的是（　　）。
A. 工时工资制：基本工资＋工时工资
B. 结构工资制：基本工资＋奖金＋津贴
C. 项目工资制：按项目计算工资
D. 效薪工资制：薪级工资＋业绩工资

3. 按照货币资金不相容岗位相互分离的要求，出纳人员不得兼任的工作包括（　　）。
A. 总账登记和收入、支出、费用、债权债务账目的登记工作
B. 货币资金的稽核工作

C. 会计档案保管
D. 现金的清查盘点

4. 为实现货币资金业务控制目标，企业的内部会计控制制度主要包括（　　）。
   A. 职责分工控制制度　　　　　　　B. 授权审批控制制度
   C. 货币资金核算控制制度　　　　　D. 货币资金反洗钱控制制度
   E. 货币资金监督检查制度

5. 货币资金业务不相容的岗位主要有（　　）。
   A. 货币资金的收付和保管　　　　　B. 货币资金支付的审批和执行
   C. 货币资金的保管和盘点清查　　　D. 货币资金的会计记录和审计监督
   E. 货币资金支付的审批和审核

6. 下列属于库存现金开支范围的有（　　）。
   A. 职工工资、津贴及个人劳务报酬
   B. 对个人的各种劳保、福利费
   C. 公司价值1 500元的日常支出
   D. 向企业收购农副产品及其他物资的价款
   E. 出差人员必须随身携带的差旅费

7. 货币资金内部控制制度设计的核心是建立起货币资金的（　　）。
   A. 职务分离制度　　　　　　　　　B. 控制程序
   C. 稽核制度　　　　　　　　　　　D. 岗位责任制度

8. 在企业的下列款项中，不应在"银行存款"账户中核算的内容有（　　）。
   A. 现金支票　　　B. 银行汇票　　　C. 银行本票　　　D. 信用卡存款

9. 零星费用报销业务处理流程的关键控制点有（　　）。
   A. 费用报销必须要有原始凭证
   B. 费用报销前必须由业务部门主管和会计部门主管审核批准
   C. 费用报销前，由出纳人员进行审核
   D. 定期进行账账核对

10. 支票签发业务处理流程的关键控制点有（　　）。
    A. 付款前由业务部门和会计部门主管审核
    B. 签发的支票做备查记录
    C. 签发支票的印鉴由会计主管保管
    D. 和银行进行核对

三、判断题

1. 每日营业结束后，营业员根据发票第二联编制销售日报，送交出纳进行销售收入核算；收款员根据发票第三联和货款编制收款日报，送交会计，随后会计和出纳将销售日报和收款日报进行核对。（　　）

2. 按照现行制度规定，外币货币资金、外币债权债务发生时，只能采用业务发生时的汇率进行核算。（　　）

3. 企业不得跳号开具票据，不得随意开空白支票。（　　）

4. 有外币存款的企业可不必按外币种类单独设置银行存款日记账，与人民币合记在一本账中即可。（　　）

5. 按照现行制度规定，外币货币资金、外币债券债务发生时，应采用业务发生时的汇率或发生当期期初的汇率折合为人民币记账。（　　）

6. 企业银行存款的清查采用银行存款总账与银行对账单核对的方法，发生二者不相符，表明可能存在未达账项。（   ）

7. 现金日记账和银行存款日记账，由会计人员进行序时登记，并做到日清月结。收入的现金应及时存入银行。（   ）

8. 企业在任何条件下都不能坐支现金。（   ）

9. 企业里负责清查库存现金的仅有出纳人员。（   ）

10. 工资发放必须由收款人签收，签收后的副本应交回会计部门保管，对未领工资或单独保管，或存入银行，不得挪用。（   ）

四、简答题

1. 货币资金内控的要点包括哪些内容？
2. 简述现金收付业务流程。
3. 工资的内控要点包括哪些内容？

五、案例分析题

1. 2018年12月，大华会计师事务所对北方公司进行审计，在货币资金业务审计时发现了下列情况：

（1）北方公司现金收、付业务，收、付款原始凭证的复核和收、付款凭证的编制由出纳王某负责；

（2）王某由于生病住院，休假2个月，在此期间，公司指定由会计李某兼任；

（3）北方公司的支票、印章都由王某一人保管，签收手续也由王某一人负责；

（4）北方公司丢失了3月和5月的由建设银行大连市分行邮寄的银行对账单，且10月和11月的"银行存款余额调节表"尚未编制；

（5）在对北方公司的库存现金进行实地盘点后，发现库存现金额为3 425.38元，而库存现金日记账的余额为5 825.38元。库存现金中有4张公司职工借款的欠条，合计为2 400元。

问题：该公司内部控制制度中存在哪些问题？如何处理？

2. 甲公司出纳员李某由于刚参加工作不久，对于货币资金业务管理和核算的相关规定不甚了解，所以出现一些不应有的错误，有两件事情让他印象深刻，至今记忆犹新。

（1）第一件事是在2019年6月10日和12日两天的现金业务结束后例行的现金清查中，分别发现现金短缺50元和现金溢余20元的情况，对此他经过反复思考也弄不明白原因。为了保全自己的面子和息事宁人，同时又考虑到两次账实不符的金额又很小，他决定利用下列办法进行处理：现金短缺50元，自掏腰包补齐；现金溢余20元，暂时收起。

（2）第二件事是甲公司经常对李某负责的银行存款的实有额心中无数，甚至有时会影响到公司日常业务的结算，公司经理因此指派有关人员检查一下李某的工作，结果发现，他每次编制银行存款余额调节表时，只根据公司银行存款日记账的余额加或减对账单中企业的未入账款项来确定公司银行存款的实有数，而且每次做完此项工作以后，李某就立即将这些未入账的款项登记入账。

问题：李某对这两件事情的处理是否正确？为什么？

第六章 采购与销售业务会计制度设计

学习目标

1. 了解采购业务流程；掌握采购业务内部控制的目标及内容；掌握采购业务核算程序和会计核算方法的设计。

2. 了解销售业务流程；掌握销售业务内部控制的目标及内容；掌握销售业务核算程序和会计核算方法的设计。

重要概念

采购业务；采购业务内部控制；采购业务核算程序设计；采购业务会计核算方法；销售业务；销售业务内部控制；销售业务处理程序设计；销售业务核算方法

案例导入

2007年10月1日，国际酒店在鲜花的簇拥和鞭炮的喧嚣中正式对外营业了。这是一家集团公司投资成立的涉外星级酒店。该酒店不仅拥有装潢豪华、设施一流的套房和标准客房，其下设的老宁波餐厅更是经营特色传统宁波菜和海派家常菜肴，可以为中外客商提供各式专业和体贴的服务。

最让酒店员工感到骄傲和荣耀的是酒店大堂天花板上如天宇星际一般的灯光装饰，以及一个圆圆的、超级真实的月亮水晶灯，它们使得整个酒店绚丽夺目、熠熠生辉。这些天花板上装饰所用的材料以及星球灯饰均是由水晶材料雕琢而成，是公司王副总经理亲自组织货源，最终从瑞士某珠宝公司高价购买的，货款总价高达150万美元。这样的超级豪华水晶灯饰不仅是全国罕见，即使是国外，也只有在少数几家五星级酒店里能见到。开业当天，来往宾客无不对这个豪华的水晶天花板灯饰赞不绝口，称羡不已。

王副总经理也因此受到了公司领导的高度赞扬，一连几天，王总的脸上都洋溢着快乐而满足的笑容。

然而，好景不长。两个月后，这些高规格高价值的水晶灯饰就出了状况。最初是失去了原来的光泽，变得灰蒙蒙的，即使用清洁布使劲擦拭都不复往日光彩。后来，部分连接的金属灯杆出现了锈斑，还有一些灯饰破裂甚至脱落。人们看到这破了相的水晶灯，议论纷纷，这就是破费百万美元买来的高档水晶灯吗？鉴于情况严重，公司领导责令王副总经理限期内对此事做出合理解释，并停止了他的一切职务。这个时候,王副总经理再也笑不出来了。事件真相很快就水落石出,原来这盏价值近千万元人民币的水晶灯根本不是从瑞士某珠宝公司购得的,而是通过南方某地的奥尔公司代理购入的赝品水晶灯。王副总经理在交易过程中贪污受贿,中饱私囊。虽然出事之后,王副总经理受到了法律的严惩,然而国际酒店不仅因此遭受了数千万元的巨额损失,更令其声誉受到重创,成为同行的笑柄。这对于一个新开业的公司而言,不啻是个致命的打击。

那么,国际酒店为什么会发生这样的悲剧,在以后的企业经营中又应该如何防范呢?

第一节 采购业务会计制度设计

一、采购业务流程设计

采购业务是指企业围绕购买材料或商品等所发生的经济业务。采购业务包括商品、材料以及事务用品等的请购、编制计划、订购或采购、验收入库、货款结算等工作。在工业企业里,采购的主要对象是可供生产加工的原材料、燃料、包装物、低值易耗品等;在商业企业里,采购的主要对象是可供销售的商品。采购业务和存货管理、生产、销售等活动紧密相关,业务发生频繁、交易金额大、运行环节多等情况,容易产生管理漏洞,企业必须加强采购过程的管理和控制。采购业务处理程序设计应能全面涵盖采购过程、采购成本、采购数量及采购结算等各方面。

(一)采购流程

采购业务的流程包括:(1)请购与审批;(2)询价与确定供应商;(3)签订购货合同或订货单;(4)验收入库;(5)结算支付货款。采购业务流程如图6-1所示。

其各环节具体流程如下。

1. 请购与审批环节。(1)各需求部门根据部门需求编制《需求单》,经本部门主管签字批准后提交至仓库;(2)仓库汇总《需求单》后根据安全库存状况填制《安全库存表》,并将其一并提交至采购部;(3)采购部制定《采购计划表》,并报财务部审核,财务部审核后交总经理审批。

2. 询价与确定供应商环节。采购部在收到审批通过后的《采购计划表》,对供应商进行比质比价后,填写《采购申请单》,并报财务部,财务部审核后交总经理审批。

3. 签订购货合同环节。审批通过后,采购部选择供应商签订《采购合同》,下达《采购订单》,采购经办人员对供货周期进行跟踪。

4. 验收入库环节。(1) 采购物品送达指定地点后，采购经办人员携物品开具《验收入库单》(一式四联：采购联、财务联、仓库联、检验联) 通知品控/设备部进行检验，合格后办理入库手续；(2) 仓库根据采购人员送达的检验通过的《验收入库单》点收物品，核对数量，无误后仓库按指定区域储放；点收完毕，办理记账手续，在规定时间内将相关票据传递至财务部门；(3) 采购物品经检验合格入库，采购经办人员对供应商开具的发票进行核对，整理《借支单》《采购申请单》《采购合同》《验收入库单》等有效凭证。

5. 结算支付环节。采购经办人员填写《付款申请单》，经采购部主管签字批准后提交至财务部，财务部审核通过后交总经理审批，审批通过后将《付款申请单》交至财务部安排出纳付款、发票核销（见图6-1）。

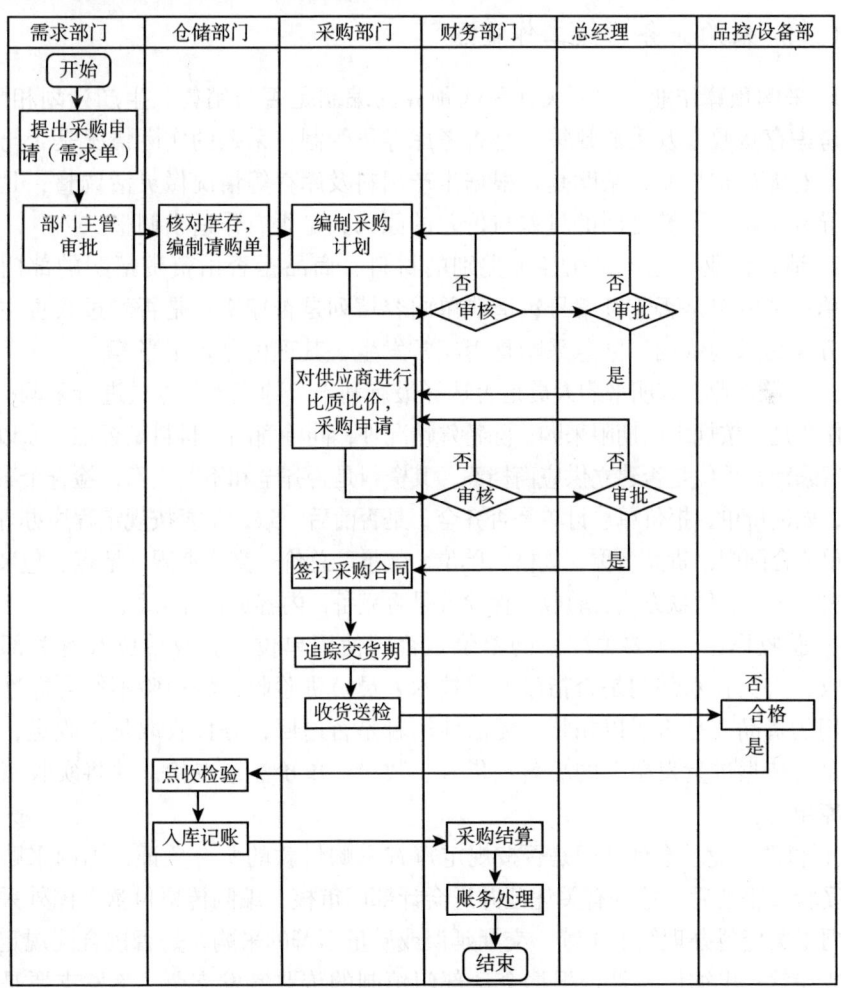

图6-1 采购业务流程

（二）主要风险点

采购业务一般涉及请购与审批、询价与采购、结算与付款等环节。为防范差错和舞弊行为的发生，企业至少应关注涉及采购业务的下列风险。

1. 采购行为违反国家法律法规，可能遭受外部处罚、经济损失和信誉损失；
2. 采购未经适当审批或越权审批，可能因重大差错、舞弊、欺诈而导致损失；
3. 请购依据不充分、不合理，审批程序不规范、不准确，可能导致企业资产损失、资源浪费或发生舞弊；
4. 采购行为违反法律法规和企业规章制度的规定，可能受到有关部门的处罚造成资产损失；
5. 询价与采购不规范，可能由于业务经办人员舞弊、腐败、渎职等行为而导致企业资金损失，或信用受损，或采购物品的质量达不到合同要求；
6. 付款方式不恰当、执行有偏差，可能导致企业资金损失或信用受损。

（三）采购业务稽核工作重点

1. 采购预算作业。主要关注采购预算的编制是否与销售、生产计划相配合；是否考虑存货政策及采购政策；是否考虑存量管制；采购的实际情况是否与预算相符，有无严格控制；采购是否根据生产用料及库存等情况做灵活调整；是否分析过导致采购与预算之间的量差与价差的原因；是否有作适当调整。

2. 请购作业。主要关注各种类别的材料、商品是否由负责请购的部门填制请购单；请购单是否连续编号；请购单内容填列是否翔实；是否经过权责主管核签后方作为采购依据；紧急采购是否经常发生，其理由是否正当等。

3. 采购作业。查明采购人员是否选择最有利于节约成本的方式进行采购；各种采购作业是否按规定的期限采购；除特殊情况外，同种商品、材料是否在三家以上单位进行采购，单位是否建立供应商档案，其资料是否齐全和不断更新；检查个案采购工作，如询价单、报价单、订单是否齐全，是否前后一致，是否按规定程序办理；在订购单或合同中，货品名称、规格、单位、数量、总价、交货期限、地点、包装、运输方法、运费、付款方法、验收、保险等是否完备，内容是否合法等。

4. 验收作业。主要关注采购单位是否同使用单位、验收单位及有关部门共同验收；有关技术部门是否指派专门技术人员负责验收；经检验不符合标准但尚可使用的货品，是否予以扣款，无法使用者是否退回；分批收取是否收足；检验人员是否依据进货发票上的品名、货号、数量、单价注意点检，并将实收情况登记入库单等。

5. 付款作业。会计部门是否按规定审查采购付款的所有凭证；国内采购是否在办妥验收手续后，检查有关凭证并送会计部门审核，编制传票付款；国外采购是否根据报关资料办理结汇手续；交期延误或质量不符的采购，是否按合同规定予以扣款或罚款；出纳付款是否根据会计部门填制的传票签发支票，签发支票是否划线，是否在发票人签章处加盖"禁止背书转让"戳记；有关银行结汇、支付保险公司和运输单位预付款项，与规定是否相符，支付标准是否恰当；计费方式是否合理等。

二、采购业务的内部控制制度设计

(一) 采购业务的内部控制目标

为确保采购业务的合法合规、有序高效,采购业务的内部控制应实现以下目标。

1. 保证采购业务的合法合规。采购业务必须符合国家法律法规和企业内部各项规章制度的要求,有效防止差错和舞弊行为的发生。

2. 保证采购业务中相关资产的安全完整。要保证企业所购货物安全完整、保质保量地送达企业,保证应付账款的真实性和货款支付的严密性。

3. 保证采购业务的合理性。采购必须适应企业生产、销售和管理的需要,既要避免重复采购、盲目采购,也要避免发生采购不及时等情况影响生产经营的正常进行。

4. 提高采购业务的效益性。在满足需要的前提下,尽量降低采购成本,减少资金占用和采购环节的损失。

(二) 采购业务内部控制的风险因素

风险意味着一种不确定性,既可能带来损失,也可能带来收益,企业应当通过各种形式识别采购与付款业务的控制风险。通常认为,影响目标实现因素的不利方面构成风险,那么影响企业采购与付款业务目标实现的风险因素主要有以下五个方面。

1. 人员风险。人员因素是内部控制中最活跃的因素。由于企业整体层面内部控制薄弱和经济利益的驱动,企业的采购人员有机会与供应商串通舞弊,损害公司的利益。另外,由于采购业务员和财务人员专业胜任能力有限,难免发生差错,导致企业蒙受损失。

2. 供应商选择风险。供应商选择不合理。由于供应商供货能力不足,产品质量不符合生产工艺要求,很可能影响到企业正常的生产经营,也很可能导致企业承担货币资金损失的风险。

3. 付错款项或重复付款风险。由于人为的差错或舞弊,企业有可能遭受资金损失,通常表现为向虚构的供应商付款、重复支付货款、存在长期未到货的预付款项等。通常在企业采购人员变动频繁,同一供应商存在多个核算项目和多种付款方式的情况下,付款风险比较大。

4. 紧急高价采购风险。由于紧急采购而不得不承担高价采购风险,通常由计划制订不合理或未制订计划引起。当产品市场价格波动剧烈时,由于采购时机选择不合理也可能导致企业不得不高价采购物资。

5. 仓库物资积压风险。由于采购申报不合理或其他原因,导致企业库存物资过多,占用过多资金,减缓资金周转速度,不利于提高资金使用效率。此外,库存过多也可能导致部分存货过期、失效等问题,给企业造成损失。

(三) 采购业务内部控制关键点

企业在建立和实施采购业务的内部控制过程中,应强化对下列关键点的控制。

1. 职责分工、权限范围和审批程序应明确规范,机构设置和人员配备应科学合理,坚持不相容职务分离。

2. 请购事项应明确,请购依据应充分适当,请购应经过授权审批。

3. 采购行为应公开透明、合法合规编制采购计划、进行采购询价、确定供应商、签订采购合同、预付货款、组织送货、货到验收等流程及有关控制措施应明确规范。

4. 货款结算、应付账款记录、付款方式和程序、与供应商对账等应设有明确规定。

(四) 采购业务内部控制的基本内容

1. 不相容职务分离制度。企业应当建立采购业务的岗位责任制,明确相关部门和岗位的职责、权限,确保不相容岗位相互分离、制约和监督。

采购业务不相容岗位至少包括:①请购与审批;②询价与确定供应商;③采购合同的订立与审计;④采购与验收;⑤相关会计记录;⑥付款审批与付款执行。按照规范要求,同一部门或个人不得办理采购业务的全过程。

企业应当配备合格的人员办理采购业务。办理采购业务的人员应当具备良好的业务素质和职业道德。企业应当根据具体情况对办理采购业务的人员进行岗位轮换。

2. 请购与审批控制制度。企业应当建立采购申请制度,依据购置物品或劳务等类型,确定归口管理部门,授予相应的请购权,并明确相关部门或人员的职责权限及相应的请购程序。采购申请流程如图6-2所示。

采购需求应与企业生产或销售计划相适应,考虑库存量水平,结合经济批量编制请购单。有条件的企业可以设置专职请购部,对需求部门提出的采购申请进行审核、汇总,统筹安排采购计划。请购单应明确请购部门、采购物资类别、规格、数量、相关要求和标准、到货时间等。请购单通常一式三联,经审批后:一联退还请购部门,以示答复;一联交财会部门筹备资金和备查;一联交采购部门作为编制采购计划和签订购销合同的依据。

单位应当加强采购业务的预算管理。对于预算内的采购项目,具有请购权的部门应严格按照预算执行进度办理请购手续;对于超预算和预算外采购项目,具有请购权的部门应对需求部门提出的申请进行审核后再行办理请购手续,并应当明确审批权限,由审批人根据其职责、权限以及单位实际需要等对请购申请进行审批。

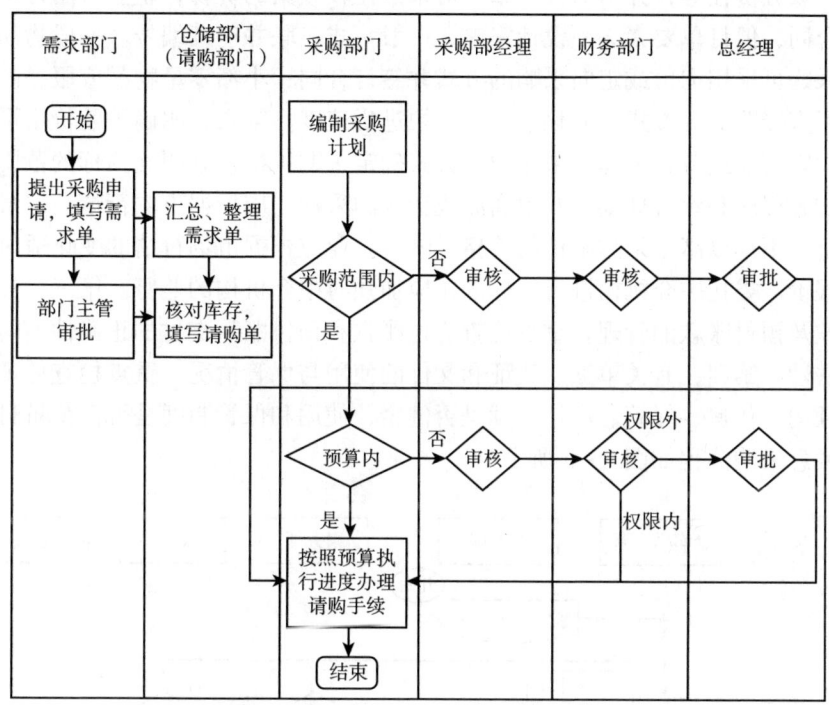

图 6-2 采购申请流程

3. 供应商管理与订货控制制度。企业应当建立采购管理制度，对采购方式、询价谈判、供应商选择等做出明确规定，提高采购过程的透明度，确保所购商品在数量和质量方面符合采购要求。企业应对紧急、小额零星采购的处理做出明确规定。

（1）供应商管理。企业应当建立供应商评价制度和供应商维护制度，经管部门提供附有供应商价格表、质量等级、供应量、电话、地址等信息的市场调研报告，并定期对供应商的信誉、价格、质量进行评估，建立包括价格、质量标准、折扣、付款条件、供应商信誉、电话、地址等信息的供应商档案，从中筛选质量好、价格低、信誉好的供应商，由生产销售部门、采购部门、财务部门、仓储部门、法律部门共同进行招标投标，最终确定供应商。

（2）询价与采购。第一，企业应根据商品或服务的性质及其供应情况确定采购方式。大宗商品或服务应采用招标①方式并签订合同。购货合同应按采购权限规定，由各级授权人审核同意。合同通常一式三份：一份交供应商请求发货；一份交财务部门专人保管，负责合同的执行；一份交财会部门以监督合同的执行。合同内容包括品名、规格、质量、数量、单价、交货期限、交货方式、交货

---

① 招标，是指招标人（买方）事先发出招标通告或招标单，列出品种、数量和有关的交易条件，提出在规定的时间、地点，准备买进的商品名称、数量，邀请投标人（卖方）参加投标的行为。招标投标，是指在市场经济条件下进行的大宗货物的买卖、工程建设项目发包与承包以及服务项目的采购与提供时，所采用的一种交易方式。

地点、双方责任等,并由双方签章。对采购比较频繁的货物,企业可用订单替代购货合同,但订单要素必须设计完整,一般一式三联并连续编号。一般物品或服务的采购可采用询价或定向采购的方式并签订合同;小额零星物品或服务的采购可采用直接购买等方式,简化手续,加快进货速度。第二,明确采购价格形成机制。大宗商品或劳务采购应采用招标方式确定采购价格,并明确招标的范围、标准、实施程序和评价规则。其他商品或劳务的采购,应根据市场行情制定最高采购限价,不得以高于采购限价的价格采购。企业应根据市场行情的变化适时调整采购限价。委托中介机构进行招标的,应加强对中介机构的监督。第三,加强应付账款及预付账款的管理,重点检查应付账款和预付账款支付的正确性、时效性和合法性。第四,有关单据、凭证和文件的使用与保管情况,重点检查凭证的登记、领用、传递、保管、注销手续是否健全,使用和保管制度是否存在漏洞。

紧急采购流程如图6-3所示。

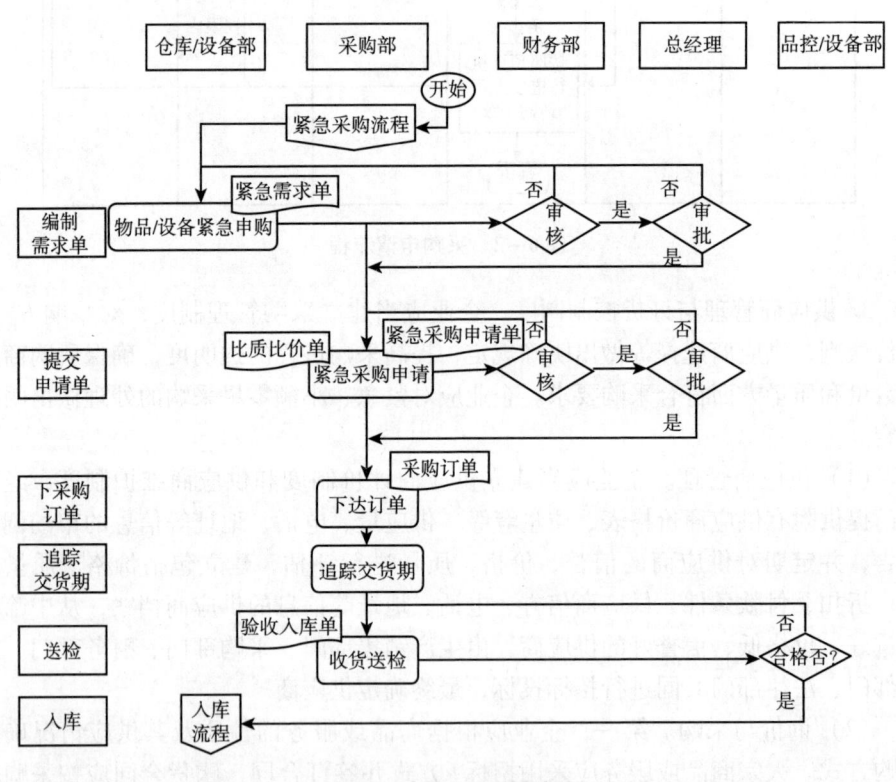

图6-3 紧急采购流程

4. 货物验收控制制度。企业所订购的货物运到后先验收入库,由采购部门开具入库通知单、验收单。质检部门按照国家标准、行业标准、企业标准进行质量检验,各类物资必须具备各项规定资质。验收合格后出具"质量检验合格单"或在验收单上加盖"质检合格"章。如不合格,则需查明原因,并向主管提交书面报告,及时向供应商提出异议。仓库管理人员根据入库通知单、验收单及所附有关质量证明书、合格证、技术图纸、装箱单、过磅单、发货明细对货物进行数量、质量验收。验收无误在验收单加盖"验讫"章。验收中发现数量、质量不符或数量短缺、损坏、无质量证明和技术资料等情况无法验收时，及时向供应主管书面报告。采购人员把盖章齐全的入库单、验收单、采购合同以及发票送到财务部门进行报账，物资会计要对所送来的单据核对、整理，无误后编制挂账通知单①。但根据货物交接方式的不同，货物验收入库的基本程序和手续略有不同，可以分为发货制、送货制和提货制，企业应结合自身实际情况选择相应的处理程序。

5. 货款支付控制制度。由采购请购单、订货单和验收单共同构成的收货业务完成后，会计部门就取得了供货方的发票、验收单和采购合同等表示货物已经验收入库并应支付货款或应付账款已经发生的原始凭证。这些原始凭证经过审核无误后，会计部门应该连续编号，并及时、准确记录物资的增加和银行存款、预付账款的减少或应付账款的增加。如有部分退货，需从原发票中扣除后再办理结算。对物资的核算，必须根据企业的整体管理要求设置一级账户和明细账户并正确地进行记录。会计正确地进行计量并记入适当的账户和适当的期间，由专人按照约定的付款日期、折扣条件管理应付账款，已到期的应付账款须经有关授权人审批后方可办理货款结算与支付。

6. 会计稽核与对账制度。该制度一方面要求无论是货款的支付还是应付账款发生的记录，对进货业务涉及的所有原始凭证、记账凭证，都必须经过稽核人员或会计主管审核后方能记账；另一方面要求对进货业务发生的应付账款必须及时、定期地与供货商对账，防止债务虚列及由此造成的业务人员舞弊行为。

（五）采购业务内部控制的检查监督

企业应当建立对采购业务内部控制的监督检查制度，明确监督检查机构或人员的职责权限，定期或不定期地进行检查。

监督检查机构或人员应通过实施符合性测试②和实质性测试③检查采购业务内部控制制度是否健全，各项规定是否得到有效执行。采购业务内部控制监督检

---

① "挂账"一词并不是会计学中的术语，原因在于其不规范性，但由于历史原因，被会计人员习惯性地使用。它所包含的含义有：一是确认某会计要素会计科目的意思；二是应确认而不确认的意思，含有违规不处理的意思。比如，"亏损挂账"，这是一种明显地违反会计制度的做法，它造成的后果在于隐瞒了企业的亏损情况，歪曲了企业的实际经营成果和财务状况，导致财务报表局部或整体的不可信，从而影响决策者做出正确的决策。"挂账通知单"的"挂账"属于第一种含义。

② 符合性测试，是指审计人员在了解内控制度后，对那些准备信赖的控制系统的实施情况和有效程度进行的测试，也称为遵循性测试。符合性测试的根本目的是，查明被审计单位的各项控制措施是否都真实地存在于生产经营等各项管理活动中，是否确确实实、始终如一地遵守了制度规定的全部要求，是否真正发挥了作用，其遵循制度的程度如何，有无失控和不完善之处。

③ 实质性测试，是指在符合性测试（也叫控制测试）的基础上，为取得直接证据而运用检查、监盘、观察、访谈及函证、计算、分析性复核等方法，对被审计单位会计报表的真实性和财务收支的合法性进行审查，以得出审计结论的过程。实质性测试通常采用抽样方式进行，其抽样的规模需根据内部控制的评价和符合性测试的结果来确定。

查的内容主要包括以下方面。

1. 相关岗位及人员的设置情况。重点检查是否存在不相容职务混岗的现象。

2. 授权审批制度的执行情况。重点检查大宗采购业务的授权审批手续是否健全，是否存在越权审批的行为。

3. 应付账款和预付账款的管理。重点审查应付账款和预付账款支付的正确性、时效性和合法性。

4. 有关单据、凭证和文件的使用和保管情况。重点检查凭证的登记、领用、传递、保管、注销手续是否健全，使用和保管制度是否存在漏洞。

三、采购业务核算程序的设计

采购业务程序的设计主要包括日常采购计划编制、合同签订程序设计，临时采购计划申请程序设计和材料采购验货付款程序设计以及退货及折让程序设计等。

（一）日常采购计划编制、合同签订程序设计

日常采购计划编制、合同签订程序如图6-4所示。

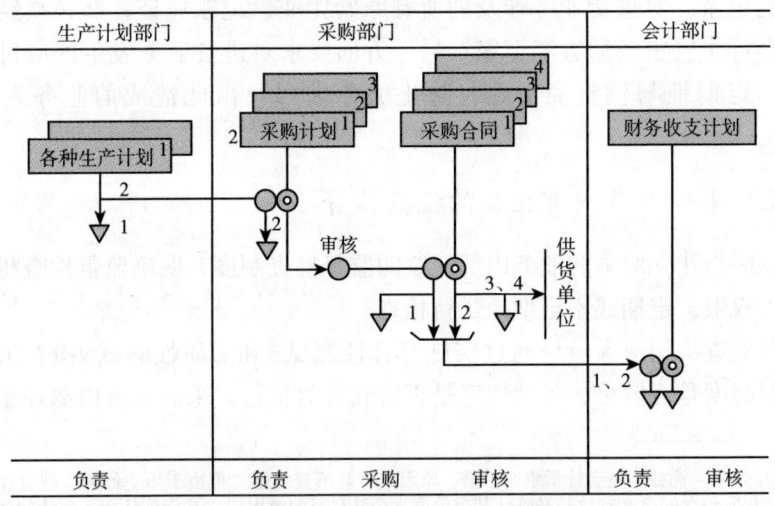

图6-4 日常采购计划编制、合同签订程序

1. 供应部门根据生产计划部门的各种计划编制采购计划；
2. 采购计划经审批后与供货单位签订采购合同；
3. 财会部门根据采购计划、采购合同编制财务收支计划。

该流程关键控制点：一是采购计划须经审核批准后才能签订采购合同；二是会计部门参与合同的会签。

（二）临时采购申请程序设计

临时采购申请程序如图 6-5 所示。

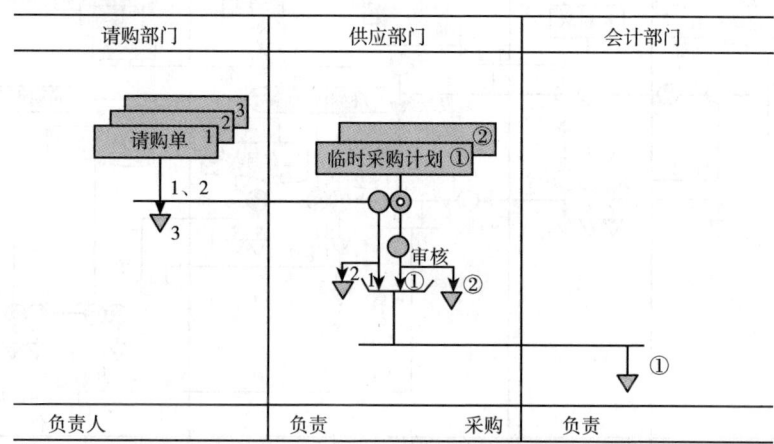

图 6-5 临时采购申请程序

1. 请购部门编制请购单交供应部门；
2. 供应部门编制临时采购计划，经审核同意后通知采购员进行采购；
3. 与此同时，通知财会部门以备货款结算。

该流程关键控制点：一是临时采购必须经过授权审批才能办理；二是会计部门监督临时采购计划的实施。

（三）材料采购验货付款程序设计

材料采购验货付款程序如图 6-6 所示。

1. 供货单位在材料发运后，将材料发票、运单号和提货单经银行寄往购货单位；
2. 购货单位财会部门收到寄来的单据，将其送交供应部门，供应部门审核合同后据此编制收货单，通知仓库准备收货，另将提货单交企业运输部提货；
3. 仓库验收后登记保管卡，并将签收的收货单交供应部门；
4. 供应部门将收货单与合同再次审核，无误后，将供货单位的发票、代垫运单以及收货单一并送财会部门；
5. 财会部门对照合同副本进行审核，无误后，授权出纳办理货款结算，出纳付款后在发票上加盖"付讫"及日期戳记，与订购单副本一并归档。

该流程关键控制点：一是采购材料入库验收、记账与付款分管；二是加强收料单与合同的核对，保证材料名称、规格、数量和金额的正确；三是材料验收入库后才支付货款；四是定期进行账账、账卡和账实核对。

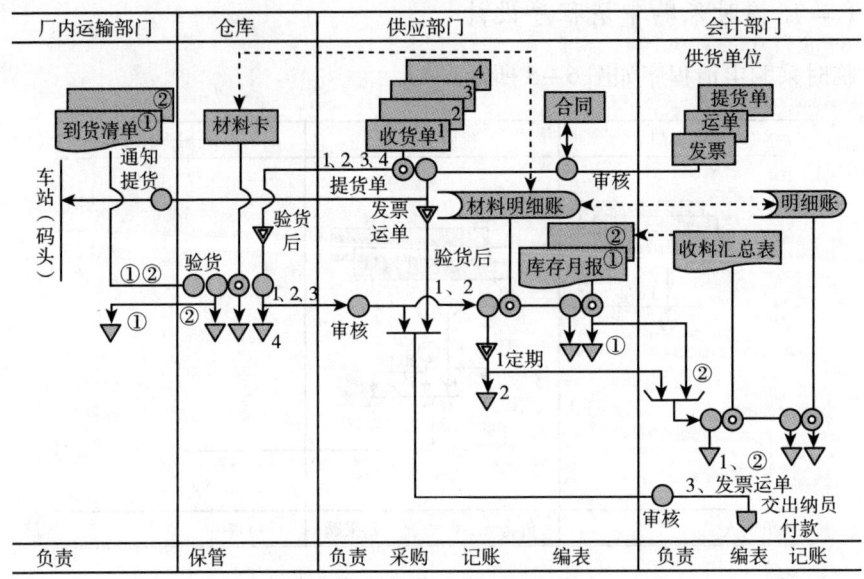

图 6-6 材料采购验货付款程序

（四）退货及折让程序设计

购进货物如发现不合规格、质量不符，或其他不符合订购条件时，应及时与对方商量退回、更换或折让等事宜。

1. 由储存部门或用料部门填制"请购单"；
2. 由采购部门填制"订购单"或其他契约；
3. 由检验部门验收并编制验收报告；
4. 储存部门对照验收报告收料入库，如有差异应及时报告给会计部门；
5. 会计部门比较购货订单、验收报告及卖方发票，发票经核准后付款；
6. 凭证移送出纳处付款。

该流程关键控制点：一是退货及折让发生时，应由双方协商解决，同意后应由采购部门编制退回及折让通知单，分送有关部门，作为处理依据；二是送交会计部门的通知单，可作为冲减应付账款的凭证。

（五）采购业务记账程序设计

采购业务的核算方式与结算方式有关，主要有验单付款和验货付款两种。从会计控制要求上看应该是收货后付款，但在实际操作中大都是见单即付，这种做法会造成退货还款的被动局面。不论采用何种办法，记账程序中均要考虑货单不能同时到达的客观情况。

1. **应付账款明细账全部登记法。** 做法：全部采购业务在发生时均作为应付账款处理，并通过购货日记账进行登记；月底将购货日记账的金额栏总额记入

"材料采购"总分类账的借方和"应付账款"总分类账的贷方,并把每年购货业务按各供应单位记入明细账各明细栏。

优点:提供的资料完整,对所有购货款的支付均可以进行监督。

缺点:工作量大,甚至有重复劳动。

2. 材料采购明细账横行登记法。做法:材料采购明细账按材料类别如原材料、辅助材料、燃料、包装物、低值易耗品等分设账页;根据收料单、付款凭证、发票账单等按横行登记法逐笔登记,用以计算每一批购货的实际成本和计划成本及成本差异;根据每一横行付款记录和收料记录的对比,还能了解哪些是应付账款,哪些是在途材料。

优点:既提供了序时的购货记录,也替代了应付账款的明细账。

3. 抽单法。做法:供应部门向仓库和会计部门分送收料单的收货联和付款联,仓库验收材料后,将收货联送交会计部门在一个箱子里存放;会计部门在收到供应单位的发票并送出纳付款后,将付款联存入另一个箱子;定期从联存收料单编号的这两个箱子中抽单,凡抽到的收货联和付款联表示银货两讫;月末,根据付款联余额编制在途材料明细账,根据收货联余额编制应付款明细表。

优点:可以进一步简化材料采购登账工作,能及时反映与客户的结算关系,系统反映材料采购情况,但应注意凭证存放的安全性。

四、采购业务会计核算方法设计

(一)采购业务按实际成本计价的会计核算制度设计

由于材料采购地点和结算方式的不同,故材料入库时间和货款支付的时间不一定相同,存在如下情况。

1. 结算凭证和发票等单据与材料同时到达。企业应根据结算凭证、发货单等凭证在支付货款后,借记"在途物资""应交税费——应交增值税(进项税额)"账户,贷记"银行存款"账户。若尚未付款或尚未开出商业承兑汇票,则贷记"应付账款"账户;若开出商业承兑汇票,则贷记"应付票据"账户。材料验收入库后,根据收料账单等凭证,借记"原材料"账户,贷记"在途物资"账户。

2. 已支付货款或已开出商业承兑汇票,但材料尚未到达,企业应根据结算凭证、发票账单等单据,借记"在途物资""应交税费——应交增值税(进项税额)"账户,贷记"银行存款"或"应付票据"账户;待收到材料后,再根据收料单,借记"原材料"账户,贷记"在途物资"账户。

3. 材料已到,结算凭证未到,货款尚未支付。为了简化核算手续,在月份中发生的,可以暂不进行总分类核算,待收到发票时,再按实付货款登记总账,进行总分类核算。对于那些结算凭证和发票账单尚未到达的入库材料,可以按材料合同价格或计划成本价格,暂估入账。借记"原材料"账户,贷记"应付账款"账户,下月初,用红字做同样的记账凭证予以冲回,以便下月付款或开出商业承兑汇票时,按正常程序进行记录。

4. 采用预付货款的方式采购材料,根据有关规定预付材料价款时,按照实际预付金额,借记"预付账款"账户,贷记"银行存款"账户;已经预付货款的材料到达时,根据发票账单等所列的金额,借记"在途物资""应交税费——应交增值税(进项税额)"账户,贷记"预付账款"账户;预付货款不足而补付时,按补付的金额,借记"预付账款"账户,贷记"银行存款"账户;退回多付的货款时,借记"银行存款"账户,贷记"预付账款"账户;同时,根据收料单等凭证,借记"原材料"账户,贷记"在途物资"账户。

(二)采购业务按计划成本计价的会计核算制度设计

按计划成本计价与按实际成本计价一样,购进材料的入库时间和货款支付时间不一定相同,存在以下四种可能:(1)结算凭证和发票等单据与材料同时到达。(2)已支付货款或已开出商业承兑汇票,但材料尚未到达。(3)采用预付货款的方式采购材料。(4)材料已到,结算凭证未到,货款尚未支付。前三种情况的账务处理与实际成本计价法下的账务处理方法完全相同,只是在月份终了,对于前三种情况验收入库的材料,要根据其收料凭证,按计划成本计价汇总入账,借记"原材料"账户,贷记"材料采购"账户。同时,计算并结转材料成本差异,当实际成本小于计划成本时,应按节约额,借记"材料采购"账户,贷记"材料成本差异"账户;当实际成本大于计划成本时,应按超支额,借记"材料成本差异"账户,贷记"材料采购"账户。

在材料已到、结算凭证未到、货款尚未支付的情况下,与按实际成本计价一样,为简化核算手续,在月份内发生的,可以暂不进行总分类核算,待收到发票账单时,再进行总分类核算。月末,对于那些结算凭证和发票账单尚未到达的入库材料,可以按材料的计划成本暂估入账,借记"原材料"账户,贷记"应付账款"账户;下月月初,用红字做同样的记账凭证予以冲回,以便下月付款或开出商业承兑汇票时,按正常程序借记"材料采购"账户,贷记"银行存款"或"应付票据"账户,然后根据验收入库凭证按计划价格,借记"原材料"账户,贷记"材料采购"账户,贷记或借记"材料成本差异"账户。

第二节 销售业务会计制度设计

一、销售业务流程设计

销售是企业通过销售商品或提供劳务等经营活动取得货款的行为。

任何企业的经营目的,最终都是要把自己的产品推销给使用者或为顾客提供劳务：工业企业的销售业务有产成品、自制半成品、提供工业性劳务等产品销售，还有外购商品、材料、提供非工业性劳务、固定资产出租、无形资产转让等其他销售；商业企业主要是外购商品销售，包括批发和零售。

销售业务既涉及资金流，又涉及实物流，是企业实现经济利益流入的关键环节。销售业务具有以下特点：（1）业务发生频繁，工作量大，运行环节多，容易产生管理漏洞；（2）营业收入的确认与计量具有复杂性；（3）销售业务直接导致货币资金或应收账款的增加。

为规范销售业务，防范销售业务中可能出现的差错和舞弊行为，企业应当加强对销售业务的管控。

（一）销售流程

销售业务的流程包括：（1）销售谈判；（2）合同审批；（3）合同订立；（4）组织销售；（5）办理货款结算。若采用提货制，则销售业务的环节应当是：（1）签订销售合同；（2）销售部门开具"销货单"；（3）财会部门办理收款手续；（4）仓储部门办理发货手续。销售业务流程如图6-7所示。

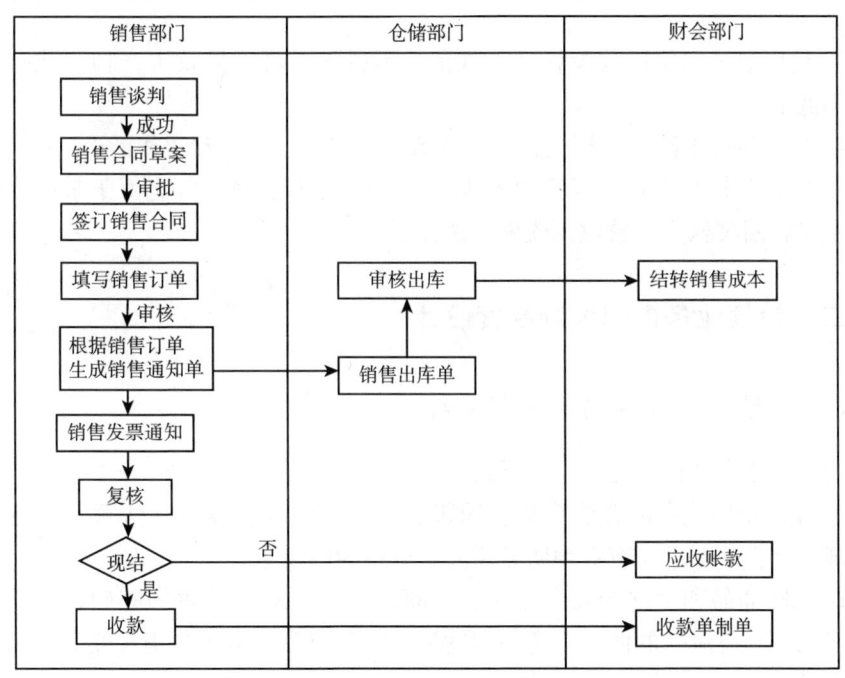

图6-7 销售业务流程

其各环节具体流程如下。

1. 销售谈判环节。
（1）销售部门依据授权范围接受客户订单；
（2）销售专员就销售价格、信用政策、发货及收款方式等具体事项与客户进行谈判。

2. 合同订立环节。
(1) 谈判成功后,由销售部门向企业有关部门或人员提交销售合同草案;
(2) 销售草案经有关人员审批同意后,销售部门人员与客户签订销售合同。
3. 组织销售环节。
(1) 销售部门根据审批后的销售合同编制销售计划,向发货部门下达销售通知单,同时编制销售发票通知单,经审批后传递给财会部门;
(2) 发货部门对销售出库单审核后,组织发货。
4. 货款结算环节。在发货手续办妥后,由销售部门开具发票,送会计部门向购货单位收取款项,并进行账簿记录。

(二) 主要风险点

销售业务一般涉及销售、发货、结算、收款等环节,为防范差错和舞弊行为的发生,企业至少应关注下列风险。
1. 销售行为违反国家法律法规,可能遭受外部处罚、经济损失和信誉损失。
2. 销售未经适当审批或越权审批,可能因重大差错、舞弊、欺诈而导致损失。
3. 销售政策和信用政策管理不规范、不科学,可能导致资产损失或存货运营效率低下。
4. 合同签订未经正确授权,可能导致资产损失、舞弊和法律诉讼。
5. 应收账款和应收票据管理不善,账龄分析不准确,可能由于未能收回或未能及时收回欠款而导致收入流失和法律诉讼。

二、销售业务内部控制制度设计

(一) 销售业务的内部控制目标

销售业务内部控制应实现如下目标。
1. 保证销售业务的合法合规。销售业务必须符合国家法律法规和企业内部各项规章制度的要求,有效预防差错和舞弊行为的发生。
2. 保障商品和货款的安全与完整。商品是企业对外销售的基础,货款是企业实现经济利益流入的体现,商品和货款的安全与完整是企业销售业务内部控制的基本目标。
3. 保证销售业务的合理性和有效性。企业应综合运用内部控制的多种方法,加强对市场推广、订单处理、信用评估、签订合同、客户服务、开票发货、货款结算、账款回收等方面的控制与管理,确保销售各环节有序高效,避免重大差错、舞弊、欺诈、诉讼等情况的出现。
4. 提高销售业务的效益性。企业应采取积极的销售和收款政策,努力扩大销售,不断提高市场占有率,同时注意控制营销费用,积极催收货款,争取将营业收入尽快转变为现金流量。

5. 维持良好的客户关系。企业应积极主动地与客户沟通，针对自身业务流程及特点，寻找影响客户满意程度的因素，通过客户关系的维持，努力与客户建立长期友好的合作伙伴关系。

（二）销售业务的关键控制点

企业在建立与实施销售业务的内部控制时，至少应强化对下列关键点的控制。

1. 职责分工、权限范围和审批程序应明确规范，机构设置和人员配备应科学合理。

2. 销售政策和信用管理应科学合理，销售与发货控制流程应规范严密。

3. 应收账款应有效管理，及时催收；往来款项应定期核对，如有差错，及时改正。

4. 销售业务的会计处理应符合会计准则规定。

（三）销售业务内部控制的基本内容

1. 岗位分工制度。企业应当建立销售业务的岗位责任制，明确相关部门和岗位的职责、权限，确保不相容岗位相互分离、制约和监督。

销售业务的不相容岗位至少应包括：（1）客户信用管理与销售合同的审批、签订；（2）销售合同的审批、签订与发货办理；（3）销售货款的确认、回收与相关会计记录；（4）销售退回货品的验收、处置与相关会计记录；（5）销售业务经办与发票开具、管理；（6）坏账准备的计提与审批、坏账的核销与审批。

企业应当将办理销售、发货、收款三项业务的部门（或岗位）分别设立：（1）销售部门（或岗位）主要负责处理订单、签订合同、执行销售政策和信用政策、催收货款；（2）发货部门（或岗位）主要负责审核销售发货单据是否齐全并办理发货的具体事宜；（3）财会部门（或岗位）主要负责销售款项的结算和记录、监督管理货款回收。不得由同一部门或个人办理销售与收款业务的全过程。

2. 授权审批制度。企业应当对销售业务建立严格的授权审批制度，明确审批人员对销售业务的授权批准方式、权限、程序、责任和相关控制措施，规定经办人的职责范围和工作要求。审批人应当根据销售与收款授权批准制度的规定，在授权范围内进行审批，不得超越审批权限。经办人应当在职责范围内，按照审批人的批准意见办理销售业务。对于审批人超越授权范围审批的销售业务，经办人员有权拒绝办理，并及时向审批人的上级授权部门报告。对于超过企业既定销售政策和信用政策规定范围的特殊销售业务，应当进行集体决策，防止决策失误而造成严重损失。严禁未经授权的机构和人员经办销售业务。

企业应当配备合格的人员办理销售业务。办理销售业务的人员应当具备良好的业务素质和职业道德。企业应当根据具体情况对办理销售业务的人员进行岗轮换。

3. 销售与发货控制。

（1）订单控制制度。企业商品的销售一般是从接受客户的订单开始的，建立订单控制制度是销售业务控制的首要环节。订单控制制度包括以下三个方面。

第一，根据不同客户的销售方式设计多种订单格式，以满足企业内部各个部门协调工作、相互制约的经营管理需要。

第二，规定订单在企业内部各环节的流转程序，并规定相应的授权审批程序。销售授权可分别设置一般授权和特别授权。一般授权是对常规业务的制度性授权，例如，金额在 5 000 元以下的销售可由销售部门自行决定是否同意客户赊销或给予折扣与折让。特别授权是针对非常规业务或超过一般授权限制的常规业务，销售部门不能自行决定，需特别报请经理办公会议或董事会决定是否同意客户赊销或给予折扣与折让。

第三，实行订单顺序编号法，对已执行的订单和尚未执行的订单分别进行管理和控制，以便随时检查订单的执行情况和每一订单的处理过程。

（2）客户资信控制制度。企业应充分了解和考虑客户的信用和财务状况等，加强赊销管理，赊销业务应遵循规定的销售政策和信用政策。信用政策应明确规定定期（至少每年一次）对客户资信情况进行评估，明确不同客户的信用额度、回款期限、折扣标准，及违约情况下应采取的应对措施等。信用管理技术应利用先进科学技术，不断收集、健全客户信用资料，建立客户信用档案或数据库。

第一，在交易前期，对交易对象进行信用调查与评估，确定信用额度与放账期；

第二，在交易中期，对应收账款加强管理，并采取必要的措施转移风险，保障企业债权安全；

第三，在交易后期，对发生的逾期账款进行追收。

（3）销售定价控制制度。产品的销售价格是影响企业利润最敏感的因素之一，同时也是客户最关心的因素。企业应当建立销售定价控制制度，制定价目表、折扣政策、付款政策等并予以执行。

销售价格政策控制制度包括：制定统一的产品销售价格目录；规定灵活的商业折扣、现金折扣标准，并建立相应的授权批准权限。

（4）销售发票控制制度。商品发出后向客户开具销售发票既是商品销售成立的标志，也是向客户收取货款的依据。如果在向客户开出销售发票和账单时缺乏有效的控制，不仅会导致营私舞弊行为的发生，还会使会计的营业收入记录不真实。销售发票控制制度主要包括以下内容：

第一，指定专人负责发票的保管和使用，明确发票管理制度；

第二，发票使用人领用发票时应签字注明所领用发票的起讫号；

第三，发票使用人所开具的发票必须以发货通知单等有关凭证上载明的客户名称、日期、数量、单价和金额等为依据，如实填写各项内容；

第四，财会部门必须指定独立于发票使用人的专人，定期或不定期对所有使用过的发票和会计记录、有关手续凭证等进行核对检验。

(5) 销售记录控制制度。企业应做好销售与发货各环节的相关记录，并加强销售订单、销售合同、销售计划、销售通知单、发货凭证、运货凭证、销售发票等文件和凭证的相互核对工作。销售部门应设置销售台账，及时反映各种商品、劳务等销售的开单、发货、收款情况。销售台账应当附有客户订单、销售合同、客户签收回执等相关购货单据。

4. 收款控制。

(1) 收款结算与收款管理。企业应及时办理货款结算和收款业务。对以银行转账方式办理的销售业务，应通过企业核定的账户进行核算。企业应将销售收入及时入账，不得账外设账，不得擅自坐支现金。销售人员应当避免接触销售现款。

根据收款结算方式不同，其控制程序和应办理的相关手续有所不同。

第一，现金、支票、本票、汇票结算方式。待购货方向本企业出纳员交妥款项（或票据），并由出纳员在"发货票"提货联上加盖"现金收讫"或"转账收讫"印章之后，仓库才据以发货。

第二，异地托收承付结算方式。销货单位按合同发货后，通过其开户银行向购货单位办理托收手续，其开户行将托收单据、发货单、运票等寄到购货方开户行，购货方开户银行收到单据后，将其中"承付通知联"及所附发票、运单等交由购货方承诺付款。如果购货方验单（或验货）承付货款，购货方开户行将款项划转到销货方的银行账户中。如果购货方拒付货款，应在承付期内填制拒付理由书，并及时与销货方交涉处理。

(2) 应收账款管理。企业应当设置应收账款总账和明细账，同时按客户设置应收账款台账，及时登记每一客户应收账款余额增减变动情况和信用额度使用情况。

企业应当建立应收账款账龄分析制度和逾期应收账款催收制度。销售部门应当负责应收账款的催收，财会部门应当督促销售部门加紧催收。对催收无效的逾期应收账款可通过法律程序予以解决。严格区分并明确收款责任，建立合理的清收奖励、责任追究和处罚制度，及时清理催收欠款，提高应收账款周转率。

(3) 坏账管理。企业应按会计准则规定计提坏账准备，并按权限范围和审批程序进行审批。企业发生的各项坏账，应查明原因，明确责任，并在履行规定的审批程序后做出会计处理。注销的坏账应当进行备查登记，做到账销案存。已注销的坏账若又收回时应当及时入账，防止形成账外款。具体流程如图 6-8 所示。

(4) 应收票据管理。企业应结合销售政策和信用政策，明确应收票据的受理范围和管理措施。应收票据的取得和贴现必须取得保管票据以外的主管人员的书面批准。企业应当有专人保管应收票据，对于即将到期的应收票据，应及时向付款人提示付款；已贴现票据应在备查簿中登记，以便日后追踪管理。企业应制定逾期票据的冲销管理程序和逾期票据监控制度。

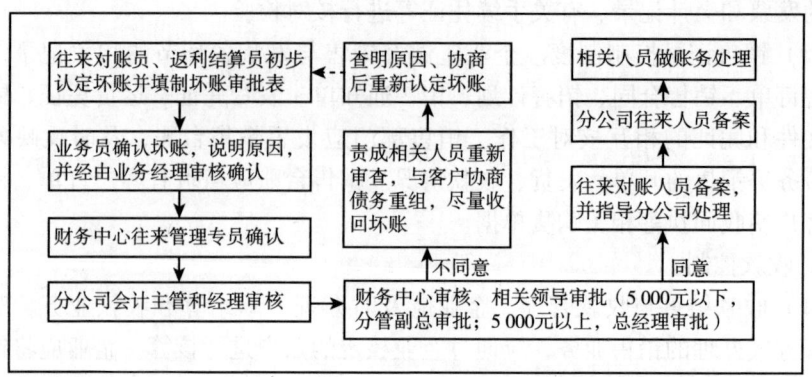

图6-8 某公司坏账业务处理流程

5. 销售退回与折让控制。企业应建立销售退回与折让控制。折让属于偶然经济行为，往往需要具体问题具体分析。当客户提出折让要求时，企业应对其理由加以记录，并派专人予以核实，然后由授权人员复核客户提出的折让理由和企业核查结果，决定在特定情况下给予客户折让的金额。

企业的销售退回相对于正常销售来讲是少量的、不经常发生的业务，但由于其直接影响企业销售收入和应收账款的确认，直接抵减了企业的经济效益，也可能产生舞弊行为。因此，建立销售退回控制制度至关重要。企业的销售退回控制制度主要有以下六个方面。

(1) 建立退货损失处罚制度。在整个销售过程中明确每一环节的责任人，当发生销售退回业务时，根据调查结果确定退回责任人，并予以相应的惩罚，以加强生产、销售各环节业务人员的责任意识，减少不必要的退货损失。

(2) 设立独立于销售部门的销售争议处理机构。当客户验收商品发现问题并通知企业时，销售争议处理机构能够立即展开调查，积极与客户协调，确认责任方。对于因本企业责任而造成客户争议的，尽快拿出双方都能够接受的解决方案。

(3) 建立销售折让优先制度。对确认本企业责任的，第一解决方案应是给予客户销售折让，以减少可能发生的退货损失。

(4) 销售折让和销售退回的凭证流转程序。它可使会计记录所有的原始凭证真实可靠，从而保证相应会计记录的客观性。

(5) 建立退货、索赔、销售折让审批制度。任何退货、索赔及销售折让的执行，必须有授权领导的批准。

(6) 建立退货验收制度和退款审查制度。对于退回的商品应进行严格验收，确认是企业之前向购货方发出的、没有经过损坏的商品。

例如，某公司销售退回业务处理流程如图6-9所示。

图6-9中，具体业务流程如下。

(1) 客户持货物或货物样品向销售部提出退货申请。

(2) 销售部通知质检部对货物或货物样品进行质检或其他检查。

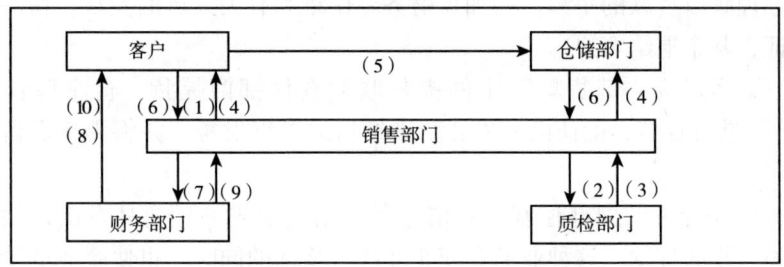

图6-9 某公司销售退回业务处理流程

(3) 质检部对货物或货物样品进行质检或其他检查,确认无质量或其他问题,向销售部反馈检验结果,并建议是否退货。

(4) 销售部根据质检结果,对照合同等所做规定,决定是否同意退货。如果不同意退货,工作结束;否则,通知仓储部接受客户退货。

(5) 客户向仓储部交付退货;仓储部填制货物入库单(一式五联,一联交客户、一联交销售部、一联交财务部、一联用于登记存货明细簿、一联为存根)。

(6) 仓储部接收客户退货后,根据验收情况,通知销售部。

(7) 销售部根据质检部的检查情况和仓储部的验收情况,开具退货单(一式三联,一联交客户、一联交财务部、一联为存根),并通知财务部退款或冲账。

(8) 财务部审查销售部的退货单和仓储部的收货情况,向税务部门申请退货发票,为客户办理退款或冲账手续。

(9) 财务部将退款或冲账情况反馈给销售部。

(10) 销售部将退款或冲账情况与客户沟通。

6. 售后服务控制制度。包括维修(维修专员)、顾客投诉处理(客服专员)以及售后服务培训和考核管理。在激烈的市场竞争中,企业为了树立自身良好的形象,更加周到地满足消费者的需求,需要对售出的商品提供质量担保。售后服务控制制度要求企业根据自身商品的特点,对售后服务对象、时间、范围、标准、单位、业务的手续等做出明确规定,争取以最低成本实现消费者满意程度的最大化。

此外,企业还可将销售业务的内部控制分为现销业务的内部控制和赊销业务的内部控制。

(1) 现销业务的内部控制。一般企业的销售业务都可以分为现销和赊销两种情况。现销业务是指企业在销售商品的同时,收取货款,强调钱货两清。工业、商品批发等企业对现销业务实施内部控制的主要手段是开具"销货单",并确定其合理的传递程序。其具体做法是:

第一,客户购货时,由销售部门填制一式数联的"销货单",注明购货单位、货物名称、规格、数量、单价、金额等,经负责人审核签章后,留一联作为存根,进行业务核算,其余交客户办理货款结算和提货。

第二,客户持"销货单"向财会部门交款。财会部门对"销货单"认真审核后，办理收取货款的手续，并加盖财务专用章和有关人员的签章，留一张编制记账凭证，其余退给客户。

第三，客户持"销货单"中的提货联向仓储部门提货。仓库保管人员对"销货单"进行复核，确认已办妥交款手续后，予以发货，并将提货联留下登记仓库台账。

(2) 赊销业务的内部控制。赊销业务是指企业先办理商品发出，然后在规定的时间内收取货款。这种业务在使企业收入增加的同时，也使企业的债权结算业务发生。由于赊销业务涉及的部门较多，销售活动与货款结算的时间不相一致，发生舞弊的可能性也较大。因此，只有合理规定各有关部门之间的制约关系，强化销售业务各环节的衔接，明确债权结算的有关规定，充分发挥凭证控制的作用，才能使赊销业务的内部控制严密完善。

通常，具体控制程序和方法如下。

第一，采用订货制度。赊销业务最好采用签订订货单或合同的方式。因为订货单是销售部门接受或填制的，而订货单的执行通常由生产部门和仓库负责完成。订货单签订后列入销售计划，然后转到仓库，根据订单和合同安排生产、选货、包装、再发货提货。因此，订单或合同是发货的命令，如果仓库没有接到订单，库存商品不得随意处理。

第二，建立赊销审批制度。赊销要得到财务部门负责人的批准，未经批准，销售部门不得强迫仓库发货，以防止不了解客户信用情况而发生损失。

第三，及时登记销售明细账和应收账款明细账。在仓库发货后，会计部门应对销货单、订货单进行审核，无误后据以登记明细账，以充分发挥账簿的控制作用。

第四，定期与购货方核对账目，及时回收货款。核对中发现问题应及时查明原因，并做处理，确保购销双方往来账目相符。

(四) 销售业务内部控制的监督检查

企业应建立对销售业务内部控制的监督检查制度，明确监督检查机构或人员的职责权限，定期或不定期地进行检查。监督检查机构或人员应通过实施符合性测试和实质性测试检查销售业务内部控制制度是否健全，各项规定是否得到有效执行。销售业务内控监督检查内容主要包括以下方面。

1. 相关岗位及人员的设置情况。重点检查是否存在销售与收款业务不相容职务混岗的现象。
2. 授权批准制度的执行情况。重点检查授权批准手续是否健全，是否存在越权审批行为。
3. 销售的管理情况。重点检查信用政策、销售政策的执行是否符合规定。
4. 收款的管理情况。重点检查单位销售收入是否及时入账，应收账款的催收是否有效，坏账核销和应收票据的管理是否符合规定。
5. 销售退回的管理情况。重点检查销售退回手续是否齐全、退回货物是否及时入库。

企业对监督检查过程中发现的销售和收款内部控制的薄弱环节，应当及时采取措施，加以纠正和完善。

三、销售业务核算程序的设计

由于销售业务类型不同，其业务处理程序会有所区别。销售业务主要采用合同发货制销售和非合同提货制销售两种业务处理程序。

（一）合同发货制销售业务处理程序设计

合同发货制销售业务处理程序如图 6-10 所示。

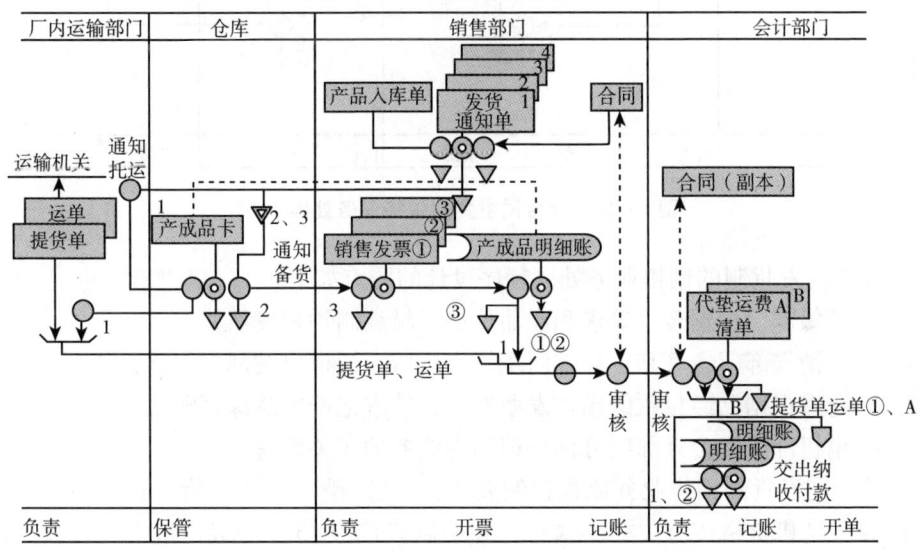

图 6-10 合同发货制销售业务处理程序

合同发货制销售业务处理程序设计要点如下。

1. 销售部门根据销售合同编制发货通知单，分别通知仓库备货和企业内部运输部门办理发货；

2. 货物发出后，销售部门根据仓库签收的发货通知单开具销售发票，登记产成品明细账；

3. 运输部门在办理托运手续后，将提货单和运单送交销售部门，销售部门将其与销售发票一并送交会计部门；

4. 会计部门审核无误后，开具代垫运费清单，并通知出纳员办理货款结算，同时进行销售账务处理。

合同发货制销售业务流程控制点：销售开票、发货、收款和记账分管；严格按合同发运商品，结算货款；定期进行账账、账实核对。

（二）非合同发货制销售业务处理程序设计

非合同发货制销售业务处理程序如图 6-11 所示。

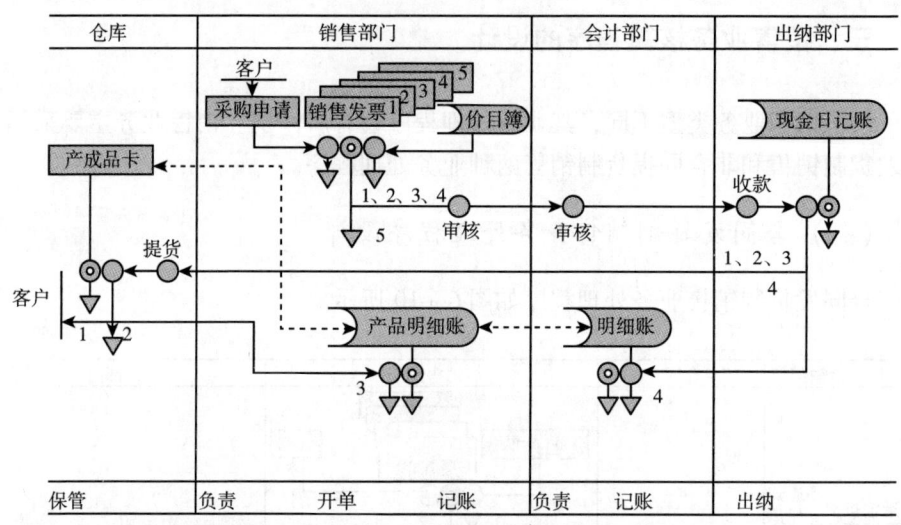

图 6-11　非合同发货制销售业务处理程序

非合同发货制的销售业务处理程序设计的要点如下。

1. 销售部门根据客户要求和产品价格目录编制销货发票；
2. 经销售部门主管和会计部门主管审核后，授权出纳部门收款；
3. 仓库根据已经付款的销售发票发货，并登记产成品保管账簿；
4. 销售部门和会计部门分别登记销售业务的相关账簿。

非合同发货制销售业务流程控制要点：（1）销售开票发货、收款和记账分管；（2）销售价格按有关标准执行，并予以审核；（3）一般情况下先收款后提货，减少销售坏账损失；（4）定期进行账账、账实核对。

四、销售业务会计核算方法设计

纳税人销售应税消费品，其纳税义务的发生时间为收讫销售款或者取得销售款凭据的当天。在销售确认时，按取得的销售收入和增值税额，借记"银行存款""应收账款"等账户，贷记"主营业务收入""应交税费——应交增值税（销项税额）"账户，同时，结转成本并计算提取消费税金，借记"税金及附加"账户，贷记"应交税费——应交消费税"账户；借记"主营业务成本"账户，贷记"产成品"账户；按规定期限上缴税金时，借记"应交税费——应交消费税"账户，贷记"银行存款"等账户；月末结转销售税金时，借记"本年利润"账户，贷记"税金及附加"账户。发生销货退回或退税时，作相反的会计分录。

而一般纳税人的销售业务根据提供货物（或服务）与收取款项的顺序，可以分为现销方式销售货物（或服务）、预收款方式销售货物（或服务）、赊销方式销售货物（或服务）、分期收款方式销售货物（或服务）四种情况，其增值税会计处理也有所不同。

（一）现销方式销售货物或服务

现销方式销售货物（或服务），包括直接收款方式销售货物（或服务）、托收承付方式销售货物（或服务）、委托收款方式销售货物（或服务）三种情形。正常情况下，提供货物（或服务）的同时取得收取款项的权利，此时会计上应确认收入，增值税纳税义务也在此环节发生。

现销方式销售货物（或服务），按实现的不含税收入，贷记"主营业务收入"等账户，按应缴纳的增值税额，贷记"应交税费——应交增值税（销项税额）"账户，按实现的含税收入总额，借记"应收账款""银行存款"等账户。

（二）预收款方式销售货物或服务

在销售业务中，收到预收款时，与货物所有权相关的主要风险和报酬并没有转移给购买方，或者服务还未提供，因此，收到预收款时在会计上不确认收入。

（三）赊销方式销售货物或服务

在赊销方式下，货物或服务先行提供，给予购买方一定时间的信用期，购买方在信用期内支付款项。在会计上，在提供货物或服务时确认收入，但增值税纳税义务发生时间为合同约定的收款日期的当天。也就是说，以赊销方式提供货物或服务时，会计上应确认收入，但增值税纳税义务并未发生，此时，需要先将增值税额记入"应交税费——待转销项税额"账户的贷方，待增值税纳税义务发生时，再从"应交税费——待转销项税额"账户中转入"应交税费——应交增值税（销项税额）"账户。

（四）分期收款方式销售货物或服务

以分期收款方式销售商品或服务，会计上在发出商品并且所有权转移的当期以该商品的公允价值确认销售收入，同时，结转商品销售成本。增值税纳税义务发生时间为合同约定的收款日期。因此，在没有先开具发票的情况下，在以分期收款方式销售商品或服务的当期，会计上需要确认商品或服务的销售收入，其增值税额记入"应交税费——待转销项税额"账户的贷方；待到合同约定的收款日期，无论款项是否收到，均应按合同约定的收款金额计算增值税销项税额，从"应交税费——待转销项税额"账户中转入"应交税费——应交增值税（销项税额）"账户。

本章小结

本章主要介绍了采购及销售业务会计制度设计的内容。在第一部分中，首先介绍了采购业务的相关知识点，包括采购流程、采购业务的主要风险点、采购业务稽核工作重点等内容。其中，采购流程包括请购与审批、询价与确定供应商、签订购货合同或订货单、验收入库、结算支付货款等主要环节。与采购业务相关的会计制度设计内容围绕这几个环节展开。其次介绍了采购业务内部控制的目标与内容、采购业务核算程序设计等。

在第二部分中，首先介绍了销售业务的相关知识点，包括销售业务流程和销售业务的主要风险点等。其中，销售业务流程包括销售谈判、合同审批、合同订立、组织销售以及办理货款结算这几个主要环节。与销售业务相关的会计制度设计内容也同样围绕这几个环节展开。其次介绍了销售业务内部控制的目标和内容、销售业务处理程序设计等。

基本训练

一、单项选择题

1. 根据内部控制制度的岗位分离原则，一般可担任企业现销业务收款工作的是（　　）。
   A. 销售人员　　　　　　　　　　B. 独立人员
   C. 企业出纳　　　　　　　　　　D. 会计记账人员

2. 在采购业务的内部控制制度中，要求企业必须先发出询价单，然后进行谈判并签订合同及订货单的制度是（　　）。
   A. 请购单控制制度　　　　　　　B. 订货控制制度
   C. 货物验收制度　　　　　　　　D. 入账付款或应付账款控制制度

3. 关于存货的采购申请，比较合理的请购单编制程序是（　　）。
   A. 存货使用部门向存货保管部门提出需求量，保管部门根据现有存货库存量等数据，编制请购单
   B. 保管部门根据现有存货的库存量计算出请购量后，编制请购单
   C. 存货使用部门根据需求使用量，编制请购单
   D. 存货使用部门根据需求使用量，并经资金管理部门确认后，编制请购单

4. 单位对于重要的采购业务，应当组织专家进行可行性论证，由（　　）审批。
   A. 董事长　　　　　　　　　　　B. 企业领导集体决策
   C. 总经理　　　　　　　　　　　D. 负责采购的副总经理

5. 根据生产计划编制日常采购计划的部门是（　　）。
   A. 计划部门　　B. 财会部门　　C. 生产部门　　D. 供应部门

6. 客户信用部门应定期编制应收账款账龄分析，对账龄较长的客户重点采取措施。这项规定是（　　）。
   A. 销售价格政策控制制度　　　　B. 销售发票控制制度
   C. 收款业务控制制度　　　　　　D. 退货业务控制制度

7. 在设计销售业务的内部控制制度时，不相容岗位有（　　）。
   A. 销售货物的确认、回收与办理发货的岗位
   B. 销售货物的确认、回收与相关会计记录的岗位
   C. 销售货物的确认、回收与销售合同的审批岗位
   D. 销售货物的确认、回收与销售合同的签订岗位

8. 若企业的银行存款收付款业务较少，则企业与银行对账的频率至少是（　　）。
   A. 每日一次　　B. 每月一次　　C. 每季度一次　　D. 每年一次

9. 在供货商管理中，应由（　　）和（　　）共同参与比质比价并按规定的授权审批程序确定供应商。

A. 请购部门、仓储部门　　　　　　B. 请购部门、采购部门
C. 采购部门、财务部门　　　　　　D. 采购部门、总经理

10. 下列不属于销售业务需要关注的风险的是（　　）。
A. 客户信用管理不到位
B. 销售政策和策略不当，市场预测不准确
C. 销售过程存在舞弊行为
D. 产品存在质量问题

二、多项选择题
1. 采购业务内部控制的基本内容包括（　　）。
A. 不相容职务分离制度　　　　　　B. 订货控制制度
C. 货物验收制度　　　　　　　　　D. 请购单控制制度
E. 收款与对账控制制度
2. 在存货采购业务中，会同供货单位共同签订采购合同应有的部门有（　　）。
A. 财务部门　　　　　　　　　　　B. 法律部门
C. 办公室部门　　　　　　　　　　D. 销售部门
E. 采购部门
3. 销售与收款业务的内部控制制度的设计应（　　）。
A. 保证营业收入的真实性、合理性和完整性
B. 保证商业折扣和现金折扣的真实性与适度性
C. 保证销售折让和销售退回的合理处理与揭示
D. 保证应收账款记录的真实性和可回收性
E. 杜绝销售与收款业务中可能出现的一切违法乱纪和侵吞企业利益行为
4. 下列事项中需要进行职务分离的有（　　）。
A. 填制销货通知的人，不能同时负责发出商品的工作
B. 接受客户订单的人，不能同时负责发出商品的工作
C. 记录应收账款的人员，不能同时负责该货款的收款和退款的工作
D. 会计人员不能同时负责销售业务各环节的工作
E. 会计人员不能同时负责核准付款条件和客户信用调查的工作
5. 属于合同制销售业务处理程序的内容有（　　）。
A. 销售部门根据销售合同编制发货通知单
B. 销售部门根据客户要求和产品价格目录编制销货发票
C. 货物发出后，销售部门登记产成品明细账
D. 货物发出后，财会部门登记产成品明细账
E. 会计部门对提货单、销售发票等审核无误后，通知出纳员办理货款结算
6. 在存货的采购业务中，采购部门的职责一般包括（　　）。
A. 接受仓储部门或生产部门等提出的请购单
B. 根据报批后的请购单，编制采购计划
C. 根据报批后的采购计划，进行询价、招标等，确定供应商
D. 根据合同，办理预付款，组织购货
E. 所购货物运达后，负责组织验收
7. 在采购业务中，不相容职务包括（　　）。
A. 采购员与保管员

B. 审核付款人员与付款办理人员
C. 采购员与付款审批人员
D. 应付账款明细账记录人员与付款办理人员

8. 企业销售业务中的发票控制制度主要包括（　　）。
   A. 指定专人负责发票的保管和使用
   B. 领用发票时应注明所领用发票的起讫号
   C. 企业与税务部门定期核对发票
   D. 发票必须以实际业务为依据如实填写

9. 临时采购申请程序包括（　　）。
   A. 请购单位编制请购单交供应部门
   B. 供应部门编制临时采购计划
   C. 采购计划经审核同意后通知采购员采购
   D. 通知财会部门准备货款
   E. 财会部门根据采购合同（计划）编制财务收支计划

10. 请购单编制完成后，通常一式多联，分别交给（　　）。
    A. 请购部门　　B. 仓储部门　　C. 采购部门　　D. 财务部门

三、判断题

1. 货物的请购、验收和记账等工作可由同一人担任。（　）
2. 财务部门可根据采购计划（合同）编制财务收支计划。（　）
3. 企业除小额零星物资或服务外，不得安排同一机构办理采购业务全过程。（　）
4. 超过限额的大宗采购必须由单位管理层集体决策、审批后，方可交采购部门执行。（　）
5. 销售退回当时即可办理销账和退款手续。（　）
6. 某公司为加快货款回收，决定允许公司销售部门及其销售人员直接收取货款。这种做法提高了货款回收的效率，值得推广。（　）
7. 对于超过单位既定销售政策和信用政策规定范围的特殊销售业务，单位应进行集体决策，防止决策失误而造成严重损失。（　）
8. 合同发货制销售业务处理中，销售部门根据客户要求和产品价格目录编制销货发票。（　）
9. 采购行为违反法律法规和企业规章制度的规定，可能受到有关部门的处罚造成资产损失。（　）
10. 规模较小、人员较少的公司，允许同一部门办理采购业务或销售业务的全过程，但需要有专人监督。（　）

四、简答题

1. 采购业务的关键控制点有哪些？
2. 采购业务中应予以分离的不相容职务有哪些？
3. 销售业务的主要风险点有哪些？

五、案例题

1. B公司属制造业企业，近年来应收账款额居高不下，导致企业经常出现困难。该公司当年年末资产总额2 000万元，其中应收账款520万元，占总资产额的26%，占流动资产的45%。除市场原因外，企业自身的内部控制不健全是导致上述状况的主要原因。会计师事务所在对该公司的年度会计报表进行审计时，作出如下分类：

（1）尚未做账务处理的被骗损失 40 万元；

（2）账龄长且原销售经办人员已调离，其工作未交接，债权催收难以落实，可收回金额无法判定的应收账款 150 万元；

（3）账龄较长、回收有一定难度的应收账款 220 万元；

（4）未发现异常情况的应收账款 110 万元。

要求：

（1）请分析 B 公司销售与收款业务中存在的问题。

（2）针对问题为该公司提出改进建议。

2. 某公司材料采购业务内部控制制度可表述如下：

（1）首先由仓库根据库存和生产需要提出材料采购业务申请，填写一份"请购单"，并交供销科批复。

（2）供销科根据已制定的采购计划，对"请购单"进行审批。如符合计划，便组织采购；否则请示公司总经理批准。

（3）决定采购的材料，由供销科填写一式二联的"订购单"，其中一联供销科留存；另一联由采购员交供销单位。采购员凭"订购单"与供货单位签订供货合同。

（4）供货合同的正本留供销科并与"订购单"核对；供货合同的副本分别转交仓库和财务科，以备查。

（5）采购的材料运抵仓库，由仓库保管员验收入库。验收时，将运抵的材料与采购合同副本，供货单位发来的"发运单"相互核对。然后填写一式三份的"验收单"，一联仓库留存，作为登记材料明细账的依据；一联转送供销科；一联转送财务科。

（6）供销科收到"验收单"后，将验收单与采购合同的副本、供货单位发来的发票，其他银行结算凭证相核对，以相符或不符来确定此采购业务的完成情况。

（7）财务科接到验收单后，由主管材料核算的会计将验收单与采购合同副本、供货单位发来的发票、其他银行结算凭证相核对。以相符或不符作为是否支付货款的依据。

（8）应支付货款的，由会计开出付款凭证，交出纳员办理付款手续。

（9）出纳员付款后，在进货发票盖章"付讫"章。再转交会计记账。

（10）财务科的材料明细账，定期与仓库的材料明细账核对。

要求：针对该公司材料采购业务的内部控制制度进行评审，指出内部控制的不足，并提出改进意见。

第七章 存货、固定资产与无形资产业务会计制度设计

学习目标
  1. 了解存货业务内部控制的目标及关键控制点；领会存货业务流程及核算方法；掌握存货业务控制重点。
  2. 了解固定资产业务流程；领会固定资产业务内部控制的目标及关键控制点；掌握固定资产业务核算程序、核算方法。
  3. 了解无形资产业务流程，领会无形资产业务内部控制的目标及关键控制点；掌握无形资产业务核算程序、核算方法。

重要概念
  存货业务；存货业务内部控制要点；存货业务核算程序、核算方法设计；固定资产业务；固定资产业务内部控制要点；固定资产业务核算程序、核算方法设计；无形资产业务；无形资产业务内部控制要点；无形资产业务核算程序、核算方法设计

案例导入
  2003年初，中国航天科工集团柳州长虹机器制造公司审计处在进行公司2002年年报审计中发现这样一个反常现象：
  公司2001年、2002年的产品销售收入分别为4 563万元、5 323万元，呈上升趋势；财务反映的废旧物资销售的数量分别是863吨、510吨，废旧物资销售的收入分别是78万元、45万元，呈下降趋势。
  正常情况下，生产过程中发生的边角料等废旧物资应该与生产规模同比例增长或下降，为什么财务数据反映的却是相反的趋势呢？带着疑问，审计处对公司物资处的废旧物资的回收、销售、收款等情况进行了重点审计。查出异常情况的背后是一起舞弊案件。经审计，发现物资处处长、综合室主任、仓库主任、废旧物资回收站站长、计划员等4人为了小团体的利益，擅自决定出售、截留废旧物资数量81.5吨，款额91 200元，截至审计时，已经将私自出售和截留的销售收入50 605.80元私分（涉及63人，每人500元至2 000元不等），同时擅自决定降价销售废旧物资，造成损失1.4万元。
  那么，长虹机器制造公司为什么会发生这样的舞弊，在以后的企业经营中又应该如何防范呢？

第一节　存货业务会计制度设计

一、存货业务流程设计

（一）存货的概念

存货是指企业在日常活动中持有以备出售的库存商品或商品、处在生产过程中的在产品、在生产过程或提供劳务过程中耗用的材料和物料等。主要包括原材料、在产品、半成品、库存商品、商品（可供销售的物品）、周转材料等。存货具有以下特点：（1）在企业中，存货经常处于不断销售、耗用、购买或重置中，业务发生频繁；（2）存货周转涉及企业的采购、生产、储存、销售等多个环节，因此需协调各环节统一管理；（3）在正常的生产经营活动下，存货能够规律地转换为货币资产或其他资产，但长期不能耗用或销售的存货可能变为积压物资，从而造成企业的损失。

（二）业务流程

企业采购方式、销售方式、贷款结算方式、购销存货交接方式和管理要求等，都是影响企业存货的业务流程设计的重要因素。以制造企业大宗存货交易为例，存货业务通常要经过请购、发出订单、验收、付款、仓库发货、成品入库、接受订单、发出商品和收款等程序。

除采购与付款、销售与收款外，存货业务的管理流程通常还主要包括：确定最佳订货批量、存货明细管理、定期核对存货数量以及存货盘点。

存货管理的具体流程如下。

1. 财务总监确定订货批量、订货点与安全库存量，同时仓库管理人员也需对存货进行日常保管维护；
2. 存货收入发出需填制相应单据，并提交仓库主管审核；
3. 仓库人员根据相关单据登记存货明细账，及时登记存货收、发、结转的数量；
4. 会计人员需定期到仓库核对存货数量，并登记收发结存金额；
5. 月末仓库应编制材料收发汇总表，与财务部门明细账核对；
6. 财务部门相关人员应协助财务总监制订存货清查计划，并提交总经理审批；
7. 仓库主管需定期安排清查人员并进行分组，确保分工明确、范围明确；
8. 盘点的时候要保证盘点结果真实可靠，对于各类存货需分门别类盘点清楚；
9. 盘点结束后对账实不符的存货应核实盘盈、盘亏的数量和理由，编写相应盘点报告，提出处理意见，上报财务总监审核，报总经理审批；

10. 存货的盘盈、盘亏的会计处理应严格按照会计准则的规定处理。

存货业务流程如图7-1所示。

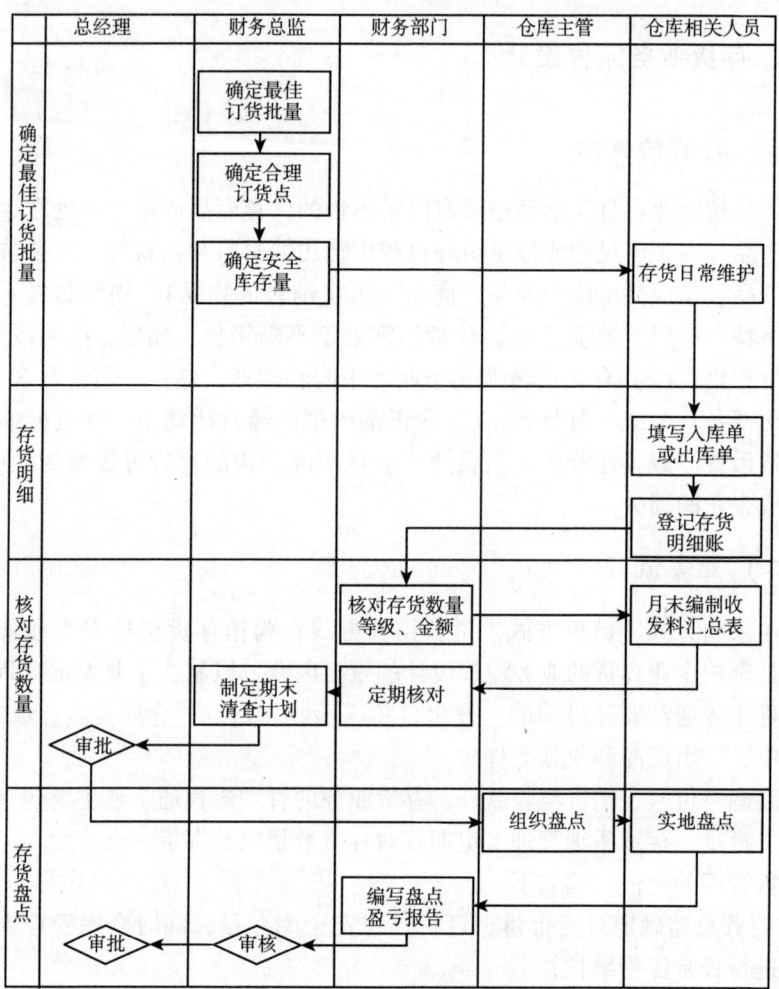

图7-1 存货业务流程

二、存货业务的内部控制制度设计

（一）存货业务的内部控制目标

为确保存货业务的合法合规、有序高效，存货业务的内部控制应实现如下目标。

1. 保证存货业务的合法合规。存货业务必须符合国家法律法规和企业内部各项规章制度的要求，有效防止差错和舞弊行为的发生。

2. 保证存货业务中相关资产的安全完整。企业应合理确定存货的价值,并提供各种与存货相关的真实、完整、有用的信息,保证存货的安全。

3. 保证存货业务的合理性。存货必须适应企业生产、销售和管理的需要,既要避免存货过多占用资金,也要避免发生存货不足的情况影响生产经营的正常进行。

4. 提高存货业务的效益性。在满足需要的前提下,尽量降低储存成本,减少资金占用和更新换代带来的贬值损失。

(二) 存货业务内部控制内容

1. 落实保管责任制度。存货保管责任制度包括授权控制和职责分工两部分内容。授权控制,是指对各种存货收、发,根据其重要程度,指定有关的负责人审核批准,严格把控,确保存货的安全完整和合理耗用,使存货的保管责任与使用责任相分离。职责分工,是指对于存货的请购、采购、验收、记账、保管、请领、审批、发放,必须由不同的人员担任,不能由一人包办,要实行钱、账、物分管制度,以便相互制约和减少差错。

2. 建立严格的存货计量、记录和管理制度。

(1) 存货的分类和编号。存货的种类繁多,收发频繁,为了便于管理和核算,需要对存货进行一定的分类。存货的特征因企业的性质不同而有所不同,存货类别的划分也必须符合企业的管理核算需要。企业通常将存货划分为:原材料、在产品、半成品、商品、包装物、低值易耗品等。

在上述分类的基础上,为加强对各类存货的科学管理,还应对各类存货进行编号。编号有助于存货的整理和及时存放,是实现企业现代化仓储保管的基本技术手段。常见的编号方法有:按存货的性能、技术特征和规格标准编号;按存货存放地点位置为标准编号。

需要注意的是,企业应编制存货目录,采购部门、生产部门、会计部门和仓储部门可以使用统一的编号,便于存货在企业内部的流转和管理需要。

(2) 存货的计量和记录。设置精确的计量工具对收入、发出的存货进行精确计量。一旦存货经过单据核对、计量验收入库,仓库保管员为了加强对存货的保管,对每种材料设置材料吊卡(也称料牌,悬挂在料架上的卡片)记录各种物资的收发结存数量。当物资发生收支时,仓库保管员就要在吊卡上进行记录,并要对吊卡上的结存数量与实物经常进行核对,强化管理。材料吊卡并不是账簿,但它是保管和核算材料时的重要资料。

(3) 存货的计划和管理。

①各种存货的收入、发出必须根据有关规定办理手续;

②对各种存货要实行计划控制;

③各种存货应妥善保管,按品种、规格、编号定位堆放,并悬挂材料吊卡,以便随时核对;

④库存物资的任何变动都应有一定的凭证手续作为依据;

⑤对于委托外单位进行加工的存货，仓库保管员应根据计划部门填写的"委托外加工发料通知单"发料，财会部门据以记账；

⑥建立存货的稽核制度。

3. 采用永续盘存制，加强对会计各项存货的控制。永续盘存制方法通过设置详细的存货明细分类账，逐日逐笔地记录存货收入的数量和金额、发出的数量，能够随时结出结余存货的数量，从账面求出期末结存金额。

永续盘存制可以随时反映各种商品物资库存的余额，并能反映其变化的原因。仓库明细账和总分类账结合起来，形成一个完整的仓库内部控制。在总分类账中，盘存账户实际上是一个总仓库，起到在金额上控制的作用，反映众多明细盘存账户中的详细汇总情况。明细账逐笔登记，而总账则汇总登记，明细账虽然是仓库人员登记的，但是会计部门总账已对其起到控制作用，可以通过稽核的方式发现错误和防止舞弊。

4. 健全实地盘点制度。盘点控制是指通过对企业的资产实施定期盘点清查，并将盘点结果与会计记录进行比较，以确定其是否相符，进而发挥控制作用的一种控制方式。企业应根据自身的特点建立资产盘点制度，主要包括：

（1）定期盘点。针对不同的资产，盘点的时间间隔有所不同，一般而言，重要的、增减过程中容易发生错误和舞弊的资产，其盘点时间间隔应短些；反之可以长一些。

（2）盘点人员组成。一般而言，盘点人员应由资产保管人员、记录人员、内部审计人员、单位或得到授权部门的负责人员共同组成盘点小组，以确保盘点结果的客观、准确。

（3）盘点手续。盘点前，应做好各项准备工作，包括盘点表、盘点器具的准备，盘点具体时间的安排等；盘点过程中，应合理确定哪些人员动手点数，哪些人员监督，哪些人员复查等。

（4）盘点结果处理。首先应通过对盘点结果的抽查，确保盘点结果的相对准确；然后对盘点所查明的问题应得到有关部门的核准再进行调整处理，如调账等。

5. 实施存货保险制度。在存货分类和目录设置以及编号的基础上，由存货管理部门根据企业的存货性质和重要程度以及历史数据，对存货进行价值等级测算，统计各类存货的损失率和库存时间以及跌价损失，算出企业存货的储存机会成本，然后与向保险公司投保发生的保险费用进行比较，决定是否投保以及为哪些存货建立保险制度，降低存货发生意外损失的风险。

6. 建立库存存货质量管理制度。库存存货质量的管理包括两个方面：一是存货的残损变质；二是存货的积压呆滞。无论属于哪一种情况，都必须结合存货的盘点及时发现并采取措施处理，以保证存货质量的良好，减少发生的损失，并保证会计存货核算资料的真实可靠。对于经仓库保管部门盘点确认已经确实不能继续使用和盘亏的存货应编制"存货报废审批单"，由存货管理部门填制，经财务、存货部门负责人及企业领导审批后方可做报废账务处理。

7. 确定恰当的存货明细分类账分户方法。由于材料、商品等存货种类、规格繁多，存货的明细核算既可以按其品种、规格和等级分户，也可以按进货单价等其他方法分户。不同的分户方法将直接导致发出或销售存货价值计算结果的不同和库存价值的不同。因此，无论采用哪种分户方法，都必须结合企业自身的经营管理特点，综合考虑设账的繁简程度与计算成本准确程度的关系，选择恰当的分户方法，为准确计算材料发出成本、库存商品销售成本提供必要的资料。

8. 健全存货明细账设置。商品储存指标有业务部门的"可调库存"、仓库部门的"保管库存"和财会部门的"会计库存"三种口径，企业应结合设定的材料、库存商品明细分类账分户方法，分别按三种口径组织存货的明细核算，以充分利用所能提供的各项资料，促进企业改善业务经营，提高存货乃至整个企业的经营管理水平。三种口径的存货明细分类账一方面使各个部门可以随时掌握和了解存货的变动与结存，有利于下一期间的工作进行；另一方面，不同的部门分别设置不同的存货明细账，可以健全企业的内部控制，是保证内部稽核工作顺利进行的基础条件。

（三）存货盘存业务的内部控制设计

存货盘存业务主要指企业的存货从入库开始，到出库为止，即在仓库储存或滞留期间的业务。该业务一般只涉及公司内部的有关部门，不与企业外部发生关系，很少涉及货币资金的收支，在内部控制的问题上往往不能引起重视，这是造成很多企业账实不符、家底不清、财产短缺现象的一个重要原因。盘存业务的内部控制制度完善与否，不仅关系到各种存货的安全和完整，还直接影响企业成本计算的准确性、利润指标的真实性。

1. 盘存业务内部控制的要求。制造企业的盘存业务包括存货入库、存货储存、存货出库三个环节，分别与采购、生产、销售业务连接，所以内部控制应当符合以下要求：建立专人保管制度；采用永续盘存制度；严格财产清查制度。

2. 原材料盘存业务内部控制设计。原材料盘存业务内部控制的设计要点主要有如下内容。

（1）各种材料物资应妥善保管，按品种、规格定位堆放，并挂贴标签，以便账实核对。

（2）仓库保管人员应随时掌握和反映材料物资的最高、最低储备量，以保证生产的正常进行和避免材料物资的超储积压。

（3）仓库保管人员在有关人员配合下，应对库存材料物资每月至少盘点一次，并与材料账卡的账面结余数核对，若发现盘盈盘亏，应及时查明原因，并填写盘存报告单上报有关部门，以便根据有关部门的处理意见进行账务处理。

（4）对易潮、易霉物资要经常检查库存通风设备是否完好；对易挥发的材料物资要加盖密封；对易燃、易爆物资要加强防火；对贵重物资和稀有物资要特别保管，经常查对。

(5)对各种材料物资的领发,必须按规定办理有关手续。仓库保管人员只有根据经过批准的领料单、限额领料单和销货单等有关凭证才能发料,领料人和发料人均应在领发料凭证上签字。如需超过限额领料,领用部门应说明原因,并经生产技术部门和材料部门的领导审核同意,才能补发追加材料。

(6)企业内部任何人未经批准和办理规定手续,不得发出、变卖和赠送材料,或用一种材料交换另一种材料。

(7)对于委托外单位加工的材料,仓库保管人员应根据材料部门填写的"委托外加工发料通知单"进行发料,财会部门据以记账。同时,仓库保管人员应在备查登记簿中予以登记,待加工完成验收入库时再予注销原记录。

(8)建立材料的稽核制度。仓库保管人员负责稽核所经营的材料卡和实物数量是否相符;材料部门负责稽核材料账、卡和实物数量是否相符;财会部门负责稽核材料的总分类账和明细分类账的金额是否相符,并定期或不定期抽查材料部门的账、卡和实物数量,看其是否相符。

3. 周转性材料盘存业务内部控制设计。周转性材料在领用后,可以多次参与生产,仍不改变其原有的实物形态。因此,对周转性材料应同时加强在库材料和在用材料的控制。在库周转性材料的控制基本与原材料业务的控制相同。对于在用周转材料的控制,会计部门应当设置在用材料明细账,以便控制使用部门的在用数量。

4. 半成品、在产品盘存业务内部控制设计。半成品是已经过一定生产过程但还未完工的产品,分为自制和外购两种,其内部控制要点如下。

(1)外购半成品的管理视同材料管理,由材料部门负责。

(2)自制半成品若需送交半成品库,其管理办法与产成品的管理相似,入库时填入库单,领用时填写领料单。

(3)不单独计算自制半成品的企业,也可直接将半成品由一个车间转至另一个车间,转移时填写半成品转移单。

(4)委托外单位加工的自制半成品,发出和收回时的处理手续比照委托外单位加工的材料处理。

5. 产成品盘存业务内部控制设计。产成品盘存业务内部控制设计的要点如下。

(1)生产车间加工完成的产品,经过质量检查部门的检验合格并签字后,填制产成品入库单,连同产品交成品仓库验收,车间和成品库的经手人要在入库单上签字,作为产品入库的凭证。

(2)对验收入库的产成品应当妥善保管,尽量避免露天存放,以防生锈变质。对销货退回的产品,也应办理相应的验收入库手续。

(3)在产成品销售时,应严格按销售业务内部控制制度进行。

(四)存货业务内部控制要点

1. 岗位设置、人员分工与授权审批。职责分工、权限范围和审批程序应明确规范，机构设置和人员配备应科学合理，坚持不相容职务分离。

2. 存货取得。购买存货申请的审批，要通过生产、财务等部门共同审批完成。

3. 存货的验收与保管。存货的验收分为实物验收和财务验收两个方面，实物验收是由采购人员或仓库管理人员，对进入企业的存货的数量、质量、规格、功能等物理性质进行评价，只有符合合同规定的存货才能验收入库。财务验收是指按照会计制度、准则的规定，对进入企业的存货的有关财务管理信息、成本资料进行确认、记录、计量和报告。存货保管是验收的后续环节，包括限制未经授权人员直接接触存货，由仓库管理人员对存货进行日常保管和维护。

4. 存货领用与发出。在使用存货之前，生产、销售等部门要向主管机关提出申请；各部门在使用存货时，要向仓库管理部门出具生产计划或者存货使用预算审批材料，核对审批单上的内容后仓库管理部门才能发出存货。

5. 存货的盘点。对于库存商品、产品、材料、包装物等，需逐项盘点，逐项记录，保证结果真实可靠。对于在途商品，应以供应商的发货清单作为清查根据；如果商品过期仍未到达，应查明原因。对于在产品和半成品，应当检查数量和完成程度。此外，废料废品应单独清查。

6. 存货的计价。存货的计价方法有先进先出法、加权平均法、移动加权平均法、个别计价法。企业应根据自身经营业务的需要，选择合适的计价方法对存货进行计价。此外，在资产负债表日，存货应当按照成本与可变现净值孰低原则计量。

三、存货业务核算程序设计

存货业务处理程序包括收料程序和发料程序。商品存货与材料存货业务核算程序有一定区别。商品存货业务核算程序设计内容可结合采购与销售业务核算程序设计进行。本节将介绍几种常见的存货业务核算程序设计。

（一）材料发料程序设计

材料发料程序是指企业一般性领料的业务过程，其控制程序设计的要点是：

1. 领用部门开出一式四联领料单，经审核后到仓库领料；
2. 仓库发料后登记材料保管卡，并将领料单相应联次交领用部门和供应部门；
3. 供应部门根据领料单登记材料明细账，月底根据材料明细账编制材料库存月报；
4. 会计部门根据领用部门和供应部门送来的领料单进行核对，无误后编制材料发出汇总表，并据此登记有关费用账和材料总账。

该流程的关键控制点有：①材料领用审核、发放和记账分管；②会计部门对来自领用部门和发料部门的领料单进行核对，从而保证领料的真实性和正确性；③定期进行账账、账卡、账实和表表核对。

材料发料程序如图7-2所示。

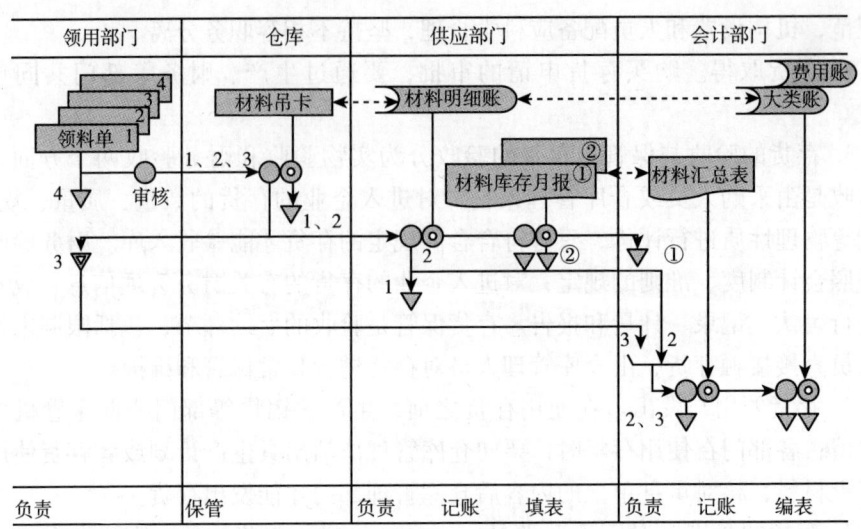

图 7-2 材料发料程序

(二) 委托加工材料发料程序设计

委托加工材料发料程序反映企业委托外单位加工材料的业务处理过程,其控制程序设计的要点是:

1. 企业生产计划部门编制委托加工材料领料单,通知本企业运输部门办理领料及运输;
2. 材料仓库发料、运输部门领料后送往外加工单位并取得外单位签收证明;
3. 供应部门根据委托加工领料单登记材料明细账;
4. 月末,生产计划部门、运输部门和供应部门分别将委托加工领料单送至会计部门,会计部门经核对后登记材料发出汇总表上的委托加工材料发出数,并登记有关总账和明细账。

该流程的关键控制点有:①委托加工材料领用、运输、发放和记账分管;②财会部门分别从不同部门核实委托加工材料请领、实领和实发数量的一致性;③定期进行账账、账卡、账实和表表核对。

委托加工材料发料程序如图 7-3 所示。

(三) 委托加工材料完工验收、付款程序设计

委托加工材料完工验收、付款程序设计是反映企业委托加工材料完工验收和加工费结算业务的处理过程。委托加工材料完工验收、付款程序设计的要点在于:

1. 委托加工材料加工完毕,由加工单位寄(转)来加工费发票,供应部门将其与原留存的委托加工领料单合在一起,并编制委托加工材料收料单;
2. 材料仓库收料后,登记材料卡,并将收料单交供应部门;
3. 供应部门核对无误后,通知会计部门付款,登记材料明细账;
4. 会计部门审核付款凭证无误后,授权出纳员办理付款结算;

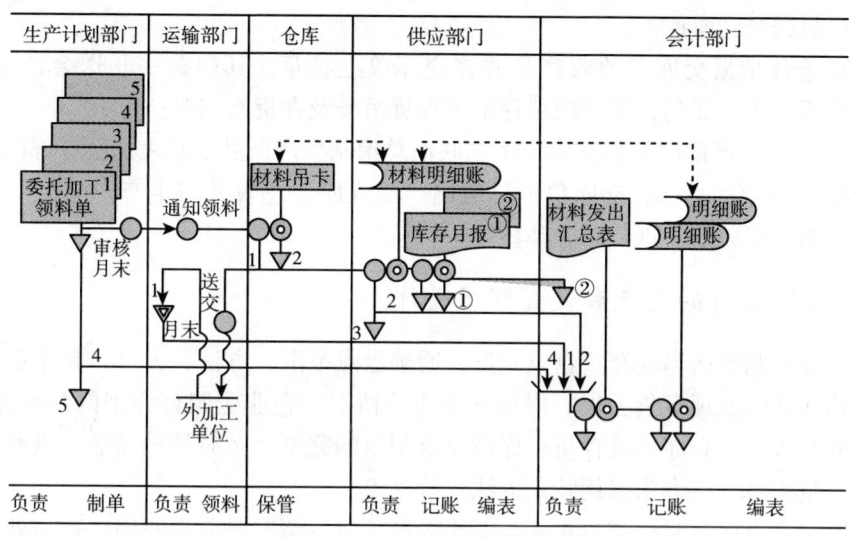

图 7-3 委托加工材料发料程序

5. 供应部门和会计部门定期分别编制库存月报和收料汇总表，并进行账卡、账账和账实核对。

该流程的关键控制点有：①核对委托加工发料单和收料单，保证加工材料品种、规格和数量的正确性；②对委托加工材料进行入库检验，并核对加工发票和发料单；③对加工费用进行审核；④定期进行账账、账卡、账实核对。

委托加工材料完工验收、付款程序如图 7-4 所示。

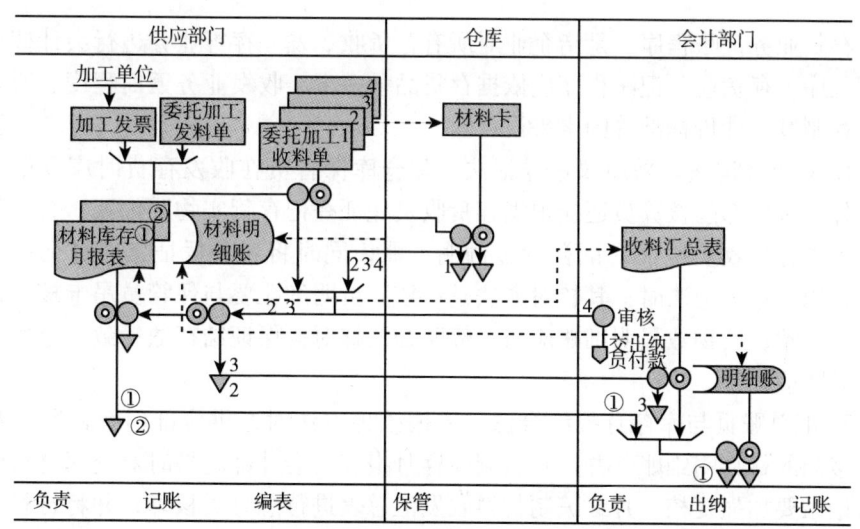

图 7-4 委托加工材料完工验收、付款程序

（四）产品生产完工交库业务处理程序设计

1. 生产部门对经质量部门检验合格的完工产品编制产品交库单一式三份，

并随产品送交仓库；

2. 仓库依据交库单验收产品并在交库单上签章，其中第一联送会计部门，第二联返回生产部门，第三联留存记录存货吊卡及存货明细账；

3. 月末生产部门依据交库单第二联汇总编制生产产品汇总表送会计部门；

4. 会计部门月末将交库单汇总编制产品入库汇总表并与生产产品汇总表核对，编制记账凭证，进行总分类核算。

（五）存货的盘点和处置程序设计

企业应制定适当的存货盘点制度，明确盘点范围、方法、人员、频率和时间等，确保及时发现存货丢失、损坏和变质等情况。企业应制订详细的盘点计划，合理安排人员，有序排放存货，保持盘点记录的完整，及时处理盘盈、盘亏。对特殊存货，可聘请专家采用特定方法进行盘点。

存货盘点应及时编制盘点表，对于盘盈、盘亏情况要分析原因，提出处理意见，经相关部门审批后，在期末结账前处理完毕。

仓储部门应通过盘点、清查等方式全面掌握存货状况，及时发现存货的残、次、冷[①]、背等情况，对残、次、冷、背存货，应选择合理的处置方式，经相关部门审批后及时处置。

仓储部门和财会部门应结合盘点结果对存货进行库龄分析，确定是否需要计提存货跌价准备，经相关部门审批后，方可进行会计处理，并附有关书面记录材料。

（六）存货业务记账程序设计

存货业务记账程序，是指企业对所有存货收、发、存等业务进行会计核算的处理程序。存货业务记账程序应依据存货品种多少、收发业务繁简程度、所采用的盘存制度、计价标准等因素来设计。

1. 双重登记法。采用双重登记法，除仓库保管员在收发存货时应登记存货吊卡外，供应部门核算员还应根据存货收发凭证登记存货实物明细账；会计部门根据各种存货收发凭证登记存货金额明细账，同时将各种凭证汇总登记存货总账。采用双重登记法时，其核对方法是：核算员明细账要与保管员吊卡核对，保证账卡一致；实物数量明细账应与金额明细账核对，保证结存数一致；金额明细账与总账应相符。

2. 汇总账页与库存月报结合法。采用该种方法时，供应部门登记既有数量又有金额的材料明细账，并按月编制库存月报表；会计部门平时对仓库材料明细账卡记录要加强复核，月终编制材料收发汇总表进行总分类核算，并将材料总分类账户的余额与库存月报表中的余额核对。

3. 余额轧差法。余额轧差法是对总分类账与明细分类账的核对工作，它不是把所有明细账余额加总后与总账余额核对，而是编制一张余额轧差表，只对本

[①] 冷，是相对于热销而言，指不热门的产品；背，指呆滞产品。

期发生收发业务的明细账进行核对,以保证总账与明细账的一致。核对方法是用所有收发凭证的合计余额轧差与发生变动明细账余额轧差进行核对,其公式是:

$$\frac{收入凭证}{金额合计} - \frac{发出凭证}{金额合计} = \frac{变动账页期末}{余额合计} - \frac{变动账页期初}{余额合计}$$

余额轧差表中只要左右轧差一致,就说明总账与分类账记录是一致的。

四、存货业务会计核算方法设计

(一) 存货的初始计量

1. 外购存货的成本。外购存货按买价加运输费、装卸费、保险费、包装费、仓储费等费用,运输途中的合理损耗,入库前的挑选整理费用和按规定应计入成本的税金以及其他费用,作为实际成本。商品流通企业在采购商品过程中发生的运输费、装卸费、保险费以及其他可归属于存货采购成本的费用等进货费用,应记入所购商品成本。在实务中,企业也可以将发生的运输费、装卸费、保险费以及其他可归属于存货采购成本的费用等进货费用先进行归集,期末,按照所购商品的存销情况进行分摊。对于已销售商品的进货费用,计入主营业务成本;对于未售商品的进货费用,计入期末存货成本。商品流通企业采购商品的进货费用金额较小的,可以在发生时直接计入当期销售费用。

2. 自制存货的成本。按制造过程中的各项实际支出,作为实际成本。存货加工的成本由直接人工和制造费用构成,其实质是企业在进一步加工存货的过程中追加发生的生产成本。

3. 委托外单位加工完成的存货成本。以实际耗用的原材料或者半成品,加工费、运输费、装卸费和保险费等费用以及按规定应计入成本的税金,作为实际成本。商品流通企业加工的商品,以商品的进货原价、加工费用和按规定应计入成本的税金,作为实际成本。

4. 投资者投入存货的成本。投资者投入存货的成本应当按照投资合同或协议约定的价值确定,但合同或协议约定价值不公允的除外。在投资合同或协议约定价值不公允的情况下,按照该项存货的公允价值作为其入账价值。其相关分录如下。

借:库存商品等(合同或协议约定的价值)
　　应交税费——应交增值税(进项税额)
　　贷:实收资本(按投资合同或协议约定的投资者在企业注册资本中所占
　　　　份额的部分)
　　　　资本公积——资本溢价(差额)

5. 接受捐赠的存货成本。按以下规定确定其实际成本。

(1) 捐赠方提供了有关凭据的,按凭据上标明的金额加上应支付的相关税费,作为实际成本。

（2）捐赠方没有提供有关凭据，但同类或类似存货存在活跃市场的，按同类或类似存货的市场价格估计的金额，加上应支付的相关税费作为实际成本；同类或类似存货不存在活跃市场的，按所接受捐赠的存货的预计未来现金流量现值作为实际成本。

6. 以非货币性资产交换换入的存货成本。

（1）以公允价值为基础计量。按照换出资产的公允价值加上应支付的相关税费，作为换入资产的入账价值，换出资产公允价值与其账面价值的差额计入当期损益。

涉及补价的，按以下规定确定换入存货成本。

①收到补价的，按换出资产的公允价值减去补价，加上应支付的相关税费，作为换入资产的入账价值，换出资产的公允价值与其账面价值之间的差额计入当期损益。

②支付补价的，按换出资产的公允价值加上补价和应支付的相关税费，作为换入资产的入账价值，换出资产的公允价值与其账面价值之间的差额计入当期损益。

（2）以账面价值为基础计量。按照换出资产的账面价值和应支付的相关税费作为换入资产的入账价值，不涉及损益。

涉及补价的，按以下规定确定换入存货成本。

①收到补价的，按换出资产的账面价值减去补价，加上应支付的相关税费，作为换入资产的入账价值，不确认损益。

②支付补价的，按换出资产的账面价值加上补价和应支付的相关税费，作为换入资产的入账价值，不确认损益。

7. 盘盈的存货成本。盘盈的存货应按重置成本作为入账价值，并通过"待处理财产损溢"科目进行会计处理，按管理权限报经批准后，冲减当期管理费用。

（二）发出存货计量

企业应当根据各类存货的实物流转方式、企业管理的要求、存货的性质等实际情况，合理地选择发出存货成本的计算方法，以合理确定当期发出存货的实际成本。

1. 先进先出法。先进先出法是指以先购入的存货先发出（销售或耗用）为假设条件，按照货物购入的先后顺序确定发出存货和期末存货实际成本的方法。具体方法是：收入存货时，逐笔登记收入存货的数量、单价和金额，发出存货时，按照先进先出的原则逐笔登记存货的发出成本和结存金额。

先进先出法可以随时结转存货发出成本，但较烦琐。如果存货收发业务较多且存货单价不稳定时，其工作量较大。在物价持续上升时，期末存货成本接近于市价，而发出成本偏低，会高估企业当期利润和库存存货价值；当物价下降时，则会低估企业当期利润和库存存货价值。

2. 移动加权平均法。移动加权平均法是指以每次进货的成本加上原有库存存货的成本，除以每次进货数量与原有库存存货的数量之和，据以计算加权平均单位成本，作为在下次进货前计算各次发出存货成本的依据。其计算公式如下。

$$存货单位成本 = \frac{收入存货前结存存货实际成本 + 本期收入存货实际成本}{收入存货前结存存货数量 + 本期收入存货数量}$$

$$本期发出存货实际成本 = 本期发出存货数量 \times 本次发货前的存货单位成本$$

采用移动加权平均法能够使管理当局及时了解存货的结存情况，计算出的平均单位成本及发出和结存的存货成本比较客观。但由于每次收货都要计算一次平均单价，计算工作量较大，不适用于收发货较频繁的企业。

3. 月末一次加权平均法。月末一次加权平均法是指以当月全部进货数量加上月初存货数量作为权数，去除当月全部进货成本加上月初存货成本，计算出存货的加权平均单位成本，以此为基础计算当月发出存货的成本和期末存货成本的一种方法。其计算公式如下。

$$存货单位成本 = \frac{期初结存存货实际成本 + 本期收入存货实际成本}{期初结存存货数量 + 本期收入存货数量}$$

$$本期发出存货实际成本 = 本期发出存货数量 \times 存货单位成本$$

采用月末一次加权平均法只在月末一次计算加权平均单价，有利于简化成本计算工作。但由于平时无法从账上获得发出和结存存货的单价及金额，故不利于存货成本的日常管理与控制。

4. 个别计价法。个别计价法是指每次发出存货的实际成本按其购入时的实际成本分别计价的方法。

个别计价法的成本计算准确、符合实际情况，但在存货收发频繁的情况下，其发出成本分辨的工作量较大。个别计价法适用于一般不能替代使用的存货、为特定项目专门购入或制造的存货以及提供的劳务，如珠宝、名画等贵重物品。企业在信息化管理条件下，大量的存货都可以采用该方法进行计量。

（三）期末存货的计量

1. 存货期末计量原则。资产负债表日，存货应当按照成本与可变现净值孰低计量。存货成本高于其可变现净值的，应当计提存货跌价准备，计入当期损益。其中，可变现净值是指在日常活动中，存货的估计售价减去至完工时估计将要发生的成本、估计的销售费用以及相关税费后的金额。

2. 存货跌价准备的核算。在计算出存货的可变现净值后，若低于账面成本，那么就涉及存货跌价准备的核算。

（1）存货跌价准备的计提。存货跌价准备通常应当按单个存货项目计提；对数量较多、单价较低的存货，也可以分类计提。计提存货跌价准备的会计分录如下。

  借：资产减值损失
    贷：存货跌价准备

（2）存货跌价准备的转回。当以前减记存货价值的影响因素已经消失，减记的金额应当予以恢复，并在原已计提的存货跌价准备金额内转回。转回存货跌价准备的会计分录如下。

借：存货跌价准备
　　贷：资产减值损失

（3）存货跌价准备的结转。企业计提了存货跌价准备，如果其中有部分存货已经销售，则企业在结转销售成本时，应同时结转其已计提的存货跌价准备。结转存货跌价准备的会计分录如下。

借：存货跌价准备
　　贷：主营业务成本

在结转时，需要按照比例计算结转金额。

3. 存货跌价准备核算方法的选择。企业按照成本与可变现净值孰低法对存货进行计价时，有三种不同的计算方法可供选择。

（1）单项比较法，也称逐项比较法和个别比较法，是指对库存中每一种存货的成本和可变现净值逐项进行比较，每项存货均取较低数，以此确定存货的期末成本。

（2）分类比较法，也称类比法，是指按存货类别的成本与可变现净值进行比较，每类存货取其较低数，以此确定存货的期末成本。

（3）总额比较法，也称综合比较法，是指按全部存货的总成本与可变现净值总额相比较，以较低数作为期末全部存货的成本。

（四）存货清查的核算

存货清查是指通过对存货的实地盘点，确定存货的实有数量，并与账面结存数核对，从而确定存货实存数与账面结存数是否相符的一种专门方法。为了核算和监督企业在存货清查中查明的各种财产物资的盘盈、盘亏和毁损及其处理情况，应设置"待处理财产损溢"账户，借方登记存货的盘亏、毁损金额及盘盈的转销金额，贷方登记存货的盘盈金额及盘亏的转销金额。企业清查的各种存货损益，应在期末结账前处理完毕，期末处理后，"待处理财产损溢"账户应无余额。

1. 存货盘盈。
（1）发现时，会计分录如下。
借：原材料、库存商品等
　　贷：待处理财产损溢——待处理流动资产损溢
（2）按管理权限报经批准后，会计分录如下。
借：待处理财产损溢——待处理流动资产损溢
　　贷：管理费用

2. 存货盘亏。
（1）发现时，会计分录如下。
借：待处理财产损溢——待处理流动资产损溢
　　贷：库存商品或原材料等
　　　　应交税费——应交增值税（进项税额转出）

(2) 按管理权限报经批准后，会计分录如下。

借：管理费用（计量收发差错和管理不善造成存货短缺）
　　营业外支出（自然灾害等非常原因造成的存货毁损）
　　原材料（回收残料价值）
　　其他应收款（应收的赔偿）
　贷：待处理财产损溢——待处理流动资产损溢

（五）存货出售的核算

已计提存货跌价准备的存货出售时，将计提的存货跌价准备一并转销，其处理如下。

借：银行存款（或应收账款）
　贷：主营业务收入（或其他业务收入）
　　　应交税费——应交增值税（销项税额）
借：主营业务成本（或其他业务成本）
　　存货跌价准备
　贷：库存商品（或原材料等）

第二节　固定资产业务会计制度设计

一、固定资产业务流程设计

（一）固定资产概念

固定资产是指同时具有下列特征的有形资产：（1）为生产商品、提供劳务、出租或经营管理而持有的；（2）使用寿命超过一个会计年度。固定资产是企业生产经营的主要劳动资料，是企业创造财富不可或缺的手段。为保证固定资产的安全完整及合理使用，企业应当加强对固定资产的管控。固定资产业务包括固定资产的购进、调拨、报废清理、折旧和修理等。根据固定资产特点和管理要求，固定资产业务处理程序的设计要求能正确反映固定资产增减变化和保管使用，既有利于正确计算，又有利于折旧、修理。

（二）业务流程

1. 财务部门制定固定资产预算审批、申购、采购、报销、报损及盘存制度；
2. 管理层对相关制度进行修改补充，并下发至各部门执行；
3. 设备管理部门结合实际情况制定固定资产申购计划与预算清单，财务部门对清单进行审核后提交管理层审批；
4. 审批完成，采购货物的发票、合同等相关文件资料送交财务部门留存；

5. 设备部门按照审批的计划进行采购，发票经财务部门审核完毕后进行货款结算；

6. 设备部门建立固定资产卡片与固定资产台账；

7. 财务部门入账后定期进行账目检查，同时设备部门需及时对固定资产进行清理、核对，并报管理层审批；

8. 财务部门对账物进行认真核对，编制固定资产盘盈盘亏表，交由管理层审核。

固定资产业务流程如图7-5所示。

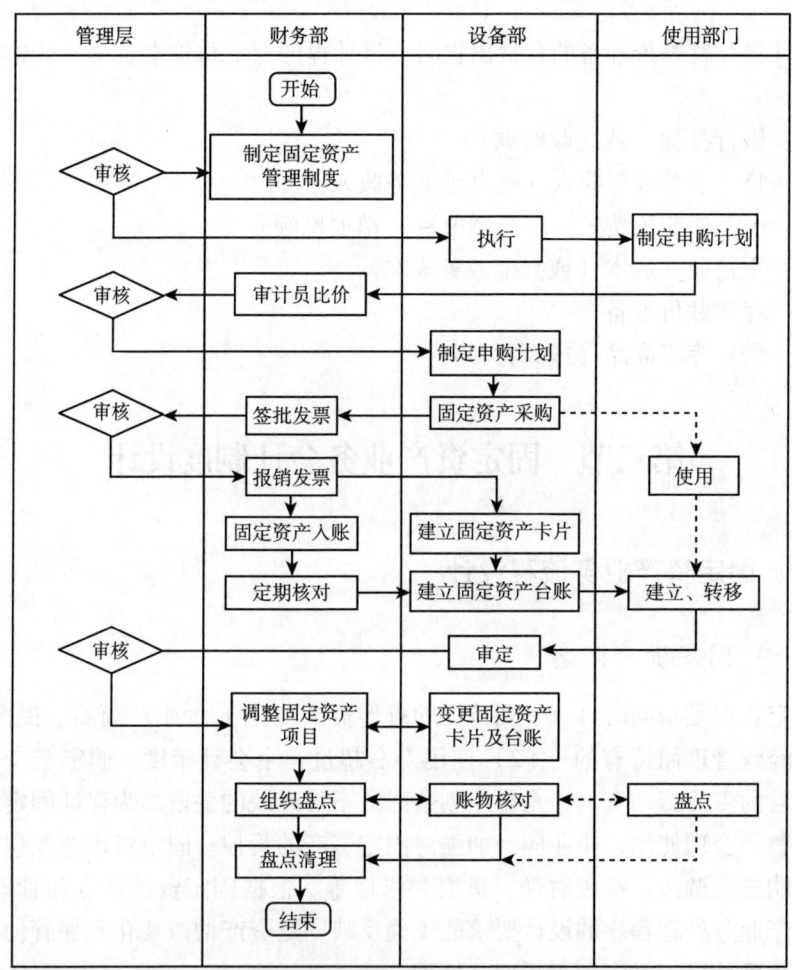

图7-5 固定资产业务流程

二、固定资产业务内部控制制度设计

（一）固定资产内部控制目标

为保证固定资产投资的效益，减少投资风险，保证固定资产的安全完整及合理使用，固定资产业务的内部控制应实现以下目标。

1. 保证固定资产业务的合法合规。固定资产业务必须符合国家法律法规和企业内部各项规章制度的要求，有效防止差错和舞弊行为的发生。

2. 保证固定资产的安全完整。切实加强固定资产管理，合理配置、正确使用各类固定资产，保护固定资产的安全与完整。

3. 保证固定资产业务的合理性。固定资产必须适应企业生产、销售和管理的需要，既要避免重复建设，也要避免发生固定资产缺失等情况影响生产经营的正常进行。

4. 提高固定资产业务的效益性。在满足需要的前提下，尽量降低固定资产的成本，减少技术换代带来的损失。

（二）固定资产业务内部控制要点

1. 固定资产采购、保管、记账、使用应由不同的部门或人员保管。

2. 建立健全的固定资产预算制度，即单位要根据长远规划，分年度编制固定资产预算，避免构建中的盲目性。

3. 建立健全的固定资产账簿体系，单位应设置"固定资产明细账""固定资产登记簿""固定资产卡片"等进行固定资产核算，并使账、卡、物相符。此外，对固定资产的日常管理应有相应的保养记录，对固定资产的交接管理应有相应的转移手续等。

4. 加强固定资产的管理，对未使用、不需用或使用不当的固定资产，应及时反映汇报并处理。

5. 建立固定资产的定期盘点制度，应认真查明盘盈、盘亏原因，追究相关责任人的责任，经上级批准后方可进行账务处理。

6. 对待清理报废的固定资产应经过技术鉴定后方能进行报废处理，固定资产残值收入要及时入账，残余实物要妥善保管。

7. 正确计算固定资产折旧，不得随意变更折旧方法，应按规定使用折旧资金。

8. 企业应当建立固定资产业务的岗位责任制，明确相关部门和岗位的职责、权限，确保办理固定资产业务的不相容岗位相互分离、制约和监督。同一部门或个人不得办理固定资产业务的全过程。

（三）固定资产业务核算程序设计

固定资产业务核算程序设计主要包括：设备更新申请批准程序设计；设备采购、验收、付款程序设计；设备报废清理程序设计。

1. 设备更新申请批准程序设计。设备更新申请批准程序设计的目的在于正确反映和有效控制固定资产更新申请批准实施的处理过程。其流程如图7-6所示。

（1）由设备管理部门编制设备更新计划，交总工程师室（或类似部门）审批。

（2）审批后，如属外购设备，则总工程师编制购买通知单，一式三份；如属自制设备，则编制制造任务书，交辅助生产部门安排制造。

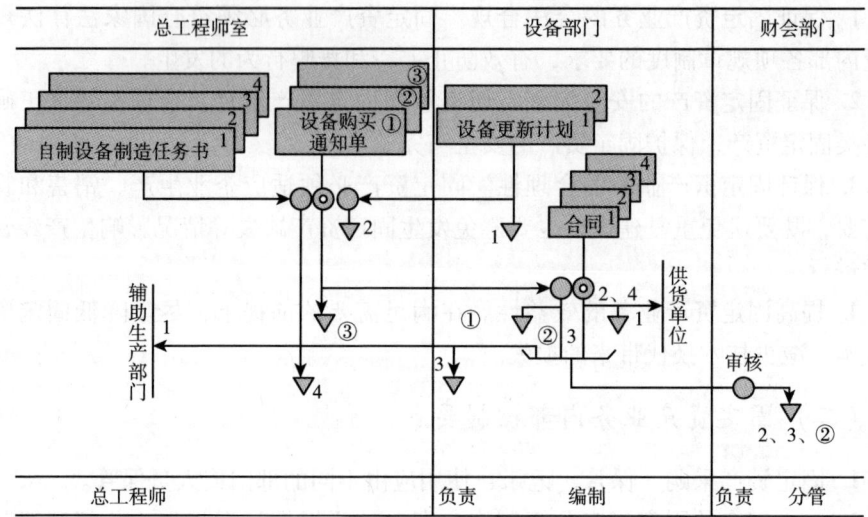

图7-6 设备更新批准程序

(3) 设备管理部门根据购买通知单与供货单位签订合同，并将合同副本、设备购买通知单和自制设备制造任务书交财务部门留存，作为外购设备付款和自制设备核算的依据。

该流程的关键控制点有：①设备更新计划必须经过审批才能实施；②财务部门参加合同会签。

2. 设备采购、验收、付款程序设计。设备采购、验收、付款程序设计的目的在于正确反映和有效控制固定资产从采购、验收到付款的业务处理过程。其流程如图7-7所示。

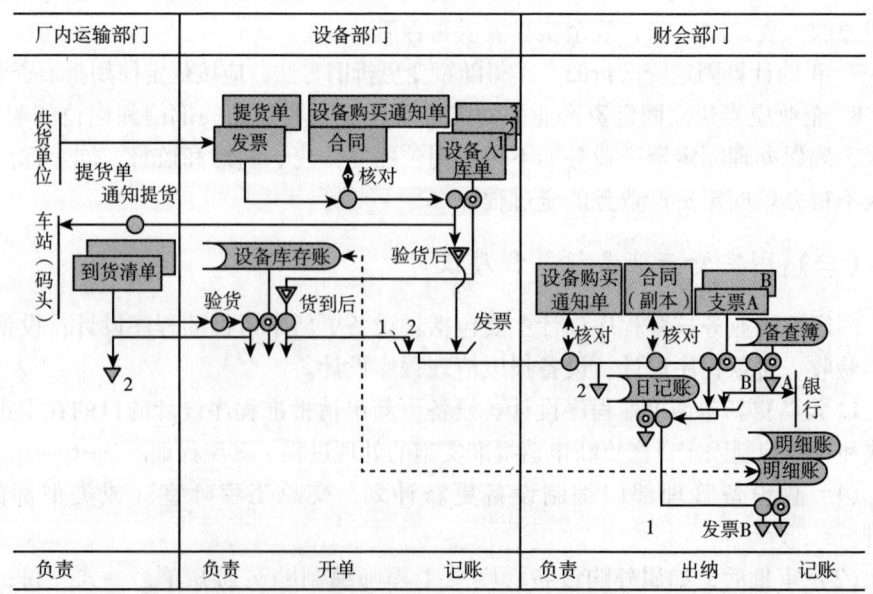

图7-7 设备采购、验收、付款程序

(1) 供货单位根据合同发货后,将设备购买发票和运输提货单函寄至设备管理部门。

(2) 设备管理部门根据有关设备购买通知单和合同编制设备入库单(一式三联),并分别通知运输部门和设备仓库准备提货。

(3) 企业内部运输部门提取设备后编制到货清单,并交设备管理部门验收,验收无误后登记设备库存账,并通知财务部门付款。

(4) 财务部门核对合同副本和购买通知单,经确认无误后办理货款结算,并登记有关总账和明细账。

该流程的关键控制点有:①提货、验收、付款分管;②设备验收、付款均要核对有关合同和凭证;③定期进行账账、账实核对。

3. 设备报废清理程序设计。设备报废清理程序设计的目的在于保证设备报废清理合规有序地进行。其流程如图7-8所示。

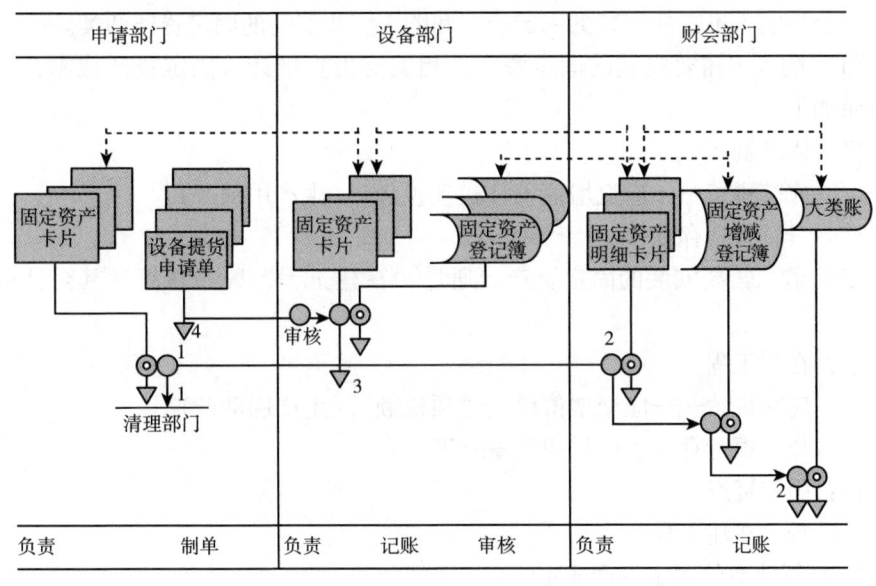

图7-8 设备报废清理程序

(1) 设备使用部门提出设备报废申请报设备管理部门。

(2) 设备管理部门审核同意后,注销该部门的固定资产卡片,并在固定资产登记簿中做好记录。

(3) 设备管理部门通知使用部门注销相关固定资产卡片,通知清理部门清理报废设备,通知会计部门注销固定资产卡片,并进行固定资产报废清理核算。

该流程的关键控制点有:①设备报废必须经过审核后才能办理;②对固定资产增减变动及时做好记录;③定期核对使用部门、设备部门和财务部门的固定资产卡片,并保证账卡、账实相符。

三、固定资产业务会计核算方法设计

(一) 固定资产的初始计量

固定资产的初始计量是指确定固定资产的取得成本。取得成本包括企业购建某项固定资产达到预定可使用状态前所发生的一切合理的、必要的支出。在实务中，企业取得固定资产的方式是多种多样的，包括外购、自行建造、投资者投入以及非货币性资产交换、债务重组、企业合并和融资租赁等，取得的方式不同，其成本的具体构成内容及确定方法也不尽相同。

1. 外购固定资产的成本。企业外购固定资产的成本，包括购买价款、相关税费（不含可抵扣的增值税进项税额）、使固定资产达到预定可使用状态前所发生的可归属于该项资产的运输费、装卸费、安装费和专业人员服务费等。外购固定资产分为购入不需要安装的固定资产和购入需要安装的固定资产两类。

(1) 购入不需要安装的固定资产。相关支出直接计入固定资产成本，其会计分录如下。

借：固定资产
　　应交税费——应交增值税（进项税额）（生产用动产）
　　贷：银行存款等

(2) 购入需要安装的固定资产。通过"在建工程"账户核算，其会计分录如下。

借：在建工程
　　应交税费——应交增值税（进项税额）（生产用动产）
　　贷：银行存款、应付职工薪酬等
借：固定资产
　　贷：在建工程

2. 自行建造的固定资产成本。

(1) 自营方式建造固定资产。企业如有以自营方式建造固定资产的，其成本应当按照直接材料、直接人工、直接机械施工费等计量。

企业为建造固定资产准备的各种物资应当按照实际支付的买价、运输费、保险费等相关税费作为实际成本。用于生产设备的工程物资，其进项税额可以抵扣。

建设期间发生的工程物资盘亏、报废及毁损，减去残料价值以及保险公司、过失人等赔款后的净损失，计入所建工程项目的成本；盘盈的工程物资或处置净收益，冲减所建工程项目的成本。工程完工后发生的工程物资盘盈、盘亏、报废、毁损，计入当期损益。

建造固定资产领用工程物资、原材料或库存商品，应按其实际成本转入所建工程成本。自营方式建造固定资产应负担的职工薪酬、辅助生产部门为之提供的水、电、修理、运输等劳务以及其他必要支出等也应计入所建工程项目的成本。

符合资本化条件、应计入所建造固定资产成本的借款费用,按照《企业会计准则第 17 号——借款费用》的有关规定处理。

企业以自营方式建造固定资产,发生的工程成本应通过"在建工程"账户核算,工程完工达到预定可使用状态时,从"在建工程"账户转入"固定资产"账户。

所建造的固定资产已达到预定可使用状态,但尚未办理竣工决算的,应当自达到预定可使用状态之日起,根据工程预算、造价或者工程实际成本等,按暂估价值转入固定资产,并按有关计提固定资产折旧的规定,计提固定资产折旧。待办理了竣工决算手续后再调整原来的暂估价值,但不需要调整原来的折旧额。

高危行业企业按照国家规定提取的安全生产费,应当计入相关产品的成本或当期损益,同时,记入"专项储备"账户。企业使用提取的安全生产费形成的固定资产,应当通过"在建工程"账户归集所发生的支出,待安全项目完工达到预定可使用状态时确认为固定资产,同时,按照形成固定资产的成本冲减专项储备,并确认相同金额的累计折旧。该固定资产在以后期间不再计提折旧。

(2)出包方式建造固定资产。企业以出包方式建造固定资产,其成本由建造该项固定资产达到预定可使用状态前所发生的必要支出构成,包括发生的建筑工程支出、安装工程支出以及需分摊计入各固定资产价值的待摊支出。

待摊支出是指在建设期间发生的不能直接计入某项固定资产价值,而应由所建造固定资产共同负担的相关费用,包括为建造工程发生的管理费、可行性研究费、临时设施费、公证费、监理费、应负担的税金、符合资本化条件的借款费用、建设期间发生的工程物资盘亏、报废及毁损净损失以及负荷联合试车费等。

$$\frac{\text{待摊支出}}{\text{分摊率}} = \frac{\text{累计发生的待摊支出}}{\text{待摊支出}} \div \left(\text{建筑工程支出} + \text{安装工程支出} + \text{在安装设备支出} \right) \times 100\%$$

$$\frac{\times\times\text{工程应分配}}{\text{的待摊支出}} = \left(\times\times\text{工程的建筑工程支出} + \times\times\text{工程的安装工程支出} + \times\times\text{工程的在安装设备支出} \right) \times \frac{\text{待摊支出}}{\text{分摊率}}$$

$$\frac{\text{房屋、建筑物等}}{\text{固定资产成本}} = \frac{\text{建筑工程}}{\text{支出}} + \frac{\text{应分摊的}}{\text{待摊支出}}$$

3. 其他方式取得的固定资产成本。以其他方式取得的固定资产主要包括接受投资者投资、非货币性资产交换、债务重组等。

(1)投资者投入固定资产的成本,应当按照投资合同或协议约定的价值确定,但合同或协议约定价值不公允的除外。在投资合同或协议约定价值不公允的情况下,按照该项固定资产的公允价值作为入账价值。

(2)通过非货币性资产交换、债务重组、企业合并等方式取得的固定资产的成本,应当分别按照《企业会计准则第 7 号——非货币性资产交换》《企业会计准则第 12 号——债务重组》《企业会计准则第 20 号——企业合并》等的规定确定。但是,其后续计量和披露应当执行固定资产准则的规定。

(3)盘盈固定资产的成本,应当作为前期差错处理。在按管理权限报经批准前,应通过"以前年度损益调整"账户核算。

（二）固定资产的后续计量

1. 固定资产折旧的核算。企业应当根据与固定资产有关的经济利益的预期实现方式，合理选择固定资产折旧方法。可选用的折旧方法包括年限平均法、工作量法、双倍余额递减法和年数总和法等。固定资产的折旧方法一经确定，不得随意变更。

（1）平均年限法，又称直线法，是指将固定资产的应计折旧额均衡地分摊到固定资产预计使用寿命内的一种方法。采用这种方法计算的每期折旧额均相等，计算公式如下：

$$年折旧额 = (原价 - 预计净残值) \div 预计使用年限$$
$$= 原价 \times (1 - 预计净残值/原价) \div 预计使用年限$$
$$= 原价 \times 年折旧率$$

（2）双倍余额递减法，是指在不考虑固定资产预计净残值的情况下，在固定资产使用年限最后两年的前面各年，用年限平均法折旧率的两倍作为固定资产的折旧率乘以逐年递减的固定资产期初净值，得出各年应提折旧额的方法；在固定资产使用年限的最后两年改用年限平均法，将倒数第 2 年初的固定资产账面净值扣除预计净残值后的余额在这两年平均分摊。其计算公式如下：

$$年折旧率 = 2/预计使用寿命(年) \times 100\%$$

最后两年改为年限平均法。

（3）年数总和法（又称合计年限法），是将固定资产的原价减去预计净残值的余额乘以一个以固定资产尚可使用寿命为分子、以预计使用寿命逐年数字之和为分母的逐年递减的分数计算每年的折旧额。计算公式如下：

$$年折旧率 = 尚可使用寿命/预计使用寿命的年数总和 \times 100\%$$

2. 固定资产大修理费用的核算。企业应当定期对固定资产进行大修理，固定资产大修理支出应当同时符合以下条件：一是修理支出达到取得固定资产时计税基础的 50% 以上；二是修理后固定资产的使用年限延长 2 年以上。企业对支出较大且收益期超过 1 年的大修理费用，一般作为长期待摊费用处理，在下一次大修理之前进行平均摊销。

3. 固定资产出售、报废、毁损的核算。对于那些不需要的固定资产可以出售转让，对于使用到期而磨损报废，或由于技术进步等原因提前报废，或由于自然灾害等非正常损失发生毁损的固定资产，要及时进行清理。固定资产清理的核算分为以下五个步骤。

（1）将固定资产的净值转入清理。按固定资产净值借记"固定资产清理"账户，按已提的折旧借记"累计折旧"账户，按固定资产原价贷记"固定资产"账户。

（2）记录发生的清理费用。按实际发生的清理费用，借记"固定资产清理"账户，贷记货币资金相关账户。

（3）记录出售及残料收入按实际收到的出售价款及残料变价收入等，借记"银行存款""原材料"等账户，贷记"固定资产清理"账户。

（4）记录应由保险公司或过失人赔偿的损失。企业计算或收到保险公司或过失人赔偿的损失时，借记"银行存款"或"其他应收款"账户，贷记"固定资产清理"账户。

（5）处理清理净损益。固定资产清理完成后的净损失，属于正常出售、转让所产生的利得或损失，借记或贷记"资产处置损益"账户，贷记或借记"固定资产清理"账户；属于已丧失使用功能正常报废所产生的利得或损失，借记或贷记"营业外支出——非流动资产报废"账户，贷记或借记"固定资产清理"账户；属于自然灾害等非正常原因造成的，借记或贷记"营业外支出——非常损失"账户，贷记或借记"固定资产清理"账户。

4. 固定资产清查的核算。企业对固定资产应当定期或者至少每年实地盘点一次，以保证固定资产核算的真实性，充分挖掘企业现有固定资产的潜力。

（1）固定资产盘盈的会计处理。

借：固定资产（按重置成本入账）
　　贷：以前年度损益调整

（2）固定资产盘亏的会计处理。

借：待处理财产损溢——待处理固定资产损溢
　　累计折旧
　　固定资产减值损失
　　贷：固定资产

借：其他应收款（保险赔偿或过失人赔偿）
　　营业外支出——盘亏损失
　　贷：待处理财产损溢——待处理固定资产损溢

5. 固定资产期末计价的核算。企业的固定资产应当在期末按照账面价值与可收回金额孰低法进行计量，对可收回金额低于账面价值的差额，应当计提固定资产减值准备。按应减记的金额，借记"资产减值损失"账户，贷记"固定资产减值准备"账户。在资产负债表中，固定资产减值准备应作为固定资产净值的减项反映。

第三节　无形资产业务会计制度设计

一、无形资产业务概述

（一）无形资产的概念

无形资产是指没有实物形态、看不见摸不着且由企业掌控与管制的资产。

相对于其他资产，无形资产具有三个主要特征。

1. 不具有实物形态。

2. 具有可辨认性，即能够从企业中分离或者划分出来，并能单独或者与相关合同、资产或负债一起，用于出售、转移、授予许可、租赁或者交换。或源自合同性权利或其他法定权利。

3. 属于非货币性长期资产，能够在多个会计期间为企业带来经济利益。无形资产的使用年限在一年以上，其价值将在各个受益期间逐渐摊销。

从无形资产是否可分辨角度而言，无形资产由可辨认的无形资产与不可辨认的无形资产组成；从无形资产来源角度而言，无形资产由外购无形资产和自创无形资产组成；从无形资产的使用寿命角度而言，无形资产由使用寿命有限的无形资产和寿命不确定的无形资产组成。

随着世界经济一体化进程的加快，作为独特资源的无形资产也在不断发展，这不仅丰富了无形资产的种类与形式，也提高了无形资产在会计核算中的地位。无形资产对社会经济进步的促进作用日益突出，作为企业盈利的重要因素，其在企业资产中占的比重越来越大，在企业中的地位也逐渐升高。

（二）业务流程

无形资产业务流程包括无形资产的取得、验收并落实权属、自用或授权其他单位使用、安全防范、技术升级与更新换代、处置与转移等环节。主要作业有编制无形资产投资预算、拟订研发方案、进行可行性论证、确定权属关系、进行所有权登记、签订技术保密协议、技术适用性评估、技术升级、无形资产处置等。图7-9是无形资产业务的一般流程。

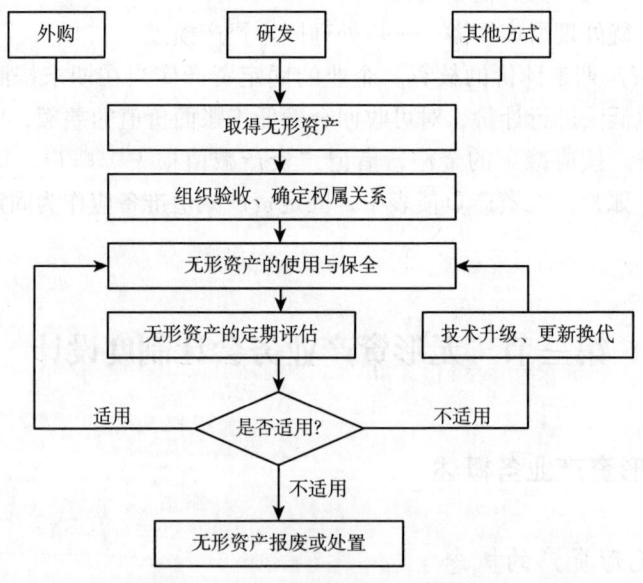

图7-9 无形资产业务流程示意

二、无形资产业务内部控制会计制度的设计目标和要点

(一) 无形资产业务会计制度设计的目标和要求

无形资产业务会计制度设计的目标如下:
1. 保证无形资产取得的合理性。
2. 保证无形资产确认和计量的正确性。
3. 保证无形资产的安全和完整。
4. 保证摊销方法和处置措施的合理性。

无形资产业务会计制度设计的要求如下:
1. 保证与无形资产相关的业务活动的适当授权。
2. 保证交易金额的正确,会计入账的及时性。
3. 保证无形资产账实相符并定期核对。
4. 建立健全无形资产相关制度,保证账户记录的正确性、准确性。
5. 保证无形资产信息的真实性和完整性以及在财务报表上的正确披露。

(二) 无形资产业务内部控制要点

1. 职责分工、权限范围和审批程序应明确规范,机构设置和人员配备应科学合理。
2. 无形资产取得依据应充分适当,决策过程应科学规范。
3. 无形资产取得、验收、使用、保护、评估、技术升级、处置等环节的控制流程应清晰严密。
4. 无形资产会计处理应符合企业会计准则的规定。

三、无形资产业务的内部控制制度设计内容

(一) 无形资产业务内部控制应遵循的原则

无形资产业务内部控制制度的设计应遵循预算控制原则、分工及授权批准控制原则、内部监督检查原则等,具体如图 7-10 所示。

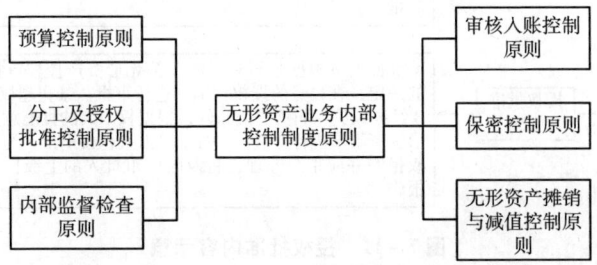

图 7-10 无形资产业务内部控制制度原则示意

1. 审核入账控制原则。企业的无形资产，无论是专利权、商标权，还是专有技术，往往是企业自创的，其中有的在正式形成无形资产之前（如专利权、专有技术）发生的大量研究开发费用都已作为期间费用入账，正式取得时支出的直接费用反而很少。无形资产确认、计量的复杂性要求其会计核算必须按会计准则、制度的规范，结合企业自身特点，建立一套严格、规范的无形资产审核入账控制制度，正确划分资本性支出与收益性支出界限，以保证可靠地提供相关信息，正确计算经营成果。

2. 保密控制原则。专有技术是一种技术秘密，不受法律保护；专利权虽然与专有技术不同，法律保护在有效年限内享有专利的独占权，但有时仍然会发生被侵权行为。因此，企业必须根据拥有的专有技术和专利权的自身特征，实施一系列包括人事控制、资料保密、配方垄断、法律相关保护等有效控制措施，防止被泄密和被侵权。由于保密控制制度直接影响企业可持续经营，故是企业管理非常关注的一项内部控制制度。

3. 无形资产摊销与减值测试控制原则。同无形资产的审核入账控制制度一样，企业必须按会计准则、制度的规范，结合企业各种无形资产的特点，建立一套严格、规范的无形资产摊销与减值控制制度，以保证可靠地提供企业财务信息，正确计算经营成果。

（二）无形资产业务内部控制具体措施

1. 授权批准。授权批准过程主要包括授权方式、权限划分、批准方式、授权批准管理等。具体内容如图 7-11 所示。

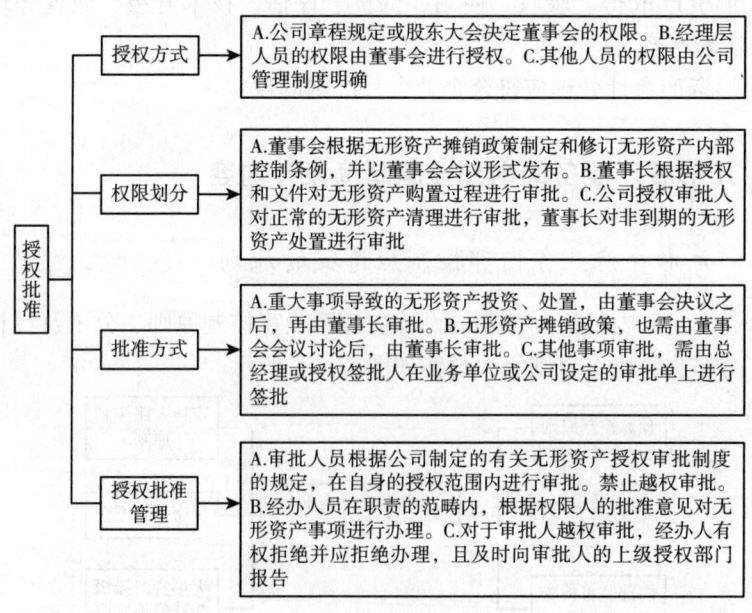

图 7-11 授权批准内容示意

2. 无形资产的记录与报告。包括无形资产的登记、会计记录和报告三个方面，详见图7-12。

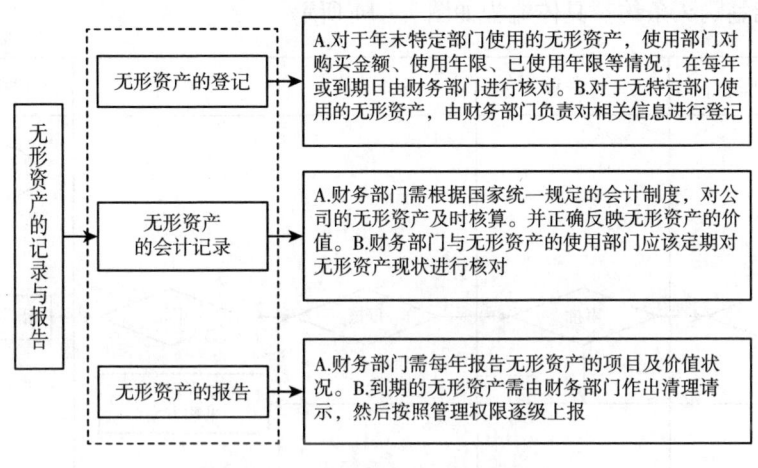

图7-12 无形资产记录与报告示意

3. 岗位制衡。岗位制衡包括不相容岗位相分离，如图7-13所示。

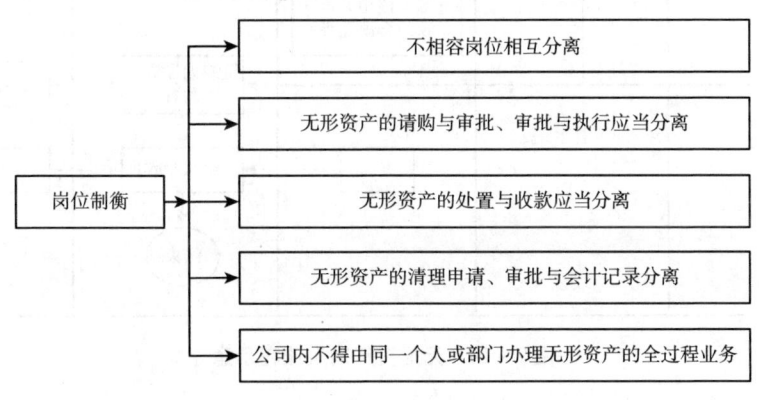

图7-13 岗位制衡内容示意

4. 素质控制措施。主要指相关岗位工作人员应满足岗位任职要求，并能掌握无形资产的价值判断、评定等基本知识。

5. 无形资产管理控制措施。每年需指定相关部门检查公司无形资产状态；每年要请中介机构核实公司无形资产价值。

四、无形资产业务核算程序设计

（一）无形资产购置环节

无形资产购置环节如下。（1）关键控制：采购申请是否经过有效审批。如果采购不进行有效审核，企业可能会采购到侵权的无形资产。（2）控制措施：

采购前检查采购申请是否通过，如发现采购金额或项目超出预算，那么企业需要重新编制采购申请。在进行采购过程中，要检查所需无形资产的证件是否齐全，否则不能签购买条约。具体流程如图7-14所示。

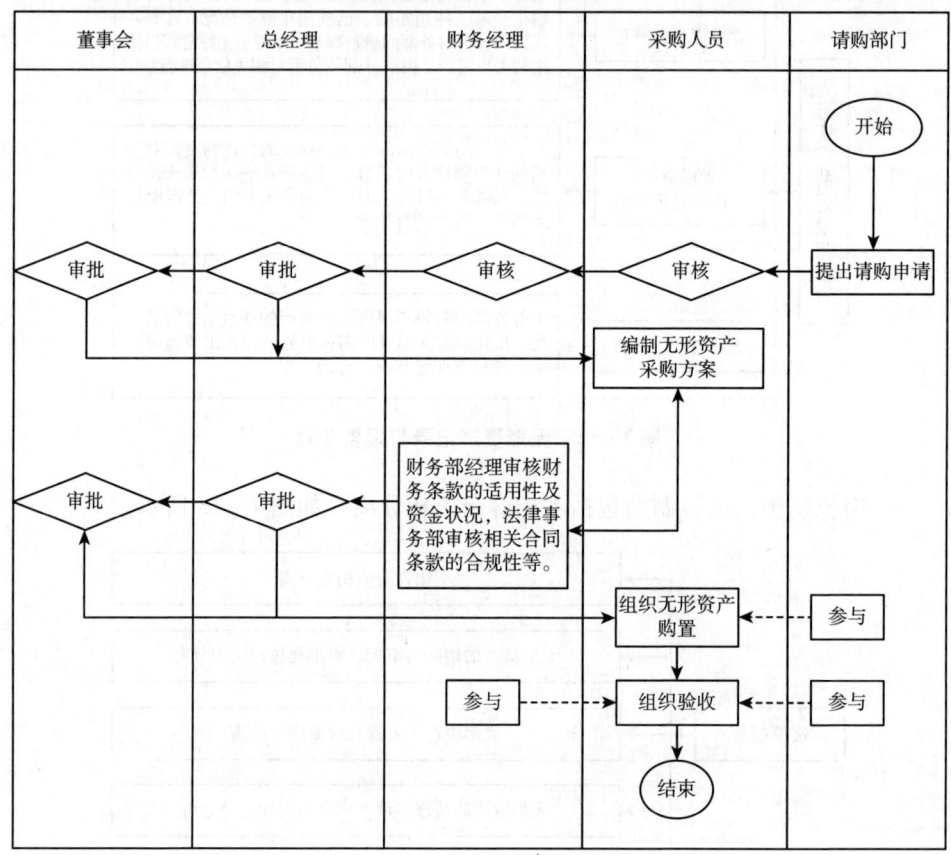

图7-14　无形资产购置流程示意

（二）无形资产投资环节

无形资产投资环节如下。（1）关键控制：预算申请是否经过有效审批。（2）控制措施：预算是否已经进行了审批，未经有效审批的预算不能实施采购，具体流程如图7-15所示。

（三）无形资产使用环节

无形资产使用环节如下。（1）关键控制：企业无形资产是否遭受其他企业侵权，信息管理员是否将无形资产信息泄露，员工使用无形资产时是否进行保密和保护。（2）控制措施：公司规定员工接触无形资产都要签订保密协议，公司规定泄露无形资产的惩罚制度。具体流程如图7-16所示。

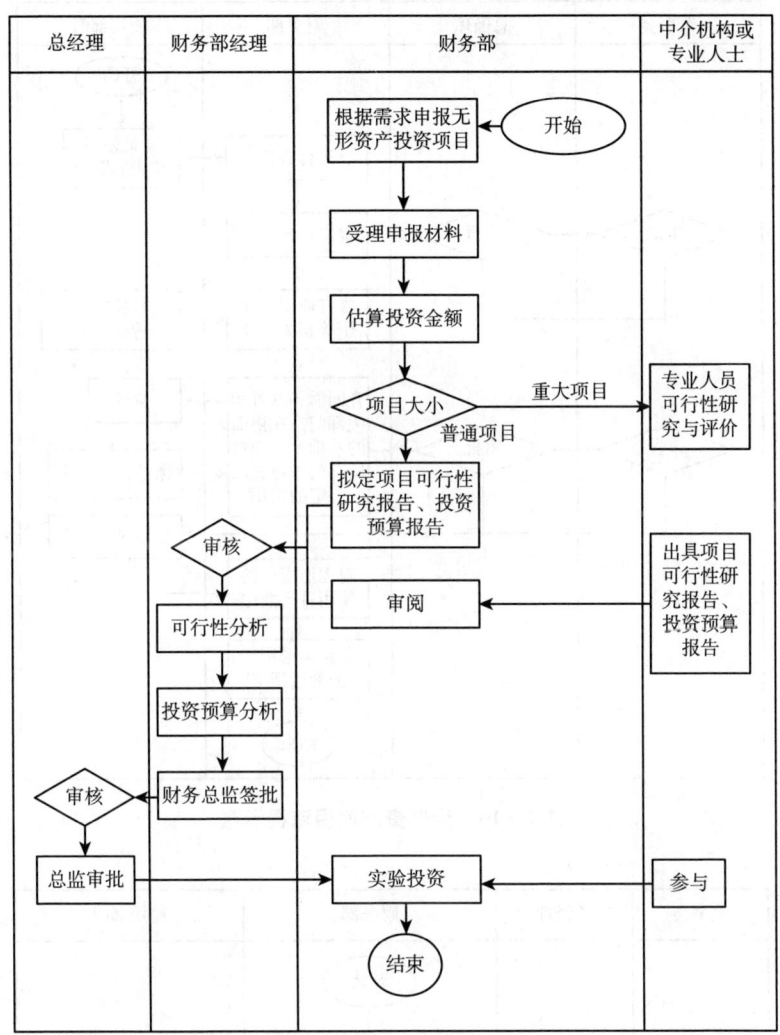

图 7-15　无形资产投资流程示意

（四）无形资产处置环节

无形资产处置环节如下。（1）关键控制：无形资产如在未来没有实用价值则需要进行处置，否则影响企业高效使用企业资源，在进行无形资产处置时，要进行合理的评估。（2）控制措施：对需要被处置的无形资产，公司会邀请专家对该无形资产进行价值评估，由财务部编制报告交由总经理审核批准再进行处置，具体流程如图 7-17 所示。

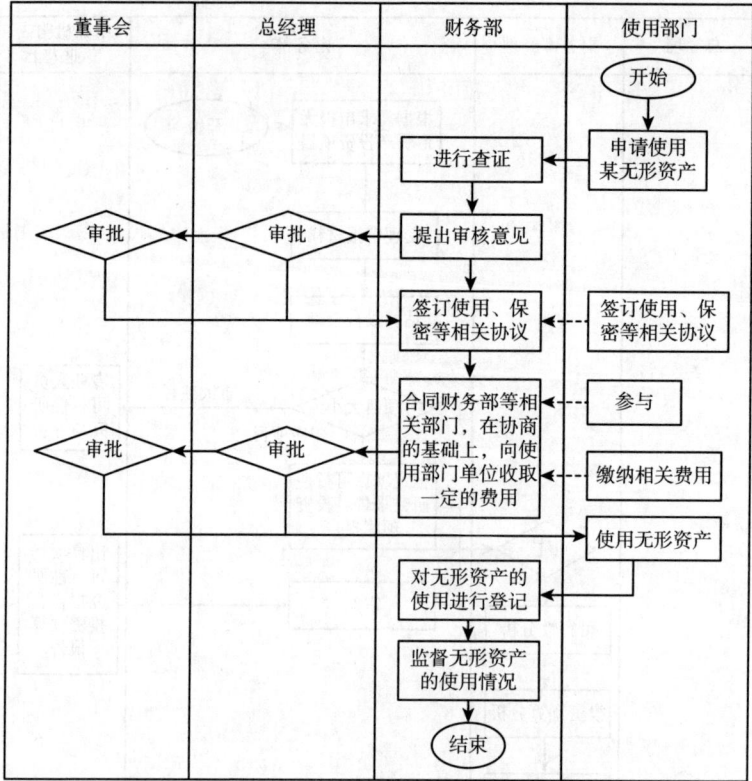

图 7-16　无形资产使用流程示意

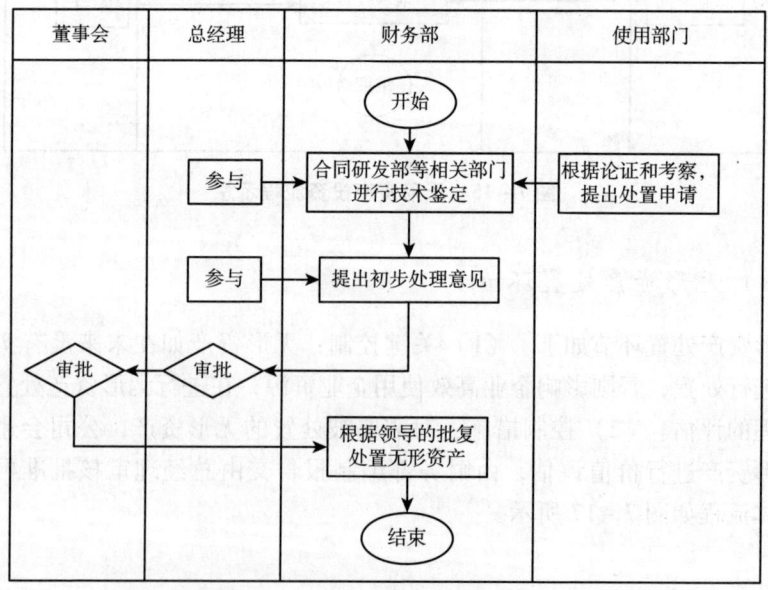

图 7-17　无形资产处置流程示意

五、无形资产业务会计核算方法设计

(一) 无形资产取得的核算

企业的无形资产在取得时,应按取得时的实际成本计量,取得时的实际成本按以下规定确定。

1. 外购无形资产的成本,包括购买价款、进口关税和其他税费以及直接归属于使该项资产达到预定用途所发生的其他支出。其中,直接归属于使该项资产达到预定用途所发生的其他支出包括使无形资产达到预定用途所发生的专业服务费用、测试无形资产能否正常发挥作用的费用等。但不包括为引入新产品进行宣传发生的广告费、管理费用及其他间接费用,也不包括在无形资产已经达到预定用途以后发生的费用。无形资产达到预定用途后所发生的支出,不构成无形资产的成本,一般应于发生时计入当期损益。

2. 投资者投入无形资产的成本,应当按照投资合同或协议约定的价值确定,在投资合同或协议约定价值不公允的情况下,应按无形资产的公允价值入账。

3. 企业因债务重组从债务人处取得的无形资产,若无形资产存在活跃市场,应当以其市场价格为基础确定其公允价值;不存在活跃市场但与其类似资产存在活跃市场的,应当以类似资产的市场价格为基础确定其公允价值;在上述两种情况下仍不能确定无形资产公允价值的,应当采用估值技术等合理的方法确定其公允价值。

4. 以非货币性资产交换换入的无形资产。

(1) 以公允价值为基础计量。按照换出资产的公允价值加上应支付的相关税费,作为换入资产的入账价值,换出资产公允价值与其账面价值的差额计入当期损益。

涉及补价的,按以下规定确定换入无形资产的实际成本。

①收到补价的,按换出资产的公允价值减去补价,加上应支付的相关税费,作为换入资产的入账价值,换出资产的公允价值与其账面价值之间的差额计入当期损益。

②支付补价的,按换出资产的公允价值加上补价和应支付的相关税费,作为换入资产的入账价值,换出资产的公允价值与其账面价值之间的差额计入当期损益。

(2) 以账面价值为基础计量。按照换出资产的账面价值和应支付的相关税费作为换入资产的入账价值,不涉及损益。

涉及补价的,按以下规定确定换入无形资产的实际成本。

①收到补价的,按换出资产的账面价值减去补价,加上应支付的相关税费,作为换入资产的入账价值,不确认损益。

②支付补价的,按换出资产的账面价值加上补价和应支付的相关税费,作为换入资产的入账价值,不确认损益。

5. 接受捐赠的无形资产,应按以下规定确定其实际成本:(1)捐赠方提供了有关凭据的,按凭据上标明的金额加上应支付的相关税费,作为实际成本。(2)捐赠方没有提供有关凭据的,按如下顺序确定其实际成本:同类或类似无形资产存在活跃市场的,按同类或类似无形资产的市场价格估计的金额,加上应支付的相关税费,作为实际成本;同类或类似无形资产不存在活跃市场的,按接受捐赠的无形资产的预计未来现金流量现值,作为实际成本。

6. 自行开发的无形资产,其成本由可直接归属于该资产的创造、生产并使该资产能够以管理层预定的方式运作的所有必要支出组成。可直接归属于该资产的成本包括开发该无形资产时耗费的材料、劳务成本、注册费,在开发该无形资产过程中使用的其他专利权和特许权的摊销,按照有关规定进行资本化的利息支出,以及为使该无形资产达到预定用途前所发生的其他费用。在开发无形资产过程中发生的除上述可直接归属于无形资产开发活动的其他销售费用、管理费用等间接费用、无形资产达到预定用途前发生的可辨认的无效和初始运作损失、为运行该无形资产发生的培训支出等不构成无形资产的开发成本。应予强调的是,内部开发无形资产的成本仅包括在满足资本化条件的时点至无形资产达到预定用途前发生的支出总和,对于同一项无形资产在开发过程中满足会计准则规定的相关条件后至达到预定用途资本化之前所发生的支出总额,已经费用化计入当期损益的支出不再调整。

(二)无形资产的摊销与减值

对使用寿命有限的无形资产,应在其预计的使用寿命内采用系统合理的方法进行摊销。使用寿命有限的无形资产可以有残值,通常其残值视为零。无形资产摊销方法包括年限平均法(即直线法)、生产总量法等,摊销方法不唯一。企业选择无形资产的摊销方法,应当反映与该项无形资产有关的经济利益的预期实现方式。对于使用寿命确定的无形资产应当自可供使用(即其达到预定用途)当月起开始摊销,处置当月不再摊销。使用寿命有限的无形资产应进行减值测试,发生减值计提减值准备。

对于使用寿命不确定的无形资产不应摊销,每年年末都要进行减值测试。

(三)无形资产的期末计价

企业应当在资产负债表日判断资产是否存在可能发生减值的迹象。使用寿命不确定的无形资产,无论是否存在减值迹象,每年都应当进行减值测试。

无形资产存在减值迹象的,应当估计其可收回金额。若无形资产的可收回金额低于其账面价值,则按应减记的金额,借记"资产减值损失"账户,贷记"无形资产减值准备"账户,企业计提减值准备后,资产的价值又得以恢复的,已计提的减值准备不再转回。

(四)无形资产处置的核算

无形资产的处置主要是指无形资产出售、对外出租、对外捐赠或者无法为企业带来未来经济利益流入时，应予转销并终止确认。

1. 无形资产的出租。企业将所拥有的无形资产的使用权让渡给他人，并收取租金，属于与企业日常活动相关的其他经营活动取得的收入，在满足《企业会计准则第 14 号——收入》规定的确认标准的情况下，应确认相关的收入及成本。

2. 无形资产的出售。企业将无形资产出售，表明企业放弃无形资产的所有权。《企业会计准则第 6 号——无形资产》规定，企业出售无形资产，应当将所取得的价款与该无形资产账面价值的差额作为资产处置利得或损失，与固定资本处置性质相同，计入当期损益。

3. 无形资产的报废。如果无形资产预期不能为企业带来未来经济利益，不再符合无形资产的定义，应将其转销。例如，无形资产已被其他新技术替代，不能为企业带来经济利益，或者无形资产不再受到法律保护，且不能给企业带来经济利益等。

无形资产预期不能为企业带来经济利益的，应按已计提的累计摊销额，借记"累计摊销"账户，原已计提减值准备的，借记"无形资产减值准备"账户，按其账面余额，贷记"无形资产"账户，按其差额，借记"营业外支出"账户。

本 章 小 结

本章主要介绍了存货、固定资产、无形资产业务会计制度设计的内容。

在进行存货业务的会计制度设计时，首先，应了解存货业务的流程，并在了解存货业务内部控制目标的基础上，进一步掌握存货业务控制的内容及其内部控制要点。其次，在存货业务核算程序设计方面，应重点掌握几种常见的存货业务核算程序设计，如材料发料程序设计、委托加工材料发料程序设计、委托加工材料完工验收及付款程序设计、产品生产完工交库业务处理程序设计、存货的盘点和处置程序设计等。最后，要关注盘存控制，其涉及存货从入库开始到出库为止的各个环节，主要包括原材料盘存业务、周转性材料盘存业务、产成品盘存业务、半成品和在产品盘存业务的内部控制设计。

在固定资产业务的会计制度设计中，同样应首先明确固定资产业务流程，并在了解固定资产业务内部控制目标的基础上，进一步掌握固定资产业务内部控制的要点。其次，在固定资产业务核算程序设计方面，主要包括了设备更新申请批准程序设计、设备采购、验收、付款程序设计和设备报废清理程序设计。应在了解各项程序的设计目的和基本内容后，重点掌握各流程的关键控制点。在无形资产业务核算程序设计方面，主要包括了无形资产购置环节、投资环节、使用环节以及处置环节的关键控制点和控制措施。最后是无形资产业务会计核算方法的设计，涉及无形资产取得、摊销与减值、期末计价以及处置等核算。

基 本 训 练

一、单项选择题

1. 在固定资产盘点表上签章的主要人员是（　　）。
   A. 主管、盘点人、保管人　　　　　B. 财务负责人、盘点人、制表人
   C. 主管、盘点人、制表人　　　　　D. 主管、财务负责人、制表人

2. 下列不属于存货业务内部控制设计要求的是（　　）。
   A. 对存货正确计价并保持账实相符，合理揭示存货方面的财务状况

B. 保证恰当的存货储备量，促进企业的资源优化配置
C. 保证存货的安全
D. 落实保管责任制度

3. 委托加工材料发料程序设计的要点不包括（　　）。
A. 企业生产计划部门编制委托加工领料单
B. 供应部门根据委托加工领料单登记材料明细账
C. 材料仓库发料、运输部门领取材料后送往外加工单位并取得外单位签收证明
D. 供应部门登记材料发出汇总表上的委托加工材料发出数，并登记有关总账和明细账

4. 领用部门开出一式（　　）联领料单，经审核后到仓库领料。
A. 二　　　　　　B. 三　　　　　　C. 四　　　　　　D. 五

5. 供货单位根据合同发货后，将设备购买发票和运输提货单函寄至（　　）部门。
A. 设备管理　　　B. 财务管理　　　C. 生产管理　　　D. 采购管理

6. 职责分离在固定资产内部控制制度中体现为（　　）。
A. 采购人员与使用人员相分离　　　B. 使用人员与会计人员相分离
C. 采购人员与审批人员相分离　　　D. 维修人员与使用人员相分离

7. 在存货业务流程中，下列由财务部门负责的任务是（　　）。
A. 存货日常维护　　　　　　　　　B. 登记存货明细账
C. 编制收发料汇总表　　　　　　　D. 制定期末清查计划

8. 严格来讲，不属于固定资产内部控制范围的是（　　）。
A. 维护保养制度　　　　　　　　　B. 保险制度和程序
C. 定期盘点制度　　　　　　　　　D. 账簿记录制度

9. 对于改、扩建的固定资产，应在改、扩建开始时，将有关固定资产卡片排列在卡片箱中的（　　）。
A. 未使用固定资产类　　　　　　　B. 不需用固定资产类
C. 在建工程类　　　　　　　　　　D. 原固定资产类

10. 在存货业务的内部控制目标中，（　　）要求在满足需要的前提下，尽量降低储存成本，减少资金占用和更新换代带来的贬值损失。
A. 保证业务的合法合规　　　　　　B. 保证相关资产的安全完整
C. 保证业务的合理性　　　　　　　D. 提高业务的效益性

二、多项选择题

1. 存货内部控制与核算规程设计的目的主要有（　　）。
A. 提供存货的各种真实、完整和有用的信息
B. 保证存货的安全
C. 控制存货的流动
D. 监督、落实存货的经营责任
E. 加速存货资金周转，考核存货的经济效益

2. 固定资产业务内部控制的目标正确的有（　　）。
A. 保证固定资产业务的合法合规　　B. 保证固定资产的完全完整
C. 保证固定资产业务的合理性　　　D. 提高固定资产业务的效益性

3. 委托加工材料完工、验收、付款程序设计包括（　　）。
A. 由加工单位转来加工费发票，供应部门编制委托加工收料单
B. 仓库收料后登记收料卡，并将收料单交供应部门

C. 供应部门核对收料单，无误后通知会计部门付款
D. 会计部门审核付款凭证无误后，授权出纳办理付款结算
E. 供应部门与会计部门定期分别编制库存月报和收料汇总表

4. 固定资产卡片的内容包括（   ）。
   A. 固定资产的编号、名称　　　　B. 固定资产的技术特征
   C. 固定资产使用部门名称　　　　D. 固定资产存放地点
   E. 固定资产的预计使用年限

5. 财务部门核对（   ），经确认无误后办理货款结算，并登记有关总账和明细账。
   A. 合同副本　　　　　　　　　　B. 购买通知单
   C. 合同　　　　　　　　　　　　D. 采购请购单

6. 在存货采购业务内部控制中，需要进行职务分离的是（   ）。
   A. 存货采购与存货验收　　　　　B. 采购与收款
   C. 审核付款与付款　　　　　　　D. 登记应付账款与付款

7. 在固定资产业务流程中，由设备部负责执行的工作有（   ）。
   A. 制定固定资产管理制度　　　　B. 制定申购计划
   C. 建立固定资产卡片　　　　　　D. 制定固定资产台账

8. 下列关于固定资产取得和处置控制制度的叙述，正确的是（   ）。
   A. 使用部门发现固定资产需要报废时，为提高工作效率，可直接执行对固定资产的报废清理处置
   B. 固定资产不需要总分类核算，但要严格做到账、卡、物相符
   C. 要形成有专门人负责的固定资产使用管理制度
   D. 对清理报废的固定资产残余价值要及时入账
   E. 固定资产的核算不需要参照原始凭证

9. 发料核算程序设计中的关键控制点有（   ）。
   A. 定期进行账账、账卡、账实和表表核对
   B. 材料领用审核、发放和记账分管
   C. 会计部门对来自领用部门和发料部门的领料单进行核对，从而保证领料的真实性和正确性
   D. 对发料过程中产生的费用进行审核

10. 存货业务内部控制制度设计的基本要点包括（   ）。
    A. 建立严格的存货收发和计量制度　　B. 落实保管责任制度
    C. 保证存货的安全　　　　　　　　　D. 健全存货明细账设置
    E. 确定恰当的存货明细账分户方法

三、判断题

1. 采购总监确定订货批量、订货点与安全库存量，同时仓库管理人员也需对存货进行日常保管维护。（   ）
2. 设备管理部门通知使用部门注销相关固定资产卡片，通知清理部门清理报废设备，通知会计部门注销固定资产卡片，并进行固定资产报废核算。（   ）
3. 永续盘存制方法下，所有有关收发业务的手续凭证都应有一联送交会计部门，由会计部门进行记录。（   ）
4. 材料发料程序设计中，由领用部门编制材料发出汇总表。（   ）
5. 盘点结束后对账实不符的存货应核实盘盈、盘亏的数量和理由，编写相应盘点报告，

提出处理意见，上报财务总监审核，报总经理审批。（　　）

6. 在存货的盘点中，在盘点库存商品、产品、材料、包装物等时，应一同检查废料废品等内容。（　　）

7. 购买存货申请的审批，只需要生产部门的审批。（　　）

8. 对于委托外单位加工的存货，仓库保管员应根据计划部门填写的"委托外加工发料通知单"发料，财会部门据以记账。（　　）

9. 当存货可变现净值低于成本时，在实务中一般采用备抵法。（　　）

10. 固定资产是指为生产商品、提供劳务、出租或经营管理而持有的有形资产。（　　）

四、简答题

1. 存货业务中的内部控制要点有哪些？
2. 固定资产业务中应予以分离的不相容职务有哪些？
3. 无形资产业务的内部控制目标有哪些？

五、案例分析题

1. 某企业存货消耗较大，平时库存数量较多，在对内部控制情况进行调查时发现以下情况：

（1）由仓库验收到货的存货，并填制收货单一式二份，一份留存，一份交财务部。

（2）由会计员开具付款通知单，后附收料及发票有关资料，交出纳付款。

（3）存货由仓库保管员保管和登记明细账。

（4）各使用部门有存货的消耗额度，领用物品时填制领用单一式二份，一份使用部门留存，一份仓库留存。仓库发货后，在使用部门账册中进行登记，并于月底将各部门领用的存货编制汇总表，向财务部报送。

要求：根据上述情况，指出该企业存货内部控制存在的问题，并做出相应调整。

2. 身为国有企业工作人员，利用职务上的便利，骗取国有财产64万余元，面对法院的终审判决，被告人夏某不得不低下头，吞下自己"精心隐藏"7年的苦果，等待他的将是15年的牢狱生活。

50岁的夏某是原上海协同技术工程公司轻纺工程部经理。2017年11月，山东某公司向该公司求购精梳机一套，但当时公司没有购买此类机械的配额，头脑活络的夏某想出一个好办法，利用其他公司的配额到上海纺机总厂订购。随后，夏某将本公司的45万余元划入纺机总厂。然而，2018年初，他代表协同公司到纺机总厂核账时发现，纺机总厂财务出错：把已提走的设备，当作其他公司购买的，而他划入的45万余元却变为协同公司的预付款。于是，一场偷梁换柱的把戏开始上演。

2018年3～4月，夏某派人到纺机总厂以协同公司的名义购买混条机等价值60万余元的设备。因为有了45万余元的"预付款"，夏某仅向纺机总厂支付了15万元。随后，他找到了亲戚经营的大发纺织器材公司，开出了公司以67万元的价格购得这批设备的"发票"。而公司不知内情，向大发公司支付了全部购货款，夏某从中得利52万元。同年5～10月，夏某又以相同手段骗得公司11万余元，据为己有。2018年底，夏某成立中岛纺织机械成套设备公司，并担任法定代理人，终于梦想成真，开办了自己的公司。

2020年上半年，上海纺机总厂发现45万元被骗，向公安机关报案，夏某随后被捕，法院认定夏某贪污公款64万余元，构成贪污罪，判处夏某有期徒刑15年。

要求：请分别分析上海协同技术工程公司和上海纺织总厂内部控制可能存在的缺陷。

第八章 成本、费用与税务会计制度设计

学习目标

1. 掌握成本费用的定义，了解成本费用业务内部控制制度及流程设计，理解并掌握成本费用业务核算程序及核算方法；

2. 掌握企业税务的定义及纳税工作流程，了解企业税务内部控制制度、涉税事项及涉税信息相关会计制度。

3. 掌握企业税务筹划的概念，了解税务筹划的内部环境、业务循环控制流程和主要事项。

重要概念

成本；费用；内部控制程序；核算制度设计；控制流程设计；纳税筹划；企业涉税风险；税务核算方法

案例导入

"20世纪90年代，原能源部、原煤炭部针对煤炭行业都曾经有过会计核算办法，但历经20多年的发展，这套办法俨然已经无法适应当下的煤炭行业。"天地科技股份公司王坡煤矿总会计师王志刚在接受《中国会计报》记者采访时说。

一位业内人士告诉记者，煤炭行业的成本核算办法保留了计划经济的色彩，这几年随着我国会计改革的深入，会计政策也发生了很多的变化，但这种变化并没有结合行业特点，以至于企业在对成本进行核算时都是"各自为政"。

"现在确实需要对成本核算行为进行梳理了，但首先要解决的就是成本核算对象的确认问题。"事实上，煤炭行业内对成本核算对象有两种观点，一种是原煤，一种是商品煤。

原煤是指从地上或地下采掘出的毛煤经筛选加工去掉矸石、黄铁矿等杂物后的煤。商品煤的概念则要大很多，原煤也被涵盖其中。

采访中记者了解到，很多煤炭企业沿袭的还是原能源部制定的办法，以原煤为成本核算对象，即无论企业生产的产品是否已经销售，都按照生产过程中产生的实际产品为核算对象。还有不少企业比如神华集团、天地科技股份公司王坡煤矿等则是按照商品煤，即以作为商品出售的煤炭产品为核算对象。

"两者最大的区别就是量差问题导致的产品单位成本的差异。"上述业内人

士指出，当企业的劳动对象是大自然原始的储量煤时，其即使不卖掉，只要被开采出来就会相应发生一定的费用，而商品煤是以销售量为基础，销售量和生产量之间自然存在差异。

以开采 100 吨煤为例，由于煤中存有矸石等其他杂物，那么在销售时，或许只销售了 90 吨。因此，不同的成本核算对象计算出的单位成本是不一样的，以商品煤来计量成本，会与实际开采过程中消耗的成本不匹配。

——中国会计学会《煤炭企业：亟需真实成本核算》

思考：如何选择成本核算对象？不同的成本核算对象对企业利润、税收会产生什么影响？

第一节 成本、费用与税务会计制度设计概述

一、成本费用概述

从管理和核算、损益计算的角度而言，企业费用按其发生的阶段、形式与范围，可分为生产成本、期间费用和因承担税收义务而产生的税费。这三者均是消耗资产所致，因而正确核算并控制三者，是正确计算损益的基础。有效合理地控制这三种费用有利于提高企业竞争力。

因此，成本、费用与税务的会计制度设计对企业控制其支出，提升其管理水平，提高经济效益具有重要意义。

二、成本、费用与税务会计制度设计的意义

成本和费用的高低，是衡量企业生产经营管理水平、市场竞争力、发展前景的重要标准之一。企业的成本核算方法多样，内容复杂。税收形成了对企业当期损益的一种抵减，而企业依法承担的税收费用种类较多，因此设计科学合理的成本、费用与税收业务会计制度，对提升企业成本、费用与税收的管理水平具有重要意义，具体表现在以下六个方面。

（1）有利于保证国家有关财经法规制度的贯彻落实；

（2）有利于企业生产过程的控制管理，降低产品成本，控制生产费用，提高经济效益；

（3）有利于规范企业的成本核算方法、程序，明确经济责任，考核工作成绩；

（4）有利于提高企业成本核算质量，为会计信息使用者及时提供真实可靠的成本核算信息，为其进行经营预测、决策服务；

（5）有利于企业控制费用开支，合理降低费用，明确费用责任；

（6）有利于企业积极进行税务筹划、及时足额缴纳税款。

三、成本、费用与税务会计制度设计的原则

成本、费用与税务会计制度一般由各行业主管部门和企业在国家统一规定的原则基础上，结合自身情况及要求设计。其基本原则如下。

（一）以国家有关规定为依据

财政部颁布的《企业会计准则》，对成本开支范围、成本核算原则、成本管理责任制、各项费用开支标准以及所得税会计处理方法等都做出了明确规定。税法对企业应承担的各项税务责任也有明确规定。在进行会计制度设计时，须遵守《会计法》《税法》《企业会计准则》及其他国家有关规定。

（二）与企业的生产经营特点相适应

成本、费用与税收业务会计制度设计，须从企业实际情况出发，与企业经营规模、生产组织、生产工艺特点等相适应。例如，设计成本计算期须考虑企业生产组织方式；设计产品成本计算方法，须考虑企业生产特点，包括生产组织方式和生产工艺特点，如大量大批单步骤生产的可考虑采用品种法等。

（三）与企业成本、费用和税收管理要求相结合

企业成本管理包括成本预测、成本决策、成本计划、成本控制、成本核算、成本分析、成本考核七个环节，这些环节互相联系、补充，贯穿生产经营活动的全过程，其中，成本核算是基础。企业费用管理主要指对管理费用、财务费用和销售费用这些期间费用进行管理。税收管理主要指合理计税、节税、避税，在不违法的范围内尽量减轻企业税负。在设计过程中，一项指标应尽可能满足多方面需求，充分发挥其作用，如成本核算指标口径的设计，应与成本计划、成本分析、成本考核的口径相一致。

（四）切实贯彻内部控制制度

为降低生产耗费、产品成本，保证成本计算的正确性、业务核算的准确性和及时性，应建立相应的内部控制制度，主要包括定额管理制度，原始记录制度，财产物资保管、盘点、收发制度，成本费用分析与考核制度等。

（五）妥善处理正确计算成本和简化核算手续的关系

正确计算产品成本、准确核算各项费用与税收，是企业成本、费用与税收业务管理的主要任务。故会计制度必须有利于正确计算产品成本、各项费用支出和税务支出。为了保证成本、费用与税收计算的正确性，办理业务须做到手续严密、责任明确、程序清楚、方法科学、计算准确。同时还应考虑

成本效益原则与核算及时性,避免不必要的核算程序、方法的层次和难度、人财物力耗费增加等情况的发生,在保证核算质量的前提下尽量降低核算成本。

第二节 成本、费用会计制度设计

一、成本费用概述

成本,指为取得各种特定成果而耗费的那一部分价值,包括可归属于产品成本、劳务成本的直接材料、直接人工和其他直接费用,不包括为第三方或客户垫付的款项。成本计算是指生产阶段成本的计算。

费用,指企业生产经营过程中发生的各项耗费,是企业在日常活动中发生的会导致所有者权益减少的、与向所有者分配利润无关的经济利益的总流出。

两者既相互联系又有重大区别。成本费用泛指企业生产经营的各种资金耗费。从经济实质看,是产品价值构成中 $C+V$ 的等价物;从货币形式看,是企业在产品经营中耗费资金的总和。

两者的不同之处如下。

1. 内容不同。费用包括生产费用、管理费用、销售费用和财务费用等。工业企业产品成本只包括为生产一定种类或数量的完工产品的费用。不含未完工产品的生产费用和其他费用。

2. 计算期不同。费用的计算期与会计期间相联系,产品成本一般与产品的生产周期相联系。

3. 对象不同。费用的计算是按经济用途分类,产品成本的计算对象是产品。

4. 计算依据不同。费用的计算是以直接费用、间接费用为依据确定。产品成本是以一定的成本计算对象为依据。

5. 账户和原始凭证不同。费用是以生产过程中取得的各种原始凭证为依据,账户是生产成本、制造费用、管理费用等。产品成本是以成本计算单或成本汇总表及产品入库单为依据,归集账户是库存商品等。

6. 总额不同。一定时期内,费用总额不等于产品成本总额。因为两者的内容和价值量不同。产品成本是费用总额的一部分,不包括期间费用和期末未完工产品的费用等。

7. 作用不同。对于费用指标,可以通过分析其比重,了解结构变化从而加强费用管理等。而产品成本指标,一是反映物化劳动与活劳动的耗费;二是对资金耗费的补偿;三是检查成本和利润计划;四是表明企业工作质量的综合指标。

二、成本费用内部控制制度设计

(一) 成本费用内部控制目标

成本费用内部控制目标主要有以下四个方面。

1. 保证各项成本费用的合法性。各项成本费用要符合国家有关财政法规的要求，严格遵守国家规定的成本费用开支范围和开支标准。

2. 保证各项成本费用的合理性。各项成本费用必须符合单位生产经营活动的实际需要，正确划分资本性支出和收益性支出的界限、成本支出与期间费用的界限、成本支出与营业外支出的界限等，体现收入与费用配比原则，做到经济合理。

3. 保证成本费用正确核算，及时提供真实、可靠的成本费用信息资料。成本费用信息是国家进行宏观管理的重要资料，也是单位进行内部管理的重要资料。企业必须严密组织成本费用核算，采用科学的成本核算方法，正确计算各种产品成本、劳务成本，及时提供经济管理所需要的实际成本及其他成本费用信息资料。

4. 加强成本费用管理，提高经济效益。企业在实际生产经营中，应通过制定目标成本、标准成本、定额成本以及责任成本控制等科学的方法，努力节约费用开支，减少损失、浪费，降低成本，提高整体经济效益。

(二) 成本费用内部控制设计原则

为了保证成本费用会计制度的科学性、完整性和有效性，充分发挥其作用，其设计应遵循以下原则。

1. 符合国家有关会计法规制度的规定；
2. 以会计准则等相关成本费用管理制度为依据（如成本开支范围、成本考核办法等规定）；
3. 适应企业的生产经营特点；
4. 结合成本费用管理要求；
5. 利于正确计算成本，简化成本核算手续，提高成本管理水平；
6. 利于管理层运用财务管理信息，实现企业经营目标；
7. 利于各项资产的安全和完整，防止资产流失或损害；
8. 利于降低成本费用，以适应市场需求，提高市场竞争力。

(三) 成本费用内部控制内容

1. 岗位分工和授权审批。企业应当建立成本费用业务岗位责任制，明确各相关部门和岗位的职责、权限，确保办理成本费用业务的不相容岗位相互分离、制约、监督。其具体内容包括：成本费用预算编制与审批；成本费用支出审批与执行；成本费用支出执行与相关会计记录。

此外，企业应当对成本费用业务建立严格的授权批准制度，明确审批人对成本费用的授权方式、权限、程序、责任和相关控制措施，规定经办人办理成本费用业务的职责范围和工作要求。具体内容包括：成本费用授权批准范围；成本费用授权批准层次；成本费用授权批准责任；成本费用授权批准程序。

2. 成本费用预测。根据成本费用相关资料以及可能发生、发展变化和将要采取的各种措施，采用一定方法，预测未来成本水平及变化趋势，降低生产经营管理盲目性，提高成本费用控制的有效性。在成本费用决策之前进行成本费用预测，可掌握成本费用变化趋势，有效进行成本费用内部控制，保证成本费用计划的执行和完成。

3. 成本费用决策。根据成本费用预测及相关资料，在多方案中择优选取，确定目标成本，进行成本费用决策。这是编制成本费用计划的前提，也是实现成本费用事前控制，提高经济效益的重要途径。

4. 成本费用预算控制。根据成本费用决策所定的目标成本，具体体现在计划时期内完成生产经营任务所应支出的成本费用，并提出为达到规定的成本费用水平应采用的各项措施。预算编制过程，也是进一步挖掘降低成本费用潜力，达到成本费用内部控制目的的过程。

5. 成本费用执行控制。根据成本费用计划对各项实际发生或将要发生的成本费用实行审核控制，防止超支、浪费和损失的发生，以保证计划的执行。这里所说的成本费用控制，仅指的是事中控制，并非全部控制。

6. 成本费用核算控制。计算生产经营过程中实际发生的成本费用，进行账务处理。在各项成本费用发生时，及时计算实际成本费用，进行成本费用的事中核算，为成本费用的事中控制和分析提供资料。

7. 成本费用分析与考核。根据成本核算提供的成本费用资料和其他有关资料，与本期计划成本、上年同期实际成本、本企业历史先进的成本水平，以及国内外先进企业的成本等相比较，确定成本差异，分析差异原因，查明成本费用超支的责任，以便采取措施，改进生产经营管理，降低成本费用，提高经济效益，并为成本费用的考核提供依据。

在成本费用分析的基础上，定期评定、考核成本计划的执行情况及结果。在考核企业成本计划和企业内部各责任成本指标的执行结果时，都应剔除主观因素对成本的影响。考核应结合奖惩制度，根据考核结果进行公平奖惩，充分调动职工执行成本费用责任指标的积极性，提高企业经济效益。

（四）成本费用内部控制方法

1. 成本费用控制的各项基础工作。
（1）定额的制定和修订。产品消耗定额是编制成本计划、分析成本情况和考核成本水平的依据，也是审核和控制成本的标准。企业应根据当前设备及技术条件，充分考虑职工群众的积极因素，制定和修订原材料、燃料、动力和工时等项目的消耗定额,并据以审核各项耗费是否合理、节约,借以控制耗费、降低成本、降低费用。制定和修订各种定额,是搞好生产管理、成本管理和成本核算的前提,同样也是搞好成本费用内部控制的基础。

(2)制定材料物资的计量、收发、领退和盘点制度。为了提高成本费用内部控制有效性,进行成本管理和成本核算,须建立健全物料的计量、收发、领退和盘点制度,防止丢失、积压、损坏变质和被贪污盗窃等情况的发生。

(3)健全各种原始记录凭证。企业应该制定既符合各方面管理需要又符合成本核算需要的各种原始记录凭证。

(4)计划价格的制定与修订。物料的计划价格在成本费用的内部控制中是重要依据,是分清企业内部各部门各单位经济责任,分析和考核内部各单位目标完成情况等的证据。

2. 成本费用指标的分解。

3. 成本费用差异的控制。它也可称为及时纠正偏差,即针对成本差异发生的原因,查明责任者,分别情况,分别轻重缓急,提出改进措施,加以贯彻执行。

4. 成本费用指标完成情况的考核。

(五)成本费用内部控制流程

成本费用的内控操作流程主要包括:收集单据;制定定额和成本标准;编制生产计划;审批;领料;记录工时、产量、动力消耗;汇总;分配归集;审核;记账;编制报告。

成本费用内部控制操作流程如图8-1所示。

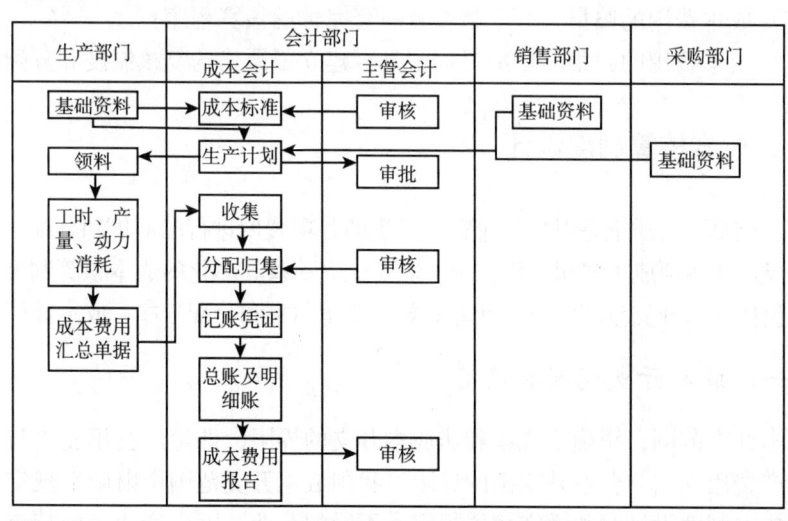

图8-1 成本费用内部控制流程

流程说明:

(1)成本会计根据生产部门的历年数据统计资料,制定成本标准,并经主管会计审核。

（2）成本会计根据销售部门提供的下一年度销售计划、采购部门的材料采购成本等资料，结合生产部门的生产情况，制定生产计划。

（3）生产计划经主管会计审批后，下达到各生产部门，领料生产。

（4）生产过程中记录工时、产量、动力消耗和发生的制造费用，形成成本费用汇总单据。

（5）成本会计收集汇总后的成本费用表，按车间、按产品分配费用，归集成本（分配方法和标准由主管会计负责审核）。

（6）编制记账凭证，登记相关总账及明细账，形成成本费用报告，报批主管会计审核。

该流程有以下关键控制环节：

（1）成本费用是否实行目标和计划管理，以实现预算和定额控制，并实行归口、分级责任控制；

（2）各生产成本、制造费用和期间费用支出是否都取得了合格凭证，并及时登记入账；

（3）各生产成本、制造费用和期间费用支出是否建立了严格报批手续和实物交割交接手续；

（4）有关开支范围和标准的各项制度和规定是否健全，并为财会人员所熟悉；

（5）财会部门是否有专门人员对费用支出原始凭证、报销手续及开支范围和标准进行审核、复核；

（6）成本费用是否建立了合理的分配制度，有无明确方法和分配标准；

（7）成本费用的归集、分配是否有一套完善的核算程序；

（8）成本费用的归集、分配过程中是否建立了严格的复核制度和分配标准。

三、成本核算制度设计

成本核算，实质上是对生产过程中发生的各项费用进行的汇集和分配。为完成上文所提及的各项成本费用工作，企业需要建立一些具体化的成本核算制度，其主要内容包括成本开支范围、成本计算对象、费用归集和分配程序、成本计算方法。

（一）成本开支范围的确定

成本开支范围，明确了成本和非成本开支的界限，即生产费用支出与资本支出、生产费用支出与营业外支出的界限。我国成本开支范围由财政部规定，企业在进行成本制度设计时须遵守相关规定。不同的行业，因生产业务的特点、管理方式、方法及要求不同，在成本开支范围设计的内容上也存在差异。下面以制造企业为例。

成本开支范围是指应计入产品成本的内容，主要包括直接材料、直接人工和制造费用。大致内容如下：(1) 产品生产过程中的制造材料费；(2) 直接从事生产人员的工资、奖金、津贴和补贴；(3) 为产品生产发生的其他直接费用；(4) 生产单位为组织管理生产活动发生的管理人员工资、奖金、津贴、补贴和职工福利；(5) 生产单位发生的固定资产折旧费、修理费、经营性租赁费等；(6) 生产单位发生的保险费等按规定可计入产品成本的费用；(7) 生产单位为组织管理生产而发生的机物料消耗等间接制造费用等。

而下列费用不应计入成本：(1) 企业为组织、管理生产经营活动所发生的管理费用、财务费用、销售费用；(2) 各项资本性支出，如购置和建造固定资产的支出、购入无形资产和其他资产的支出；(3) 对外界的投资及分配给投资者的利润；(4) 被没收的财物及违反法律而支付的滞纳金、罚款及企业自愿赞助、捐赠的支出；(5) 公积金、公益金中的支出；(6) 国家法律、法规规定外的各种付费；(7) 国家规定不得列入成本的其他支出。

(二) 成本计算对象的确定

成本计算对象，指成本核算过程中为归集和分配费用而确定的承受费用的产品、劳务或工程项目等，即生产费用的物质承担者。成本计算对象的合理性，对产品成本准确性、成本计算工作量、成本资料及时性至关重要。

成本计算对象的确定分为三部分：成本计算实体、成本计算期、成本计算空间。成本计算实体指承担生产费用的产品等实体；成本计算时间又称成本计算期，指企业在计算产品或劳务等成本时，将发生的费用计入产品或劳务等成本的时间界限；成本计算空间指企业归集和分配生产费用的空间范围。

根据企业的生产类型、成本管理要求，具体的分类情况如表8-1所示。

表8-1　　　　　　　　　企业成本计算对象的确定

生产类型			成本管理要求		成本计算对象		
组织方式	生产过程		核算体制	成本指标	计算实体	计算期	计算空间
单件小批	单步骤		一级	产成品	该件或该批产品	产品生产周期	全厂
	连续加工		二级	产成品、零部件	各加工步骤	产品生产周期	各生产步骤
	平行加工		二级	产成品	该件或该批产品	产品生产周期	生产车间
大量大批	单步骤		一级	产成品	产品品种或类别	会计报告期	全厂或封闭式生产车间
	连续加工		二级	产成品、半成品	各加工步骤	会计报告期	各生产步骤
	平行加工		二级	产成品、半成品	产品品种及其零部件	会计报告期	生产车间

(三) 生产费用的分配

1. 生产费用分配原则。

(1) 生产费用和产品成本确认、计量与核算的原则。第一，生产费用和产品成本的确认以权责发生制为基础,贯彻收入与费用配比原则。第二,生产费用和产品成本的计量采用历史成本计量模式。第三,产品成本核算应严格成本开支范围,正确区分应否计入成本费用支出界限、产品制造成本与期间费用的界限、本期与下期产品制造成本的界限、各种产品的成本界限、完工产成品和期末在产品的界限。

(2)生产费用归集与分配一般方法的原则。直接费用直接计入产品成本,间接费用分配后计入。

(3)生产费用分配标准设计的原则。生产费用分配包括要素费用的分配、辅助生产费用的分配、制造费用的分配三方面。

设计分配标准时,应遵循四个原则:①相关原则。分配标准应与待分配生产费用间有紧密依存关系。②计算简便原则。选作分配标准的项目应易取得数据资料、易计量且计算工作量不大。③便于管理原则。分配标准的选择应利于成本控制、成本分析、成本管理。④相对稳定原则。分配标准一经选定,应保持一定时期的相对稳定。

2. 各类分配方法和标准。

(1)要素费用分配方法、标准。各项要素费用分配方法的基本原理是比率分配法。其计算公式如下:

$$分配率 = \frac{分配对象}{各成本计算对象分配标准之和}$$

某成本计算对象负担的分配数额 = 该对象的分配标准 × 分配率

不同要素费用选用的分配标准一般是:①外购材料费用,选用产品重量、体积、产量、定额耗用量、定额费用;②外购燃料费用,选用产品重量、体积、所耗原材料数量或费用,以及燃料的定额消耗量或定额费用比例;③外购动力费用,选用产品生产工时、机器工时或定额消耗量;④计时工资形式下直接人工费用,选用产品实用工时或定额工时。

(2)辅助生产费用分配方法、标准见表 8-2。

表 8-2　　　　　　　　　辅助生产费用分配表

××××年××月

辅助生产车间	待分配费用	分配数量	分配率	分配对象							
				生产成本		制造费用		管理费用		销售费用	
				耗用数量	分配金额	耗用数量	分配金额	耗用数量	分配金额	耗用数量	分配金额
合计											

选择分配辅助生产费用的方法,应遵循受益原则和特定适用条件,可采用下列方法。①直接分配法:将辅助生产车间发生费用,直接分配给除辅助生产车间

外的各受益对象。②顺序分配法：按辅助生产车间提供的劳务费用，先分配受益少的，再分配排列在后的。③交互分配法：先将各辅助生产车间直接发生的费用在各车间交互分配，后将各辅助生产车间经分配后的费用总额直接分配给除辅助生产车间外的各受益对象。④代数分配法：用代数联立方程原理，先计算辅助生产车间提供劳务及产品的单位成本，再根据受益对象耗用数量，分配辅助生产费用。⑤计划成本分配法：按辅助生产车间提供劳务、产品的计划单位成本和实际耗用劳务数量，分配辅助生产费用。

（3）制造费用分配方法、标准见表8-3。

表8-3   制造费用分配表
××××年××月

应借科目	分配标准	分配率	分配金额
基本生产成本			
合计			

基本生产车间的制造费用分配标准可采用各种产品的生产工时、机器工时、生产工人工资或年度制造费用分配率等。

（4）小结。分配标准如表8-4所示。

表8-4   分配标准

		分配标准
要素费用	材料费用	重量、体积、产量、定额消耗量或定额费用比例
	燃料费用	重量、体积、所耗原材料的数量或费用、燃料的定额消耗量或定额费用比例
	动力费用	产品的生产工时、机器工时、定额消耗量比例
	工资及福利费	产品的生产工时
间接费用	制造费用	生产工人工时，生产工人工资、机器工时、年度计划分配率
	辅助生产成本	直接分配法、顺序分配法、交互分配法、代数分配法、计划分配法

3. 生产费用在完工产品与在产品间的分配方法和标准。

（1）不计算在产品成本法。适用于月末在产品数量很少的产品，在产品成本可忽略不计。

（2）按年初数固定计算在产品成本法。适用于期末在产品数量较少或数量虽多但各月间在产品数量变化不大的产品。

（3）按所耗原材料费用计算在产品成本法。适用于各月在产品数量大、各月末在产品数量变化大、直接材料费用在产品成本中所占比重高的产品。直接材料费用须在完工产品与在产品之间分配，其他费用则由完工产品负担。

（4）约当产量比例分配法。适用于各月末在产品数量大、各月末在产品数量变化大、产品成本中各成本项目所占比重相差不大的产品。先根据月末在产品盘存数量,按其完工程度或投料程度折合为相当于完工产品的产量(即约当产量),再按完工产品产量和在产品约当产量的比例分配各成本项目的费用。

(5)在产品成本按完工产品成本计算法。适用于月末在产品已接近完工但尚未包装或验收入库的产品,将在产品视同完工产品。

(6)定额比例法。适用于消耗定额准确稳定,各月末在产品数量变化大的产品。将完工产品和月末在产品的数量分别乘以各消耗定额,求出完工产品和月末在产品的定额费用或耗用量,再按两者定额费用或耗用量的比例,将各成本项目费用在完工产成品和在产品间分配。

(7)在产品按定额成本计价法。适用于消耗定额准确稳定,各月末在产品数量变化小的产品。确定月末在产品的定额成本后,再用生产费用总额扣减月末在产品成本即为完工成本。

其中,(3)至(6)的分配方法属于比率分配法,(7)属于扣减法。

(四)费用的归集和分配

1. 费用归集和分配的要求。
(1)按成本开支范围规定,划清费用的归属去向。
(2)按权责发生制,分清费用的受益期限。
(3)按成本计算对象或成本归集中心,分清费用的受益对象和范围。在生产多种产品的情况下,费用由哪种产品负担、负担多少,应根据各成本计算对象的受益程度决定,各产品负担的费用应与该产品的受益程度成正比。
(4)适应成本核算体制和成本计算方法。
(5)合理确定完工产品和在产品各自负担的生产费用。

2. 费用归集和分配的流程。费用的归集与分配一般流程如图8-2所示。

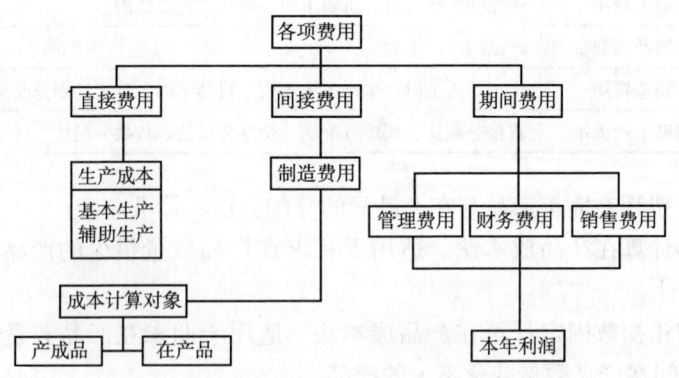

图8-2 费用归集和分配流程

流程说明:

(1)按费用性质和种类在各耗用部门间进行归集和分配。直接费用直接计入基本生产成本或辅助生产成本的各成本计算对象,间接费用计入车间的制造费用,期间费用按用途计入企业的行政管理部门的管理费用、财务费用或销售费用。

(2) 将成本计算期内发生的制造费用,按成本计算对象的收益情况分配,转入生产成本。期末计算出完工产品成本之后,从生产成本转入产成品账户。

(3) 各个成本计算对象所应负担的费用在完工产品和在产品之间分配。

需要注意的是,(2) 中的成本计算期是指企业按成本计算对象归集生产费用计算产品成本的起讫时间。成本计算期的设计一般有两种方法:一是以会计期间作为成本计算期,每月计算一次成本,这种成本计算期与编制月度会计报表的时间相一致。二是以生产周期作为成本计算期,各种产品的成本计算期应该与产品的生产周期同步,这种方法从理论上讲有利于保证成本计算的准确性,但是,对于大量、大批生产的企业很难做到,因为产品总在不断投入和产出,而且有很多产品的生产周期很短,有的几小时,有的几天,所以对于这类企业,其产品成本计算期一般就以月为准;对于单件、小批生产的企业,产品成本计算期可按生产周期设计。

此外,在设计费用的归集和分配流程时,必然需要设置相应的账户进行成本计算。因此,在具体设计时要与会计账户的设置和成本计算方法结合起来考虑。

(五) 成本计算方法的确定

1. 成本计算方法的确定依据。根据企业生产类型和产品生产组织特点,以工业企业为例,可分类如下。

(1) 按生产类型分类。

单步骤生产:生产过程不能间断进行。

多步骤生产:技术上可由间断的几个生产步骤组成的生产。

(2) 按产品生产组织的特点分类。

大量生产:不断重复地生产某些产品,品种一般不多,产品比较稳定。

成批生产:品种多、适应客户要求的特点较突出、产量可大可小。

单件生产:一般生产周期较长,单位产品价值较大、重复生产的可能性较小。

2. 成本计算方法的具体设计。

(1) 品种法。适用于大批大量生产一种产品,生产过程较简单,一般为单步骤,或虽多步骤但各步骤间联系密切,属于封闭生产的企业,如采煤、发电等。

品种法的主要特点是以产品品种为成本计算对象,据以设置产品成本明细账,并按照产品成本项目在账页开设专栏归集生产费用,计算产品成本。采用品种法应以会计期间作为成本计算期,每月计算一次成本。

品种法一般流程如图 8-3 所示。

流程说明:

①按产品品种设立成本明细账,根据各项费用的原始凭证及相关资料编制有关记账凭证并登记有关明细账,然后编制各种费用分配表分配各种要素费用;

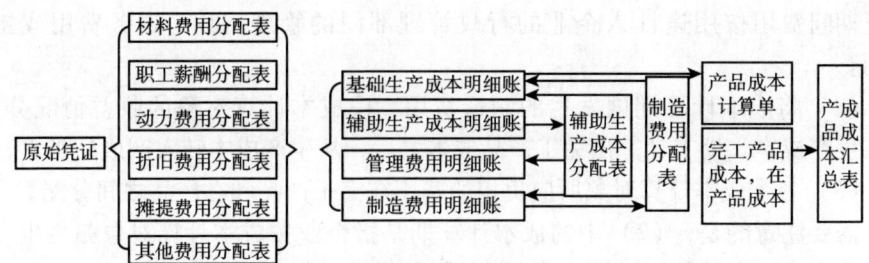

图 8–3 品种法流程

②根据上述各种费用分配表和其他有关资料,登记辅助生产成本明细账、基本生产成本明细账、制造费用明细账等;

③根据辅助生产成本明细账编制辅助生产成本分配表,分配辅助生产成本;

④根据制造费用明细账编制制造费用分配表,在各种产品之间分配制造费用,并据以登记基本生产成本明细账;

⑤根据各产品基本生产成本明细账编制产品成本计算单,分配完工产品成本和在产品成本;

⑥编制产成品的成本汇总表,结转产成品成本。

其中,生产费用分配表、制造费用明细表、辅助生产费用分配表如表 8–5 至表 8–7 所示。

表 8–5　　　　　　　　　　生产费用分配表

20××年××月

会计账户	明细账户	修理费	劳保费	办公费	其他	合计
制造费用	车间一					
	车间二					
生产成本	辅助生产成本	供电车间				
		供水车间				
管理费用						
合计						

表 8–6　　　　　　　　　　制造费用明细表

年		凭证号	摘要	职工薪酬	水电	折旧	修理	办公	劳保	其他	合计
月	日										
			原材料费用分配								
			外购动力分配								
			折旧费分配								
			工资及福利分配								

续表

年		凭证号	摘要	职工薪酬	水电	折旧	修理	办公	劳保	其他	合计
月	日										
			辅助生产费用分配								
			本期发生额								
			期末余额								

表8-7　　　　　　　　　　辅助生产费用分配表

项　目			交互分配			对外分配		
			供水车间	供电车间	合计	供水车间	供电车间	合计
待分配费用								
供应数量								
单位成本								
辅助生产车间	供水车间	耗用数量						
		分配金额						
	供电车间	耗用数量						
		分配金额						
基本生产车间	车间一	耗用数量						
		分配金额						
	车间二	耗用数量						
		分配金额						
行政管理部门		耗用数量						
		分配金额						
合计								

（2）分批法。适用于单件、小批组织生产的产品，生产过程虽然复杂，大都为多步骤生产，但一般不要求计算各步骤的半成品成本的企业。例如重型机械、船舶、精密仪器、专用工具模具和专用设备的制造。在某些单步骤生产下，无论是企业还是车间，如果生产也是按小批单件组织，例如某些特殊或精密铸件的熔铸，也可以用分批法单独计算这些铸件的成本。

分批法一般程序为：

①按产品批别或每一订单设置成本明细账或成本计算单，并分别成本项目设置专栏；

②分配各种要素费用；

③采用合理的分配标准，对间接费用进行分配，计入各批产品的成本计算单；

④产品完工时，汇总各批产品成本计算单中的费用总额，确定完工产品的总

成本和单位成本。

分批法的核算流程如图8-4所示。

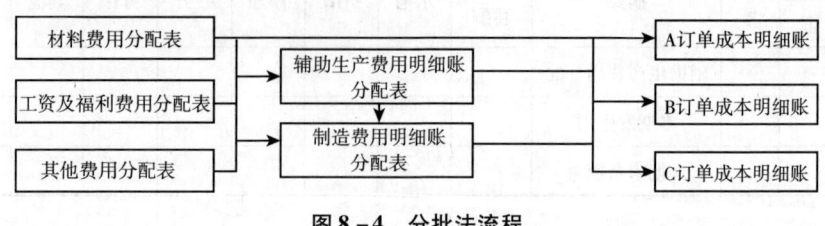

图8-4 分批法流程

①在开始生产时,财务部门应根据每一份订单或每一批产品生产通知单(内部订单),开设一张成本明细单(产品成本计算单)。

②分批法强调按单位或批别归集成本,因此,各张订单、各批产品所直接耗用的各种材料、费用,都要在有关原始凭证上填明订单及生产通知单号。间接费用要填明其用途和费用发生地点。

③期末根据费用的原始凭证编制材料、工资等分配表。

④结合各辅助生产成本,编制辅助生产费用分配表。

⑤结算各车间的制造费用明细账,编制制造费用分配表,按照规定的分配标准,分配计入各有关成本明细账。

⑥当某一订单、生产通知单或某批产品完工、检验合格后,应由车间填制完工通知单,并将一份送给会计部门,以便结算成本。

⑦财务部门收到车间送来的完工产品通知单后,根据产品成本明细账和有关原始凭证资料,编制产品成本计算表。

⑧期末未完工订单的成本明细账所归集的成本费用就是在产品成本。

(3)分步法。适用于大批大量多步骤生产的产品,生产过程复杂,管理上要求计算各步骤的半成品成本的企业。分步法下的成本计算程序,根据半成品成本的结转方式不同,分为逐步结转分步法和平行结转分步法。由于生产过程较长,往往都是跨月陆续完工,因此,成本计算一般是定期按月地进行,与会计核算报告期一致,而与产品的生产周期不一致,同产品在月末各步骤都存在一定数量的在产品。因此,在计算成本时,还需要采用适当的分配方法,将汇集在各种产品、各生产步骤产品成本明细账中的生产费用,在完工产品与在产品之间进行分配。

逐步结转分步法的流程图如图8-5所示。

逐步结转分步法的一般程序为:

①设置成本明细账或成本计算单;

②归集生产费用,计算各步骤在产品成本;

③结转半成品成本;

④进行成本还原;

⑤归集最后步骤的费用,计算完工产品成本。

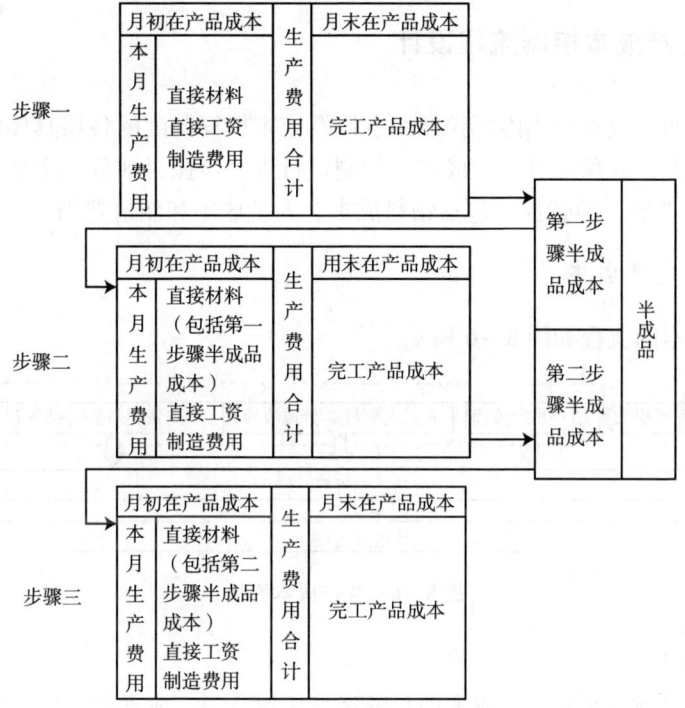

图 8-5 逐步结转分步法流程

平行结转分步法的一般程序为：
① 设置成本计算单；
② 归集和分配生产费用；
③ 计算各步骤的单位半成品加工费用，并确定应计入产成品的费用数额；
④ 计算产成品成本和在产品成本。

成本计算方法归纳如表 8-8 所示。

此外，还有分类法、定额法、平行结转差异法等方法，这些都是在上述三种基本方法的基础上结合定额成本（或计划成本）管理而采用的。

表 8-8　　　　　　　　　　　　成本计算方法

生产特点		成本计算对象	成本计算方法
生产组织	工艺过程		
大量生产	多步骤生产	产品加工步骤和产品品种	分步法或品种法
大量生产	单步骤生产	产品品种	品种法
成批生产	多步骤生产	批别或产品加工步骤	分批法或分步法
成批生产	单步骤生产	产品批别	分批法
单件生产	单步骤生产	产品品种	品种法

四、生产成本控制流程设计

上面说明了成本费用内部控制制度以及成本核算制度的各项具体情况。接下来，将从流程设计角度对生产成本的控制进行进一步探讨细分，主要关注生产成本构成要素"量"的管控，包括物料成本、人工成本和制造费用。

（一）生产成本

生产成本的流程如图8-6所示。

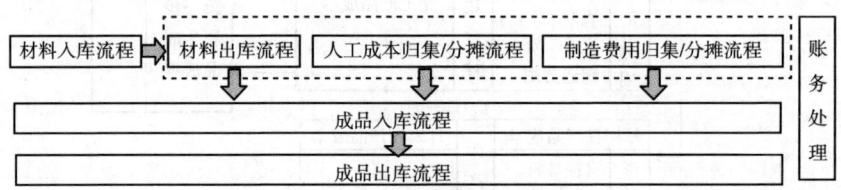

图8-6 生产成本流程

流程说明：

（1）从总体上来看，按成本项目的经济用途分类，成本主要可以分为图8-6中的直接材料成本、直接人工成本和制造费用这三个项目，在下文中将对此三项分别进行说明。

（2）直接材料包括生产经营过程中直接用于产品生产或有助于产品形成的原材料、辅助材料、备用配件、外购半成品、燃料、动力、包装物、低值易耗品以及其他直接材料；直接人工成本包括直接从事产品生产人员的工资、奖金、津贴、补贴等；制造费用包括生产车间和辅助车间为组织和管理生产所发生的各项费用，如车间管理人员的工资、车间房屋建筑物和机器设备的折旧费用、租赁费、修理费、机物料消耗、水电费和办公费等。

（3）对这三项成本进行适当的归集和分配后，就得到了产成品成本。

流程关键控制点：

（1）成本核算的准确性；

（2）对这三项成本费用均要找到合适的成本归集和分配方法。

（二）物料成本

物料成本的流程图如图8-7所示。

流程说明：

（1）技术部门制定原辅料的消耗定额和费用标准，并以此作为对各生产成本控制的依据；

（2）生产部门和财务部门根据生产成本消耗定额及费用标准编制成本计划，将成本指标分解，落实到生产成本具体发生部门，以便有效控制；

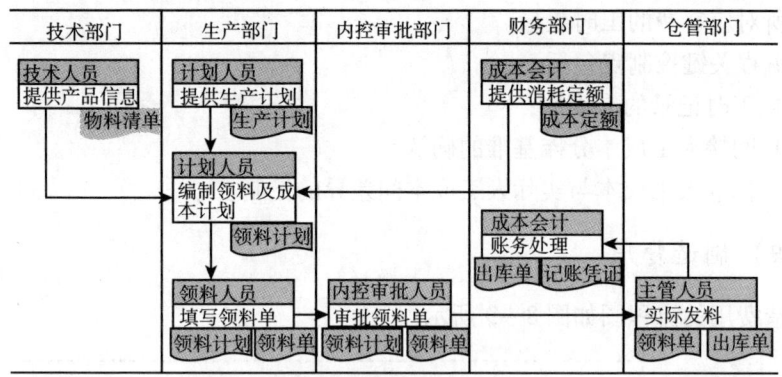

图 8-7 物料成本流程

（3）生产部门根据生产计划及消耗定额填制领料单，注明领用单位、品名、规格、用途等；

（4）经生产部门主管确认领料单后，生产部门方可向材料仓领料；

（5）财务部门根据领料单或汇总，进行相应账务处理。

该流程关键控制点包括：

（1）产品对应的物料消耗定额和实际领料用量的控制；

（2）与物料相关的内控审批；

（3）单据在部门间的流转。

（三）人工成本

人工成本的流程图如图 8-8 所示。

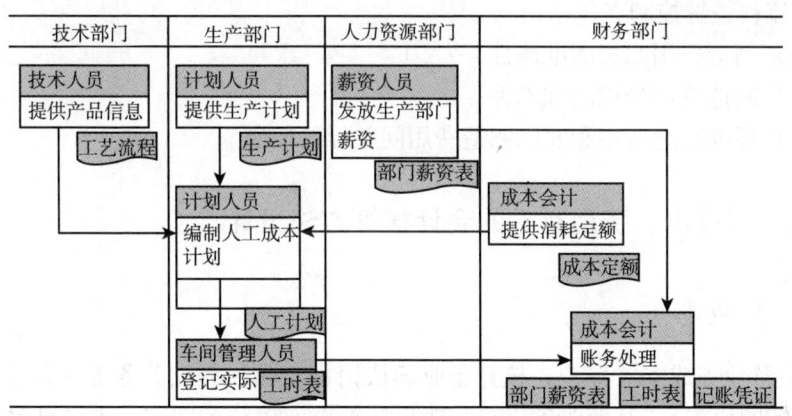

图 8-8 人工成本流程

流程说明：

（1）根据工艺流程和产品结构，分解制定各工序所需资源的标准数量，制定各资源对应费率；

（2）生产部门登记工人或生产班组在出勤日内完成的产品数量、质量和生产产品所对应耗费的工时数量。

该流程关键控制点包括:

(1) 工时记录的准确性;

(2) 间接人工成本分摊基准的确认;

(3) 标准人工成本与实际人工成本间差异的控制。

(四) 制造费用

制造费用的流程图如图 8-9 所示。

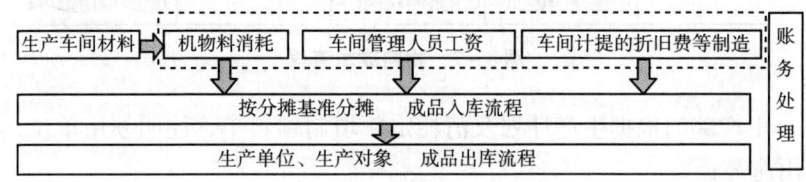

图 8-9 制造费用流程

制造费用的流程说明:

(1) 制造费用包括生产车间发生的机物料消耗、发生的生产车间管理人员的工资等职工薪酬、生产车间计提的固定资产折旧、生产车间支付的办公费、修理费、水电费等进行归集的费用;

(2) 将生产相关部门发生的共用费用,按分摊基准,如直接人工工时、标准产量等分摊到各生产单位、生产对象;

(3) 将制造费用科目结转至生产成本。

该流程关键控制点包括:

(1) 制造费用归集的准确性;

(2) 制造费用分摊的准确性;

(3) 标准制造费用和实际制造费用间差异的控制。

五、与成本、费用有关的会计核算方法设计

(一) 成本

"主营业务成本"账户,核算企业确认销售商品、提供劳务等主营业务收入时应结转的成本。"其他业务成本"账户核算企业确认的除主营业务活动以外的其他经营活动所发生的支出,包括销售材料的成本、出租固定资产的折旧额、出租无形资产的摊销额、出租包装物的成本或摊销额等。

纳税人必须将经营活动中发生的成本合理划分为直接成本和间接成本。直接成本是可直接计入有关成本计算对象或劳务的经营成本中的直接材料、直接人工等。间接成本是指多个部门为同一成本对象提供服务的共同成本,或者同一种投入可以制造、提供两种或两种以上的产品或劳务的联合成本。直接成本可根据有

关会计凭证、记录直接计入有关成本计算对象或劳务的经营成本中。间接成本必须根据与成本计算对象之间的因果关系、成本计算对象的产量等，以合理的方法分配计入有关成本计算对象中。

（二）费用

1．"销售费用"账户，核算企业销售商品和材料、提供劳务的过程中发生的各种费用，包括保险费、包装费、展览费和广告费、商品维修费、预计产品质量保证损失、运输费、装卸费等费用以及为销售本企业商品而专设的销售机构的职工薪酬、业务费、折旧费等经营费用。其一般会计处理如下：

借：销售费用
　　贷：银行存款

期末，转入"本年利润"账户，期末没有余额。

借：本年利润
　　贷：销售费用

2．"管理费用"账户，核算企业为组织和管理生产经营所发生的管理费用，包括企业在筹建期间内发生的开办费、董事会和行政管理部门在企业的经营管理中发生的或者应由企业统一负担的公司经费、工会经费、董事会费、聘请中介机构费、诉讼费、业务招待费、房产税、车船税、土地使用税、印花税、技术转让费、矿产资源补偿费、研究费用、排污费等。

3．"财务费用"账户，核算企业为筹集生产经营所需资金等而发生的筹资费用，包括利息支出、汇兑损益以及相关的手续费、企业发生的现金折扣或收到的现金折扣等。

以上三项均称为"期间费用"。期间费用是指企业日常活动发生的不能计入特定核算对象的成本，而应计入发生当期损益的费用。期间费用是企业日常活动中所发生的经济利益的流出，是企业为组织和管理整个经营活动所发生的费用。期间费用包含以下两种情况：一是企业发生的支出不产生经济利益，或者即使产生经济利益但不符合或者不再符合资产确认条件的，应当在发生时确认为费用，计入当期损益；二是企业发生的交易或者事项导致其承担了一项负债而又不确认为一项资产的，应当在发生时确认为费用计入当期损益。

第三节　税务会计制度设计

一、企业税务概述

（一）税收及企业税务的概念

税收，是国家为了向社会提供公共产品、满足社会共同需要，按照法律的规定，参与社会产品的分配而强制、无偿取得财政收入的一种规范形式。企业税务，指企业涉税事务，主要指按税收法律法规对税费进行计算、申报、缴纳并核算的事务，履行代扣代缴、代收代缴义务并核算的事务，及纳税筹划等税务风险管理事务。税务会计制度设计主要是为了帮助企业建立健全税务内部控制制度，以使企业在合法合规的基础上进行合理节税。

（二）税务会计制度设计的重要性

企业税务涉及国家、企业及个人利益。

在税务上，有三种相似但本质不同的概念：节税、避税、偷税。三者的目的都是减税，但是三者的性质不同。

节税，也就是税务筹划，是纳税人的一项基本权利，纳税人在法律允许或不违反税法的前提下，所取得的收益属合法收益。

避税是纳税人利用税法的漏洞、特例或者其他不足之处，采取非违法的手段减少应纳税款的行为。这是纳税人采用一种在表面上遵守税收法律法规，但实质上与立法意图相悖的非违法形式来达到自己的目的。所以避税被称为"合法的逃税"。避税具有非违法性、策划性、权利性、规范性和非倡导性的特点。

逃税是纳税人故意违反税收法律法规，采取欺骗、隐瞒等方式，逃避纳税的行为。

逃税是违法的，避税虽不违法，但国家也不提倡，只有节税（税务筹划）才是国家允许的。

若在经营过程中，由于企业不熟悉税收相关的法律法规或追求利益而出现有意或无意违反相关法律法规的情况，企业将会被处以相应处罚，如补缴相应税款、滞纳金、罚款等，严重者将被吊销营业执照，追究刑事责任，企业的生存会受到影响。

企业需要建立健全税务内部控制制度，以减少或避免上述情况，并达到节税等合理利用资金的目的，促进企业经营活动的规范和合法。这对企业的可持续发展有非常重要的意义。

（三）企业涉税风险

企业涉税风险，指企业在进行相关涉税行为时，未正确有效地遵守相关税收法律法规，使企业未来利益可能遭受损失的风险（包括财务损失、声誉损失、法律制裁等损失）。

1. 企业涉税风险产生原因。企业涉税风险产生情况如图 8-10 所示。

企业在发展过程中受到内部和外部因素影响，各种业务难以避免地涉及税务风险。比如，企业税务风险产生的内部原因通常包括企业管理者税务风险意识薄弱、企业监管制度不健全、企业税务管理人员的税务科学管理水平较低等；企业税务风险产生的外部原因通常包括税收法规制度不明晰、税收行政执法不规范、税收司法不公等。

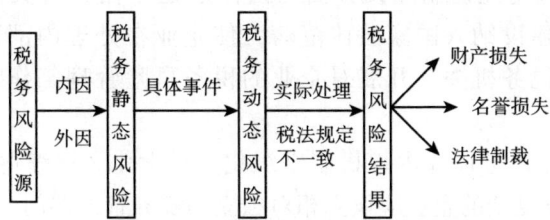

图 8-10 企业涉税风险产生示意

这些影响会造成某些业务处理的方法和税法有一定的偏差,形成税务风险源。当企业运用这些方法处理具体涉税事件时,很可能转化为税务动态风险。若实际处理与税法规定不一致且造成多缴或少缴税款,风险会演变成实际损失,包括财务损失、声誉损失、法律制裁等损失。

实际上,很多企业税务风险的产生通常并不仅仅来源于做假账或简单的账面差错,而更多来源于治理层和管理层的纳税态度与观念不正确以及内部控制缺失等多方面原因。

2. 企业涉税风险的主要特点。

(1) 主观性。税务机关和纳税义务人可能对同一项涉税业务有不同的判断或理解。

(2) 客观必然性。企业多以税后利润最大化作为终极目标,该客观情况与税收本身的强制性特征存在冲突。追求税务成本最小化的动机,使得企业和税务机关间信息不对称。当国家税收执法环境不断变化,且企业管理者、财务工作者无法及时对相应政策法规理解透彻时,会使企业管理者和财务人员很难完全规避税务风险。

(3) 预先性。企业在经营活动和财务核算时,税务风险已存在于企业集团实际缴纳各项税费之前的相关行为中。企业主观上实施的涉税相关业务的计算与调整等行为,可能与税收政策、法规等出现矛盾甚至背离。企业集团税务风险是先于纳税义务履行行为而存在的。

(4) 税务风险的特殊性。税务风险不同于一般意义上的商业风险。一般认为,在商业风险越大、损失越大的同时,意味着将来的收益可能越大。但企业税务风险对企业而言只能是净损失,不可能有收益。如果企业由于自身原因多缴了税款,税务机关退回的可能性很小,即使退回,企业也损失了资金的时间价值;如果企业由于自身的原因少缴了税款,税务机关将保留追索的权限,一旦被检查出来,企业除补缴税款外,还将承担巨额的罚款和滞纳金,甚至可能还要负刑事责任。如果说企业税务风险有"收益",那也不过是暂时避过了税务机关的检查而不用补缴税款、罚金、滞纳金等。但这种"收益"的可能性将随着税收法治建设的加强、税收执法水平的提高而越来越小。

3. 加强企业税务风险内控机制建设的建议。

(1) 完善企业税务风险内控机制的制度规范,制定相关法律法规。目前,我国企业税务风险内控机制建设方面的法律还是空白,有关部门应尽快将税务风险内控机制建设纳入国家法律范畴,使企业在处理内部税务风险时有明确的法律依据,税务机关在开展对企业的税务风险管理工作时有明确的执法依据。

(2) 提升企业税务风险内控机制组织化、科学化、精细化水平。对于行业跨度大和涉税事务复杂的企业应设立相对独立的税务管理部门。对于经营行业比较单一、涉税事务较复杂的企业应成立税务风险管理组,隶属于财务部。对于经营行业比较单一、涉税事务较简单的企业应设置税务总监或者税务管理岗位。

(3) 积极发挥税务机关在企业税务风险内控机制建设中的作用。在自愿、平等、公开、互信的基础上,税务机关与企业签订税收遵从协议,共同承诺税企双方合作防控税务风险。税企双方确定税收遵从协议签订意愿后,依序进行共同磋商、起草协议文本、签订协议等工作程序。税务机关通过掌握公司治理结构、机构设置、人员分工、内部审计等不同岗位情况,帮助企业了解税收风险相关知识,并通过对人员培训,使其熟悉潜在税收风险及应对措施。

4. 企业建立与实施税务风险内部控制的原则。

(1) 全面性原则。税务风险内部控制应当贯穿决策、执行和监督全过程,覆盖企业及其所属单位的各种涉税业务和事项。

(2) 重要性原则。税务风险内部控制应当在企业内部全面控制的基础上关注重要业务事项和高风险行为、领域。

(3) 制衡性原则。税务风险内部控制应当在机构设置及权责分配、业务流程等方面形成相互制约、相互监督的格局。

(4) 适应性原则。税务风险内部控制应当与企业经营规模、业务范围、风险水平等相适应,并随着情况的变化及时加以调整。

二、企业税务内部控制制度设计

(一) 企业税务内部控制目标

1. 涉税经营活动开展具有合法性。税务审核、计算、执行和缴纳须严格按照法律文件执行。
2. 税收开支具有合理性。节省税收开支的活动必须合法。
3. 税收信息具有真实完整性。完整和真实的税收资料是国家宏观管理的主要信息依据。
4. 保证税务支出核算的真实、正确、及时、完整。

(二) 企业税务内部控制问题

1. 税务风险内部控制环境存在的问题。

(1) 税务风险控制意识薄弱;

(2) 缺乏具备税务风险管理专业知识的人员；
(3) 缺乏专门的涉税业务绩效考核制度；
(4) 缺少相关的税务培训。

2. 税务风险评估体系不完善。企业开展各项业务时，未根据企业税务内部控制的目标完成相关资料收集，影响对税务风险的识别。在制定税务风险应对策略的时候，缺少对风险严重性的考虑或忽视风险所处的领域，严重影响企业消除风险的及时性。在税务机关发现相关纰漏后，企业未及时反思，使企业的税务风险一直存在，得不到根本解决。

3. 内部控制活动存在的问题。
(1) 工作流程有缺陷，包括提前控制计划、税务复核等；
(2) 没有税务风险预警机制；
(3) 税务资料管理存在问题；
(4) 税务风险自查存在问题；
(5) 税务信息交流存在问题；
(6) 没有完善的税务风险监督反馈机制。

(三) 企业税务内部控制原则

1. 合法。符合法律文件、行业内的准则规范以及监管部门要求。
2. 全面。保证税务管理控制贯穿于企业的各层次（包括领导层与基层员工）和各环节（包括计划、决定、执行、监督和反馈等）。
3. 制衡。包括授权原则和牵制原则。

在业务流程、权限分配、机构设置和治理结构等方面形成相互牵制、相互监督的关系，并兼顾运营效率。企业内部控制中的监督检查部门持续保持良好的独立性是保证企业内部控制中税务风险管理监督有效的前提。

授权原则，要求企业在基于税务风险管理的基础上，结合企业的具体操作规章手续，根据岗位不同需求，授予职工不同的工作任务和职责权限。

牵制原则，指在设计企业内部控制中的税务风险管理体系时，任一事项都必须由相互制约的两个或两个以上的部门来完成。

4. 协调配合。税务风险控制活动须与企业各部门密切配合，各方面协调同步工作，从而降低企业内耗，确保企业运行的连续性和有效性。信息交流和沟通的流畅性为协调配合提供技术支持。

5. 成本效益。争取低成本高收益的控制效果。企业成本应与其产生的经济效益之间保持适当比例，且只有在风险控制方案耗费成本低于其能获得的收入时，该风险控制方案才是合理可行的。

6. 重点监控。对企业发挥作用大、影响范围广的关键点进行控制。通过分析企业涉税过程中的关键税种，识别、评估、关注会产生重大影响的税务风险事项，及时采取应对控制措施，对其重点监控。

(四) 企业税务内部控制内容

1. 岗位分工及授权批准。对于适用日常控制方法的内部控制事项，企业应建立税务内部控制的岗位责任制，明确相关部门和岗位的职责、权限，确保办理涉税事项的不相容岗位相互分离、制约和监督。

中大型企业应设立税务内部控制的专门机构进行税务风险管理，人员可由公司分管领导、财务部门负责人、重要合同责任人、供销科室负责人、投资项目负责人组成。重大事项处理须保证有税务风险管理机构人员的参与，把关税务风险。

而对于适用例外控制办法的内部控制事项，企业应明确事项性质和特点，指定专人负责，如财务负责人或项目负责人，对税务情况单独预算、运作和分析，避免税务风险的发生。建立税收风险预警制度，运用科学的手段，预知税务风险，并且采用合理科学的方法和手段来对此进行防范及风险转移，大大降低企业税收风险。发生税务纠纷，也适用例外控制办法。

2. 税收支出预测控制。建立流转税预测制度、所得税预测制度，确保日常涉税事务的发生与企业整体目标一致。建立重大合同的税收预测机制、重大事项的专项预测机制。

3. 税收支出决策控制。对税收支出预测方案进行决策，应当根据税收法律法规要求，在保证合法性的前提下，充分运用合理的避税方案，确保在同等利益下税收支出成本最小。

4. 税收支出预算控制。企业的税收支出应列入全面预算和专项预算。

5. 税收支出的执行控制。根据税收支出预算，落实税收支出责任，保证预算的有效实施。建立税收支出审批制度，根据业务进展，按授权批准制度规定权限，审批税收支出申请。根据税收法律法规，规范税收开支项目、标准和支付程序，从严控制税收支出。

6. 税收支出核算控制。企业税收支出核算应符合国家统一的会计准则制度规定，正确分类和核算生产经营中发生的税收支出，提供完整的企业税务支出信息资料。

7. 企业税收支出分析与考核。根据企业内部控制基本规范，建立税收支出分析和考核制度。运用比较分析法、比率分析法、因素分析法、趋势分析法等分析税收支出，检查税收支出预算完成情况，分析差异原因，寻求合理避税的途径和方法。

(五) 企业税务工作流程

企业纳税工作总流程如图 8-11 所示。

企业税务登记流程如图 8-12 所示。

企业税务发票管理流程图如图 8-13 所示。

第八章 成本、费用与税务会计制度设计 241

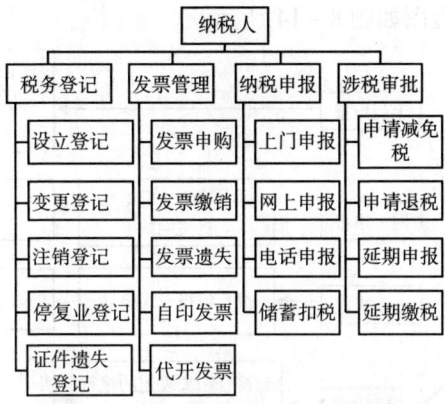

图 8-11 企业纳税工作总流程

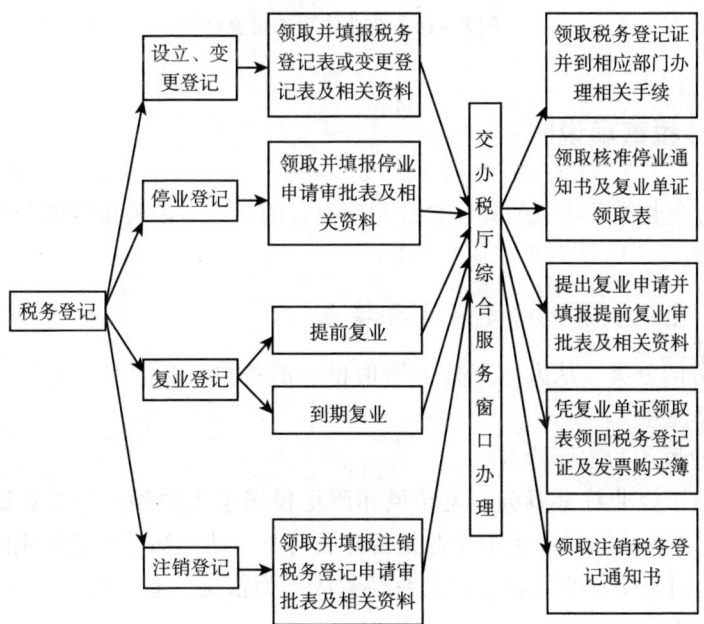

图 8-12 企业纳税登记流程

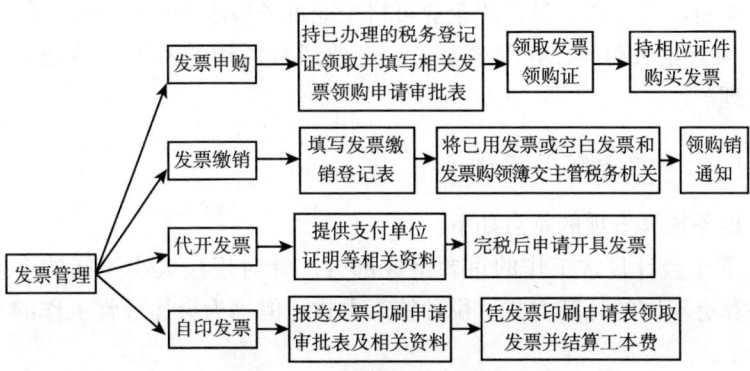

图 8-13 企业税务发票管理流程

企业纳税申报流程图如图8-14所示。

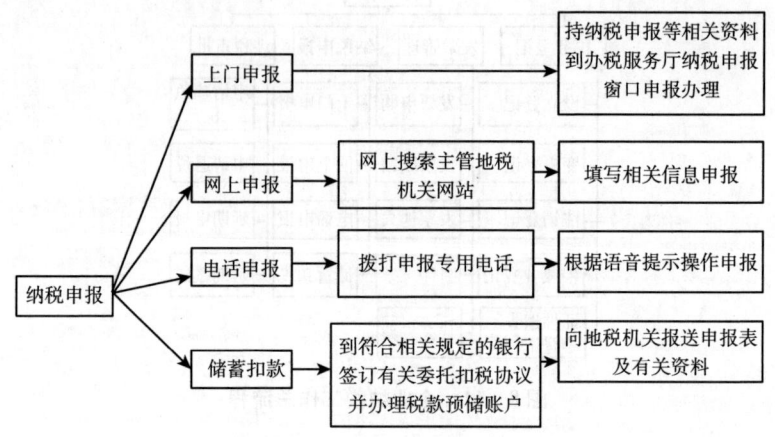

图8-14 企业纳税申报流程

三、涉税事项说明

在进行企业税务相关的具体会计制度设计前，先对涉税事项的分类及各自特点进行了解。

（一）企业税务的分类及主要特点

1. 税务的分类。从大体上分为增值税、消费税、资源税、企业所得税、个人所得税等税种。

2. 企业税务的主要特点。

（1）属于企业日常事务。流转税和所得税属于大税种，企业对该项税种要及时计算、申报和缴纳。无论企业是否开展营业活动，都存在流转税的计算、申报等事项。而所得税的征收，以企业经营成果为依据，有应税所得就需要缴纳，反之则无须缴纳。

（2）各事务开展符合税务机关的管理要求。正常情况下企业须有自身的税务部门并配备专门工作人员，或企业可将企业税务事项交由中介机构代理。

（3）与营业活动间存在紧密联系。企业经营活动的开展关系到企业税费计算是否合理。

（二）企业税务核算事项

企业税务核算事项的特点如下。

（1）属于会计日常工作的重要组成部分。针对规模大小不同的企业，企业的税费核算有不同的计算方式、税种核算方式，但均为会计日常工作的一个重要组成部分。

（2）核算准确性的实现需要税收法律的支持。企业需缴纳的税种应根据法律文件予以确定。纳税人身份、计税基础和税率的计算也需严格遵守税收法律文件。

(三) 企业税务筹划事项

纳税筹划，又称"合理避税"。国家税务总局注册税务师管理中心在其编写的《税务代理实务》中，把税收筹划明确定义为：税收筹划又称为纳税筹划，是指在遵循税收法律、法规的情况下，企业为实现价值最大化或股东财富最大化，在法律许可的范围内，自行或委托代理人，通过对经营、投资、理财等事项的安排和策划，以充分利用税法所提供的包括减免税在内的一切优惠，对多种纳税方案进行优化选择的一种财务管理活动。

1. 企业纳税筹划的特点。

(1) 合法性。税务筹划的合法性表现在其活动必须是法律允许的。它是税务筹划的基本前提，这是与偷税、逃税的最根本区别。任何违反国家现行法律制度的税务活动都是不允许的。税法是国家制定的用以调整国家和纳税人之间在征纳税方面的权利与义务关系的法律规范的总称，它是国家依法征税及纳税人依法纳税的行为准则。按照税收法规原则，国家征税必须有法定的依据，纳税人也只需根据税法的规定缴纳其应缴纳的税款。当纳税人依据税法作出多种纳税方案时，可选择税负较低的方案来实施，这也是税法赋予纳税人的一种权利，纳税人无需超过法律的规定来承担国家税赋，使得税务筹划成为可能。

(2) 筹划性。税收是国家宏观调控的一种重要手段，政府规定了相关的纳税义务人、纳税对象、税基、税率，以便引导纳税人采取符合政府导向的纳税行为。基于纳税人的纳税义务是在实际生产经营过程中形成的，比如交易行为发生之后才缴纳增值税或消费税，实现或分配净收益后才缴纳企业所得税，其滞后性使得税务筹划成为可能。事前筹划是税务筹划的一个重要特征，纳税人可以在投资、生产经营等经济活动发生前就着手安排，明确国家的立法意图，设计多种经营方案和纳税方案，并比较各种方案的不同税负，挑选出能使企业整体效益和企业价值达到最大的方案来实施。

(3) 目的性。税务筹划明确的目的是节税，即取得节税后的税收利益，节税就是要节约税收的支付，其含义：一是在业务量一定的情况下支付的税收总量最小；二是在业务规模扩大的情况下支付的税收总量相对最小；三是延期纳税，企业总的税负不会减少，相当于从国家取得了一笔无息贷款。

税务筹划节约了税收成本，减低了经营成本，有利于企业取得成本优势，使企业在激烈的市场竞争中得到生存与发展，从而实现长期赢利的目标。

(4) 综合性。税务筹划是一个企业长期的系统工程，关系到不同的纳税期、不同的税种、不同的环节与部门，具有很强的综合性。

在税务筹划中，要综合考虑总体税收负担和各纳税期的衔接；不同部门和环节的员工统一认识，同心协力；事前事后首尾相连，不断总结经验教训，提高筹划的能力。

2. 企业税务筹划的重要性和价值。首先，通过税务筹划可以使纳税人减少税收支出，获得税收利益。其次，企业要运用税务筹划，就必须保证内部经营管理制度健全有效，从而提高经营管理水平，降低运营成本，最终提高企业的竞争力。再次，企业的经营发展离不开税务，随着企业发展壮大，企业涉及的税收业务会不断增多，这就需要企业重视并正确应用税务筹划，以实现企业价值最大化。企业税务筹划的质量高低将直接影响到相关企业的生存与发展，并且对企业的经济效益产生深刻的影响。

在企业实践中，一方面，应当注重对企业税务筹划控制基本现状的分析；另一方面，还应当结合当前企业税务筹划控制的基本趋势，更好地制定出科学化的策略，对存在的问题进行深入的分析，以更好地实现对控制制度和控制思想的全面把握，为我国现代化的企业建设事业不断向前发展奠定坚实的基础。

四、涉税信息相关会计制度设计

在了解了企业税务相关基础情况后，需要对税务会计制度的不同板块进行更具体、更细化的补充说明。此部分内容主要是企业涉税信息的相关会计制度设计。

（一）涉税信息的定义

企业在生产经营中相关经济事项的发生，就可能产生纳税义务。在纳税义务发生的前提下，结合特定经济事项的税收条件、会计因素和其他相关因素的综合作用，确定纳税主体、纳税人、税基、税率、应纳税额、纳税时间、纳税地点、税收优惠等事项。这些因素通过具体相关信息层面的表述作用于纳税人的涉税事项。

上述这些因素，被统称为纳税人在生产经营活动中与税收活动发生相关的涉税信息。

（二）涉税信息的构成

主要包含税法信息、会计信息及其他信息三个层面。

1. 税法信息。这是指纳税人在纳税义务产生的基础上，由国家税收相关法律及条例等披露的确定纳税人是否纳税、纳税税种、纳税数量、纳税时间、纳税地点等相关信息。

具体来说，主要是依据财政部及国家税务总局、地方税务机关等依法制定的税收法律法规所提供的信息，主要包括相关税种的纳税范围、纳税义务人、税基、税率、税额计算方法、纳税时间、纳税地点、税收优惠及其他特殊列举规定等一系列与之相关的信息。

2. 会计信息。这是把企业的经营通过财务信息（财务状况、经营成果和现金流量）披露出来以最直观的方式传递给利益相关者。企业税收确定最直观的数据来源于企业的会计信息，通过财务数据所披露的企业会计信息来确认、核定、核准企业的税收。

3. 其他信息。企业涉税信息最直观的反映为税法信息与会计信息。但实际经济活动中企业的其他涉税信息，包括国家其他方面的法律法规、企业组织结构的选择、经营方式的选择等都直接影响着企业纳税结果。

（三）涉税信息控制的重要性

1. 企业涉税信息控制是企业税务管理的核心。企业税务管理，指企业运用管理学的基本原理和方法，制定业务运作程序，对企业生产经营管理中的涉税业务进行控制，达到规范企业纳税行为、规避企业税务风险、实现企业价值最大化目标的一种管理活动。而涉税信息控制可对税收管理程序及目标都能起到促进作用。从本质而言，涉税信息控制是对企业经济事务的风险控制活动，因此，涉税信息控制与企业税收管理的风险控制息息相关，两者间共同点多，相辅相成。涉税信息控制能在对国家税收法律及其他法律、法规的控制基础上，使相关人员理解与运用这些法律、法规时更具专业性与灵活性，能从专业角度上保证企业税务管理活动行为的合法性。

2. 企业涉税信息控制是企业内部控制的重要内容。内部控制，是企业为保护资产、检查会计数据正确性和可靠性，提高经营效益，促进贯彻执行既定的管理政策，而在内部所采取组织规划和一系列相互协调的方法和措施，由控制环境、风险评估、控制活动、信息沟通和监控构成。

而涉税信息是内部控制的对象之一，可从内部控制的各个构成部分来说明，说明如下：

（1）控制环境包括税收环境、法律环境等内部环境和外部环境。

（2）对企业的相关经济活动涉税行为的风险评估是内部控制风险评估的一部分。

（3）从内部控制的控制活动来看，企业涉税信息控制是一种控制程序活动。

（4）涉税信息是企业信息内容的一部分，故内部控制的信息沟通和监控包括涉税信息的沟通、反馈及监控。

因此，健全并完善涉税信息控制机制，是构建内部控制机制的重要组成部分。

（四）企业涉税信息控制的制度设计

1. 涉税信息的收集、处理、反馈。明确税务相关信息的收集、处理和传递程序，确保企业税务部门内部、企业税务部门与其他部门、企业税务部门与董事会、监事会等企业治理层以及管理层的沟通和反馈，发现问题应及时报告并采取应对措施。

（1）收集。随着科技发展，涉税信息的采集渠道显然越来越多，如运用人、计算机等工具对实物型信息、文献型信息、网络信息等涉税信息进行采集。但同时非法窃取信息的手段也层出不穷，因此在采集信息的同时，也需要采取有效措施对自身的信息进行安全保护。

企业相关工作人员须经常关注国家税收法律法规及会计准则方面的动态，并归集这些信息。

结合企业税务管理具体的环境因素分析，收集一些其他非常态的信息，比如企业的组织形式、内部结构、价格信息、合同签订形式等涉税信息。

（2）处理。税务工作需要有扎实财税专业知识基础的人员来进行，进入门槛比其他岗位更高。企业在招聘涉税信息处理工作人员时，要有财务主管部门的专业人员参加以确定录用人员的资格。并定期组织财务人员进行培训和学习，提高员工职业素养与能力。组织经常性职业考核机制，在考核中发现问题并及时处理，以提升员工的专业知识水准。

（3）反馈。及时发现计划和决策执行中的偏差，并且对组织进行有效控制和调节。

企业应利用现代化设备和人员，建立有自身特点的、功能相对完整的、系统的涉税综合管理信息网络。不断地对数据库进行收集、录入、扩充和更新，保证涉税信息资料客观、准确、及时。

但对于大多数企业来说，企业内部自行建立一个涉税综合管理信息网络，具有一定的外部收益性，不符合成本效益原则，可由税务机关来建立统一的税务综合服务管理信息系统。

2. 涉税风险识别、评估和控制。涉税信息控制是一个动态的过程，可能伴随着涉税风险的发生。为保证涉税信息控制活动的有效性，须建立相应的风险识别评估机制，从程序上确保风险控制的有效运行。

具体关系图如图 8-15 所示。

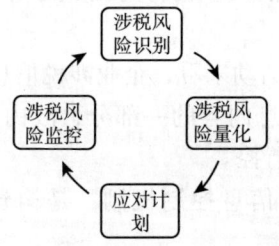

图 8-15　企业涉税风险评估体系

（1）涉税信息风险识别。即寻找税务风险存在的领域，发现并确定风险发生的主要范围，归纳并能准确描述税务风险的共同特征。

企业结合实际筹划项目的具体情况、涉税管理人员收集的相关信息（包括税收信息、经营信息、会计信息等）以及企业内外部生产环境综合分析，识别可能存在的涉税风险及风险因素。其中，外部环境分析包括对某行业或领域的宏观环境、行业发展情况、市场发展及竞争情况等方面的分析；内部环境分析指对企业自身的组织管理情况、人力资源情况、财务状况、经营态势等方面的分析。注意企业内外部环境中哪些因素对该风险具有影响作用,分析涉税风险是否具有可控性。

企业涉税风险识别的具体流程如图8-16所示。

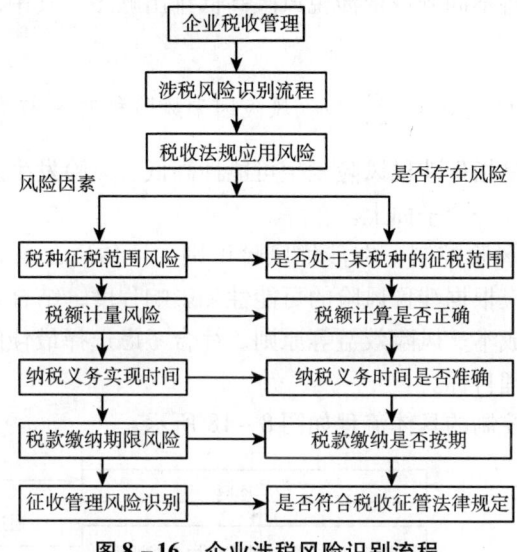

图8-16 企业涉税风险识别流程

(2) 涉税信息风险评估。在涉税风险识别的基础上,企业需进一步对某一涉税风险发生的可能性及对企业税务管理目标影响的可能性等做出一个定性、定量的判断,即评估衡量涉税风险。企业涉税风险评估包括两方面内容:涉税风险发生的可能性;风险发生对企业税收管理目标的影响程度。

涉税风险评估的具体流程如图8-17所示。

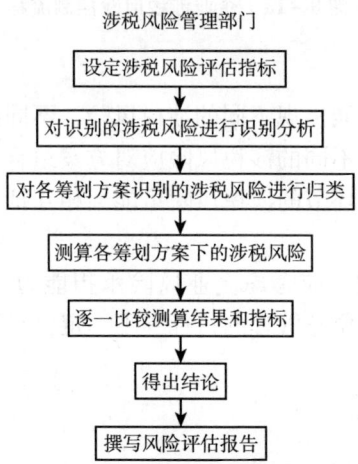

图8-17 企业涉税风险评估流程

具体在评估流程中使用的方法通常有主观判断法、评分法、风险坐标图法。

主观判断法,指涉税风险评估人员根据自身专业知识及经验,主观直觉判断涉税风险程度(高、中、低)。这要求相关工作人员具备高专业知识、强职业能力以及丰富的工作经验。

评分法，是指针对各涉税风险因素特性分配风险程度及权数，计算得到风险总分，并根据分数将不同领域依涉税风险高低排出顺序。其中，涉税风险总分的具体计算公式如下：

$$涉税风险 = \sum 涉税风险因素风险程度 \times 权数$$

风险坐标图，是指把涉税风险发生可能性高低、风险发生对目标的影响，作为两个维度绘制在同一个平面上。

（3）涉税信息风险控制。在涉税风险识别、评估后，企业管理层需根据结果制定策略。企业应根据涉税风险的可能性和影响程度，结合企业自身的风险承受力度、风险控制成本、风险效益等原则，综合考虑选择最佳的策略和方案，尽量实现企业税务管理目标。

涉税信息风险控制的具体流程如图 8-18 所示。

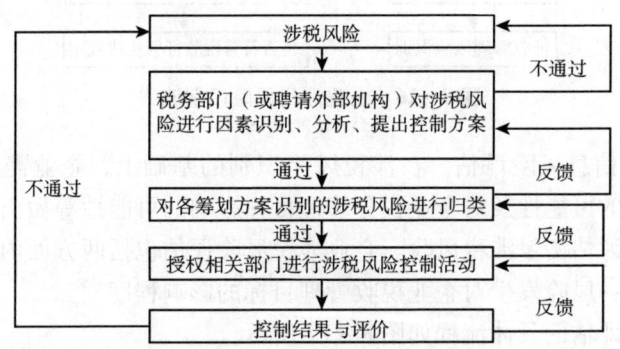

图 8-18　企业涉税风险控制流程

流程中的注意事项：

①不同的筹划方案可能出现不同的涉税风险，不同的涉税风险应对方案可能产生不同效果，可以考虑不同的涉税风险应对方案组合的效果；

②税收管理过程中各环节的涉税风险可能会相互抵消，在制定和选择方案时应考虑全局；

③制定和选择方案时，应考虑企业风险承担能力，结合方案成本及效益原则，综合考虑，注意企业税务管理的目标并不一定就是税额的绝对降低。

五、企业税务筹划

在企业税务相关的工作中，税务筹划起到至关重要的作用。税务筹划在西方已经经历了很长时间的发展，而在我国税务筹划开展较晚，由于人们对税务筹划没有一个正确的认识，使得税务筹划在企业中应用存在着一系列的问题，如何正确认识税务筹划及有效使用税务筹划是企业必须面临的问题。下面将进一步说明企业税务筹划的相关内容。

(一）税收筹划概述

1. 税务筹划的概念。税务筹划，是纳税人根据现行税法及法规，遵循税收国际惯例，在遵守且尊重税法的前提下，对企业的组建、经营、投资、筹资等活动进行的旨在减轻税负、有利于实现企业财务目标的谋划、对策与安排。

2. 税务筹划的原因。内在动力：经济利益的驱动。利润最大化是企业的目标，但缴纳税费既是法定义务，又是一种利益流出，使企业的盈利目的和税费支出间存在矛盾。企业希望减少税费支出，提高经济效益，须通过合法途径，筹划应税事项。

外在因素：市场竞争的压力。为在市场中处于有利地位，企业须增收节支，提高盈利能力和经济效益。若其他因素不变，企业用合法途径降低税费成本，可增强获利能力，提高企业价值，在市场竞争中占据有利地位。

税法因素：税法客观上存在筹划空间。税收遵循公平和促进经济发展的原则，针对不同的课税对象采取了不同的征收方式，制定了具体的差别税率，使得企业的实际税负存在差异，企业可合法筹划并落实，使自身实际税负降至最低。

3. 税务筹划的原则。

（1）事前筹划与事后筹划相结合；

（2）自行筹划与委托税务代理机构筹划相结合；

（3）重点筹划与全面筹划相结合。

4. 税务筹划在投资活动中的应用。按投资的客体划分，企业投资可分为直接投资和间接投资两大类。直接投资一般指对经营资产的投资，即通过购买经营资本、兴办企业，取得被投资企业的实际控制权，从而获取经营利润。间接投资是指对股票或债券等金融资产的投资。

（1）直接投资的税务筹划。直接投资最重要的是要考虑企业所得税的税收待遇。我国企业所得税制度规定了很多税收优惠待遇，包括税率优惠和税额扣除等方面的优惠。企业应全面掌握税收政策，充分运用符合条件的优惠政策，达到税收筹划的目的。

（2）间接投资的税务筹划。在间接投资中，投资者关注的重点是投资收益的大小和投资风险的高低。间接投资依据具体投资对象的不同，可分为股票投资、债券投资及其他金融资产的投资，这些投资也可以依据证券的具体品种做进一步划分。企业对这些间接投资也应结合具体的税收政策进行税收筹划。

5. 税务筹划在生产经营活动中的应用。企业在生产经营活动中要依法缴纳各种税金。当企业处于所得税免税期时，其得到的免税额随着企业获得利润的增多也就变得越多。当企业计提固定资产折旧时，应根据具体情况进行分析，采取不同的折旧方法。在企业享有减免税优惠待遇的创办初期，企业可以通过延长固定资产的折旧年限获得节税利益。而对于没有享受税收优惠正常生产经营期的企业来说，可以通过减少固定资产折旧年限，加速回收固定资产的成本，使企业前期利润后移，后期成本费用前移，获得延期纳税利益。

除选择对企业有利的固定资产折旧年限、不同折旧方法和预计净残值计算折旧，以达到节税的目的外，在生产经营过程中的税务筹划主要还包括在执行税收政策上找突破口，充分利用税收优惠政策；充分运用会计准则的谨慎性原则；应严格区分各种费用界限，按会计制度规定尽可能使各种支出费用化而非资本化等。

（二）税务筹划内部控制制度设计

企业税务筹划内控制度设计主要从两个层面阐述：从内部环境的角度，通过设计组织机构设置、员工激励体系，达到减轻税负目的；在企业既定组织结构和经营条件下，从企业经营业务循环中，筹划实现减轻税负、提高盈利水平的目标。

1. 内部环境设计。

（1）组织机构设计。在企业发展中，组织机构对资源利用、信息流动、决策权使用都起着决定性作用，能将企业内部所有可用资源合理调配、优化配置。设计组织机构应能在企业内部或外界环境变化时及时进行有效调整，实现减轻税收负担的目的。

组织机构设计流程的具体控制点如图8-19所示。

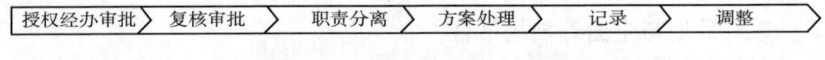

图8-19 组织机构设计流程

流程说明：
①通过企业工作人员对经办业务的授权行为进行可行性分析，选定相关方案；
②通过管理人员分析比较相关方案，完成审批复核工作后做好决策；
③企业相关人员应该做好相关资产处理、记录、授权交易等方面的工作；
④企业财务管理工作人员根据规定形式进行账务处理；
⑤通过分析企业外部、内部环境出现的改变，合理调整企业方案。

具体控制：
①不同类型的组织机构形式的设计存在着税收水平的差异，故投资人员在设计组织结构形式时，应考虑影响企业税负的因素；主要通过选定方案、可行性分析来实现。
②方案选定时应综合比较合伙企业类型、分公司类型、子公司类型等方面因素，通常主要是以独资企业、合伙企业、公司企业三种类型的组织机构形式为主。

独资企业、合伙企业、公司企业的税收政策如下。

①个人独资企业：根据我国现行《个人所得税法》规定，个人独资企业的生产经营所得，作为投资者的生产经营所得，按照"生产经营所得"项目，适用5%~35%的五级超额累进税率，计算征收个人所得税。

②合伙企业：我国现行税法规定，合伙企业的生产经营所得和其他所得，按

照国家有关税收规定,由合伙人分别缴纳所得税。合伙人为自然人的,征收个人所得税。我国现行《个人所得税法》规定,合伙企业投资者分得的所得,按照"生产经营所得"项目,适用5%~35%的五级超额累进税率,计算征收个人所得税。合伙人为法人或其他组织的,征收企业所得税。

③公司企业:对于投资者而言,公司制的企业需要缴纳两个层次的所得税,首先是企业实现的利润需要缴纳企业所得税;在利润分配给投资者以后,往往还要缴纳所得税,如果投资者是个人,需要缴纳个人所得税,而如果投资者是企业,则需要缴纳企业所得税。

(2)人力资源政策设计。人力资源政策设计流程的具体控制点如图8-20所示。

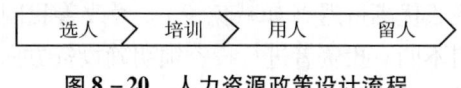

图8-20 人力资源政策设计流程

流程说明:

①企业聘请的人员应有较强专业知识及较高素质,确保选择与企业发展相符合的人才。

②企业培训人才应联系理论与实际,确保工作人员能在工作中发挥自身知识。

③企业应量才录用。

④企业应通过良好的工作环境、工资报酬等方式留住人才。

具体控制:

①通过多样的薪酬发放方式,增加员工的实际收入。

②以名义收入降低的方式做好税收筹划。通过支付时间、收入标准等方式尽可能实现收入均衡,确保实际收入保持不变的前提下,降低税率档次。主要是签订劳动合同时,在收入之外明确项目(如通过提供医疗保险、交通工具、住房等方式),降低应纳税金额。

③奖励政策和税收筹划相结合,减轻个人税收负担,使薪酬效能实现最大化。

2. 业务循环设计。企业运作循环关系如图8-21所示。

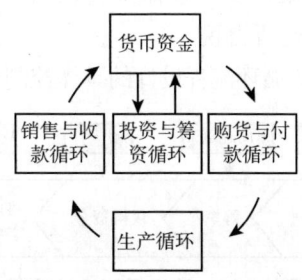

图8-21 企业运作循环关系

(1) 投资循环设计。投资是企业为了通过分配来取得收益，或为了资本增值，或为了对被投资企业施加影响，改善贸易关系等其他利益而持有的资产。投资循环流程设计的具体控制点如图 8–22 所示。

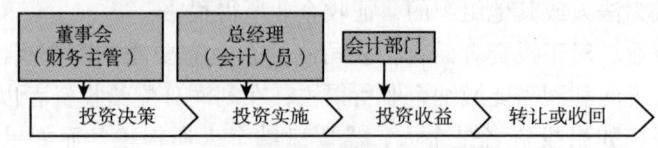

图 8–22　投资循环设计流程

具体控制：

①选择投资方向。为优化我国的产业结构，国家对符合产业政策和国民经济发展规划的投资，给予税收优惠待遇（如减免税）。为改善我国地区经济布局，对不同地区的税收政策倾斜不同。投资者进行投资须明确投资方向，选准投资行业和投资区域，尽可能选择具有税收优惠政策的行业和地区。

②选择投资方式。根据税法规定，盈利企业收购亏损企业，合并财务报表中可用亏损企业的亏损抵销盈利，降低税负，减少税金支出。

在企业有暂时闲置资产拟对外投资时，可购买股票、债券或直接投资某企业。买国库券取得的利息收入可免交企业所得税，买企业债券取得的收入和对外直接投资取得的收益要交所得税，买卖股票取得的收益为税后收入不交税，但风险大。这需企业管理层权衡后决策。

此外，当企业在外地设有子公司时，企业可考虑用闲置的资产对子公司投资，既可增强企业对子公司的控制和影响力，又可通过母子公司间进行费用分摊和利润分配，达到减轻企业所得税负担的目的。

③非货币性资产投资。固定资产折旧费和无形资产摊销具有抵税作用，投资者可选择投资固定资产或无形资产，使计提的折旧和摊销费能作为税前扣除项目予以扣除，减少所得税的税基。根据税法规定，企业以固定资产和无形资产对外投资时，须进行资产评估。企业还可选择有利的资产评估方法，使被评估资产合理增值，从而多列固定资产折旧费和无形资产摊销费，减少当期应纳税利润，缩小所得税税基。

④合理选择长期投资核算方法。采用成本法核算的企业可将应由被投资企业支付的投资收益长期滞留在被投资企业账上作为资本积累，也可用作其他用途，以减少投资收益应缴纳的企业所得税。

(2) 筹资循环设计。筹资循环流程设计的具体控制点如图 8–23 所示。

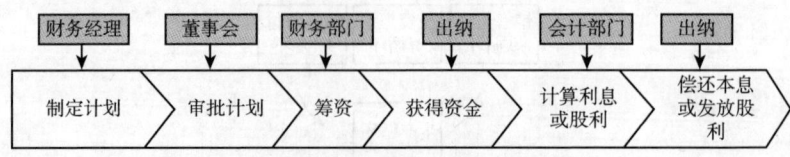

图 8–23　筹资循环设计流程

流程说明：

①企业通过借款筹集资金需经管理当局的审批；

②发行股票须根据国家法规或企业章程规定，报经企业最高权力机构及国家管理部门批准；

③向银行或其他金融机构融资签订借款合同，发行债券签订契约和代销、包销合同；

④企业实际取得银行或金融机构划入的款项或债券、股票的融入资金；

⑤企业应按有关合同或协议的规定使用资金，及时计算利息；

⑥银行借款或发行债券应按合同或协议规定偿还本息，融入的股本应根据股东大会的决定发放股利。

具体控制：

①确定最优资金结构。企业资金结构合理与否，影响企业的税收负担及企业权益资本收益实现的水平。若公司资本规模和资本结构一定，公司从息税前盈余中支付的债务利息和优先股的股利是相对固定的。当息税前盈余增多时，每一元息税前盈余所负担的固定财务费用会相应降低，扣除公司所得税后可分配给普通股股东的利润就会增加，从而给普通股股东带来额外收益。这种因固定财务费用存在，使普通股每股盈余的变动幅度大于息税前盈余变动幅度的现象叫作财务杠杆。利用财务杠杆效应可获取节税效益。

②筹资方式的筹划。不同筹资方式有不同节税效果。企业主要筹资方式有吸收权益资金、企业留存盈余、向金融机构借款、企业间拆借资金、职工集资、发行债券、商业信用、融资租赁、有关部门拨款、应付引进设备款等，其他特殊融资形式还有还本销售、售后回购等。

银行借款的税务筹划：向银行借款主要成本为利息，可在税前列支，减少企业应纳税所得额。主要应考虑税前列支利息的减税效益及还本付息方式带来的资金时间价值。

从关联企业拆借资金的税收筹划：从关联企业拆借资金时，超过注册资本部分的利息不得从税前扣除，企业为这部分借款支付的利息是已交过所得税的净利润，而关联企业收到利息后还要缴纳25%的所得税，因此，应尽量避免这种情况的发生。

职工集资的税收筹划：企业经批准的职工集资的利息支出，不高于银行同期、同类贷款利率的部分可税前扣除，起到一定减税的效果，减轻企业税费负担。但需同时符合两个条件：第一，企业与个人间的借贷是真实、合法、有效的，且不具有非法集资目的或其他违反法律法规的行为；第二，企业与个人签订了借款合同。

还本付息方式的筹划：企业具体还本付息方式有到期一次还本付息、分期还本付息等。不同债务筹资、还本付息方式，对所得税的影响也不同，因此，对企业而言存在一个偿还方式选择的问题。但纳税最优的方案不一定是企业价值最大化的方案，在进行税务筹划时，应充分考虑所要筹划事项的实际情况，综合各种因素来选择方案，而非一味追求税负最低。

（3）销售与收款循环设计。销售与收款循环流程设计的具体控制点如图8-24所示。

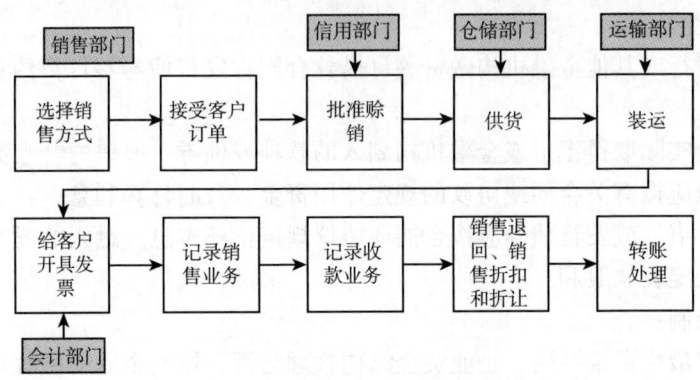

图8-24 销售与收款循环流程

具体控制：

①销售部门选择销售方式。销售方式主要有折扣销售商业折扣、销售折扣现金折扣、销售折让与退回、以物易物、返本销售、以旧换新、承包销售、代理销售、按揭销售（用贷款购买房屋）、赠送销售。

②通过销售合同的签订确认销售时间。不同销售的确认时间，纳税义务发生时间也不同。销售部门在签订合同时，应考虑有利的销售确认时间，达到推迟纳税的目的。

《增值税暂行条例》及其实施细则规定，纳税人销售货物或者应税劳务的纳税义务发生时间，按销售结算方式不同具体如下：采取直接收款方式销售货物，不论货物是否发出，均以收到销售额或取得索取销售额的依据，并将提货单交给买方的当天；采取托收承付和委托银行收款方式销售货物，为发出货物并办妥托收手续的当天；采取赊销和分期收款方式销售货物，为按合同约定的收款日期的当天；采取预收账款方式销售货物，为货物发出的当天；委托其他纳税人代销货物，为收到代销清单的当天；销售应税劳务，为提供劳务同时收讫销售额或取得索取销售额凭据的当天。

③混合销售。混合销售是指增值税纳税人在从事应税货物销售或提供应税劳务的同时，还从事非应税劳务，且从事的非应税劳务与某一项销售货物或提供应税劳务并无直接的联系或从属关系。《增值税暂行条例实施细则》规定，纳税人兼营非应税劳务的，应分别核算货物或应税劳务和非应税劳务的销售额，对货物和应税劳务、非应税劳务的销售额按各自适用的税率征收增值税。若不分别核算或不能准确核算货物或应税劳务和非应税劳务销售额的，其非应税劳务应与货物或应税劳务一并征收增值税。《关于全面推开营业税改征增值税试点的通知》第四十条规定，一项销售行为如果既涉及服务又涉及货物，为混合销售。《增值税暂行条例实施细则》第六条规定，销售自产货物并同时提供建筑业劳务的行为，

应当分别核算货物的销售额和非增值税应税劳务的营业额。例如,电梯厂销售自产电梯,并提供安装劳务的行为,虽然是混合销售行为,但并不需要全部缴纳增值税,而是根据货物销售部分按照 13% 的税率缴纳增值税,安装劳务部分缴纳营业税(营改增后,安装服务按 9% 的税率缴纳增值税),企业应在分析比较后进行选择。

④销售费用的筹划。根据现行税法规定,销售费用一部分为据实扣除项目,另一部分为按标准限额扣除项目。例如,企业委托境外机构销售产品,其支付境外机构的销售费用(含佣金及手续费)不超过委托销售收入 10% 的部分,准予据实扣除。企业若能合理划分这两部分扣除项目,用好限额扣除的政策,那么就可以将部分销售费用转化为税前扣除,降低所得税税负。根据现行税法规定,在扣除标准内的销售费用作为期间费用可当期扣除,而产品成本只能将本期已销售部分的成本转出扣除,未售出部分待以后年度销售时再确认扣除。如果将部分成本计入销售费用,即可税前扣除,企业部分所得税的纳税时间将后滞,为企业创造纳税时间性差异,此时企业相当于拥有了一笔无息贷款。如房地产开发企业可单独设立销售机构,其发生的差旅费、工资、福利费等可作为销售费用列支,而不列入成本,既可以递延企业纳税时间,又可以为企业赢得一笔"活钱",有利于企业的长远发展。

此外,正确划分销售费用与产品成本,可以降低企业的涉税风险。有的生产企业将产品售价与产品成本之间的差价定得过小,低售价行为可适用反避税条款,即按照国家税务总局确定的全国平均利润率标准重新核定产品的销售价格,向企业追缴税款。那么如何规避呢?在销售价格不变的情况下,根本问题是降低产品成本,保持一个合理的成本利润率。可以合理地将某些产品成本项目重分类为销售费用等期间费用,为降低售价和成本赢得利差空间,降低企业的涉税风险。

⑤销售使用过的固定资产的税务筹划。按照税法规定,销售自己使用过的固定资产,同时具备以下条件的免征增值税:属于企业固定资产目录所列货物;企业按固定资产管理使用;销售价格不超过其原值。不同时符合上述条件的减半缴纳企业所得税,按 4% 的征收率简易计算增值税并减半征收。

(4) 采购与付款循环设计。采购与付款循环流程设计的具体控制点如图 8-25 所示。

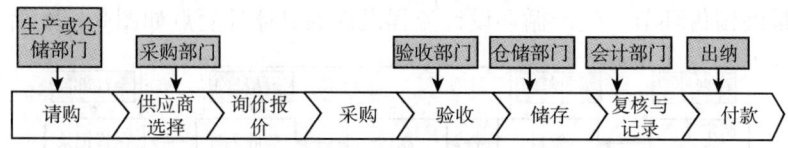

图 8-25 采购与付款流程

具体控制如下:

①供货单位的选择。供应商是增值税一般纳税人还是小规模纳税人,其发票不一样,进项税抵扣金额也不一样。有的货物、劳务只能向一般纳税人采购,而

有的货物、劳务则不受质量、采购量、距离等因素的影响,可以在一般纳税人与小规模纳税人之间选择。企业在采购时应综合考虑何时、何地、何种方式付款,质量、价格、能否抵扣等多个方面的因素。货物、加工、修理修配劳务在小规模纳税人处的采购,如果不能开具增值税发票(税务机关代开除外),就无法抵扣增值税。这种情况下,在签订合同时,采购方可以通过谈判压低价格。税法规定,允许一般纳税人外购货物所支付的运输费用根据运费结算单据所列金额的7%扣除进项税额,故扣除进项税额后的运费才是计入企业相关货物成本的费用。企业应将货物的净采购价款和计入成本的运费综合比较,选择成本较低的方案。

②合理安排进货规模和进货时间。材料购进是连续的过程,因此,从税务筹划的角度看,存在最佳进货额的问题。企业年进货额一定时,进货批次少,则每批货物的进货批量大。在不存在延迟付款或延迟取得增值税专用发票的情况下,进货批量较大时,企业一次性取得的进项税额也较大。若企业当期取得进项税额大于销项税额,出现待抵扣的进项税额时,则表示企业税款的提前支付,从税务筹划角度要尽量避免。在符合经济性并且不影响企业正常生产工作的前提下,将进货时间、库存峰值安排到纳税期限到来前的时点,对节税有经济意义。

③结算方式的选择。结算方式的筹划一般可以从以下四个方面着手:第一,使销售方接受托收承付与委托收款结算方式,尽量让对方先垫付税款。第二,未付出货款前,先取得对方开具的发票。第三,采取赊销和分期付款方式,使销货方垫付税款,而自身获得足够的资金调度时间。第四,尽可能少用现金支付等。

④购货合同的税务筹划。购货合同的筹划可谓是企业整个采购筹划的落脚点,因为采购的规模、单位、时间与结算方式等均反映在购货合同上。合同一旦订立,就意味着其他筹划活动的结束,采购规模的大小、购货单位、购货时间、结算方式均能够在购货合同上得到具体一致的反映。

(5) 生产循环设计。该环节主要对消费税进行纳税筹划。企业可根据消费税是在购销过程中最终环节纳税这一特点进行合理避税。首先,对于自产自销产品来说,企业税负比较重,在这种情况下,企业可考虑委托加工后直接对外销售,这样可将税负转嫁。其次,税法规定自产自用的应税消费品用于连续生产的不纳税。因此,企业可通过企业合并的方式,把两个企业之间原来的正常购销关系改变为内部转让关系,从而合理避税或者延迟缴税。因为内部交易不需要缴纳消费税而是递延到未来最终销售环节。生产循环设计流程设计的具体控制点如图8-26所示。

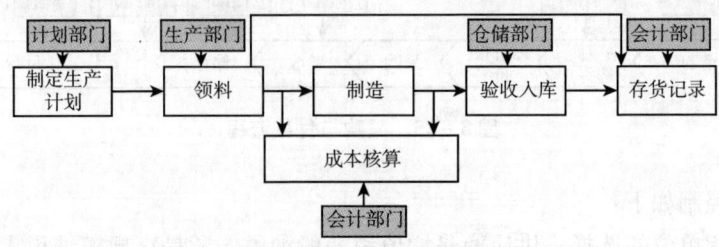

图8-26 生产循环流程

具体控制点：

①选择存货盘存方法。存货盘存法主要包括定期盘存制和永续盘存制。定期盘存制将盘亏的存货计入当期管理费用或营业外支出，企业可达到延期纳税目的。而永续盘存制有利于加强存货管理，随时反映每一存货的收发存动态。通过盘点，可查明存货溢缺原因，保证利润计算准确性，但存货明细记录工作量较大。

②选择存货计价方法。新《企业会计准则第1号——存货》第14条明确规定："企业应当采用先进先出法、加权平均法或者个别计价法确定发出存货的实际成本。"即不允许企业使用后进先出法核算存货成本。

当前市场经济体制下，价格波动是正常的，因此应选择合理的计价方法，利用市场价格的波动差异，可达到避税节税的目的。一般情况下，若原材料价格在不断下降，此时企业若正享受减免税，应减小当前成本，增加利润，充分利用税收优惠政策。

③筹划来料加工与进料加工。在现行出口货物退税政策条件下，企业只有采用合适的贸易经营方式，才能使税收负担降到最低水平。来料加工和进料加工是加工贸易最基本的两种方式。

来料加工不需要从外商手里购买原材料，是外商免费提供原材料，企业根据外商要求进行生产，产品全部出口给外商。根据我国的税收政策规定，对来料加工企业实行免税政策。

进料加工是国内企业从外商手里购进原材料，根据外商的要求生产产品，产品全部出口。我国税收政策规定对进料加工的企业实行出口退税政策。进料加工的税收包含以下五方面：企业以进料加工贸易方式进口的料、件，免征进口环节的关税、增值税、消费税；进料加工合同项下进口的机器设备应按照一般进口货物办理进口和征税手续；加工产品复出口时，在出口环节免征关税、增值税和消费税；加工产品出口后，对其出口产品所耗用的从国内采购的料件已缴纳的增值税可以申请退税；进料加工进口的料件及产品经批准转为内销时，应缴纳关税、增值税、消费税，包括对进口料件免征的关税、增值税、消费税以及对内销售时应缴纳相应的增值税。海关按照一般进口货物审定完税价格。

来料加工与进料加工在税收上存在三点相同之处：来料加工与进料加工在合同项下进口的料件都可予以免税；加工成品在出口环节都可以享受免税；当来料加工或进料加工进口的料件或产品经批准转为内销时，应缴纳关税、增值税、消费税，包括对进口料件免征的关税、增值税、消费税以及对内销售时应缴纳相应的增值税。

来料加工与进料加工在税收上也存在不同之处：对来料加工合同项下进口的符合条件的机器设备可免征关税、增值税，进料加工不享受此政策；对加工时耗用的国内采购的料件，来料加工的情况下，产品出口后不予退税，而进料加工则可在产品出口后按照相关政策予以退税。企业可以通过加工贸易方式的选择，如考虑征税率与退税率、国产料件的耗用量等因素，达到降低税收负担的效果。

④成本费用的筹划。成本费用大小，直接影响企业效益，合理利用成本费用的重分类和合理跨期来调节利润，可达到节税目的。

六、与税务有关的会计核算方法设计

与税务有关的会计核算主要涉及两种税：一种是增值税；另一种是所得税。增值税主要是在购买、销售等业务中涉及，而所得税主要涉及纳税调整的事项。

（一）增值税的会计核算

增值税是以商品（含货物、加工修理修配劳务、服务、无形资产或不动产，以下统称商品）在流转过程中产生的增值额作为计税依据而征收的一种流转税。

1. 增值税的基本含义。增值税是以商品（含货物，加工修理修配劳务、服务、无形资产或不动产，以下统称商品）在流转过程中产生的增值额作为计税依据而征收的一种流转税。

2. 增值税相关的会计核算。进项税额是指纳税人购进货物或者接受加工修理修配劳务和应税服务，支付或者负担的增值税税额。销项税额是指纳税人提供应税服务按照销售额和增值税税率计算的增值税额。

$$当期销售销项税额 - 当期购货进项税额（加上期留抵税额）= 本月实际要缴纳的增值税$$

3. 增值税相关会计账务处理。

（1）购进业务的会计分录如下。

借：原材料等
　　应交税费——应交增值税（进项税额）
　　贷：银行存款

（2）销售业务的会计分录如下。

借：银行存款
　　贷：主营业务收入
　　　　应交税费——应交增值税（销项税额）

（二）所得税的会计核算

所得税的账务处理主要涉及纳税调整的问题，即税务会计将按会计标准（包括会计准则和会计制度）核算得出的财务会计中的利润总额、会计收入、应交税金调整为按税法规定核算的税务会计中的应纳税所得额、应税收入和应纳税额的过程。

1. 所得税的基本含义。所得税是对我国内资企业和经营单位的生产经营所得和其他所得征收的一种税。

2. 所得税相关会计核算。

（1）方法。企业一般应于每一资产负债表日进行所得税的核算，采用资产负债表债务法来进行核算。资产负债表债务法是从资产负债表出发，通过比较资产负债表上列示的资产、负债按企业会计准则确定的账面价值与按税法规定确定的计税基础，两者之间的差额，分别作为应纳税暂时性差异和可抵扣暂时性差异，进而确认相关的递延所得税负债与递延所得税资产。

（2）资产负债表债务法的相关概念。

①计税基础，是指资产负债表日后，资产或负债在计算以后期间应纳税所得额时，根据税法规定还可以再抵扣或应纳税的剩余金额。分为资产的计税基础和负债的计税基础。

资产的计税基础是指企业收回资产账面价值过程中，计算应纳税所得额时按照税法规定可以自应税经济利益中抵扣的金额。

负债的计税基础是指负债的账面价值减去未来期间计算应纳税所得额时按照税法规定可予抵扣的金额。

②暂时性差异，是指资产或负债的账面价值与其计税基础之间的差额。按照暂时性差异对未来期间应税金额的影响，分为应纳税暂时性差异和可抵扣暂时性差异。

应纳税暂时性差异是指在确定未来收回资产或清偿负债期间的应纳所得额时，将导致产生应税金额的暂时性差异。该差异在未来期间转回时，会增加转回期间的应纳税所得额，即在未来期间不考虑该事项影响的应纳税所得额的基础上，由于该暂时性差异的转回，会进一步增加转回期间的应纳税所得额和应缴所得税金额。在应纳税暂时性差异产生当期，应当确认相关的递延所得税负债。应纳税暂时性差异产生时常常是资产增加（或者负债的减少），会计利润增加，但按税法规定此项增加的利润不计入当期应税所得额，最终使资产的账面价值大于计税基础（或者负债的账面价值小于计税基础），会计利润大于应税所得。

可抵扣暂时性差异是指在确定未来收回资产或清偿负债期间的应纳税所得额时，将导致产生可抵扣金额的暂时性差异。该差异在未来期间转回时会减少转回期间的应纳税所得额，减少未来期间的应缴所得税。在可抵扣暂时性差异产生当期，应当确认相关的递延所得税资产。可抵扣暂时性差异产生时，常常是资产减少（或负债增加），会计利润减少，但按税法规定此项减少的利润不允许税前扣除，最终使资产的账面价值小于计税基础（或者使负债的账面价值大于其计税基础），会计利润小于应税所得。

③递延所得税，是当企业应纳税所得额与会计上的利润总额出现时间性差异时，为调整核算差异，可以账面利润总额计提所得税，作为利润总额列支，并按税法规定计算所得税作为应交所得税记账，两者之间的差异是递延所得税。

④递延所得税资产和递延所得税负债。递延所得税资产就是未来预计可以用来抵税的资产，是根据可抵扣暂时性差异及适用税率计算。递延所得税负债是指根据应纳税暂时性差异计算的未来期间应交所得税的金额。

(3) 核算具体步骤。

①资产、负债的账面价值,是指企业按照相关会计准则的规定进行核算后在资产负债表中列示的金额。对于计提了减值准备的各项资产,是指其账面余额减去已计提的减值准备后的金额。例如,企业持有的应收账款账面余额为1000万元,企业对该应收账款计提了50万元的坏账准备,则其账面价值为950万元。

②确定资产负债表中有关资产、负债项目的计税基础。

③比较资产、负债的账面价值与其计税基础,区分应纳税暂时性差异与可抵扣暂时性差异,确定资产负债表日递延所得税负债和递延所得税资产的应有余额,并与期初递延所得税资产和递延所得税负债的余额相比,确定当期应予进一步确认的递延所得税资产和递延所得税负债金额或应予转销的金额,作为最终递延所得税金额。

④就企业当期发生的交易或事项,按照适用的税法规定计算确定当期应纳税所得额,将应纳税所得额与适用的所得税税率的计算结果确认为当期应交所得税。

⑤确定利润表中的所得税费用。利润表中的所得税费用包括当期所得税(当期应交所得税)和递延所得税两个组成部分,企业在计算确定了当期所得税和递延所得税后,两者之和(或之差),是利润表中的所得税费用。

(4) 核算公式。具体如下:

$$应纳税所得额 = 会计利润 + 纳税调整增加额 - 纳税调整减少额$$

纳税调整增加额是指使会计利润减少但按税法规定不允许税前扣除的费用项目,如计提的资产减值损失、公允价值变动损失、超过计税工资标准的工资、行政性罚款支出等。

纳税调整减少额是指使会计利润增加,但按税法规定不计入应税所得的收益项目,如收到的国库券利息、长期股权投资权益法核算双方所得税税率相等时确认的投资收益等。

$$应交所得税 = 应纳税所得额 \times 适用的所得税税率$$

资产账面价值 > 资产计税基础,差额确认为应纳税暂时性差异,确认"递延所得税负债"。

负债账面价值 < 负债计税基础,差额确认为应纳税暂时性差异,确认"递延所得税负债"。

资产账面价值 < 资产计税基础,差额确认为可抵扣暂时性差异,确认"递延所得税资产"。

负债账面价值 > 负债计税基础,差额确认为可抵扣暂时性差异,确认"递延所得税资产"。

$$期末递延所得税负债 = 应纳税暂时性差异的期末余额 \times 所得税税率$$
$$期末递延所得税资产 = 可抵扣暂时性差异的期末余额 \times 所得税税率$$

$$\begin{matrix}当期所得\\税费用\end{matrix} = \begin{matrix}本期应交\\所得税\end{matrix} + \begin{pmatrix}期末递延\\所得税负债\end{pmatrix} - \begin{matrix}期初递延\\所得税负债\end{matrix} - \begin{pmatrix}期末递延\\所得税资产\end{pmatrix} - \begin{matrix}期初递延\\所得税资产\end{matrix}$$

3. 所得税相关会计账务处理。

确认应交所得税费用的会计分录如下：

借：所得税费用

　　贷：应交税费——应交所得税

通常递延所得税负债的增加数的会计分录如下：

借：所得税费用

　　贷：递延所得税负债

递延所得税资产的增加数的会计分录如下：

借：递延所得税资产

　　贷：所得税费用

本 章 小 结

成本和费用的高低是衡量企业生产经营管理水平、市场竞争力、发展前景的重要标准之一。企业的成本核算方法多样，内容复杂；企业依法承担的税收费用种类较多，应交税费一方面是对当期损益的一种抵减，另一方面也考验着企业税务管理部门是否有能力进行正确的税务筹划。因此，设计科学合理的成本、费用、税收业务会计制度，对提升企业成本、费用与税收的管理水平具有重要意义。

本章主要介绍了成本费用与税收会计制度设计，以"目标、原则、内容、流程、方法"为顺序详细讲述了内部控制、成本核算、涉税信息、纳税筹划等的具体流程和控制程序设计。本章涉及的知识面较广，除会计、审计知识外，还相应引入了企业税务筹划等相关知识，总结和归纳了各种纳税筹划的方法、手段及使用范围等，体现了"股东利益最大化"的经营目标。

总而言之，设计科学合理的成本费用与税收会计制度，对于加强企业经营管理、满足企业各利益相关者的需要、充分发挥会计在国民经济发展中的作用，具有十分重要的意义，是会计制度设计的核心内容之一。

基 本 训 练

一、单项选择题

1. 成本核算的基础工作控制制度设计中不应包括（　　）。

A. 定额管理和原始记录制度　　　　B. 内部计划价格制度

C. 材料物资的收发、领退、清查制度　　D. 奖惩制度

2. 月末生产费用在完工产品与在产品之间分配时，一般无须计算在产品成本的情况是（　　）。

A. 月末在产品数量较少　　　　　　B. 前后各期月末在产品数量悬殊

C. 产成品价值较大　　　　　　　　D. 月末在产品数量较多

3. 企业期末在产品数量较少或虽多但各月间在产品数量变化不大的产品，其生产费用在完工产品与在产品间分配的方法可用（　　）。

A. 按年初数固定计算在产品成本法　　B. 定额比例法

C. 不计算在产品成本法　　　　　　D. 约当产量比例法

4. 在大批大量单步骤生产的企业中,一般适用的成本计算方法是（　　）。
   A. 定额比例法　　B. 分步法　　C. 品种法　　D. 分批法

5. 为加强管理,工业企业"制造费用""辅助生产"等科目设置明细科目的依据为（　　）。
   A. 种类　　B. 品名　　C. 车间　　D. 对象

6. 税收筹划旨在减轻税负,有利于实现企业财务目标的谋划、对策与安排。其内在动因是（　　）。
   A. 市场竞争的压力　　　　　　　　B. 经济利益的驱动
   C. 税法客观上存在筹划空间　　　　D. 遵循公平和促进经济发展的原则

7. 企业成本管理环节中,最基础的环节是（　　）。
   A. 成本决策　　B. 成本计划　　C. 成本核算　　D. 成本分析

8. 在对关联企业间资金拆借进行税务筹划时,为了防止企业利用关联方借款任意避税,我国税法对关联方借款费用的税前扣除进行了限制。《企业所得税税前扣除办法》规定,纳税人从关联方取得的借款金额超过其注册资本（　　）的,超过部分的利息支出,不得在税前扣除。
   A. 15%　　B. 25%　　C. 45%　　D. 50%

9. 设计科学合理的成本、费用与税收业务会计制度,对提升企业成本、费用与税收的管理水平具有重要意义,具体表现在以下方面,除了（　　）。
   A. 有利于保证国家有关财经法规制度的贯彻落实
   B. 有利于企业生产过程的控制管理,降低产品成本,控制生产费用,提高经济效益
   C. 有利于企业控制费用开支,合理降低费用,明确费用责任
   D. 有利于企业在一定程度上逃税、避税,逃脱税务部门的监管,为企业节省开支

10. 在生产过程监控制度中,作为生产制造业务内部控制起点和会计监控与核算依据的是（　　）。
    A. 产品成本核算控制制度　　　　　B. 产品质量保障制度
    C. 成本费用控制制度　　　　　　　D. 生产计划控制制度

二、多项选择题

1. 实际成本会计制度设计的一个基本前提就是做好各项基础工作的设计,这些基础工作的设计主要包括（　　）。
   A. 界定成本的开支范围和标准　　　B. 健全与成本有关的各项业务管理制度
   C. 制定消耗定额　　　　　　　　　D. 正确制定成本标准
   E. 健全成本原始记录制度

2. 单件小批生产的企业,其成本计算期的设计为（　　）。
   A. 定期计算成本
   B. 不定期计算成本
   C. 成本计算期与会计报告期一致
   D. 成本计算期与生产周期一致
   E. 可定期也可不定期计算成本

3. 成本核算业务基础工作控制制度设计的主要内容包括（　　）。
   A. 定额核算制度　　　　　　　　　B. 原始记录制度
   C. 材料物资的收发、领退、清查制度　　D. 建立完整的采购登记制度
   E. 企业内部计划价格制度

4. 成本计算的主要程序包括（　　）。

A. 确定成本计算期　　　　　　　　B. 确定成本计算对象
C. 确定成本项目　　　　　　　　　D. 归集和分配有关费用
5. 企业涉税信息风险评估流程中使用的方法有多种，通常有（　　）。
A. 主观判断法　　B. 评分法　　C. 风险坐标图法　　D. 历史参照法
6. 企业税务内部控制往往存在很多问题，下列属于税务风险内部控制环境存在的问题是（　　）。
A. 税务风险控制意识薄弱　　　　　B. 税务风险自查存在问题
C. 缺乏具备税务风险管理专业知识的人员　　D. 缺少专门的涉税业务绩效考核制度
7. 借鉴美国 COSO 报告的五大要素，内部控制框架包括了（　　）。
A. 内部环境　　B. 控制活动　　C. 信息与沟通　　D. 风险评估
8. 下列属于采购与付款循环具体控制程序的是（　　）。
A. 供货单位的选择　　　　　　　　B. 合理安排进货规模和进货时间
C. 签订进货合同时的税收规划　　　D. 付款方式的选择
9. 企业纳税工作总流程包括（　　）。
A. 税务登记　　B. 发票管理　　C. 纳税申报　　D. 涉税审批
10. 以下属于税收内部控制要素的有（　　）。
A. 企业内部环境　　　　　　　　　B. 风险评估
C. 控制措施　　　　　　　　　　　D. 信息与沟通
E. 监督检查

三、判断题

1. 成本，往往与一定的对象相联系；费用，往往与一定的期间相联系。（　　）
2. 生产成本包括直接材料、直接人工和制造费用以及管理费用。（　　）
3. 企业费用管理主要指针对管理费用、财务费用和销售费用以及制造费用进行管理。（　　）
4. 涉税信息包括税法信息、会计信息及其他信息三部分。（　　）
5. 企业涉税风险的主要特点包括主观性、客观必然性、预先性和普遍性。（　　）
6. 企业税务筹划是指企业在遵守相关法律文件的前提下，通过对内部经营、投资、理财等各项活动的合理安排，实现降低企业纳税的一种经济行为，是企业税务管理解析；企业涉税信息控制才是企业税收管理的核心。（　　）
7. 企业集团的税务风险是先于税务义务履行行为而存在的。（　　）
8. 税务筹划就是节税。（　　）
9. 成本核算方法控制制度主要表现在如何根据企业生产特点和管理要求，正确选择成本核算方法。（　　）
10. 企业为组织、管理生产经营活动所发生的管理费用、财务费用、销售费用，不属于成本开支范围，不应计入成本。（　　）

四、简答题

1. 简述成本费用内部控制的内容。
2. 企业税务内部控制原则有哪些？
3. 简述税务内部控制目标。

五、案例题

1. ××公司为煤炭开发企业，主要从事煤炭加工及煤炭批发经营等业务，产品的品种包括原煤、洗煤、无烟煤和泥煤等。目前公司旗下设有3个洗煤厂、2个堆煤场。其中，水洗煤厂占地约 20 000 平方米，其固定资产投资总额约 1 080 万元；干洗煤厂占地约 20 000 平方米，办公房建筑面积达到 7 000 平方米，其固定资产投资总额约 870 万元；综合洗煤厂占地 32 000 平方米，其固定资产投资总额约 1 800 万元。一号堆煤场占地 4 000 平方米，总投资约 25 万元；二号堆煤场占地 3 333 平方米，总投资约 18 万元。洗煤厂拥有风式洗煤机 2 台、跳台式洗煤机 2 台、电子汽车衡 3 台、水洗精煤烘干设备 1 套。这些先进的设备构成了一流的生产流水线，大大地提高了工作效率和产品的质量。

要求：请结合该企业的生产组织特点设计成本核算制度。

2. 2020 年，某上市公司因收受虚开的增值税专用发票，收到税务稽查部门 2.66 亿元处罚罚单，该罚单金额相当于该上市公司 10 年来的利润总额。一家内部控制制度健全的上市公司却出现如此巨大的涉税风险，可谓一招不慎，满盘皆输。

要求：

（1）请说明该公司在税务内部控制时应当重点关注什么？

（2）请你简要谈谈营改增对该公司税务内部控制体系建设的影响，以及该公司应当采取的主要措施。

第九章 企业投资、融资会计制度设计

学习目标

1. 理解企业投资、融资的相关定义，了解企业投资、融资的业务流程以及业务核算程序等设计。
2. 掌握企业投资、融资的控制目标和关键控制点。了解企业投资、融资业务的会计核算流程和方法。

重要概念

投资业务；融资业务；投资会计制度设计；融资会计制度设计

案例导入

中国电力投资集团投资的缅甸密松水电站项目被缅甸政府搁置，面临73亿元损失。

2009年，中缅两国政府签署《关于合作开发缅甸水电资源的框架协议》，计划修建七级梯形水电站，装机总容量2 000万千瓦，建设工期15年，年均发电量约1 000亿千瓦时。作为计划中最大项目的密松水电站由中国电力投资集团（下称中电投）投资36亿美元，并由中方负责修建。作为项目启动的前提条件之一，中电投邀请并资助了中缅两国的研究机构进行环境影响评价。该报告于2009年完成，但中电投和缅甸政府从未将其向中缅两国公众公开，直到环评参与机构"缅甸生物与多样性保护协会"（BANCA）将其获得的报告公布。据BBC报道，环评机构在这份中电投资助的报告中表示，密松水电站对周边地区环境影响严重，专家建议要么"取消整个工程"，要么"至少分建两座小型水电站"。

报告公布后在缅甸国内引起轩然大波，缅甸政府在民众压力下于2011年决定暂停密松水电站项目。项目暂停2年后，中方于2013年撤出了人员设备。据中国官方媒体报道，截至2013年3月，中电投已投入资金73亿元，且费用还在以每年3亿元人民币的速度增加。

——周蔚《网易新闻——另一面》

思考：如何优化企业投资决策？如何降低投资风险？

第一节 企业投资会计制度设计

一、投资业务概述

投资是指企业通过分配（利息、股利或利润等）来增加财富，或为其他利益而将资产让渡给其他单位所获得的另一项资产，即企业以盈利为目的的资本性支出。其有多种分类模式：从投资回收时长分类，可分为长期投资、短期投资；从性质分类，可分为权益性和债权性投资交易；从投资方向分类，可分为对内投资、对外投资。

投资业务有以下特点：

1. 企业以现金、固定资产等向其他单位投资的股权或债权，能为投资者带来未来的经济利益，它可以直接或间接地增加流入企业的现金或现金等价物。

2. 高收益和高风险并存。

3. 通过投资流入企业的经济利益与其他资产为企业带来的经济利益在形式上有所不同。

4. 由于投资业务中有的投出资金是在被投资单位运行的，有价证券直接代表着资产的价值，短期证券变现能力极强，这都容易成为舞弊的目标，发生的舞弊行为又具有隐蔽性。

企业的对外投资，无论是债权性投资，还是权益性投资，一般都需要经过对外投资项目建议书编制、对外投资可行性研究、评估与决策、对外投资执行、对外投资持有和对外投资处置六个环节。

二、投资业务内部控制制度的设计

投资业务流程设计，对保护投资资产安全完整，正确计量投资价值，反映和监督投资形成、收益、收回，科学分析投资效益等都具有重要意义。企业应根据自身发展规划，结合资金情况，拟订目标并制定计划。

（一）投资内部控制目标

1. 遵循国家法律法规，顺应国家产业政策及宏观调控趋势；
2. 防范投资决策风险，确保投资符合企业发展战略；
3. 保护财产安全与完整，避免发生漏洞、舞弊；
4. 合理安排资产结构，控制流动性风险；
5. 按会计准则确认、计量、报告相关投资及其收益，提供反映真实投资情况的财务信息。

（二）投资业务会计制度设计的原则

1. 保证投资业务科学合理，防范投资决策风险。投资结果对企业发展有重大影响。资本不雄厚的企业，投资失败产生的影响可能是毁灭性的。为使投资既获利，又少风险，应设置职务分离制度，审批负责人级别，以及各种具体的呈报和审批手续，使投资活动得到严格控制。

2. 保证投资业务符合授权要求，确保业务有效合法。政府颁布相关投资法规，目的在于使投资活动按合法程序进行，且使交易得到有效的管理控制。投资者要依靠这些法规，保障自身投资利益，防止不当行为发生，降低投资风险。

3. 保证投资资产安全完整，防止意外流失。有价证券投资资产的流动性仅次于现金，故被不法挪用或盗窃的可能性较大。在不同日期，不同证券还存在一定的利息或股息收入，存在被冒领或被转移的风险。

4. 保证投资业务真实准确，正确提供相关财务信息。投资资产价值变化大，财务报表使用者易对报表所反映的真实性、合理性产生怀疑。企业须有效控制以避免计价方法不当或记账错弊。

5. 保证会计业务记录完整可靠，正确计算投资收益。投资与企业经营成果、国家财政税收存在关联。企业通过内部控制制度合理确定投资收益计算方法及时间，以赢得股东及政府机构等的信任。

（三）投资活动的内部控制内容

一般来说，投资活动内部控制的主要内容包括以下内容。

1. 职务分离制度。业务授权、执行、会计记录、资产保管等各方面应严格、明确分工，任两项工作都不能由一人兼任，防止或减少错误或舞弊的可能性。其具体内容有：（1）投资计划的编制人与审批人分离，审批人从独立客观角度衡量计划合理性；（2）投资业务处理人员与会计记录人员分离；（3）证券保管人员与会计记录人员分离；（4）参与投资交易活动的人员与有价证券盘点负责人分离；（5）投资收益经办人和会计核算人员相分离。

2. 财务分析。对于投资的提出、立项、调查、审批、跟踪以及处理过程，财务分析始终贯穿于其中。投资部门及财务部门应定期或不定期对被投资企业的财务状况及市场行情进行分析，编制相关财务报告上交至企业高层（或董事会）。当企业分析能力不足时，可外聘相关专家或咨询公司对财务情况进行分析，以便企业及时掌握相关资讯，积极采取对策。

3. 投资调查审批。由于投资活动存在巨大风险性，在投资前必须进行充分的调查研究，并以财务分析的结果为依据编制投资计划，详细说明准备投资的对象，投资理由，投资品种、数量、期限以及投资组合方案，影响投资收益的潜在重大不利因素、风险等，经决策部门审查批准后方可执行。投资收益必然伴随着投资风险,故加强投资业务的审核控制非常重要。要明确审批人的授权批准方式、程序、权限及责任等,规定经办人的权限及责任。审批人应在权限内审批。若存在审批人越权审批,经办人有权拒绝并上报。对于投资决策相关文件,都需以书面形式记录,并进行编号存档。企业应建立健全投资内部控制的监督检查制度,明确监督部门及人员职责权限,定期进行检查。其主要内容如表 9-1 所示。

表 9-1　　　　　　　　　　　　审查具体说明

内容	具体说明
岗位、人员设置	重点检查岗位及人员设置的科学合理性,避免不相容职务混岗
授权审批的执行	重点检查分级授权合理性、授权批准手续健全性及是否存在越权等
决策情况	重点检查决策过程是否存在违规行为
资产投出	重点检查各资产是否按计划投出,以及非货币性资产作价的合理性
持有管理	重点检查各投资凭证的保管与记录,及投资收益的合理性
投资处理	重点检查资产处置是否经过授权批准、回收是否完整及时
会计处理情况	重点检查会计记录的真实性和完整性

4. 决策控制。企业应建立投资决策的控制制度,对预算编制、预算审批、分析论证、项目立项、可行性分析、决策等各环节进行明确规定,确保决策科学。

5. 资产投出和处置控制。企业应加强投资资产投出的控制,明确规定投资计划编制、合同签订、资产投出、资产收回、资产转让及资产转销等授权批准程序。

6. 资产保管。企业对于投资资产的保管方式有两种:由独立的专门机构保管和企业自行保管。前者包括委托银行、证券公司等专门机构保管,其拥有专门的保存防护方法,可防止证券及单据等损毁,能在较大程度上减少舞弊,常为拥有较大投资资产的企业选用。后者需建立严格的联合控制制度,资产存入专业保管库,并规定仅经授权职员才能接触,至少由两名以上工作人员共同控制。当进库或开箱时,须有两位负责保管的职员同时在场,于登记簿上记载时间与原因,由在场所有人员签名。对于任何债券等的存入取出,必须将券商名、债券名称、数量、面值、日期等内容详细记录于登记簿,并需在场所有经手人员签名。无论自行或委托保管,都应有与投资无关的人员定期对证券进行盘点核对。

7. 支付或取得利息及股利的控制。负责利息支出业务的工作人员,应根据票据面值、利率,计算应付利息。经复核和负责人审批核准后,方可支付利息。企业可开单张支票将到期利息委托金融机构代发,股利发放控制与此类似。所得利息及股利应及时入账。

8. 会计核算。企业要建立严格的投资核算制度,对资产的增减变动及投资收益,企业应及时进行相应会计核算,保证会计记录的准确性、及时性。负责投资业务的会计人员要对每种证券设立明细账并加以及时准确反映,每月编制投资盈亏报表,对债券编制折溢价摊销表,并定期将各类明细账与总账核对。

9. 记名登记。除无记名证券,企业在购入股票或债券时应在当日登记于企业名下,切忌登于经办人员名下,以防冒名转移、谋取私利等舞弊行为发生。

10. 资产盘点。内部审计人员或不参与投资的人员应对投资资产盘点,确保账实相符。

11. 持有控制。企业应加强对所投资项目的安全完整以及收益、凭证记录及会计核算等方面的控制。

以上所列的各项投资活动内部控制的内容有助于保证业务经营信息和财务会计资料的真实性、完整性。对一个单位的管理层来说,要实现其经营方针和目标,需要通过各种形式的报告及时地获取准确的资料和信息,以便做出正确的判断和决策。

(四) 投资业务内部控制要点

1. 投资评估的内部控制重点。
(1) 处理各项投资业务都须依程序办理;
(2) 各项程序都须符合公司法规定;
(3) 对外投资业务均需设立专门的部门分析预测相关效益,结合企业实际,经审核后方可实施。

2. 投资买卖的内部控制重点。
(1) 若在集中交易市场或者证券公司进行买卖,需调研行情,评估买卖时机;
(2) 可以咨询相关证券分析师的建议。

3. 投资保管的内部控制重点。
(1) 设立登记簿并设专人保管;
(2) 外借时须经主管人员书面核准;
(3) 确保各项有价证券由专人管理。

4. 资产盘点的内部控制重点。
(1) 盘点包含定期和不定期;
(2) 严格检查盘点差异,分析相关原因并给出对策,经核准后及时调整;
(3) 盘点进行中不准有财务进出;
(4) 实地盘点时检查证券所有权是否属于公司。

5. 投资公告的内部控制重点。
(1) 投资活动发生日两日内,依公告准备资料申报至证监会;
(2) 公告公开前应按规定格式撰写并经审核。

6. 投资记录的内部控制重点。
(1) 利润股利等按期领取并准确记录;
(2) 相关会计处理按会计制度办理,并注意审核。

7. 投资差异分析的内部控制重点。
(1) 确保各项长短期投资依规定处理;
(2) 上述的评估、买卖、保管、盘点、公告、记录各部分是否按程序办理;
(3) 盘点是否有差异。
8. 会计处理的内部控制重点。
(1) 有价证券是否被视作现金;
(2) 有价证券取得的法定权益手续是否完备;
(3) 长短期投资科目是否划分适当;
(4) 取得有价证券明细表与会计明细账是否核对相符。

（五）投资业务内部控制流程

投资业务流程如图 9-1 所示。

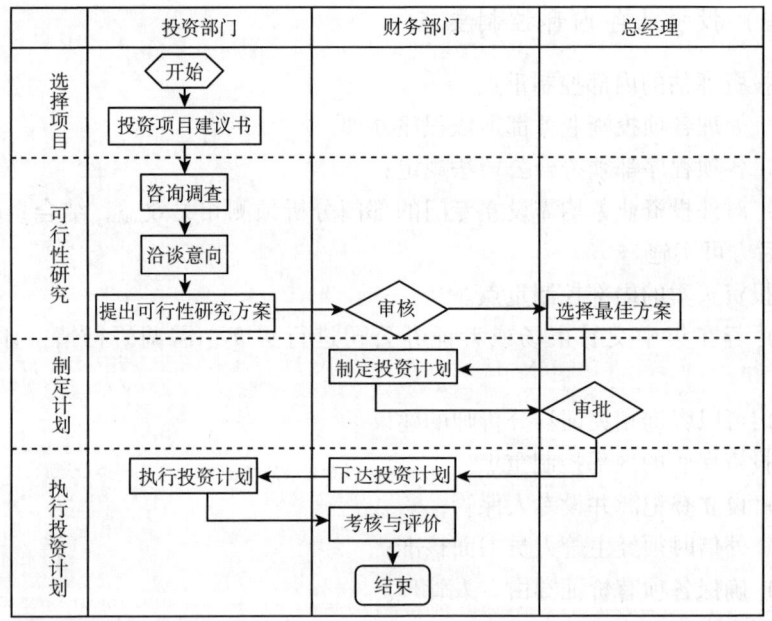

图 9-1　投资业务流程

投资项目建议书的分析来源以及投资计划的实施内容如图 9-2 所示。

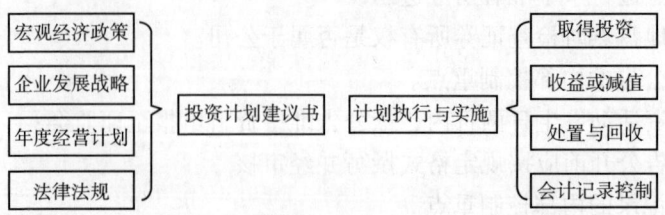

图 9-2　投资项目建议书和投资计划实施内容的具体说明

投资方案可行性研究的内容如图9-3所示。

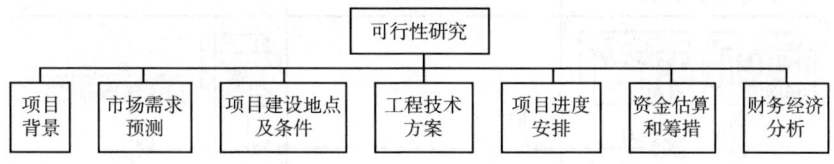

图9-3 可行性研究内容

流程说明:

1. 选择投资项目时,投资部门应考虑相关因素,根据企业实际情况(投资规模等)选择。

2. 投资管理部门向有关部门调查咨询并收集信息,并据此初步分析,确定项目。

3. 投资管理部门据项目进行招商,与多客户洽谈意向,选择最适合的客户签订意向书。

4. 投资部门组织人员进行可行性研究,给出方案,交由财务总监审核后报总经理审核。

5. 总经理根据报告、相关部门及专家建议,斟酌不同方案利弊,选择最佳方案(注意:如果投资业务相当重大,应由股东大会或董事会进行审议)。

6. 财务部门根据所定方案核查资金情况,制定投资计划(含投资进程等),报总经理审批。

7. 财务部下达已审批的计划,投资管理部门根据计划展开投资活动。

8. 财务部根据项目投资考核管理办法检查计划的实施与完成,定期对投资收益等考核。注意职权分离,严防舞弊行为。及时更新进展及其评价,反馈至决策层,及时调整相关策略。

三、投资业务程序设计

投资业务可分为有价证券投资和其他投资。有价证券具有高流动性,投资企业须建立规范严密的投资业务核算程序,有效控制交易,严防舞弊,保证核算资料的真实完整。对于其他类投资,一般是投资某实际项目,投资金额大,耗时长,内容较为固定,且流动性较小。

下文从有价证券购入、有价证券处置、有价证券投资收益、其他投资处理四个方面说明。

(一)有价证券购入程序

有价证券购入程序如图9-4所示。

1. 投资部门编制股票或债券的"投资计划建议书",经审批后填制"证券购入通知单",一式两联,一联自留,一联经会计部门审批后移交出纳部门。

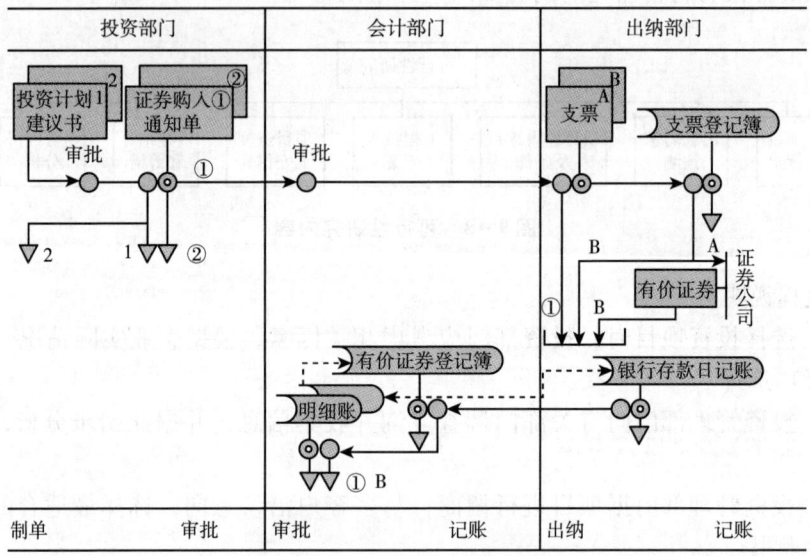

图9-4 有价证券购入程序

注：图中"1""2""1""2"均为凭单联数。

2. 出纳据此开具支票，审核盖章后登记支票登记簿，交付支票于证券公司。

3. 证券公司给出交割单，出纳部门收到证券公司的有价证券后，据此以及支票存根、"证券购入通知单"编制付款凭证。出纳部门登记"银行存款日记账"或"其他货币资金——存出投资款"明细账。

4. 会计部门根据付款凭证及单据登记有价证券登记簿及其他相关账簿。

该处理程序有以下关键控制点。

1. 计划编制、审批、保管各职能不相容，岗位须分离。

2. 对于投资计划的审批，投资数量若较小则由负责投资业务的经理审批即可，若较大则需要经过企业董事会或总经理审批。

3. 定期对总账和明细账、明细账与证券投资登记簿进行核对（包括数量、金额、品种）。

4. 定期对证券进行盘点，盘点独立于证券业务相关人员。

（二）有价证券出售程序

有价证券出售程序如图9-5所示。

1. 投资部门根据市场价和投资目标的实现程度，申请证券出售。

2. 经审核批准，编制出售通知单，交由证券经纪人办理相关业务手续。

3. 会计部门收到证券公司的交割单审核交至出纳部门。

4. 出纳根据交割单与银行的收账通知编制收款凭证，登记"银行存款日记账"或"其他货币资金——存出投资款"明细账。

5. 会计部门根据收款凭证和相关单据，登记相关账簿。

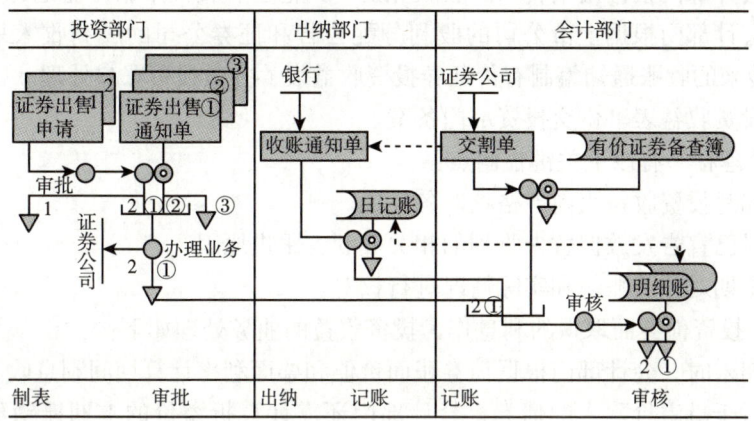

图 9-5 有价证券出售程序

该处理程序有以下关键控制点:
1. 授权批准后才可实施相关证券出售的工作。
2. 各部门须定期核对各单据。

(三) 有价证券收益程序

有价证券收益程序如图 9-6 所示。

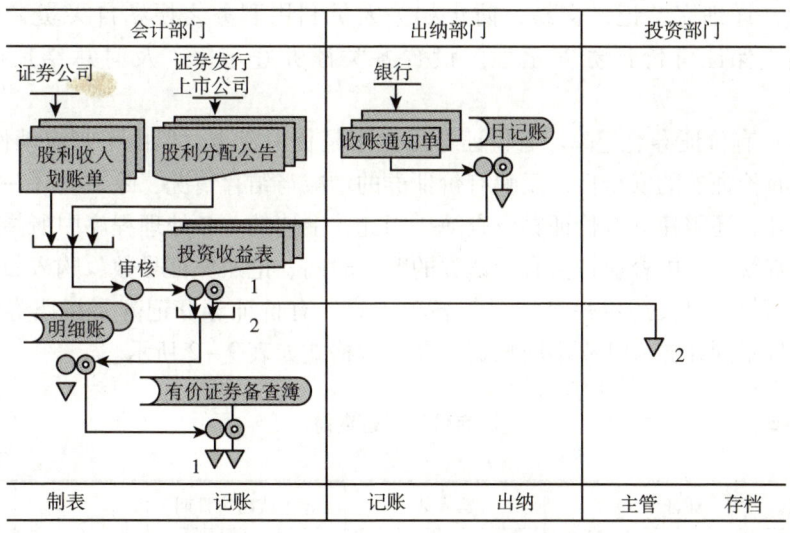

图 9-6 有价证券收益程序

1. 会计部门根据证券公司的股利收入划账单及上市公司的股利分配公告,编制转账凭证。
2. 出纳部门收到银行转来的收账通知单,编制收款凭证,登记"银行存款日记账"。

3. 会计部门根据出纳转来的收款凭证和其他已有相关单据，登记有关账簿。

4. 会计部门根据上市公司的股利分配公告和证券公司的股利收入划账单据及银行转来的收账通知编制有价证券投资收益表，并做投资账户处理。

5. 投资收益表一份交投资部门备案。

该处理程序有以下关键控制点：

1. 编写投资收益表前严格核对各凭证。

2. 对已宣告发放但暂未收到的相关股利，跟进原因。

3. 定期对相关账簿和实际情况进行核对。

对于投资债券而取得的利息作为投资收益的业务处理如下：

1. 期末时，会计部门根据债券账面价值和票面利率计算期间利息收入。

2. 对于折溢价购入的债券，会计部门还需计算折溢价的本期摊销额，填制相关摊销表，编制转账凭证，并登记相关账簿。

3. 出纳部门收到银行转来的收款通知单编制收款凭证，并交至会计部门登记相关账簿。

（四）有价证券相关制度的补充

1. 有价证券的登记管理。企业可投资股票、债券等不同类别证券，同一类证券也可投资不同品种，故企业需了解各类证券并分析收益及风险，进而做出最优决策。此外，有价证券流动性高，特别是短期投资，企业应建立健全管理制度，详细完整记录交易，防止相关人员利用职务之便私自买卖，防止他人冒领，保证有价证券安全性。设置各类证券登记簿，及时总结反映投资情况。

（1）有价证券登记簿。有价证券虽然不是货币资金，但由于其流动性较强，为保证有价证券的安全性，反映有价证券的增减与结存情况，除在会计一般账册上反映外，还需建立有价证券备查簿。因此，上述的业务处理程序中所指的有价证券备查簿，其内容应包括有价证券的购入时间、记账凭证号数、购入数、票券号数、面值，以及还本付息情况等各项内容。有价证券登记簿要按票券名称开立，并且不同证券应开立不同账页。其一般格式如表 9-2 所示。

表 9-2　　　　　　　　有价证券备查簿

票券名称：　　　　　　　　　　年　　　　　　　　　　第　　页

日期		凭证		摘要	购入数		还本或出售日期			1	2	3	4	5
月	日	字	号		票券号数	面值	年	月	日					

为保证账项正确，每隔一定合理期间就应将账面余额进行核对，并要求与现有资产相符。

（2）股票投资登记簿。股票投资登记簿的格式如表 9-3 所示。

表 9-3　　　　　　　　　　　　股票投资登记簿

发行公司股票种类（优先股或普通股）　　　　　　面值

买入				卖出			损益	余额		
日期	股数	价格	成本（包括佣金及税金）	日期	股数	损益	收入（包括佣金及税金）		股价	市价	成本

（3）债券投资登记簿。债券投资登记簿的格式如表 9-4 所示。

表 9-4　　　　　　　　　　　　债券投资登记簿

发行公司　　　　发行价　　　　发行日期　　　　到期日期
债券种类（国家债券、财政债券或企业债券）　　　　面值

日期	数量	买入		卖出		损益	应收利息日	利息收讫日	利息现金收入	折溢价摊销	实际利息收入
		市价	金额	市价	金额						

填写表 9-4 时有如下注意事项：

①购买债券后，在表内填写购买日期及购买数量。在买入栏，购买单价填至"市价"栏，购入所支付金额填至"金额"栏。

②发生利息收入时，存在收讫日和会计年度一致和不一致两种情况。若一致，则应收利息日与利息收讫日所填应相同，并在收到利息时将实收金额填至"利息现金收入"栏，在会计年度末进行折溢价摊销。若为溢价购入，则贷记溢价摊销额，实际利息收入等于利息现金收入减去溢价摊销额；若为折价购入，则借记折价摊销额，实际利息收入等于利息现金收入加上折价摊销额。如果不一致，则应根据权责发生制，会计年度末为应收利息日，此时产生应收利息。实际利息收入也应进行折溢价摊销的调整。

③表格中损益部分，"＋"表示利润，"－"表示损失。

2. 投资有价证券的授权制度。一般而言，大多数企业都指派财务经理直接负责对外投资的授权，并要求财务经理不仅要熟悉企业政策、国家经济政策和法律法规，了解国际国内经济形势，而且有丰富的操盘经验。

3. 投资有价证券的保管责任制度。该制度要求：（1）投资交易的执行、记录和证券保管要做到职责分工明确；（2）将证券储存在保险箱，并限制仅经授权的人员才能接近；（3）每隔一定时期由与有价证券投资无关的人员独立盘点证券，并将实存数与账面余额相比较；（4）严令禁止挪用或私借有价证券的行为，如若发生则严肃追究相关责任；（5）证券保管人员若因工作调动等需办理交接时，应将有价证券移交清楚，否则不准调动。

4. 投资有价证券的转让制度。有价证券转让应由管理当局授权进行，所得款项及时送存银行。根据债券性有价证券到期偿还、还本付息的特点，对已到期或中签的债券，相关人员应及时到银行或指定地点办理兑取手续；对即将到期证

券特别是国库券，一般不提前办理贴现，以免造成损失。企业收回的投资与投出时账面价值的差额，计入当期损益，而不允许对原有投入资本额进行调整。

5. 财务分析制度。有价证券取得后，由投资部门会同财务部门定期或不定期对被投资企业财务状况、证券市场行情等进行分析，掌握投资运行状态，及时采取相应对策，规避投资风险。

（五）其他投资业务处理程序

其他投资主要是指项目类投资，可分为投资前期、投资期、生产期三个阶段，如图9-7所示。

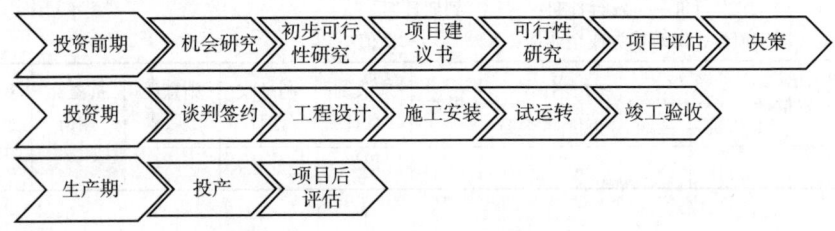

图9-7 其他投资业务处理程序

四、投资业务的会计核算方法设计

（一）金融资产的概述

金融资产是指单位或个人所拥有的以价值形态存在的资产，是一种索取实物资产的无形的权利；是一切可以在有组织的金融市场上进行交易，具有现实价格和未来估价的金融工具的总称。

金融资产在初始确认时可分为以下三类。

(1) 以摊余成本计量的金融资产。

(2) 以公允价值计量且其变动计入其他综合收益的金融资产。

(3) 以公允价值计量且其变动计入当期损益的金融资产。

（二）金融资产相关会计核算

1. 实际利率法，是指计算金融资产或金融负债的摊余成本以及将利息收入或利息费用分摊计入各会计期间的方法。

2. 实际利率法的相关概念。

(1) 实际利率，是指将金融资产或金融负债在预计存续期的估计未来现金流量，折现为该金融资产账面余额或该金融负债摊余成本所使用的利率。在确定实际利率时，应当在考虑金融资产或金融负债所有合同条款（如提前还款、展期、看涨期权或其他类似期权等）以及初始预期信用损失的基础上估计预期现金流量。

企业通常能够可靠估计金融工具（或一组类似金融工具）的现金流量和预期存续期。在极少数情况下，金融工具（或一组金融工具）的预计未来现金流量或预计存续期无法可靠估计的，企业在计算确定其实际利率（或经信用调整的实际利率）时，应当基于该金融工具在整个合同期内的合同现金流量。

合同各方之间支付或收取的，属于实际利率或经信用调整的实际利率组成部分的各项费用、交易费用及溢价或折价等，应当在确定实际利率或经信用调整的实际利率时予以考虑。

（2）摊余成本，是指该金融资产或金融负债的初始确认金额经以下调整后的结果：①扣除已偿还的本金。②加上或减去采用实际利率法将该初始确认金额与到期日金额之间的差额进行摊销形成的累计摊销额。③扣除累计计提的损失准备（仅适用于金融资产）。

3. 核算具体步骤。

（1）金融资产的初始计量。企业初始确认金融资产，应当按照公允价值计量。对于以公允价值计量且其变动计入当期损益的金融资产，相关交易费用应当直接计入当期损益。对于其他类别的金融资产，相关交易费用应当计入初始确认金额。

交易费用，是指直接归属于购买、发行或处置金融工具的增量费用。增量费用是指企业没有发生购买、发行或处置相关金融工具的情形就不会发生的费用，包括支付给代理机构、咨询公司、券商、证券交易所、政府有关部门等的手续费、佣金、相关税费以及其他必要支出，不包括债券溢价、折价、融资费用、内部管理成本和持有成本等与交易不直接相关的费用。

确定金融资产在初始时的公允价值时，公允价值通常为相关金融资产的交易价值。

金融资产公允价值与交易价格存在差异的，应区别以下情况进行处理。

①在初始确认时，金融资产的公允价值依据相同资产或负债在活跃市场上的报价或者以仅使用可观察市场数据的估值技术确定的，企业应当将该公允价值与交易价格之间的差额确认为一项利得或损失。

②在初始确认时，金融资产的公允价值以其他方式确定的，企业应当将该公允价值与交易价格之间的差额递延。初始确认后，企业应当根据某一因素在相应会计期间的变动程度将该递延差额确认为相应会计期间的利得或损失。该因素应当仅限于市场参与者对该金融工具定价时将予考虑的因素，包括时间等。

企业取得金融资产所支付的价款中包含的已宣告但尚未发放的债券利息或现金股利应当单独确认为应收项目进行处理。

（2）金融资产的后续计量。金融资产的后续计量与金融资产的分类密切相关。企业应当对不同类别的金融资产，分别以摊余成本、以公允价值计量且其变动计入其他综合收益或以公允价值计量且其变动计入当期损益进行后续计量。

①以摊余成本计量的金融资产具体分两种。

一是分期付息债券利息收入的确认。债权投资如为分期付息、一次还本的债券，企业应当于付息日或资产负债日计提债券利息，计提的利息通过"应收利息"科目核算，同时，确认利息收入。在付息日或资产负债表日，以债权投资面值和票面利率计算确定应收利息，以债权投资摊余成本和实际利率计算确定利息收入，按其差额确定利息调整额。

二是到期一次还本付息债券利息收入的确认。债权投资如为到期一次还本付息的债券，企业应当于计息日或资产负债表日计提债券利息，计提的利息通过"债权投资——应计利息"科目核算，同时，按实际利率法确认利息收入并摊销利息调整。资产负债表日，以债权投资面值和票面利率计算确定应收利息，以债权投资摊余成本和实际利率计算确定利息收入，按其差额确定利息调整额。

②以公允价值计量且其变动计入其他综合收益的金融资产具体分两种。

一是债务工具。公允价值变动形成的利得或损失，应当计入所有者权益（其他综合收益），在该金融资产终止确认时转出，计入当期损益（投资收益）。

a. 先由摊余成本与公允价值比对出期末应认定的累计增值额或累计减值额；

b. 再基于已经确认的累计增值额或累计减值额，倒挤出当期应追加的增值额或减值额。

二是权益工具。公允价值变动形成的利得或损失，应当计入所有者权益（其他综合收益），在该金融资产终止确认时转出，计入留存收益。

③以公允价值计量且其变动计入当期损益的金融资产。在持有期间取得的现金股利或利息，应当确认为投资收益。资产负债表日，按公允价值进行后续计量，公允价值变动计入当期损益。企业应当按照实际利率法确认利息收入。利息收入应当根据金融资产账面余额乘以实际利率计算确定，但下列情况除外。

a. 对于购入或者源生的已发生信用减值的金融资产，企业应当自初始确认起，按照该金融资产的摊余成本和经信用调整的实际利率计算确定其利息收入。

b. 对于购入或者源生的未发生信用减值但在后续期间成为已发生信用减值的金融资产，企业应当在后续期间，按照该金融资产的摊余成本和实际利率计算确定其利息收入。企业按照上述规定对金融资产的摊余成本运用实际利率法计算利息收入的，若该金融工具在后续期间因其信用风险有所改善而不再存在信用减值，并且这一改善在客观上可与应用上述规定之后发生的某一事件相联系（如债务人的信用评级被上调），企业应当转而按实际利率乘以该金融资产账面余额来计算确定利息收入。

当对金融资产预期未来现金流量具有不利影响的一项或多项事件发生时，该金融资产成为已发生信用减值的金融资产。金融资产已发生信用减值的证据包括下列可观察信息。

a. 发行方或债务人发生重大财务困难。

b. 债务人违反合同，如偿付利息、本金违约、逾期等。

c. 债权人出于对债务人财务困难有关的经济或合同的考虑，给予债务人在任何其他情况下都不会做出的让步。

d. 债务人很可能破产或进行其他债务重组。
e. 发行方或债务人财务困难导致该金融资产的活跃市场消失。
f. 以大幅折扣购买或者源生一项金融资产,该折扣反映了发生信用损失的事实。

4. 核算公式如下。

$$\text{期末摊余成本} = \text{期初摊余成本} + \text{本期计提的利息费用} - \text{本期收回的利息和本金} - \text{本期计提的减值准备}$$

(三)金融资产相关会计账务处理

1. 以公允价值计量且其变动计入当期损益的金融资产。
(1)初始计量。企业取得金融资产时的会计分录如下。
借:交易性金融资产——成本(公允价值)
　　投资收益(发生的交易费用)
　　应收股利(已宣告但尚未发放的现金股利)
　　应收利息(实际支付的款项中含有的利息)
　　贷:银行存款等
(2)后续计量。持有期间的股利或利息的会计分录如下。
借:应收股利(被投资单位宣告发放的现金股利×投资持股比例)
　　应收利息(资产负债表日计算的应收利息)
　　贷:投资收益
资产负债表日公允价值变动的会计分录如下。
借:交易性金融资产——公允价值变动
　　贷:公允价值变动损益(公允价值上升,下降则相反)

2. 以摊余成本计量的金融资产。
(1)初始计量。
借:债权投资——成本(面值)
　　债券投资——利息调整(差额,也可能在贷方)
　　贷:银行存款
(2)后续计量。资产负债表日债权投资确认利息。
①债权投资为分期付息、一次还本的,应于资产负债表日按票面利率计算确定的应收未收利息,借记"应收利息"科目;按债权投资期初的账面余额(或摊余成本)和实际利率(或经信用调整的实际利率)计算确定的利息收入,贷记"投资收益"科目;按其差额,借记或贷记"债权投资——利息调整"科目。
借:应收利息(债券面值×票面利率)
　　贷:投资收益(期初的账面余额或摊余成本×实际利率或经信用调整的实际利率)

　　　　　债权投资——利息调整（差额，也可能在借方）

　　②债权投资为一次还本付息的，应于资产负债表日按票面利率计算确定的应收未收利息，借记"债权投资——应计利息"科目；按债权投资期初的账面余额（或摊余成本）和实际利率（或经信用调整的实际利率）计算确定的利息收入，贷记"投资收益"科目；按其差额，借记或贷记"债权投资——利息调整"科目。

　　借：债权投资——应计利息（债券面值×票面利率）
　　　　贷：投资收益（期初的账面余额或摊余成本×实际利率或经信用调整的
　　　　　　　　实际利率）
　　　　　　债权投资——利息调整（差额，也可能在借方）

　　3. 以公允价值计量且其变动计入其他综合收益的金融资产。

　　（1）初始计量。

　　①取得其他债权投资。企业取得的金融资产分类为以公允价值计量且其变动计入其他综合收益的金融资产（债务工具投资）的，应按债券的面值，借记"其他债权投资——成本"科目；按支付的价款中包含的已到付息期但尚未领取的利息，借记"应收利息"科目；按实际支付的金额，贷记"银行存款"等科目；按差额，借记或贷记"其他债权投资——利息调整"科目。

　　借：其他债权投资——成本（面值金额）
　　　　　　　　　　——利息调整（差额，也可能在贷方）
　　　　应收利息（已到付息期但尚未领取的利息）
　　　　贷：银行存款

　　或：
　　借：其他债权投资——成本（面值金额）
　　　　　　　　　　——利息调整（差额，也可能在贷方）
　　　　　　　　　　——应计利息
　　　　贷：银行存款

　　②取得其他权益工具投资。企业取得以公允价值计量且其变动计入其他综合收益的非交易性权益工具投资，应按其公允价值与交易费用之和，借记"其他权益工具投资——成本"科目；按支付的价款中包含的已宣告但尚未发放的现金股利，借记"应收股利"科目；按实际支付的金额，贷记"银行存款"等科目。

　　借：其他权益工具投资——成本（公允价值＋交易费用）
　　　　应收股利（已宣告但尚未发放的现金股利）
　　　　贷：银行存款

　　（2）后续计量。

　　①其他债权投资。

　　一是资产负债表日其他债权投资确认利息收入。

　　a. 若该金融资产为分期付息、到期一次还本的债务工具投资，则相关会计分录如下。

借：应收利息（债券面值×票面利率）
　　贷：投资收益（期初摊余成本×实际利率或经信用调整的实际利率）
　　　　其他债权投资——利息调整（差额，也可能在借方）
b. 若该金融资产为到期一次还本付息的债务工具投资，则相关会计分录如下。
借：其他债权投资——应计利息（债券面值×票面利率）
　　贷：投资收益（期初摊余成本×实际利率或经信用调整的实际利率）
　　　　其他债权投资——利息调整（差额，也可能在借方）
二是资产负债表日其他债权投资公允价值发生正常变动。
a. 若其他债权投资公允价值上升，则相关会计分录如下。
借：其他债权投资——公允价值变动
　　贷：其他综合收益
b. 若其他债权投资公允价值下降，则相关会计分录如下。
借：其他综合收益
　　贷：其他债权投资——公允价值变动
②其他权益工具投资。
一是其他权益工具投资持有期间被投资单位宣告发放现金股利，则相关会计分录如下。
借：应收股利（被投资单位宣告发放的现金股利×投资持股比例）
　　贷：投资收益
二是资产负债表日，其他权益工具投资公允价值发生变动，则相关会计分录如下。
a. 若其他权益工具投资公允价值上升，则相关会计分录如下。
借：其他权益工具投资——公允价值变动
　　贷：其他综合收益
b. 若其他权益工具投资公允价值下降，则相关会计分录如下。
借：其他综合收益
　　贷：其他权益工具投资——公允价值变动

第二节　企业融资会计制度设计

一、融资业务概述

（一）融资的定义

融资是现代企业重要的理财活动。狭义上，融资是企业资金筹集的行为与过程，即公司根据自身生产经营状况、资金拥有状况及未来经营发展的需要，通过科学预测和决策，采用一定方式，从一定渠道向投资者和债权人筹集资金，组织资金供应，以保证企业正常生产需要，经营管理活动需要的理财行为。广义上，也称之为金融，即货币资金的融通，当事人通过各种方式到金融市场上筹措或贷放资金的行为。融资一般按照资本的来源，分为权益性融资和债务性融资。

（二）融资的意义

1. 为企业投资提供保障。
2. 满足企业发展壮大的需要。
3. 弥补企业日常经营资金缺口。

（三）融资业务特点

1. 融资业务一般不频繁，但单笔业务往往涉及金额较大。
2. 方式多样化，包括负债性筹资如银行借款、发行债券等，权益性筹资如发行股票等，与之相应的利息支付、本金偿还、股利支付也有多种形式。
3. 受外部环境的影响较大。
4. 会计核算比较复杂，如利息、股利与负债、所有者权益直接相关，应付债券的溢价、折价需要经过复杂的计算、调整和会计处理。

（四）融资业务主要风险

1. 盲目融资，战略规划不全面，致使资本结构等频繁变动，增加财务风险。
2. 企业资金现状评估不当，致使融资不足或过度。
3. 授权审批制度不完善，致使决策草率。
4. 条款审核不严格，致使企业在未来潜在经济纠纷中处于劣势地位。
5. 缺乏后期跟踪管理。

（五）融资业务主要环节

从内部控制的角度出发，不论是权益性筹资，还是债务性筹资，都应经过如下环节：

1. 拟订筹资方案。
2. 评估、审批筹资方案。
3. 签订筹资合同或协议。
4. 偿付本金、支付利息和股利。

二、融资业务内部控制制度的设计

融资业务流程设计，有利于全面准确核算融资业务，有效监督控制，降低资金成本，提高资金利用率。设计合理的业务流程，积极管控和避免相关风险，对企业理财、经营有重要意义。

（一）融资业务内部控制目标

1. 严格实行融资业务的职责分工、业务预算、审批控制。
2. 正确进行会计核算，准确登记记录。
3. 建立健全凭证流转、管理制度。
4. 保证融资信息真实完整。
5. 正确披露融资情况，遵从相关法律法规。

（二）融资业务会计制度设计的原则

1. 保证融资业务会计核算资料准确可靠。
2. 保证融资业务合规合法。
3. 保证融资业务计算准确。
4. 保证融资业务的安全性。
5. 确保企业战略发展目标对资金的需求。

（三）融资活动的内部控制内容

1. 预算控制。这是融资的事前控制，其正确性对防范各种风险或控制风险有重要作用。企业在筹集资金时会产生筹资成本，不同筹资渠道的筹资成本所带来的经济后果不同，给企业带来不同的财务压力。如何合理地确定筹资时机、筹资比例，控制筹资风险，降低筹资成本，企业需考虑短期生产经营活动和长期发展规划来慎重安排筹资预算。要充分考虑企业经营范围、投资项目的未来效益、偿付能力等，明确筹资规模、用途、结构、方式、对象、具体应对措施及偿付计划等。

2. 决策过程审批控制。筹资业务往往对企业的财务状况有着很大的影响，因此，在筹资业务发生前对其进行有效的控制往往被认为是重要的环节。负责筹资的人员应当编制筹资计划，详细说明筹资理由、数量和筹资前后企业财务实力的变化、筹资对未来的收益影响等，由董事会进行审核，书面记录结果。

3. 发行程序控制。在相关融资发行前，需准备齐全发行方案、可行性分析等相关材料，经高层领导做出决议，并经大会做批准。

4. 不相容职务相互分离。该项内容主要包括：资金筹集计划的编制人员与审批人员分离；发行人员与会计记录人员分离；发行人员与资金保管人员分离；负责利息或股利计算及会计记录的职员应同支付利息或股利的职员分离，并应尽可能让独立的机构来支付利息和股利。

5. 会计系统控制。企业在遵从《会计法》以及国家统一会计制度的基础上，根据企业自身的特性等，制定合适企业自身的会计制度，对企业会计处理、档案保管、工作交接等各个步骤进行明确，对各业务的准确性也进行控制。

(四) 融资业务内部控制要点

1. 应经缜密分析，选取合适的融资渠道和融资方式，制定完整的资金战略规划。选择融资方式时，需考虑盈利状况、证券市场行情、筹资结构等因素。
2. 关注最佳融资机会，具有预见性，准确掌握市场信息，积极寻求并把握有利时机。
3. 机构设置合理，职责分配合理明确。
4. 完整编写会计记录，准确进行会计核算，处理方法符合会计准则的相关要求。
5. 各环节的流程规定须明确。
6. 积极接受并配合银行等单位或部门的监督管理。

(五) 融资业务内部控制流程

融资业务内部控制流程如图 9-8 所示。其中，资金需求预测具体内容及后期资料管理内容如图 9-9 和图 9-10 所示。

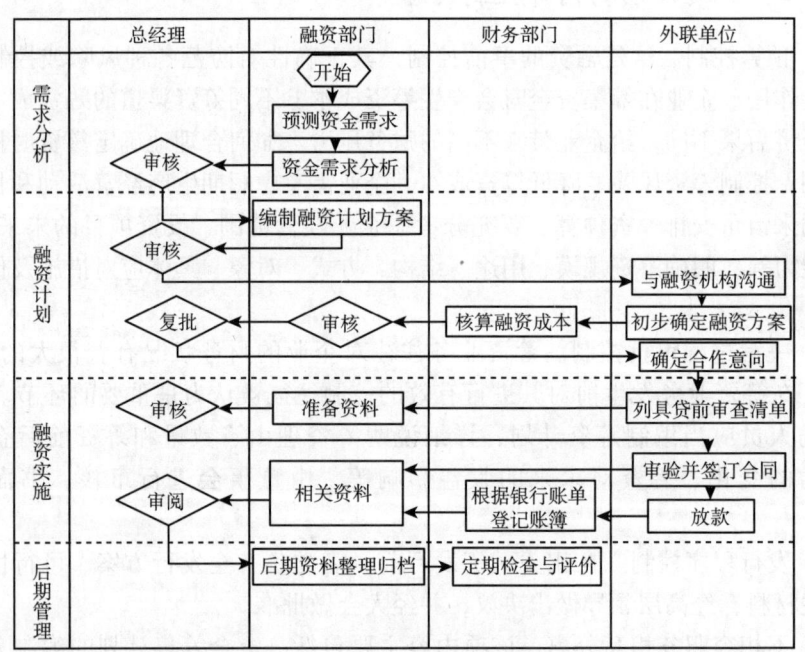

图 9-8 融资业务内部控制流程

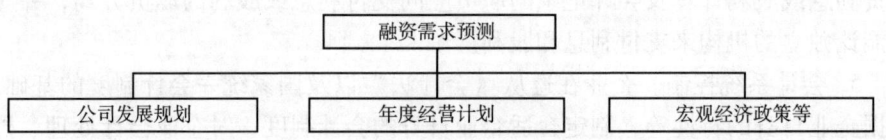

图 9-9 资金需求预测具体内容

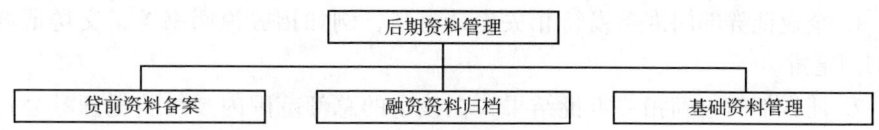

图 9-10　后期资料管理内容

流程注意点说明：

1. 根据资金需求和风险，融资部门编制年度经营资金预算和筹资计划，确定具体融资方案。

2. 财务部门及时对相关凭证进行账务处理，按时编写相关报表。

3. 财务部门定期检查和考核融资情况，据企业资金现状及市场变化情况编制融资分析报告，评估绩效，并给出建议，及时上报决策层。

三、融资业务处理程序设计

（一）股票发行业务处理程序

股票发行业务处理程序如图 9-11 所示。

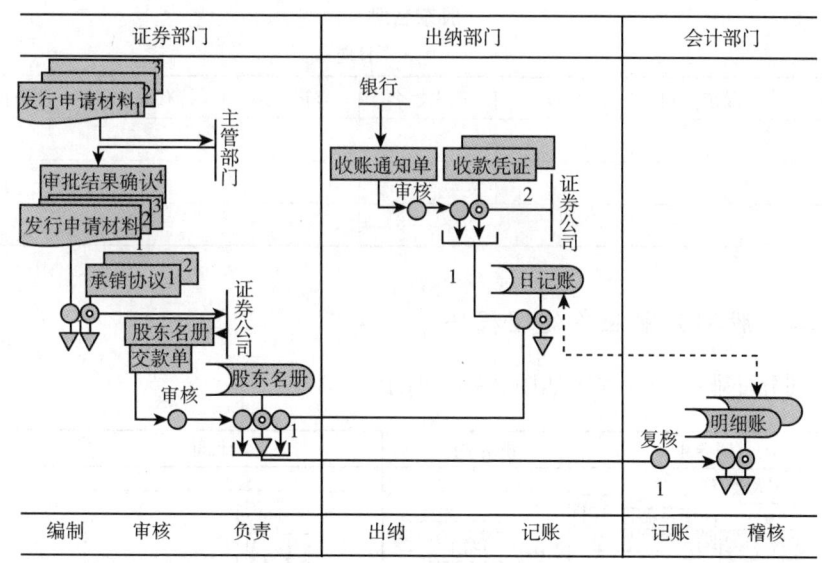

图 9-11　股票发行业务处理程序

发行相关申请材料内容如图 9-12 所示。

图 9-12　股票发行相关申请材料

1. 企业证券部门准备发行相关申请材料,例如招股说明书等,交送证券主管部门审批。

2. 证券部门收到相关审批结果,在核定的总额范围内授权委托证券公司销售股票,签订承销协议,一式两份,一份自留,一份交由证券公司。

3. 证券公司在股票销售后,将股东交款单和股东名册交给企业证券部门。

4. 证券部门审核并登记,将交款单转交至会计部门。

5. 出纳部门据证券公司的交款清单和银行的收款通知单,审核后编制收款凭证,登记银行存款日记账。出纳部门将收款凭证和其他单据交至证券部门。

6. 证券部门根据相关凭证和单据在股东名册上登记收款日期,再将凭证和单据送至会计部门进行会计处理。

该处理程序有以下关键控制点:

1. 发行、收款、记账等职务分离。
2. 严格核对股票交款单和银行收款通知单。
3. 严格核对股东名册持有数和会计报表列示股数。
4. 将股票发行、收款、记录的账证、账单、账表相互核对无误。

其中,股东名册的设置应如表9-5所示。

表 9-5　　　　　　　　　　　　股东名册

编制单位:　　　　　　　　　　　　　　　　　日期:

编号	股东类别	账户号码	股东姓名	登记日期	持有股数	注销日期
01						
02						
⋮						

(二) 股利分配业务处理程序

股利分配业务处理程序如图9-13所示。

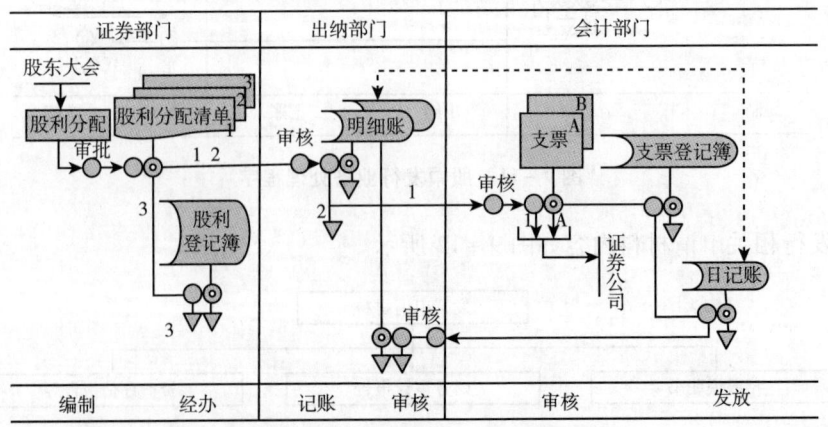

图 9-13　股利分配业务处理程序

1. 证券部门根据股东大会通过的股利分配方案进行分配,登记股利登记簿,编制股利分配清单,一式三份,一份自留,两份送至会计部门。

2. 会计部门复核清单,登记应付股利明细账,并将一份清单转至出纳部门。

3. 出纳部门据清单签发支票,并将清单和支票送至证券公司,委托发放股利。

4. 出纳部门根据支票副本编制付款凭证,登记银行存款日记账,并将付款凭证和支票副本转至会计部门。

5. 会计部门复核收到的付款凭证和支票副本,登记应付股利明细账,通知证券部门在股利备查簿登记股利支付日期。

6. 会计部门应定期核对。

该处理程序有以下关键控制点:

1. 股利发放和记录要职务分离。
2. 核对股利分配清单和股东名册。
3. 核对股利支付和股东收款。

(三) 债券发行业务处理程序

债券发行业务处理程序如图 9-14 所示。其中,发行申请材料内容如图 9-15 所示。

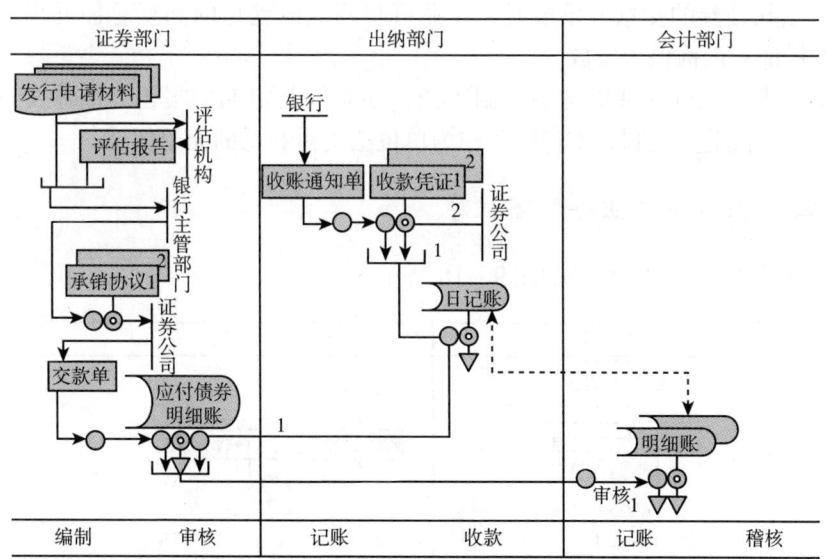

图 9-14 债券发行业务处理程序

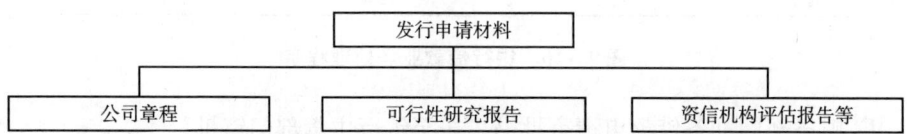

图 9-15 债券发行相关申请材料

1. 证券部门准备相关申请材料,如可行性研究报告、公司章程等,交至银行主管部门审批。

2. 审批通过后,企业委托证券公司发行债券,并签订承销协议,一式两份,一份自留,一份证券公司留存。

3. 证券公司发行后,给出交款清单至企业证券部门。

4. 证券部门根据清单填列应付债券明细表,将清单交至会计部门。

5. 出纳部门审核交款清单和银行收款通知单,编制收款凭证,登记银行存款日记账,将收款凭证和相关单据送至证券部门。

6. 证券部门登记发行日期至应付债券明细表,并将收款凭证和相关单据交至会计部门。

该处理程序有以下关键控制点:

1. 发行、收款、记录职务分离。

2. 严格核对交款清单、银行收款通知单以及应付债券明细账。

此外,在债券发行业务中还应注意涉及的利息支付的控制制度:

1. 企业应支付债务筹资的利息,并指定专人对不同债券支付利息的日期分别在利息支付备忘录上予以记载。

2. 负责利息支出的会计人员,根据票据面值和利率计算应付的利息,在得到其他会计人员的复核和被授权人审核批准后,即可支付利息。

3. 公司债券的受息人较多时,企业可将到期应支付的利息总额开出一张支票,委托证券机构代为发放。

4. 企业应明确代理机构的控制责任,并获取其定期的报告。债券发行公司可将代理机构上交的利息支付清单作为单位已支付利息的原始凭证。

(四) 银行借款业务处理程序

银行借款业务处理程序如图 9-16 所示。

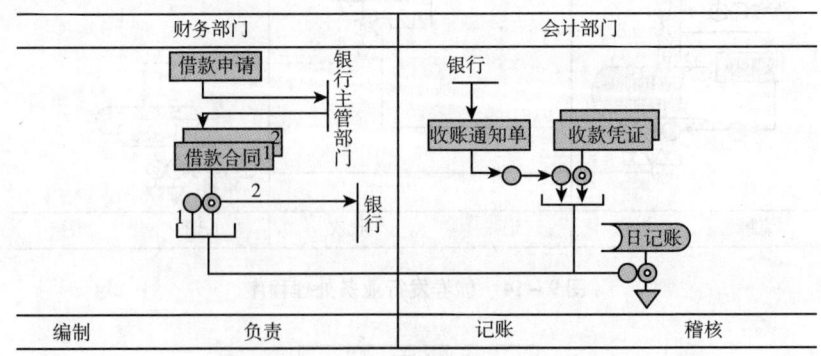

图 9-16 银行借款业务处理程序

1. 财务部门准备借款申请审批书,送至银行主管部门审批;

2. 银行审查申请,通过后,与企业签订借款合同,一式两份,一份自留,一份银行留存；

3. 出纳、会计部门在借款入账时据银行收款通知单和借款合同等登记相应账簿。

该处理程序有以下关键控制点：

1. 借款审批、收款、记录职务分离。
2. 严格核对银行收款通知单和借款合同。

四、筹资业务会计核算方法设计

企业的资金筹集业务按其资金来源通常分为所有者权益筹资和负债筹资。所有者权益筹资形成所有者的权益，包括投资者的投资及其增值，这部分资本的所有者既享有企业的经营收益，也承担企业的经营风险。负债筹资形成债权人的权益，主要包括企业向债权人借入的资金和形成负债的资金等，这部分资本的所有者享有按约收回本金和利息的权利。

（一）所有者权益筹资业务

1. 所有者权益筹资的基本含义。所有者权益筹资形成的所有者权益，包括投资者的投资及其增值，这部分资本的所有者既享有企业的经营收益，也承担企业的经营风险。

2. 所有者权益筹资相关的会计核算。

（1）所有者投入资本的构成。所有者投入的资本主要包括实收资本（或股本）和资本公积。

（2）账户设置。企业通常设置"实收资本（或股本）""资本公积"等账户对所有者权益筹资业务进行核算。

3. 所有者权益筹资相关会计账务处理。企业接受投资者投入的资本，借记"银行存款""固定资产""无形资产""长期股权投资"等账户；按其在注册资本或股本中所占份额，贷记"实收资本（或股本）"账户；按其差额，贷记"资本公积——资本溢价（或股本溢价）"账户。

借：银行存款（或固定资产、无形资产、长期股权投资等）
　　贷：实收资本（或股本）
　　　　资本公积——资本溢价（或股本溢价）

（二）负债筹资业务

1. 负债筹资的基本含义。负债筹资形成债权人的权益，主要包括企业向债权人借入的资金和形成的负债资金等，这部分资本的所有者享有按约收回本金和利息的权利。

2. 负债筹资相关的会计核算。

（1）负债筹资构成。负债筹资主要包括短期借款、长期借款以及结算形成的负债等。

（2）账户设置。企业通常设置"短期借款""长期借款""应付利息""财务费用"等账户对负债筹资业务进行会计核算。

3. 负债筹资相关会计账务处理。

（1）短期借款的账务处理。企业借入的各种短期借款，借记"银行存款"账户，贷记"短期借款"账户，归还借款时编制相反的会计分录。资产负债表日，应按计算确定的短期借款利息费用，借记"财务费用"账户，贷记"银行存款""应付利息"等账户。

借：银行存款
　　贷：短期借款
借：财务费用
　　贷：银行存款
　　　　应付利息

（2）长期借款的账务处理。企业借入长期借款，应按实际收到的金额借记"银行存款"账户，按借款本金贷记"长期借款——本金"账户，如存在差额，还应借记"长期借款——利息调整"账户。

资产负债表日，应按确定的长期借款的利息费用，借记"在建工程""制造费用""财务费用""研发支出"等账户，按确定的应付未付利息，贷记"应付利息"账户，按其差额，贷记"长期借款——利息调整"等账户。

借：银行存款
　　长期借款——利息调整
　　贷：长期借款——本金
借：在建工程（或制造费用、财务费用等）
　　贷：应付利息
　　　　长期借款——利息调整

本 章 小 结

本章主要介绍了与企业投资、筹资相关的会计制度设计内容。投资及融资业务流程与核算方法设计包括：业务流程设计、业务核算程序设计。投资业务流程主要包括：选择投资项目、提出可行性研究方案、制订投资计划、执行投资计划。投资业务核算程序设计主要包括：有价证券购入程序设计、有价证券售出程序设计、有价证券投资收益程序设计。融资的业务流程主要包括：融资需求分析、制订融资计划、实施融资计划、后期整理。融资业务核算程序设计主要包括：股票发行业务程序设计、股票分配业务处理程序、债券发行业务处理程序、银行借款业务处理程序。在掌握处理程序的同时，要注意把控各环节的关键控制点。

基 本 训 练

一、单项选择题

1. 投资业务操作人员与会计人员相分离是为了保证（　　）。

A. 会计账簿对有价证券的安全进行有效控制

B. 审批人员客观分析投资可行性及合理性
C. 业务运行和会计记录相互核对与控制
D. 防范投资决策风险

2. 投资计划建议书是投资业务中重要的一环，以下不属于投资计划建议书内容的是（   ）。
A. 宏观经济政策　　　　　　　　B. 财务经济分析
C. 企业发展战略　　　　　　　　D. 法律法规

3. 在投资活动的内部控制中，不属于职务分离制度的是（   ）。
A. 投资计划的编制人与审批人分离
B. 投资交易人员与投资收益经办人分离
C. 投资业务处理人员与会计记录人员分离
D. 证券保管人员与会计记录人员分离

4. 企业对投资预算提出审核意见的部门是（   ）。
A. 财务部门　　B. 法务部门　　C. 投资部门　　D. 出纳部门

5. 在有价证券的业务处理过程中，出纳部门编制收款凭证并登记银行存款日记账的根据是银行转来的收账通知和会计部门转来的（   ）。
A. 银行存款日记账　　　　　　　B. 证券出售通知单
C. 证券购入通知单　　　　　　　D. 证券投资目录

6. 不通过金融机构而进行的筹资是（   ）。
A. 权益资金　　　　　　　　　　B. 负债资金
C. 直接筹资　　　　　　　　　　D. 间接筹资

7. 筹资业务的会计核算程序设计不包括（   ）。
A. 股票发行业务程序设计　　　　B. 债券发行业务程序设计
C. 股利分配业务程序设计　　　　D. 债券出售业务程序设计

8. 在债券或股票正式发行前，作为防止发生错误或弊端的最后审核环节的是（   ）。
A. 签发制度　　　　　　　　　　B. 会计核算控制制度
C. 财务分析控制制度　　　　　　D. 实物保管控制制度

9. 筹资业务会计核算程序不包括（   ）。
A. 证券投资目录　　　　　　　　B. 证券购入通知单
C. 证券出售通知单　　　　　　　D. 银行存款日记账

10. 企业发放的股利由（   ）决定。
A. 董事会　　　　　　　　　　　B. 总经理
C. 监事会　　　　　　　　　　　D. 职工代表大会

二、多项选择题

1. 以下属于投资活动的内部控制内容的有（   ）。
A. 职务分离制度　　　　　　　　B. 财务分析
C. 投资审批　　　　　　　　　　D. 资产保管
E. 资产盘点　　　　　　　　　　F. 决策控制

2. 下列选项中，属于投资业务的内部控制要点的有（   ）。
A. 资产盘点控制重点　　　　　　B. 投资评估控制重点
C. 投资保管控制重点　　　　　　D. 投资差异分析控制重点

3. 在下列选项中属于投资部门负责的有（   ）。
A. 编写投资项目建议书　　　　　B. 制订投资计划

C. 提出投资可行性研究方案　　　　D. 执行投资计划
4. 投资业务会计制度设计的目的主要有（　　）。
   A. 优化资源配置，提高资产利用效率　　B. 强化企业管理，提高经济效益
   C. 优化投资组合，降低经营风险　　　　D. 保护企业资产的安全与完整
5. 编制可行性研究报告，重点对（　　）等做出评价。
   A. 潜在风险与收益　　　　　　　　　　B. 投资目标
   C. 投资方式　　　　　　　　　　　　　D. 投资规模
6. 下列属于企业筹资方式的有（　　）。
   A. 发行股票　　　　　　　　　　　　　B. 商业信用
   C. 融资租赁　　　　　　　　　　　　　D. 国家财政资金
7. 有价证券出售业务的核算程序包括如下几个步骤，排列顺序错误的有（　　）。
   ①出纳据交割单与银行的收账通知编制收款凭证，登记"银行存款日记账"或"其他货币资金——存出投资款"明细账
   ②投资部门根据市场价和投资目标的实现程度，申请证券出售
   ③经审核批准，编制出售通知单，交由经证券经纪人办理相关业务手续
   ④会计部门据收款凭证和相关单据，登记相关账簿
   ⑤会计部门收到证券公司的交割单审核交至出纳部门
   A. ②③①④⑤　　B. ②③⑤①④　　C. ②①④③⑤　　D. ②⑤①③④
8. 股票发行业务流程的控制要点包括（　　）。
   A. 股票发行、收款、记录职务分离
   B. 股票交款单与银行收款通知金额核对一致
   C. 股东名册持有数与财务报表列示发行股数核对一致
   D. 股票发行、收款、记录的账证、账单、账表核对一致
   E. 核对付息记录于应付计息的一致性
9. 对外投资的执行应与（　　）岗位相分离。
   A. 决策　　　　B. 审批　　　　C. 绩效评估　　　D. 会计记录
10. 公司筹资业务会计核算控制制度的设计内容应包括（　　）。
    A. 筹资计划控制制度　　　　　　　　B. 筹资收入款项控制制度
    C. 实物保管控制制度　　　　　　　　D. 利息支付控制制度
    E. 股利发放控制制度

三、判断题

1. 投资业务会计制度设计的首要目标是提供真实投资状况的财务信息。（　　）
2. 投资评价是指定期对已实施的投资从立项、决策、实施到结果（包括企业经济效益及社会效益）等进行综合评价，以便总结经验。（　　）
3. 转让投资应由相关机构或人员合理确定转让价格，并报授权审批部门审批，必要时可委托具有相关资质的专门机构进行评估。（　　）
4. 对于企业的投资资产，必须由独立的专门机构保管，才可防止证券及单据等损毁。（　　）
5. 对于企业投资资产的保管，无论自行或委托保管，都应由与投资无关的人员定期对证券进行盘点核对。（　　）
6. 投资业务内部控制制度主要包括职务分离制度，财务分析制度，投资调查审批制度，投资取得、保管和处理控制制度以及投资核算控制制度。（　　）
7. 企业在购入股票或债券时应在当日登记于企业名下，并登于经办人员名下。（　　）

8. 筹资业务具有业务频繁、方式多样化和受外部影响较大等特点。（ ）
9. 在投资交易中，执行、记录和证券的保管可以由同一个人来完成。（ ）
10. 购入有价证券发生利息收入时，存在收讫日和会计年度一致和不一致两种情况。（ ）

四、简答题
1. 筹资业务和投资业务中分别应予以分离的不相容职务有哪些？
2. 投资与筹资业务内部控制与核算规程设计的意义如何体现？
3. 股票发行业务程序设计要点有哪些？

五、案例分析题

1. 韩国第二大企业集团大宇集团（简称"大宇"）于1999年11月1日向新闻界正式宣布该集团董事长金宇中以及14名下属公司的总经理决定辞职，以表示"对大宇集团的债务危机负责，并为推行结构调整创造条件"。韩国媒体认为，这意味着"大宇集团解体进程已经完成"，大宇集团已经消失。子集团于1967年开始奠基建厂。经过30年的发展，通过政府政策、银行信贷的支持和内外的大力购并，大宇集团成为规模直逼韩国最大企业现代集团的庞大商业帝国。

1998年底，大宇集团的总资产高达640亿美元，营业额占韩国GDP的5%；业务涉及贸易、汽车、电子、通用设备、重型机械、化纤和造船等众多行业；国内所属企业曾多达41家，海外公司数量创下过600家的记录，鼎盛时期，大宇集团的海外雇员多达几十万人，"大宇"成为国际第十知名品牌。大宇集团是"章鱼足式"扩张模式的积极推行者，认为企业规模越大，就越能立于不败之地，即所谓的"大马不死"。据报道，1993年金宇中提出"世界化经营"战略时，大宇在海外的企业只有15家，而到1998年底已增至600多家，"等于每3天增加一家企业"。还有更让韩国人为大宇着迷的是，在韩国陷入金融危机的1997年，大宇不仅没有被危机压倒，反而在国内的集团排名中由第4位上升到了第2位，金宇中本人也被美国《幸福》杂志评为亚洲风云人物。

1997年底韩国发生金融危机后，其他企业集团都开始收缩规模，但大宇仍然我行我素扩大，结果债务越背越重。尤其是到了1998年初，韩国政府提出"五大企业集团进行自律结构调整"方针后，其他集团把结构调整的重点放在改善财务结构方面，努力减轻债务负担。大宇却认为，只要提高开工率，增加销售额和出口，就能躲过这场危机。因此，它继续大量发行债券，进行基本环节"借贷式经营"。1998年大宇发行的公司债券达7万亿韩元（约58.33亿美元）。1998年第四季度，大宇的债务危机已初露端倪，在各方援助下才避过了债务灾难。此后，在严峻的债务压力下，大梦方醒的大宇虽进行了种种努力，但为时已晚。1999年7月中旬，大宇向韩国政府发出求救信号。同年7月27日，大宇因"延迟重组"被韩国4家债权银行接管。到了8月11日，大宇在压力下屈服，降价出售两家财务出现问题的公司。8月16日，大宇与债权人达成协议（简称"8月16日协议"），在1999年底前，将出售盈利能力最佳的大宇证券公司以及大宇电器公司、大宇造船公司和大宇建筑公司等，大宇的汽车项目资产免遭处理。"8月16日协议"的达成，表明大宇已处于破产清算前夕，处于生死存亡的险境。由于在此后的几个月中，经营状况仍然得不到改善，资产负债率仍然居高不下，大宇最终上演了本文开头所述的那一幕。

要求：如何认识举债经营对企业的影响？如何降低企业筹资业务所引发的风险？

2. A公司因生产经营所需，计划通过增资扩股吸纳新的股东。H公司对项目投资的可行性进行了研究，随后与A公司签订投资协议，并根据董事会决议和投资协议于2002年6月对A公司投出6 000万元。2002年12月，由于A公司增资扩股的相关法律手续尚未办理完毕，H公司的投资交易未能完成。H公司投资部与A公司签订至2002年12月的资金占用费补充协议，根据该补充协议的相关条款，H公司收取了至2002年12月底资金占用费262万元。至2003年4月根据A公司提供的会计师事务所出具的验资报告，验证H公司实际出资3 000万元，占股权比例15%，2003年9月收回多投的投资款3 000万元，2004年收到分回的当年5~12月的投资收益240万元。H公司没有能够收到2003年1~4月原投出资金6 000万元和5~8月多投出资金3 000万元的资金占用费，导致H公司投资收益未得到有效保证。

要求：指出H公司对外投资业务存在的内控缺陷，并提出建议。

第十章 会计信息化制度设计

学习目标

1. 了解会计信息化及会计信息系统的概念,理解会计信息化制度设计的作用、要求、依据及原则。

2. 掌握会计信息化内部控制设计;了解会计信息系统维护与管理设计;掌握会计信息化存在的风险与相应的管理、防范措施。

3. 了解会计信息系统审计相关知识。

重要概念

会计信息化;会计信息系统;会计信息化制度;会计信息化内部控制;会计信息化风险;会计信息系统审计

案例导入

正泰集团创建于1984年,产业涵盖低压电器、输配电设备、仪器仪表、建筑电器、汽车电器、工业自动化、光伏发电和装备制造等,市场覆盖100多个国家和地区。作为中国产销量最大的低压电器生产企业之一,浙江正泰电器股份有限公司(以下简称"正泰电器")在集团公司战略规划指引下,扎实、深入、快速地推动管理会计信息化建设,取得良好成效。

目前,正泰电器已建立以 ERP 为核心,覆盖公司生产运营各业务环节及供应商、分销商的高度集成的信息系统平台。基于业财一体化的平台不但实现了统一的会计自动核算,而且实现了绝大多数业务的自动核算、自动统计。同时,公司建立了完整的供应链与价值流的业务监控与分析体系,设置了深入各关键业务节点的内控点,为成本核算精细化和成本控制提供了基础。信息化建设使财务管理工作有创新的平台与落实的载体,实现了财务管理创新。

1. 实现财务业务一体化。正泰电器的会计核算以 ERP FI/CO(财务会计/管理会计)模块为核心,建立统一的会计核算科目与体系,前端业务发生的同时,通过自动过账科目实现会计自动核算,做到业财一体化并细化了核算结果。财务人员记账算账的工作量大大减少,大部分财务人员逐渐转变为从事以监控、分析、财务管控为主的工作。系统实现了以财务为核心,对销售、生产、采购等生产运营全过程的监控功能。

2. 实现了财务分析体系的变革。集成系统建立后,可实时采集到财务和业务的数据，使财务分析由过去只能做到事后分析发展到事前、事中、事后的业务及财务数据的分析与挖掘，建立了及时准确的报表分析体系。对于生产运营的策略调整，可以在事前通过信息系统进行预测及模拟，如材料涨价预测会对生产成本产生影响，可以在实际涨价前模拟出涨价后的成本波动，为决策提供支持。

3. 建立了基于内部资金管理系统的供应链金融平台。该系统建立了供应链管理信息平台和银企直联模式，通过信息系统之间的对接与覆盖，实现公司与供应商、经销商、银行之间的高效业务协作。这个支持协同商务的供应链管理平台由 ERP、营销电子商务、供方电子商务、正泰物流管理、APO 计划管理、价格管理、资金管理、条码管理等系统构成，涵盖各职能部门、生产制造部、销售网点、经销商、供应商等公司供应链上的全部业务环节，全方位管理供应链上的物流、资金流、信息流等各类资源，实现了公司供应链上内部单位之间以及公司与供应商、经销商之间的快速业务协作与商务协同，提升了整个供应链快速响应市场的能力和成本控制能力。同时该系统着眼上下游供应链，在加强内部资金管理的基础上实现了融资模式的变革。

4. 构建全面预算管理系统。2009 年，公司针对经营管理现状和预算管控需求及 ERP 应用状况、各子公司业务特点等情况，决定先利用现有公司信息化团队自行开发适合企业当前状况的预算管理信息化系统。该系统目前主要包括预算编制、执行分析、预算调整、预算滚动预测等模块，通过预算管理系统与业务系统的接口，实现自动获取实际发生数，并实现从不同角度进行分析，实时反馈经营管理结果和预算执行状况，进一步增强了预算管控职能。

第一节　会计信息化制度设计概述

一、会计信息化

会计信息化，是信息社会的产物，是未来会计的发展方向。随着经济管理对会计数据处理要求的日益提高和现代科学技术的不断进步，会计数据处理技术经历了手工方式、机械化方式和电算化方式的发展历程，逐渐拉开了信息化方式的新序幕。会计信息化不仅是会计数据处理手段的重大变革，而且对会计理论和实践产生了深远影响。

（一）会计信息化

会计信息化是将电子计算机和现代网络通信技术广泛应用于会计工作，对传统的会计模型进行重整，并在重整的现代会计基础上，建立信息技术与会计学科高度融合的、充分开放的现代会计信息系统的过程。具体而言，会计信息化即在会计工作中以电子计算机代替手工的方式对会计业务进行处理，并利用财务软件指挥计算机代替人工进行记账、算账、报账以及对会计信息进行分析、预测、决策的工作过程，也包括会计信息软件的开发、会计信息化人才的培训等。

会计信息化是以计算机为核心，融系统论、会计学、计算机技术及信息技术、企业管理等为一体的一门学科，是会计学科的一个分支。

会计信息系统是基于计算机的、将会计数据转换为信息的系统。是利用信息技术对会计信息进行采集、存储和处理，完成会计核算任务，并能提供为进行会计管理、分析、决策的辅助信息的系统。会计信息系统作为企业管理信息系统的一个子系统，其实质是使单位的会计工作实现业务流程的数字化和网络化。会计信息系统依据会计管理理论、应用计算机信息技术，将会计业务流程与其他业务流程整合，实现了企业物流、资金流、信息流的三流合一，提升了企业的经济效益。

信息化会计以传统的手工会计的原理为基础，二者都遵循相同的会计理论、会计准则和会计法规，具有相同的系统目标和工作内容。然而，随着计算机信息技术的深入应用，会计工作发生了深刻的变革。以电子计算机和互联网为条件的信息化会计与手工会计操作相比，具有以下六个主要特征。

1. 会计信息化以计算机和互联网信息技术为主要工具，采用人机结合方式，相互操作。

2. 数据采集要求标准化和规范化。会计信息系统要从原始单据中接收或获取会计的原始数据，将输入的数据标准化、规范化，以适应计算机的需要。故要改变会计凭证不统一的状况，采取统一编码，建立统一数据输入格式，加强对数据校验，保证输入数据的可靠性。

在互联网的环境下，各种原始凭证变成电子的格式，原始凭证以网络的方式传递。会计信息系统通过互联网直接在企业内部和外部各个部门分散和收集原始数据，节省了原始数据搜集的成本和时间，提高了原始数据的准确性。

3. 数据处理方式集中化和自动化。数据处理集中化表现为：在实现会计信息化以后，以前由各个业务岗位完成的会计工作都统一由电子计算机处理，尤其是网络建立后，由于数据的共享，数据的处理呈现集中化。数据处理自动化则表现为在数据处理过程中，人工干预明显减少，主要由程序统一调度处理。

4. 会计信息载体无纸化。在信息化会计中，有关的会计凭证、账簿、报表的存储，采用光、电、磁介质，信息量大，查询速度快，便于复制和删除。在互联网的环境下，会计信息不仅存储无纸化，而且数据的输入、处理过程以及会计信息的输出也都将采用无纸化形式。

5. 会计信息和业务流程协同处理，步调一致。企业内部的业务流程很多，产生的会计信息需要和业务管理相协调，一旦产生会计信息，将并行送入会计信息系统进行加工、储存和处理，而会计信息系统同样及时将产生的有关会计数据信息送给业务系统，以保证会计信息与业务流程步调一致。每一个业务活动产生的会计信息必须及时处理，并将处理结果反馈给外部业务流程，以实现与外部业务的协同。

6. 会计信息的搜集和处理动态化、实时化。无论是企业外部的数据，还是企业内部的数据，在互联网环境下对各种会计信息的搜集都是实时的，一旦发生都将及时存入相应的服务器，并主动及时送到会计信息系统中进行实时处理。这样，可以随时得出会计账簿和报表，并将其发送到企业的有关管理决策部门。

（二）会计信息化与手工会计的异同

无论是传统的手工会计，还是采用信息化会计，对会计数据的处理和所提供的会计信息都要符合国家统一的会计制度的规定。手工会计与信息化会计的共同点如下。

1. 会计目标相同。信息化会计提高了会计信息的加工质量，加速了会计信息的传输，但会计目标并没有发生根本改变。无论是信息化还是手工，会计目标都是运用会计手段和加工技术处理会计数据，生成会计信息，满足外部信息使用者的决策需求和内部管理控制的需要。

2. 基本原理相同。电子计算机在会计上的应用，尽管引起了会计操作技术的变革，促进了会计手段的进步，但并没有改变会计账务处理和报表编制的基本原理。信息化会计仍然遵循复式记账原理，填制和审核会计凭证，设置和登记会计账户，编制会计报表。

3. 核算依据相同。信息化和手工系统都必须遵守会计准则和相关法规组织会计核算。

4. 都必须依法保存会计档案。会计档案是会计工作的重要资料，无论是手工还是信息化，都必须依法妥善保管。

手工会计与信息化会计的差别，主要表现在以下六个方面。

1. 会计工作组织体系不同。手工会计是以会计业务的不同性质为依据来划分会计工作组织体系，将财务部门划分为不同的业务核算小组。而会计信息系统是以数据的不同形态为依据划分会计工作组织体系，一般要设置数据录入、审核、处理、输出和维护等岗位。

2. 会计核算形式和方法不同。在手工会计操作中，所采取的会计核算形式和某些核算方法并不是针对经济业务本身量身定制的，而是为了减少或简化会计工作量做出的选择。在会计信息系统中，在符合国家统一会计制度相关规定的前提下，从经济业务所需达到的目标出发，设计出使业务流程更加合理、更为精确的会计核算方法。因此在使用时，会计人员不必再考虑具体的核算方法，而是直接执行指定的功能，计算机就可以高速、快捷、及时、准确地完成相应的会计信息处理工作。

3. 会计信息存储方式不同。在手工会计操作中，总账、明细账、日记账都是严格区分开来的，并有其特定的格式，存储介质是看得见、摸得着的纸张。在会计信息系统中，账簿、报表所记载的数据是以数据库文件的形式保存在光、电、磁介质上的。当需要查看时，执行相应的会计信息输出功能，按照国家统一的会计制度规定的格式，将相关凭证、账簿或报表，在计算机上显示或打印出来。

4. 会计内部控制制度不同。手工会计操作与信息化会计在实施会计内部控制上存在以下几方面变化：首先，原来的内部控制方式部分被改变或取消，如原来靠总账与明细账簿之间互相核对来实现的纠错控制方式已基本不复存在，代之以更严密的输入方式控制。其次，控制范围已从财务部门转变为财会部门和计算机处理部门；控制方式已经由单纯的手工控制转变为组织控制，以及手工控制和程序控制相结合的全面内部控制；财务软件增加了权限控制，如各类会计人员必须有自己的操作密码和操作权限。最后，会计信息系统本身增加了各种自动平衡校验功能等。

5. 会计管理职能强弱不同。手工会计环境下，许多复杂的管理方法难以在企业管理中实施，如最优经济订货批量、多元回归分析等，大部分的经济事项的预测、决策工作则主要依赖管理者个人的主观判断。会计信息化环境下，管理人员借助先进的管理软件工具，可将已有管理方法在计算机中得以实施，同时还可不断建立新的管理模型，使管理人员利用模型迅速地存储、传递以及输出大量的会计信息，继而进行各种复杂的数量分析，及时、准确、全面地进行会计管理和决策工作。

6. 会计资料档案形式不同。传统的会计档案包括原始凭证、记账凭证、会计账簿及会计报表。各企业单位都应将每个会计期间的会计资料按《会计档案管理方法》的要求，定期加具封面，装订成册，这样既耗时又费力，且不便于查找。随着会计信息化的推行，由此产生的一系列会计信息，都以磁性介质保存在光、电、磁等介质中，查询迅速，传递速度快，检索功能强。

二、会计信息化制度设计的作用与要求

（一）会计信息化制度设计的作用

会计信息化制度是进行会计信息化工作的规范和标准，是会计信息化工作的规则、方法和作业流程的总称，是会计制度的重要组成部分。会计信息化是网络环境下会计信息使用者获取信息的主要渠道，能帮助管理者解决会计电算化中存在的信息"孤岛"现象，提高会计管理决策能力和企业管理水平，增强企业的竞争实力。会计信息孤岛，是指会计部门从其本身独特的职责出发，依据会计科目体系采集的、由传统会计系统储存和报告的会计信息，在一定程度上与企业业务活动信息相分离，从而难以满足信息使用者决策需求。会计信息化制度设计主要用于规范、指导会计信息化建设，主要包括以下四个方面。

1. 确保会计工作程序化、规范化。会计信息化制度设计的首要任务是制定一套针对企事业单位经济活动全过程，利用电子计算机进行作业，并保证信息安全的规范和标准。会计信息化制度的有效实施，将促使会计信息化工作有组织、有系统、有秩序地开展，使运行环境安全可靠，会计人员职责明确，作业方式有据可依，会计信息准确及时。

2. 满足内外会计信息使用者需要。会计软件的功能很多，通用会计软件经过初始化设计可以成为满足任何企事业单位管理需要的软件，各种会计信息均可

由会计信息化信息系统提供。会计信息化制度设计通过对软件中会计科目、部门项目、核算方法、信息输出方式、会计报表内容以及各子系统数据传递关系的设置，将企事业单位的核算方式、管理要求等融入会计软件，使会计信息化系统所提供的信息能更充分地满足各使用者的需要，为企事业单位加强管理，提高经济效益提供服务。

3. 有效防止舞弊行为，保护资产安全完整。会计信息化制度设计将内部控制制度贯穿于会计信息化工作全过程，起到堵塞漏洞、防止贪污舞弊的作用，能够有效地保证各项资产的安全完整。

4. 为会计信息化操作创造良好环境，保证信息安全可靠。会计信息化制度设计为信息化工作中的每一个环节、每一个操作程序均设计了完善的内部管理制度，如机房管理、病毒防范、操作规程等，以防发生差错，保证信息的安全。

（二）会计信息系统化设计的要求

会计信息化的目的是改善信息处理的效率，增强信息处理的功能。会计信息化制度设计的优劣将直接影响会计信息化工作的质量和企业的经济效益。因此，会计信息化设计应当满足以下要求。

1. 可靠性。这是指受外界干扰时，系统的抵御能力和恢复能力。衡量可靠性的指标是"平均故障间隔时间"，衡量恢复能力的指标是"平均排除故障所用时间"。系统的可靠性包括：检错、纠错能力；抵抗崩溃性瘫痪的能力；重新恢复及重新启动的能力；抗病毒的能力及硬件、软件的可靠性。

2. 安全性。这是指系统硬、软件免遭故意或偶然损害的能力；保护数据不丢失、不被改动和被销毁的能力。

3. 保密性。这是指限制数据传送范围，防止数据泄露的能力。

4. 优质性。这是指系统提供信息的准确程度以及界面的友好程度，要求提供高质量的用户体验。

5. 高效性。不同的处理方式用不同指标衡量系统的运行效率。批处理系统运用平均处理时间衡量运行效率；联机实时处理系统和分时处理系统用响应时间来衡量；而对于实时录入、成批处理系统，常用处理能力，即标准时间周期内处理的作业个数表示系统的运行效率。

6. 可修改性。由于系统环境的不断变化，系统本身也需不断修改和完善，系统设计应致力于当系统做出局部修改时，不会影响全局。即各部分的设计应较强的独立性且易于二次开发。

三、会计信息化制度设计的依据及原则

（一）会计信息化管理制度设计的基本依据

《2006—2020年国家信息化发展战略》指出，信息化是当今世界发展的大趋

势,是推动经济社会变革的重要力量。大力推进信息化,是覆盖我国现代化建设全局的战略举措,是贯彻落实科学发展观、全面建设小康社会、构建社会主义和谐社会和建设创新型国家的迫切需要和必然选择。会计信息化作为落实国家信息化发展的重要因素,引起了政府和社会公众的高度重视。

为规范会计信息化工作,《中华人民共和国会计法》中明确规定,"使用电子计算机进行会计核算的,其软件及其生成的会计凭证、会计账簿、财务会计报告和其他会计资料,也必须符合国家统一的会计制度的规定";"使用电子计算机进行会计核算的,其会计账簿的登记、更正,应当符合国家统一的会计制度的规定"。

根据2009年财政部发布的《全面推进我国会计信息化工作的指导意见》,我国当前会计信息化工作的主要任务包括以下六个方面:推进企事业单位会计信息化建设;推进会计师事务所审计信息化建设;推进会计管理和会计监督信息化建设;推进会计教育与会计理论研究信息化建设;推进会计信息化人才建设;推进统一的会计相关信息平台建设。

2013年12月,财政部发布《企业会计信息化工作规范》(以下简称《规范》),以推动企业会计信息化,节约社会资源,提高会计软件和相关服务质量,规范信息化环境下的会计工作。《规范》要求会计软件应当保障企业按照国家统一会计准则制度开展会计核算,不得有违背国家统一会计准则制度的功能设计。同时,企业应当遵循企业内部控制规范体系要求,加强对会计信息系统规划、设计、开发、运行、维护全过程的控制,将控制过程和控制规则融入会计信息系统,实现对违反控制规则情况的自动防范和监控,提高内部控制水平。《规范》自2014年1月6日起施行,1994年6月30日财政部发布的《商品化会计核算软件评审规则》《会计电算化管理办法》同时废止。

"十三五"时期(2016~2020年)是全面建成小康社会的决胜阶段,也是全面建成与社会主义市场经济相适应的会计体系的关键时期。为科学规划、全面指导未来五年我国会计改革与发展,更好地为经济社会发展和财政中心工作服务,财政部制定《会计改革与发展"十三五"规划纲要》,将"加强会计信息化建设"作为未来五年的主要任务之一。

(二) 会计信息化管理制度的设计原则

根据会计信息化系统管理制度设计的各项基本依据,会计信息化管理制度设计应符合以下原则。

1. 合法性原则。设计会计制度时,必须以国家颁布的各项财经法规为依据。如《企业会计准则》和《企业会计制度》是企业进行会计核算工作的规范,是企业会计工作自由度和统一度相平衡的标准。

2. 合理性原则。设计出的会计信息化制度既要有利于提高会计工作质量,又要简便易行;既要符合会计理论,又要有利于会计实践;既要适应于手工操作,又要能适应会计信息化要求。

3. 系统性原则。设计会计信息化制度时要从整体上考虑会计制度与其他制度的协调以及内部各个制度之间的照应和统一。

4. 效益性原则。进行会计信息化制度设计时,充分考虑当前的经济发展水平和经济政策,通过制度收益和制度成本的比较来选择制度效益最大的设计方案。

5. 适应性原则。新会计信息化制度投入正式使用前,应采取谨慎的态度进行小范围试验,不断修改完善,切不可操之过急。会计信息化制度一经确立,应保持相对稳定,不宜经常改动。同时,要对企业未来一定时期内的发展情况做出恰当的估计,以保持会计制度具有一定的适应能力。

6. 内部控制原则。企业的供货、产货、销货各环节、各工作岗位和人员的职责权限都应贯彻内部控制制度,内部控制所采用的形式、办法和要求,切实可行、可控和有效。

第二节 会计信息化内部控制设计

一、会计信息化内部控制概述

内部控制是由企业董事会、监事会、经理层和全体员工共同实施的、旨在实现控制目标的过程。会计信息化的出现,提高了企业业务流程的自动化程度。传统的控制活动逐渐被淘汰或融入了计算机程序中。会计信息化内部控制是以信息技术为基础的控制活动,是企业为了提高经济系统运行的效率、安全而采取的一系列控制措施。

(一) 会计信息化内部控制的目标

1. 促进企业有效实施内部控制。内部控制的目标包括促进遵循国家法律法规、促进维护资产安全、提高信息报告质量、提高经营效率和效果及实现发展战略目标。

2. 提高企业现代化管理水平,减少人为操纵因素。堵塞漏洞、消除隐患、防止并及时发现、纠正错误及舞弊行为,保护单位资产的安全、完整。

3. 增强信息系统的安全性、可靠性和合理性,以及相关信息的保密性、完整性和可用性,为建立有效的信息与沟通机制提供支持保障。

(二) 会计信息化内部控制的原则

1. 全面性原则:应当贯穿决策、执行和监督全过程,覆盖企业及其所属单位的各业务及事项。

2. 重要性原则:应当在全面控制的基础上,关注重要业务事项和高风险领域。

3. 制衡性原则:应当在治理结构、机构设置及权责分配、业务流程等方面形成相互制约、相互监督的体系,同时兼顾运营效率。

4. 适应性原则：应当与企业经营规模、业务范围、竞争状况和风险水平等相适应，并随着情况的变化及时加以调整。

5. 成本效益原则：应当权衡实施成本与预期效益，以适当的成本实现有效控制。

（三）会计信息化内部控制特点

1. 会计业务处理主题发生变化。在信息化环境下，会计人员之间的联系转变为人与计算机的交互，操作员的身份识别及授权控制等都有别于手工会计系统，除了原始单据的取得或填制主要是外部生成，制单、审核记账、过账、对账、结账和报表编制等核算环节几乎全部在计算机系统内部完成，核算的自动化程度大大提高。

2. 口令密码是实现会计操作的唯一密码。在信息化环境下，操作员都有各自的授权范围和口令，只要有正确的口令密码，就能进行操作而不留下痕迹。这就意味着，如果密码泄露，就会影响数据的真实性。

3. 数据输入是信息化会计控制的重点。在信息化系统中，所有数据都源于凭证库。当凭证被输入后，系统将自动进行多项业务处理，一旦输入操作不当将会引发一系列错误，因此数据输入操作不当的问题控制将是整个会计信息化业务处理程序中最关键的控制环节。

4. 信息化系统的"单点录入"与"数据共享"产生的数据风险。实行计算机记账后，数据几乎全部由系统各站点分散录入，且系统各站点可实现共享，这无疑提高了信息的利用率，但是也带来了新的问题，就是系统存在由于局部站点数据输入或操作错误造成的系统整体错误的风险。

二、会计信息化内部控制设计

会计信息化内部控制具体内容设计分为管理控制设计和应用控制设计。

（一）管理控制设计

管理控制也称一般控制，是对会计信息系统中的组织、操作、安全和开发等系统运行环境方面所进行的控制。有助于保证信息系统持续、有效运行，支持应用控制作用的有效发挥。其中包括组织控制、人事控制、系统开发与维护控制、操作控制、硬件软件控制、数据资源控制、档案资料控制。

1. 组织控制。组织控制是将组织作为控制的对象和手段，通过建立具有控制能力的组织结构、采用满足控制要求的组织流程、构筑认同的组织文化达到控制的目标，是其他控制实施和发挥作用的基础。一是重塑企业流程和更新传统的机械技术体系；二是处理和传输信息资源。

组织控制的基本要求是职责分离和职责牵制。职责分离的一般原则是将业务授权、执行、记录、保管等不相容职责予以分开。合理的职责分工包括合理地划分人、机之间的职责和合理地划分岗位之间的职责。

　　划分岗位并确定岗位职责时，要考虑不相容职务的分离和岗位的相互牵制，如系统开发人员不能在系统正式运行阶段随意接触系统，操作员应负责日常的业务数据处理而不能参与程序的分析、设计、编制与修改，资料保管员保管系统的一切文档以防止未经授权而使用数据资料的行为。

　　2. 人事控制。会计信息系统是人机系统，内部控制的好坏离不开人员的素质，因此，要对各岗位人员的知识、技能及职业道德提出具体的岗位标准要求。

　　例如，系统管理员应具有会计和网络技术、通信技术和计算机技术的相关知识，同时具有会计信息系统的组织和管理经验；会计信息系统主管应熟练掌握会计业务并能熟练使用信息系统；系统维护员要精通网络技术、通信技术、计算机技术及相关知识并具有基本会计知识；系统业务处理人员要具备会计信息系统操作知识和技能，可由基本会计岗位人员担任；信息系统审查人员要熟练掌握会计业务、审计业务和网络技术、通信技术、计算机技术等基本知识，以及会计信息系统相关知识；数据分析员应具备一定的会计知识和熟练应用计算机的能力；档案保管员要具备档案管理知识。此外，人事控制还包括工作性质的说明、人员选择与培训、对人员行为的监督与评价、人事管理办法制度化等。

　　3. 系统开发与维护控制。系统开发与维护控制是对新系统的分析、设计、实施以及现有系统的改进与维护实施的控制，应考虑新系统开发控制、系统维护控制及文档控制三个方面。

　　(1) 系统开发控制。信息系统的开发方式主要有自主开发、委托开发和合作开发等。为保证系统开发的质量，作为系统的用户方，企业应对开发过程中各项活动的合法性和有效性实施严格控制。

　　第一，审批控制。系统开发过程中，从项目建议、系统分析、设计到实施的各阶段，都应经有关人员审批。

　　第二，内部审计控制。内部审计人员（最好是信息系统审计人员）参与到系统开发过程中，就新系统的整个开发过程及各个阶段是否达到预期目标进行审查和评价。

　　第三，软件质量控制。在新系统开发过程中，应指派至少一名质量监督人员专职负责监督会计信息系统质量体系运行情况、资源使用情况以及基本质量策略和方针落实情况。

　　第四，系统测试和转换控制。在新系统开发后期，由内部审计人员、用户和系统开发人员共同提出测试方案，对系统是否满足使用目标进行测试，并对旧系统的数据转换到新系统实施控制，确保转换结果完整准确，防止未经授权而更改数据。

　　第五，验收控制。新系统运行后，参与信息系统开发的有关管理人员、用户和内审人员应对会计信息系统进行验收评估，以验证系统是否符合预期的目标和要求。

　　(2) 系统维护控制。系统维护控制包括程序修改、文件修改、代码修改等方面，涉及系统功能结构的调整、扩充和完善。对系统维护要严格控制，以防止程序意外毁损丢失、防止未经授权而更改系统。

第一，维护的授权与批准。系统维护往往会"牵一发而动全身"，对系统的任何修改要求，必须有正式的维护或修改的申请、授权等程序。

第二，维护的标准规程与文档控制。系统维护工作应该按严密的标准规程执行，并建立规范化的文档。

第三，系统测试与文档更新控制。系统主管、用户和内审员应一起对修改过的系统进行测试和验收。验收后，系统主管向系统操作人员及所有使用者发出通知，明确系统何时开始使用新版本，新的功能和修改的地方，必要时还应做适当的培训。

（3）文档控制。信息系统文档主要包括可行性研究报告、项目开发计划、系统分析说明书、系统设计说明书、工程设计报告、测试计划、系统测试报告、用户手册、操作手册、运行维护记录等。文档控制要做到文档的制度化管理，文档应标准化、规范化，要建立文档的生成、保管、维护等制度。

4. 操作控制。信息系统的操作过程中，需对操作人员权限、操作规程等方面进行规范与审查，保证信息处理的高质量，降低差错的发生和未经批准而使用数据和程序的可能性，确保仅限于经过批准的人员进行计算机操作、确保仅使用批准的程序、确保查出并更正计算机处理中的错误。

（1）操作权限控制。每个上机人员都应按照被授予的权限对系统进行操作，不得超越权限接触系统。比如系统管理员有系统硬、软件管理维护和网络资源分配的超级权限，而操作人员不得进行系统性操作、系统程序员不得进行业务性操作。

建立系统资源访问授权和身份认证制度，严格规范系统使用人员的口令密码，在会计主管（或系统管理员）设置好上机人员登记和操作权限之后，其他操作人员要设置自己的口令密码，以防止他人盗用自己的权限进行操作。若更换操作人员或密码被泄露，则必须及时更改密码。若操作人员离开工作现场，则必须在离开前退出已经运行的程序。

操作人员不得擅自进行系统软件的删除、拷贝、修改等操作，不得擅自升级、改变系统软件版本或更换系统软件，不得擅自改变软件系统的环境配置。建立上机日志记录，实时监控和记录用户身份、操作时间、操作内容、系统参数和状态、系统重要资源等，并定期对日志文件进行安全检查和评估。上机日志记录可用来提供检查线索，也是计算机审计取证的主要对象。可由操作员记录或系统自动生成，但都禁止被修改，以保证记录的原始性和真实性。

（2）操作规程控制。系统操作必须遵循一定的标准操作规程。以下为一些常见的操作规程控制措施：

第一，每个操作人员只能拥有其分工范围内的操作权限，口令是操作人员身份的标识。每个操作人员必须设置自己的口令，负责对口令经常更换并对他人保密。信息系统主管无权调阅操作人员自设的口令密码。

第二，系统操作人员一般不能拥有对系统的修改权限，包括修改软件、代码、记账凭证上的数据等，也不能调阅系统开发的文档资料和系统的源程序。

第三，有关人员应有必要的权限分离，如操作人员不能兼任出纳及手工凭证的制证和审核等工作，系统维护员不能处理系统日常的任何业务。

第四，规定包括网络、通信和计算机在内的所有设备的使用权限，如访问文件服务器权限等。

第五，规范各设备的使用方法和操作流程。规范各系统（及系统功能）、各岗位的操作流程。

第六，任何操作都要按照事先确定的流程进行，严禁不按规程操作。

第七，定期调换不同的操作岗位。

5. 硬件软件控制。

（1）硬件控制。硬件控制也称设备控制，是对会计信息化系统的计算机硬件系统的控制，通常是由计算机生产厂家在计算机设备中实现的控制技术和方法。通过硬件控制，系统能在无须程序或特殊指令的情况下自动检测出某些类型的错误。硬件设备主要有计算机主机、数据输入与输出设备、计算机网络设施。

硬件控制一般包括：

第一，冗余校验。在原数据编码后设置冗余位，冗余位数字是由与其有关的数据计算得出。经数据传输或处理后，按相同方法重新计算，并与原冗余位比较，若不一致则存在数据传送或处理错误。

第二，重复处理校验。重复执行同一种操作，若结果不一致则表明硬件出现故障。

第三，设备校验。将控制手段构造在计算机集成电路板中，自动检查并更正错误。例如，偶尔的电压变化造成系统运行错误，当系统检测到这种不正常情况后，该期间的处理将被自动重新执行，并覆盖原来的处理结果。

第四，有效性校验。将计算机实际操作与有效操作进行对比以发现错误。

第五，回波校验。用于计算机与外围设备之间的联系。输出设备将接收到的数据传回来源单位，通过比较原始数据和返回的数据检查数据传送过程中是否发生错误。

在硬件作业过程中，应采取安全控制措施。包括防止未经授权的接触、自然灾害的防范以及系统故障的防止与处理等。

（2）软件控制。软件控制，指为保证系统软件正常运行而预先在软件内部设计各种处理故障、纠正错误、保证安全的控制。计算机软件是一系列按特定顺序组织的计算机数据和指令的集合，一般可分为系统软件和应用软件。系统软件是调度、监控和维护计算机系统的软件，如数据库管理系统等；应用软件是为满足用户不同领域、不同问题的应用需求而提供的软件，如会计软件。

软件的控制功能主要包括：

第一，错误处理。操作系统能侦测和纠正因硬件和软件问题引起的错误，如读写错误处理、记录长度检查、存储装置检查。

第二，程序保护。防止处理过程中受到其他程序干扰、防止模块调用错误和防止未授权改动应用程序，如边界保护、程序调用控制、程序库软件、系统修改程序控制等。

第三，文件保护。防止未经授权使用或修改储存的文件，如内部文件标签检查、存储保护等。

第四，安全保护。系统软件可以在一定程度上防止未经授权使用会计信息系统，如操作系统自动记录系统使用情况、口令控制等。

第五，自我保护。系统软件作为一种有力的控制工具，可能会被用来破坏系统的内部控制，因此要对系统软件自身加以保护，如记录系统软件的修改情况等。

为了软件的安全使用，应采取的控制措施主要有：选择、安装来源安全可靠的软件；通过设置权限限制接触、防止非法操作、软件妥善保管、安全备份等。

6. 数据资源控制。数据资源是企业十分重要的资源，主要以数据库形式存储和管理，因此，数据资源控制的重点即数据库控制。数据资源的安全威胁主要来自系统内外人员对数据库的非法访问和系统故障、操作失误或人为破坏造成数据库的物理破坏。为应对以上风险，可采取以下措施。

（1）外模式。数据库的模式是对数据库中全部数据的逻辑结构和特征的总体描述，是所有用户的公共数据视图（全局视图）。外模式是某个或某几个用户所看到的数据库的数据视图，是与某一应用有关的数据的逻辑表示，是从模式导出的一个子集，包含模式中允许特定用户使用的那部分数据。可根据不同应用功能分别定义面向用户操作的数据界面，做到看到的就是需要的。

（2）访问控制。访问控制即控制数据的接触和访问，主要措施包括：

第一，密码或身份鉴别。通过身份鉴别限制访问数据库的人员，仅允许经过授权的用户访问。身份鉴别可采用软件手段，如口令；也可采用硬件手段，如指纹识别设备。

第二，存取权限控制。通过权限设置数据库数据的访问，并进一步规定对数据库的查阅、修改、删除、插入等操作权限。

第三，数据存储介质管理。磁盘不随意摆放，使用后要加锁保护，对重要数据可以采用硬加密的防复制技术和防跟踪技术等。

（3）建立数据备份和恢复制度。数据库中的数据应定期或不定期建立数据备份文件。此外应建立两个文件：一是业务日志文件，用来记录系统处理过程的具体步骤、处理内容；二是检查点文件，检查点是指数据处理过程中，将作业内容信息完整记录下来，并可重新启动该作业的一个文件点。数据恢复时，系统可根据备份文件、业务日志文件和检查点文件，把系统恢复到最近的作业点状态。

7. 档案资料控制。会计信息系统的档案资料包括存储在计算机介质中的资料和纸质资料，具体包括会计数据档案、系统开发与维护更新文本档案、系统操作痕迹记录档案。以上资料都应及时存档。企业应建立完善的档案制度，加强档案管理。

(1) 会计档案的管理。

第一,明确规定会计档案管理员的各项职责,并定期或不定期检查工作;

第二,会计档案要经过相关主管人员核对签字后才能存档;

第三,会计档案应贴上标签加以收存,而且保证存放地点安全;

第四,进行定期检查、定期备份档案;

第五,借阅会计档案需经过相关人员的授权批准;

第六,会计档案保存期限满,在符合相关法律法规的前提下,经过相应的批准方可销毁。

(2) 会计档案的安全加密。

第一,会计文档应由专人保管,数据在存入计算机前须经过审验;

第二,应加密保护存储在计算机上的会计档案,并定期检查;

第三,会计档案应复制备份;

第四,会计档案按照重要性分别归档;

第五,做好防火、防潮、防盗等工作。

(二) 应用控制设计

应用控制,是对具体业务处理过程实施的控制,其内容与业务处理有关,取决于业务处理的需要。一般将会计信息系统的应用控制分为输入控制、处理和存储控制和输出控制。会计信息系统的应用控制由手工控制和程序化控制构成,但以程序化控制为主。

1. 输入控制。输入控制是为了防止和发现进入信息系统的数据错误而施加的控制。会计信息系统的处理是用会计方法对输入的数据进行加工处理的过程。由于任何数据处理控制都无法纠正输入时不完整或不准确的数据错误,正确的加工也只能产生错误的结果。因此,必须严把数据输入质量关,保证未经批准的业务不能进入系统;保证经批准的业务无一遗漏、完整准确地输入系统;保证被系统拒绝的错误数据能在改正后重新输入系统。

会计信息系统的数据输入分为手工数据输入和其他系统数据转入两种情况。输入的方式又分为人工输入、机器读取、磁盘导入和网络传入等形式。人工输入是将纸面上的数据直接通过键盘输入计算机中的方式;机器读取是借助设备,如扫描仪和读卡机等将数据录入计算机中的方式;磁盘导入是通过存储介质,如磁盘将数据输入系统中的方式;网络传入是直接通过通信设施将数据传递到系统中的方式。

一个完整的数据输入过程包括数据采集、数据准备、输入数据和数据存储等几个环节。

(1) 数据采集控制。数据采集是获取加工需要的经济业务数据的过程。数据采集控制的目的是确保在合理授权的基础上全面、完整且准确地收集经济业务数据。其控制措施主要有:

第一,用户部门内部的职责分离。资产保管与数据采集职能分离、业务授权与资产保管职能分离、业务授权与原始凭证填制职能分离、填制原始凭证与审核原始凭证职能分离。

第二,标准化的凭证格式。设计和使用标准化凭证格式能降低发生错误的概率。

第三,制定凭证编制程序。明确要使用的凭证、编制凭证的时间、编码的使用、凭证传递的程序和时间等。

第四,凭证审核。指定专人负责凭证的审核,以发现和纠正凭证上的错误。

第五,手续控制。业务批准人、资产保管人、凭证的编制人、审核人应在凭证上签字,以明确责任。

第六,凭证更正规程。数据处理部门发现原始数据有错应交用户部门更正,用户部门更正后再将凭证传递到数据处理部门再处理。

(2) 输入数据控制。输入数据是将准备好的数据输入计算机中的过程。数据输入控制是为防止输入数据时的遗漏或重复,检查输入数据是否有错误的控制措施。其控制措施主要有:

第一,授权控制,即每个用户只能输入被允许输入的数据,主要控制方法是授权和密码。

第二,正确性控制,即保证输入数据的正确性,常用方法有校验、格式化输入和比较等。

校验控制包括两种方式:人工目测核对是指数据录入后,在处理之前,由人工目测屏幕上的数据,核对无误后再处理;计算机校验是在应用程序中嵌入校验程序对输入数据的正确性进行校验,包括合理性校验、界限校验、平衡校验和校验码检验等。其中,合理性校验,指对某些输入的数据确定合理的范围,若输入的数据超出合理范围,会计信息系统就会给予提示,要求检查输入的数据,如材料最高、最低储量等均可作为合理范围的标准;平衡校验,指通过数据同应有的平衡关系检查数据输入是否有错,如当一张凭证输入完毕后系统自动进行"借方科目金额合计=贷方科目金额合计"的检查。

格式化输入控制提供标准化输入格式,降低用户出错的概率。

比较控制将同样的数据向计算机系统输入两次,由系统自动核对两次输入的结果,并标记不一致的记录,核对后由输入员修改标记错误的记录。

第三,完整性控制。常见的有总批数控制,即对处理的一批业务单证,在数据输入前先以某种特征为基础(如凭证张数和金额)计算总数。输入该批业务后,由计算机程序自动计算该批的总数,两者核对来判断该批业务数据是否全部输入系统。

第四,错误纠正控制。对输入系统的错误数据应提供改正和重新输入的机会,并对改错与重新输入实施控制。纠错控制的方法:制定错误更正程序、保留修改痕迹、编制更正错误报告。

(3) 数据存储控制。输入的数据需要保存足够长的时间,确保可以重新查询、分析或检查。输入数据保存时应同时保存输入者信息,包括时间、用户 ID 号和终端号等,以便为审计提供线索。

2. 处理和存储控制。处理控制是为了保证在合法的权限内,数据处理能够按照预先设定的程序正确并完整地进行而实施的控制。处理控制一般是通过预先编好的计算机程序实现的,其目的在于防止系统可能出现调用顺序错误、计算错误、用错文件或记录等错误处理,从而保证数据处理的正确性和可靠性。常用的控制措施如下。

(1) 处理权限控制。应用程序中应设计处理权限授权功能,只有经过授权批准的人员才能执行处理操作。重要的处理环节如记账、结账等工作可指定专人处理。

(2) 业务时序控制。会计业务数据处理有时序性,某一处理过程的运行结果取决于若干相关条件过程处理的完成。所以可在程序中增加业务时序控制,违反顺序的处理应通过预先设置的检查来发现。比如记账凭证未经审核不能执行记账操作。

(3) 数据有效性检验。为保证所处理的数据来自正确文件和记录而采用的控制措施。可采取的控制措施主要有:

第一,文件标签校验。这是指在处理数据文件之前,操作员要认真检查文件的外部标签,确认所要处理的文件;计算机在处理数据文件前,检查文件的内部标签。外部标签属于手工控制,内部标签属于程序化控制。

第二,业务编码校验。这是指业务数据文件包含各种类型的业务数据,业务类型可由业务编码识别。在应用程序中,先读出业务编码,以决定由相应的程序处理,业务编码校验控制可提高程序处理不同业务的准确性。

第三,顺序校验。这是指应用程序通过比较每一项业务或记录的主关键字与前一项业务或记录的主关键字来检查文件记录是否有错误,防止因使用错误文件或出现排序与合并错误而导致的业务记录丢失和重复。

第四,配平测试。这是指通过对两个等价交易或一批交易之和与一个控制总额是否相等的测试,判断数据的正确性。

3. 输出控制。输出控制是为了保证输出信息的正确性,及时、完整地提供给经过授权的使用者而实施的控制。信息系统处理结果主要通过屏幕显示、打印到纸介质、存入磁性介质如磁盘和网名传递等方式输出给使用者。输出控制既要保证输出正确的信息,同时还要确保输出的信息只提供给经过授权的使用者。输出控制的主要手段如下。

(1) 输出信息控制。输出信息必须符合用户的要求。在内容上,要做到有用、完整、正确、及时。输出的信息应是用户确实想要得到的信息,具有决策有用性;应是全面、完整的,能够有助于用户了解情况;是正确的,不会误导用户;输出信息必须及时,在恰当的时候提交给用户。

输出信息的格式必须符合用户的要求。要在事先和用户进行广泛的接触,了解用户所希望的输出格式,输出格式要清晰、美观、醒目,容易被用户理解和获取重要信息。输出主要有会计凭证、账簿和会计报表。

（2）输出权限控制。通过授权，保证只有经过批准的人员才可以获得权限允许的信息，才可执行输出操作。

（3）输出数据正确性控制。输出数据正确性的控制，应针对具体的应用系统，设计相应控制措施，具体控制措施有：

第一，总数控制。将初始的输入控制总数与最后输出的控制总数相比较，以便发现输出文件是否有重复、遗漏的内容。

第二，数据稽核控制。根据单证、账簿和报表之间的勾稽关系，设置控制程序核对输出数据。

第三，审校输出结果控制。检查正确性和完整性。

第四，抽样统计控制。通过对某些特定的项目进行抽样统计来判断输出的正确性。

第五，对照检查控制。将输出文件的有关数据与其他相关文件对照检查，判断输出的正确性。

第六，制度保证。规定纠正输出错误和处理重要数据。

（4）输出数据审核控制。业务职能部门在使用输出信息前，要从形式、内容两方面审核。通过与保存的原始凭证清单逐一核对，确定输出数据的完整性和正确性。与实物有关的数据应核对实物，对于发现的输出信息差错必须予以调查和更正。同时内部审计人员也要定期审核输出数据与报告。

（5）输出资料的传递控制。重要机密资料的泄露往往会给企业带来巨大的经济损失，因此输出的信息要有适当的审核过程和签章，并只能分发给有权接受资料的使用者，对此应建立数据输出登记簿，并设专人审核登记所有输出资料。无论是输出到磁性介质还是打印出的资料，输出后都应立即受到严格控制，并认真检查其完整性、正确性，进行详细记录。

（6）差错更正控制。即使采用了上述的控制措施，输出控制中也难免会发生差错，为此需要设计专门的更正程序，并设置相应的控制日志，以督促和保证错误更正，保证工作顺利正确完成。对于发现的输出信息差错必须及时予以调查和更正。

第三节　会计信息系统维护与管理制度设计

计算机的普及与网络技术的飞速发展，使计算机会计信息系统在企业财务管理中发挥了日益重要的作用，它改变了传统的会计信息处理和存储方式，对会计信息的安全性提出了新挑战。会计信息系统的维护与管理设计包括会计信息化岗位责任制度设计、会计信息化操作管理制度设计、信息化风险防范管理制度设计、会计信息化档案管理制度设计四个方面。

一、会计信息化岗位责任制度设计

《会计信息化工作规范》指出,实行会计信息化的单位要建立会计信息化岗位责任制,要明确每个工作岗位的职责范围,切实做到"事事有人管,人人有专责,办事有要求,工作有检查"。

会计信息化的工作岗位可分为基本会计岗位和信息化会计岗位,两者可在保证会计数据安全的前提下交叉设置,各岗位人员要保持相对稳定。基本会计岗位可分为会计主管、出纳、会计核算各岗位、稽核、会计档案管理等岗位;信息化会计岗位可分设为直接操作、管理、维护计算机及会计软件的工作岗位,具体如下。

1. 信息主管。采用中小型计算机和计算机网络会计软件的单位,应设立此岗位。信息主管主要负责会计软件运行环境的建立,以及各项初始化工作;负责会计软件的日常运行管理工作,监督并保证系统有效、安全、正常运行。担任信息主管工作的人员应具备会计和计算机知识以及相关的会计信息化组织管理的经验。信息主管可由会计主管兼任。

2. 软件操作员。软件操作员应严格按照专职人员提供的数据进行录入,录入完毕应进行自检核对工作,负责输入记账凭证和原始凭证等会计数据,打印输出记账凭证、会计账簿、报表,进行部分会计数据处理工作以及数据备份工作;严格按照软件操作说明进行操作。软件操作可由基本会计岗位人员兼任,要求具备会计软件的操作知识,达到会计信息化初级知识培训的水平。各单位应鼓励基本会计岗位的会计人员兼任软件操作岗位的工作。

3. 审核记账员。审核记账员主要是负责对输入计算机的会计数据(记账凭证和原始凭证等)进行审核,以保证其合法、正确和完善;正确登记机内账簿;对打印输出的账簿、报表进行确认。担任此工作的人员应具备会计和计算机知识,达到会计信息化初级知识培训的水平,可由会计主管兼任。

4. 信息维护员。信息维护员主要是负责保证计算机硬件、软件的正常运行,管理会计数据。应具备会计和计算机知识,经会计电算化中级知识培训。在大中型企业中应由专职人员担任。维护员一般不对实际会计数据进行操作。

5. 信息审查员。信息审查员主要是负责计算机及会计软件系统的运行,防止利用计算机进行舞弊。担任此工作的人员应具备会计和计算机知识,达到会计信息化中级知识培训的水平。此岗位可由会计稽核人员兼任。会计稽核员应负责对输入凭证的代码及数据的完整性和正确性的审核,保证输出报表数据的完整性和正确性。会计稽核员不应担任输入凭证的工作。

6. 数据分析员。数据分析员主要负责对计算机内的会计数据进行分析。担任此工作的人员应具备会计和计算机知识,达到会计信息化中级知识培训的水平。可由会计主管兼任。

7. 档案保管员。档案保管员主要负责对磁性介质(如存档数据软盘、程序软盘等）与打印输出的纸质会计档案以及其他会计资料的保管。需要做好保密工作，应由专职档案员负责，或指定专人保管（出纳员除外）。

8. 软件开发员。软件开发员主要负责本单位会计软件的开发和维护工作。若本单位存在开发会计软件的需求，可设立软件开发员岗位。

二、会计信息化操作管理制度设计

操作管理主要是对系统的日常管理。为保证会计信息化系统的安全可靠运行，必须建立相应的操作管理制度，对系统的操作使用做出严格的控制。单位实现会计电算化后，会计人员必须操作计算机才能进行会计核算工作，如若操作不正确，将会造成系统内数据的破坏或丢失，影响系统的正常运行。

具体来说，会计信息化操作管理制度设计包括以下四个方面。

1. 明确规定上机操作人员对会计软件的操作工作内容和权限，对操作密码进行严格管理，指定专人定期更换密码，杜绝未经授权人员操作会计软件。

信息主管一般具有最高的操作权限，软件操作人员应严格按特定权限操作。应保持岗位分离：凭证输入人员和审核记账人员分离；信息维护人员必须按有关维护规定操作，除系统维护人员外，其他人员不得直接打开数据库文件操作，不允许随意增删和修改数据、源程序和数据库文件结构；软件开发人员、专职信息维护员和档案保管员不允许进行系统性的操作。

2. 据本单位实际情况，记录操作人员、操作时间、操作内容、故障情况等内容，由专人保存必要的上机操作记录。操作人员在上机操作前后，可设"计算机使用登记簿"，填写姓名、上机时间和操作内容，做好登记；操作人员须严格按操作权限、步骤和方法操作；出纳人员不得擅自上机进行系统性操作；每次上机完毕后，应及时做好所需的各项备份，以防意外事故。操作人员离开机房前，应执行相应命令退出会计软件，防止其他人员越权操作。关于备份的注意事项：备份应在每次关机前；每次备份都应该在软盘标签上写明备份时间及责任人；对于网络系统，应由专人负责备份。

3. 存档的数据、凭证、账表和文档资料等，应由系统管理员按规定指派专人统一复制、核对和保管；预防已输入计算机的原始凭证和记账凭证等会计数据未经审核而登记机内账簿。

4. 系统管理员应做好日常检查监督工作。如发现不规范的使用方法应予以制止，并采用措施避免同样的情况再次发生。任何人如有伪造、非法涂改变更、故意损坏命令程序、数据文件及账册软盘等行为的，按《会计法》的规定对其施以行政处分，情节严重的追究法律责任。

三、信息化风险防范管理制度设计

如何在充分利用信息技术的同时，有效规避信息化带来的风险，是目前亟待解决的问题之一。

(一) 会计信息化风险分析

1. 基础设施方面存在的风险。

(1) 计算机硬件风险。计算机会计信息系统的应用模式一般有单机和 C/S 两种，两者硬件都存在自身功能失效的可能，也会受到零组件性能的限制，硬盘损坏、突然断电造成的主板和 CPU 的损害、受潮等各种物理损伤，都将严重影响工作，导致计算机会计信息系统的工作混乱或会计数据毁损。

(2) 会计软件开发设计方面的风险。针对特殊行业或特殊需求的企业，可以对通用的会计软件进行二次开发（或客户化）。计算机会计信息系统一般由会计软件客户端和后台数据库两大部分构成。无论 C/S 架构、B/S 架构还是单用户系统均如此，依靠人机界面和软件客户端将各数据保存到数据库，再将信息处理后反馈给用户。因此计算机会计信息系统中至关重要的是数据库控制和管理。

我国目前使用的会计软件中，有些对数据库未采取任何的保护措施，有些虽然采取了措施但较薄弱或形同虚设，甚至有些会计软件中的数据库文件，往往能通过相应的数据库管理系统打开，直接读写这些数据文件，并对文件中的数据直接增减、删除及修改等，为系统管理和财务核算的安全留下重大隐患。

(3) 网络安全风险。计算机网络的广泛应用使孤立的计算机系统通过网络连成一体。由于网络所依托的 INTERNET/INTRANET 体系使用的是开放式 TCP/IP 协议，现如今虽然网络技术不断提高，但依然存在安全漏洞，不断被人利用，严重威胁会计数据的安全。网络是一个开放的环境，无论是互联网还是内联网，一切信息在理论上都可被访问。互联网供应商（ISP）或企业以外的第三者均可获得有关公司的内部消息，而内联网则是企业内部网络，企业内每人都可接触。在计算机会计信息系统实际应用过程中，有相当数量的单位并不重视密码，也不重视网络安全管理，如接入互联网时不安装防火墙、操作系统和数据系统出现安全漏洞时不及时升级等。

2. 计算机病毒引起的风险。病毒入侵的途径主要有以下三种。

(1) 从存储介质侵入。经过对 Windows98/2000/NT、Office2000、WPS 及网页制作工具等盗版光盘进行计算机病毒测试表明，带病毒文件多达 3 000 多项，其中多种程序确实存在多种计算机病毒，包括 CMOS-Destroyer 等引导性病毒、CIH 病毒、"邮件炸弹"、宏病毒和特洛伊木马黑客程序等。U 盘和移动硬盘的普及使用也加大了病毒在计算机之间的传播空间。

(2) 从内联网侵入。内联网上的邮件系统容易导致病毒大量传播，而且内联网络上传播的病毒普遍较新。

(3) 从互联网侵入。互联网已经成为计算机病毒传播最大的来源，用户浏览网页或收发电子邮件、下载软件，都易使计算机染上病毒。病毒的破坏性和传播性强，具有潜伏性、隐藏性和可激发性。电脑病毒不仅可破坏系统的数据文件，严重的还会破坏硬件正常运作，给会计信息安全性带来了极大隐患。

3. 计算机舞弊引起的风险。

(1) 会计软件功能的滥用。不少会计软件开发公司为方便用户纠正计算机会计信息系统核算中的差错,在会计核算软件中设置了"取消复核""取消记账""取消结账"等功能。虽给用户提供了极大的便利,但同时也为制造虚假会计信息提供了方便。在计算机会计信息系统环境下,若单位缺乏严格周密的内部控制制度,部分会计人员就会利用会计软件提供的逆向操作功能篡改会计数据,而不留下任何痕迹,给审计监督工作和防范经济犯罪增加了技术难度。另外,若软件功能使用不当,很可能导致单位整个财务系统的混乱。

(2) 直接操作数据库进行造假。计算机会计信息系统中的数据库,从小型的DBASE、FOXPRO数据库,到大型的ORACLE、SYBASE、DB2数据库,数据库本身都提供自带的查询修改程序。利用这些程序,不法分子根本不需利用会计软件就可完全控制和操作所有数据。虽然一些数据库系统提供了很丰富的数据安全措施,如口令、钥匙卡,甚至电子签名或指纹鉴别,但安全措施本质上得不到重视,使得原本应严密保护的会计信息系统数据处在非常危险的情况中,也为会计造假提供了可能性。

(3) 对输入的会计信息直接造假。不法分子利用会计软件本身的功能缺陷或系统管理上的疏忽,直接使用会计软件导入虚假的数据或修改、删除已经存在的正确数据。在计算机会计信息系统中,一旦输入的初始数据是虚假的,以后处理环节即使再正确,也只能输出虚假的处理结果。

(4) 计算机高级人员非法操作。计算机高级人员包括系统管理员、网络管理员、系统操作员和网络黑客等,通过木马、后门进行非法操作,威胁单位会计数据的安全。

4. 内部控制存在的风险。

(1) 授权控制下降。手工会计操作系统下,企业的每项经济业务中的每个环节都可设置内部一系列相互联系的授权批准程序,而在计算机会计信息系统下,这种授权可仅凭一个密码获取。如果获取密码的手段是非法的,由此造成的内部控制失控将是一个重大的风险。

(2) 职责分离监督不规范。信息系统的开发、维护和操作等活动中存在的职责分离对信息系统的监管格外重要。原来在手工环境下一些不相容的职责,在计算机中可由一个程序模块来执行。此外,传统的监管手段也发生了变化。信息技术使某些员工的破坏能力增强,企业需要一批具有特殊技能的员工来开发、维护和操作信息系统。这类员工中的某些人可能对操作系统、应用程序和数据拥有特权,他们的失误或者故意破坏具有突发性、毁灭性以及隐蔽性的特点,可使企业的整个信息系统崩溃或业务发生中断,给企业带来不可估量的损失。

(3) 业务记录效率降低。在计算机会计信息系统下,业务记录的载体由纸质变成了磁质,传统的纸质交易轨迹不复存在,取而代之的是数据库记录和操作日志等磁质记录。同时,交易轨迹的法律效力也发生了变化。员工在纸质凭证上的签字可以证明其确实对交易进行了授权或确认,但是磁质交易记录上的操作员信息的法律效力却受到系统的完整性、正确性和安全性的影响。

(二) 信息化风险防范管理制度设计

1. 基础设施风险管理设计。

(1) 硬件风险防范。建立良好的运作环境，应将服务器放置在适当的位置，如远离水源、安放在高地、置于有空气调节的房间，以防止自然灾害带来的损失；计算机机房应充分满足防火、防潮、防尘、防磁和防辐射及恒温技术要求；机房出入口应安装保安密码门锁及防卫警报装置。硬件小故障一般由本单位的电算维护人员负责，较大的故障应联系有能力的第三方解决。

(2) 完善软件功能。促进计算机会计信息系统的发展，首要就是加大软件的开发力度，开发出较完善的通用会计软件。会计软件开发人员应深入研究国外优秀财务软件，消化并吸收其精华的管理思想和设计思路。对于现有会计软件可人为通过数据库系统直接操作数据这一问题，解决方法之一是在应用系统中设置文件修改检查机制，文件一旦被修改，系统可通过自身测试检测出，并提醒用户注意；解决方法之二是采取安全性较好的数据库管理系统和操作系统开发平台，充分利用系统本身提供的安全措施对数据加以保护。对一个具有良好安全性能的会计软件而言，适当加密软件系统的数据文件（包括备份出来的数据），必不可少。加密对象可以是整个数据库、数据库的某组记录、某些字段或者某些数据元素等。

(3) 网络安全设置。可建立虚拟专用网（virtual private network，VPN）将企业内部网络和外部访问区域严格区分，内部数据通过 VPN 传输，利用防火墙技术分隔外部网和内部网，防止黑客进入企业内部网络破坏，记录和跟踪可疑事件。对重要商业秘密，可在软件中采取数据加密技术，即使有人窃取了数据，由于没有密钥开启也无法将数据还原成明文，保证数据安全。通过使用正确的资料加密方法，可使外来的人无法识别数据，从而使截获的会计数据失去价值，使篡改者与伪造者难以达到其目的。

2. 计算机病毒入侵风险管理设计。对于计算机病毒引发的风险，可从以下七个方面进行管理设计。

(1) 网络与单机杀毒软件相结合，重点防范邮件服务器，启动实时监控系统；

(2) 定期备份文件，至少每周杀毒一次，不要使用盗版软件；

(3) 确保网络管理员赋予访问者的权限在其工作范围之内，拒绝任何不受限制的访问；

(4) 加强安全教育，提高认识，防患于未然；

(5) 严格执行防范病毒管理制度，建立快速预警机制，加大重点对象检查与病毒清杀力度；

(6) 禁止来历不明的 U 盘和移动硬盘等，禁止进行非法拷贝；

(7) 未经许可也不能在运行会计核算软件的计算机上运行其他无关软件。

为减少病毒对计算机系统的破坏，使病毒对计算机系统造成的损失减到最小的措施主要有以下四种。

（1）使用防病毒软件经常对计算机系统进行检查，以便在病毒发作前杀掉病毒，防止病毒对计算机系统的破坏；

（2）不断改进数据备份技术并严格执行备份制度，从而在遭到计算机病毒侵害时可以使用备份数据及时将系统恢复到最近状态，尽量减少病毒造成的损失；

（3）对定期发作的病毒，在病毒必发日尽量不使用计算机，在必须使用计算机时应修改计算机机器时间；

（4）使用一些可以对受到破坏的数据进行抢救的软件，这些软件甚至可以在对硬盘进行格式化后，恢复硬盘中原来保存的数据。

3. 计算机舞弊风险管理设计。对计算机舞弊方面的风险的管理设计，最有效的措施是完善内部控制制度，设立合理、有效的管理制度并加以严格执行。要在充分考虑信息安全需要的基础上，决定系统中关键部分——数据库系统和操作系统的选择。针对不同企业对会计信息系统的不同安全性要求，选择合适的操作系统平台。在会计软件的开发设计过程中，充分运用操作系统提供的信息安全技术，使信息安全从理论上的可能性变为现实。同时，要充分发挥审计人员的作用，在执行审计工作的过程中查找计算机舞弊的痕迹。

4. 内部控制风险管理设计。

（1）建立有效的管理控制制度。计算机舞弊者大多是企业的程序员或计算机操作人员。因此，计算机会计信息系统要建立完善的人员职能控制制度，适当分工，明确规定各岗位职责，以防对处理过程的不适当干预。企业应将系统分析、程序设计、计算机操作、文件程序管理等职务予以分离，系统操作人员、管理人员和维护人员不相容职务相互分离、互不兼任，以降低利用计算机舞弊的可能性。

（2）加强内部审计。内部审计是企业内部控制的主要组成部分，旨在对企业中的各种内部控制制度和各个职能部门所从事的各种业务活动进行独立评价。在计算机会计信息系统下，独立的内部审计机构应在信息系统的开发、维护过程中进行严格的审查，而且应定期检查信息系统的处理过程。

为有效监控系统运行状况，防止系统被侵犯，计算机会计信息系统中应设置系统安全性检查程序，检查系统的各种设置是否与上次运行结束时状态一致。另外，程序中需设置一个历史文件，该文件能监控并自动记录所有操作过程，便于以后追索。随着信息技术发展，能引发计算机会计信息系统风险的因素会更多更复杂，因此，计算机会计信息系统风险的防范将是一个长期过程。不仅要从技术角度出发，把计算机会计信息系统的安全性、可靠性寄托在网络硬件产品和技术上，还要重视管理制度建设。因为计算机系统的安全与否，主要取决于使用和接近计算机的人，因此管理比技术更重要。只有这样才有可能最大限度减少计算机会计信息系统的安全风险，把风险可能造成的影响和损失控制在最低程度。

四、会计信息化档案管理制度设计

会计信息化档案管理是重要的会计基础工作,理应建立会计信息化档案管理制度。会计信息化档案的储存形式有两种:采用磁盘、光盘等磁性介质存储;采用纸介质存储。在实际工作中,也不乏一种形式为主另一种形式为辅或两种形式并重的管理方法。

信息化的会计档案包括三个方面的内容:一是由计算机打印输出的各种书面形式的纯纸质形式会计资料,如会计凭证、会计账簿、会计报表及其他会计资料;二是以磁盘、光盘、微缩胶片等磁性介质存储会计数据,如会计凭证、会计账簿、会计报表等数据,这是会计信息化下的新会计档案形式,在未打印成书面形式输出之前,应妥善保管并留有副本;三是会计信息化系统开发和使用的全套文档资料及软件程序。

会计信息化档案管理制度的主要内容如下:

1. 对存档的会计资料要检查记账凭证录入人员、稽核人员、会计主管人员的签名或盖章,收付款记账凭证还应由出纳人员签名和盖章。
2. 对信息化档案管理做好防磁、防火、防潮、防尘、防盗、防虫、防霉烂等防护工作。
3. 重要会计档案应准备双份,存放在两个以上不同的地点,最好在不同的建筑物内。
4. 采用磁性介质存储的会计档案,定期检查、复制,防止因磁性介质损坏导致的丢失。
5. 严格执行安全和保密制度,不得随意调阅档案,严防毁损、散失和泄密。
6. 各种会计材料包括打印出来的纸质会计资料和存储在软盘、光盘和微缩胶片上的会计资料,未经单位负责人同意,不得外借和拿出单位。
7. 借阅会计资料,应该履行相应的借阅手续,必须有签字记录。存放在磁性介质上的会计资料,借阅归还时,还应该认真检查,以防他人修改。
8. 信息化会计档案的保存期限,按《会计档案管理办法》的规定执行。通用会计软件、定点开发会计软件、通用和定点开发相结合会计软件的全套文档资料以及会计软件程序,视同会计档案保管,保管期截止为该软件停止使用或重大更改之后的五年。

第四节 会计信息系统审计

随着计算机技术水平的提高和现代信息技术的飞速发展,财务会计电算化的深入应用,会计信息系统审计(accounting information system audit,AISA)受到越来越多的重视。

一、会计信息系统审计的概念

(一) 会计信息系统审计的定义

会计信息系统审计是指专业审计人员根据审计标准,对被审计单位会计信息系统的安全性、可靠性、有效性和效率性实施独立审计并发表意见,向信息系统对象的最高领导层提出一系列建议的活动。包括会计信息系统的外部审计的鉴证目标,即对被审计单位的会计信息系统安全性和可靠性的审查,又包含内部审计的管理目标,即会计信息系统的有效性和效率性目标。

安全性审计的主要目标就是审查企业信息系统和电子数据的安全隐患。这种安全危害可能来自企业外部,如黑客攻击,也可能来自企业内部,如舞弊。这些安全隐患可能中断企业的正常经营活动,丢失宝贵的信息资产,泄露企业的商业机密。中介机构应对安全性做出检查和评价。审计师应为投资者、债权人、经营者提供财务风险鉴证,对企业的信息系统和信息资产安全提供鉴证。财务审计方也需要对信息系统的安全状况做出评价,为正确判断财务信息的真实性、可靠性提供依据。

威胁信息系统可靠性的因素包括自然灾害对硬件和环境的破坏,以及误操作对软件和硬件的破坏等。信息系统的可靠性由软硬件的可靠性、网络的可靠性和数据资料的可靠性决定。硬件的可靠性是指在某个时间周期内,在一定的控制环境下,硬件系统执行设定的功能成功概率。软件的可靠性是指在运行环境中,在规定的运行时间或次数下,程序中运行不同测试用例的无差错率。网络的可靠是指网络通畅、完成预定功能的可靠程度。数据资源的可靠性是指数据的真实、完整、准确和及时性。数据可靠性取决于信息系统对数据处理的可靠性以及相关保证数据可靠性的控制措施是否健全有效。信息系统的可靠性和信息系统的容错能力有关,信息系统的一些容错技术可以保证系统在发生错误的情况下可以最大限度地恢复正常运行。容错能力越强,信息系统的可靠性也越强。审计对象是被审计单位的会计信息系统,包括会计信息系统主体、会计信息手段和会计信息三部分。

(二) 会计信息系统审计的目标

美国学者查菲和伍德 (Chaffey and Wood, 2008) 指出,信息审计用来评价当前信息质量和管理行为的水平,即解决"是什么"的问题。它也可作为一种状态分析的工具,用以协助构建信息政策和评价信息战略的目标是否已经实现,信息审计被看成是信息质量与管理的不可或缺的工具。我国学者赖茂生 (2005) 认为,信息审计的目的是实施、维护或提高组织机构的信息管理。我国学者胡善勤则从 IT 视角出发,指出记录网络上各计算机行为的信息审计,其目标有两个:一是可定期对各种网络行为进行采集、统计和分析等,发现存在的漏洞并及时修补;二是在发生安全事故后可以进行信息分析,找到事故原因,进而采取相应措施。

可见，信息审计的根本目标，主要在于提升信息质量，由于信息质量的优劣首先取决于信息资源对企业实现目标所做的贡献，故在当前情况下，信息审计所面对的必然是企业的 IT 系统（如 ERP 系统），基于 IT 视角可帮助我们进一步明确信息审计目标，并为企业 IT 环境确定信息审计的内容与范围。

（三）会计信息系统审计产生的必然性

1. 会计信息系统的可靠性需要审计。随着信息技术的发展，信息系统正向大型化、复杂化、网络化的方向发展，其处理过程极为复杂。任何一个环节处理的信息出现问题，都会影响其他环节处理的信息的可靠性，而这些信息对企业的经营可能是至关重要的。因此，企业的管理者需要审计人员对会计信息系统的可靠性做出评价，以确保会计信息系统的可靠性。

另外，信息系统在技术上客观存在着一些不稳定因素。一方面，信息技术不断推陈出新，导致一些技术的应用尚未到成熟阶段便遭淘汰，新技术往往被广泛使用。这无疑有利于提高信息系统的性能，但同时未到成熟阶段的新技术会给信息系统带来不稳定的因素。另一方面，信息系统要进入运行阶段，要经过规划、设计、编程和测试阶段，任一阶段出现错误，都会导致下一阶段错误的出现，甚至会出现"积累放大"效应。尤其是信息系统中的软件系统，其开发需要大量的人力、物力和财力，由于人的认识与客观实际始终存在着差距，无论采用何种开发方法和技术，都难免会出现错误。企业对信息系统的依赖性和信息系统在技术上客观存在的不稳定因素，推动了信息系统的使用者和开发者对信息系统实施审计，以提高信息系统的可靠性和减少信息系统的不稳定因素。

2. 会计信息系统的有效性需要审计。企业建立会计信息系统的目的是改进经营管理，提高核心竞争力。信息化实施后，能否带来预期效果，是企业管理者极为关心的问题。另外，会计信息系统建设是一项需要大量投资的工程。因此，企业的投资者肯定会关心会计信息系统的有效性，也就需要独立审计师对会计信息系统的有效性做出客观的评价。

3. 会计信息系统审计的意义。开展会计信息系统审计的意义主要体现在两方面：一方面，会计信息系统审计可以促进被审计单位更有效地融入社会经济生活中，促进被审计单位改进内部控制，加强管理，提高信息系统实现组织目标的效率、效果；另一方面，信息系统审计师在完成审计后，出具审计证明，即审计报告，以证明被审计单位信息的真实、完整、可靠，审计师的证明可以增强人们对其信息的信任程度。在此过程中，信息系统审计应当能减少大量的搬运纸质原始凭证的人力，数据集中，便于审计。

二、大数据环境下的审计变革

大数据时代，云计算技术、并行处理数据库等信息技术的广泛应用给企业商业模式、风险事项等带来了翻天覆地的变化,从而对审计变革产生了极大影响。本节主要分析大数据环境下的审计变革,包括审计对象变革、审计风险变革、审计证据变革、审计方法变革、审计报告变革等方面,研究应对变革的措施和对策建议。

(一) 审计变革

1. 审计对象的变革。审计对象,又称审计客体,是审计机构或审计人员实施审计业务活动时所作用的目标主体。一般认为审计对象应包含两方面含义:一是审计对象外延上的含义,即实施审计时目标实体的空间范围,即被审计单位的范围界定;二是实施审计时具体包括的审计内容或拟审计的内容在空间范围上的界定。审计对象随社会经济环境变化而变化,由最初的以会计资料及其所反映的财务收支为主要对象进行审计发展到后来的经营审计、经济效益审计等。大数据环境下,云架构等相关技术的应用使企业所处的社会经济尤其是信息技术环境发生了翻天覆地的变化,必然对审计对象产生新影响,要求立足大数据重新界定审计对象的外延和内涵。

2. 审计风险的变化。云计算给企业带来机会与潜在收益,也带来风险,包括云计算固有风险、数据透明度风险、数据安全风险、云服务商与应用软件兼容风险、云服务商生存危机风险等。对被审计企业的风险识别与评估是影响审计风险的重要因素。因此,大数据下企业面临的新风险将极大影响审计人员评估审计风险的方式和手段,使审计风险的来源与构成多样化、复杂化、多变化。

3. 审计证据的变革。审计证据,指审计单位与审计人员在审计过程中有目的地获取,用以证明审计事项正确与否或可能性,并依此形成审计结论的证明材料。审计证据的获取及评价与审计所处的信息技术环境有着密切关联。大数据环境下,与被审计单位相关的数据与以前相比具有 4V 特征——大量(volume)、高速(velocity)、多样(variety)、价值(value),必然对审计证据的分类、获取、充分性判定等产生极大影响,尤其是审计证据的获取(包括获取途径、获取来源、获取方法等)将发生极大变化。

4. 审计方法的变革。审计方法,指审计人员为了实施审计行为、获取审计证据以达到审计目标所采取的方式、方法或技术的总称。审计方法从单个审计项目抽样审查演变到有目的地针对审计项目全面审计。大数据环境下,审计的审阅法、逆查法、顺查法、抽查法等传统方法必须结合新的技术环境有所改变,同时根据新的技术的变化提出新的审计方法。

(1) 从抽样审计到全样本审计的转变。由于审计工作通常有时间限制,在审计时对每一笔交易进行检查的可行性不高,现阶段通常采用的是审计抽样的方法;在大数据的背景下,信息化技术使全样本审计成为可能,审计人员的视角也从局部看到整体,这样有助于提高审计结果的准确性和全面性。

(2) 由映射到预测的转变。现在的审计工作往往是对过去会计数据的映射,反映的是过去已发生的行为。而大数据背景下的审计工作还可以通过其强大的数据来预测未来的发展趋势和风险；此外还可以通过相关数据来评估风险并预警，预测经营中面临的潜在风险，提高会计处理能力，在合规的前提下为加强企业内部控制提供指导意见。

(3) 风险识别与评估的转变。审计风险控制流程的起点是风险识别与评估。审计过程是连续和动态的，需要及时收集和更新信息，并进行分析处理，实现风险预警。持续性审计已成为现实，数据及时更新，审计风险识别和评估随着信息化向前端移动，对风险进行在线预测和预警，及时反馈，将风险隐患消除在萌芽状态。信息化审计还可以利用大数据获取同行业公司的年报、季报以及运营数据、公告信息、舆情信息，观察相关经营成果，了解行业发展趋势及环境信息，分析相关市场变化，融入风险识别和评估等相关程序。

(4) 从线性结构到网面结构的转变。与传统的审计相比，大数据审计不再是以单一财务数据为主的审计，而是由财务数据扩散到业务数据，甚至是外部数据。以数据分析为基础，通过对其采集、整理、转换到建立模块，并对模块进行对比和系统分析。突出重点，把握总体，实现审计工作由线性结构到网面结构的转变。

5. 审计报告的变革。审计报告是指注册会计师根据相关准则的规定，在实施相应的审计程序之后结合职业判断对被审计单位发表审计意见的书面文件。大数据下，被审计单位的风险不仅来源于经营风险，同时云计算技术的应用也会使企业随时面临云计算风险引发的企业风险危机。这要求审计报告中除了对被审计单位财务报表发表审计意见，更要求对被审计单位云计算解决方案发表意见。

(二) 大数据环境下审计能力的拓展

1. 通过互联网大数据分析，拓展审计线索发现能力。互联网大数据可以成为发现审计线索的重要来源。大数据环境下，互联网搜索引擎、门户网站、论坛、微博和微信等资源每天加载的大量数据可能包含众多审计线索。如果借助大数据热点分析和预测技术，将在一定程度上实现自动发现审计线索的功能。

2. 通过被审计单位大数据分析，拓展经济安全保障能力。大数据环境下可以通过联网审计技术获取到被审计单位更多、更全面的电子数据加以分析，从而对被审计单位进行系统、全面甚至跨部门的综合分析。为了保障经济安全，审计需要对各类业务开展大数据审计分析。

3. 通过审计机关内部大数据分析，拓展审计成果利用能力。审计机关内部大数据可以成为推动审计成果利用的重要途径。审计机关日常工作产生各种数据，主要有各类审计文书、底稿和资料等。如果将这些内部数据进行整合、分析和利用，将有力地促进审计成果利用。大数据环境下，非结构化数据处理技术使得分析批量审计成果成为可能。通过对内部大数据进行分析，可以促进审计智力资源共享，加强知识聚类，实现共性问题分析和问题追踪分析。

(三) 变革的应对策略

1. 积极完善审计相关理论和准则。目前，云计算技术的应用如火如荼，大数据日益影响着各个行业，受之影响的审计在理论与准则方面必须适时地做出应对。

首先，建议结合云计算技术以及大数据的特征完善审计的相关理论。有效合理的理论才能更好地指导实务中审计工作的实施，若审计理论不能及时地根据审计环境的变化适时地做出调整与完善，必然导致理论与实践脱节，使审计理论滞后于实务发展，不利于审计理论的发展与审计实务的有效实施。

其次，必须积极地补充审计相关准则。目前，已有的审计相关准则与规范大多是针对传统审计业务的，而目前大数据环境下，应用云计算技术的企业越来越多，企业产生的大数据越来越多，对于云系统中的大数据的审计不同于以往，必然需要新的准则来规范。

因此，建议针对大数据环境对已有的审计准则进行补充或是单独编制针对大数据环境审计业务的相关准则。

2. 重新界定审计对象的外延和内涵。风险管理思想指导下，大数据时代云计算等技术的应用带来被审计单位商业模式的变革，风险来源多样化、多变化，审计必须立足环境，重新界定大数据时代审计对象的外延和内涵。

首先，企业云解决方案的应用改变了企业软硬件应用的模式，使得企业与云技术提供商、公共云租户处于同一风险系统，即云系统中。企业系列问题尤其是风险问题的出现不仅仅来源于企业内部，更可能来源于潜在的云技术服务商或公共云租户。由此，在大数据环境下，审计人员实施审计时不能只针对被审计单位实施审计，必须扩大审计的外延，即将审计的空间范围扩展为被审计单位、云技术服务商与公共云租户。

其次，大数据环境下，云技术的应用给企业带来了传统业务外的事项与风险，如云技术服务商的选择、云技术服务商对于云系统中企业数据的管理、企业与云技术服务商之间的云服务合约等。这些表面看来与企业无关的事项是影响企业经营的潜在风险事项，审计人员实施审计时必须作为审计内容之一，以更全面地评价企业，从而做出更合理稳健的审计结论。

3. 重点关注云计算审计风险与审计修正模式。云计算审计主要风险包括：数据损害、共享技术、窃取账户及服务；危险的局内人；滥用云计算；不安全的程序接口与其他未知风险；病毒或木马的侵袭。

而现代风险导向审计模式下的审计风险由重大错报风险和检查风险构成，而且一般认为"重大错报风险 = 战略风险 × 经营流程风险 × 控制风险 × 会计风险"，即重大错报风险由战略风险、经营流程风险、控制风险和会计风险组成。大数据环境下，云技术风险必然成为注册会计师进行风险评估应关注的风险之一。因此，在云计算环境下应将重大错报风险修订为"重大错报风险 = 战略风险 × 经营流程风险 × 控制风险 × 会计风险 × 云技术风险"，即重大错报风险应由战略风险、经营流程风险、控制风险、会计风险与云技术风险组成。

4. 推进创新大数据环境下审计方法和技术。大数据环境下必须推进新的审计方法和技术的创新与应用。

其一，审计人员需要借助数据挖掘技术实施审计。大数据时代，审计人员首先要面对和处理海量数据，且这些数据价值密度较低。对这些数据的获取与处理难以用传统的 Excel 或审计软件进行，必须借助大数据挖掘技术，根据分析与审计目标有关联关系的事项实施数据挖掘，从海量数据中挖掘出有关联的价值的信息，即完成数据"提纯"，缩小数据量，再进行数据分析。

其二，积极推进大数据环境下持续审计方法的应用。大数据时代数据的变化速度极快、时效性极强，假设审计活动时间跨度比较大或是审计活动结束与审计报告之间的时间间距比较大，易导致审计后期的结论与最新变化的数据不相符。因此对采用云解决方案的企业应实施持续审计。实时审计可以保证审计证据的相关数据与时俱进，与大数据的瞬时变化保持一致，从而确保审计结论的合理正确；持续审计的连续性可以让审计人员持续获取不断变化的审计数据，从而保证所获取数据的时新度。

其三，建立审计云数据系统。审计云数据系统可以将来源于各个渠道的审计数据进行存储并在各个审计单位之间共享，既可以实现各种类型数据的存储，又可以实现各个审计单位信息的共享，节约成本，方便运用数据挖掘与云计算技术等实施数据分析。同时，云系统的保密功能也必须同步开发，以提防数据泄漏造成的不利后果。

5. 审计证据类型与审计证据关系着眼点的转变。大数据时代，数据类型多种多样，包括结构化数据、半结构化数据与非结构化数据。从数据处理的角度而言，结构化数据是最容易获取与进行处理的，半结构化数据次之，非结构化数据则最难处理。在大数据环境下，首先将审计证据进行分类，即分成结构化审计证据、半结构化审计证据与非结构化审计证据。在实施审计时，针对三类审计证据进行不同方式、不同渠道的获取，并进行不同处理。审计人员可采取传统方法对企业的文本类数据进行获取并处理，采取数据挖掘技术获取与处理半结构化审计证据时尽量减少数据的维数，针对非结构化审计证据则需要审计人员将其转化为结构化数据。无论是哪一种审计证据，审计人员在获取或分析审计证据时都必须转变对审计证据关系的着眼点，由重因果关系转变为重相关关系。设定一个审计的子目标后，分析子目标会与哪些事项有关联及关联程度，然后获取关联事项的审计证据，最后通过分析关联事项对子目标进行评价，得出审计结论。

6. 融入云解决方案鉴定意见。大数据时代，云计算等技术的应用给人们带来了巨大的风险隐忧，并且多数风险是隐性和多变的。因此，在风险管理思想指导下，大数据时代的审计报告必须基于风险表达审计意见，包括针对财务报表公允性等发表意见，同时必须针对风险识别相关问题发表意见。审计人员应该就云技术风险的主要方面（固有风险、内部控制风险、审计程序风险）发表风险等级或风险程度意见。审计人员结合云技术风险的分析与评估将风险分成一、二、三级等不同等级或是低、中、高不同的风险程度,并将每一级别或每一等级的风险特征做一个概括。此外,审计人员还应该就云解决方案相关问题提出意见,为应用云技术的被审计单位完善云解决方案、降低审计风险提供参考。

云审计相较于目前传统审计技术的优点,其一是大大提高审计工作底稿质量的可比性。在云审计过程中,数据和程序存储在云中,审计程序的设计、维护和升级不再由特定的会计师事务所独自承担,而是完全交由专业的云软件开发商进行,从而大大提高审计软件兼容性。会计师事务所只是作为一个用户来使用软件,因此,当众多的中小型会计师事务所通过支付一定的费用获得同四大事务所一样先进的审计软件操控体验时,广大中小型事务所的工作底稿质量也能得到大幅度提高;基于同一审计软件进行的审计过程的可比性也将大大提升,云审计为行业主管部门验证审计过程、检查审计底稿提供了强有力的技术支持。其二是大大提高了审计的客观性。客观性除了同注册会计师的专业判断以及与被审计单位是否保持独立有关外,还同审计程序的选择相关。针对会计师事务所开发的独立审计软件需要考虑很多方面的因素,更加全面,而且审计软件对客户不会开放软件二次开发与修改权限(这种权限应当是省级以上注协拥有),由此,会计师事务所只能选择合适的审计程序,主观删减审计程序(步骤)的可能性降低,从而提高了审计的客观性。当然,如果某个事务所认为增加新的审计程序或改进云中原有的审计程序能更加有效地达到审计目的,可以在云中进行适当修改,并报省级以上注协备案。

三、会计信息系统审计程序

会计信息系统审计技术的使用,一方面丰富了传统审计技术的手段,另一方面使得审计各个阶段的工作内容也发生了变化,甚至对审计程序、审计方式都产生了重要影响。信息系统的审计过程包括三个阶段。

(一)审计计划阶段

审计计划阶段是整个审计过程的起点。主要是初步调查被审计单位会计信息系统的基本状况,明确审计任务,必要时组成审计小组,拟订科学合理的计划,一般包括以下主要工作。

1. 调查了解被审计单位会计信息系统的基本情况,如会计信息系统的硬件配置、系统软件的选用、应用软件的范围、网络结构、系统的管理结构和职能分工、文档资料等。

2. 与被审计单位签订审计业务约定书,明确责任、权利和义务。

3. 初步评价被审计单位的内部控制制度,以便确定符合性测试的范围和重点。

4. 确定审计重要性及审计范围。

5. 制订审计计划。如果安排利用计算机辅助审计,则还需列出所选用的通用软件、专用软件。对于复杂的会计信息系统，也可聘请专家，但必须明确审计人员的责任。

（二）审计实施阶段

审计实施阶段是审计工作的核心，也是会计信息系统审计的核心。主要工作是根据准备阶段确定的范围、要点、步骤、方法，进行取证、评价，综合审计证据，借以形成审计结论，发表审计意见。实施阶段的主要工作应包括以下内容。

1. 符合性测试。符合性测试是对信息系统中内部控制的存在性、有效性及控制程序编写方法的合规性进行核实，并得出相应审计结论的一种测试方法，其目的是检查内部控制机制是否健全有效。注册会计师在了解内部控制后，只对那些准备信赖的控制程序执行符合性测试，并且只有当信赖内部控制而减少的实质性测试的工作量大于符合性测试的工作量时，符合性测试才是必要和经济的。

2. 实质性测试。实质性测试是对事务和事项的详细测试或分析性复核测试，以获得审计期间这些事务或事项完整、准确或存在的审计证据。实质性测试的目的是要实施必要的数据测试，对能否达到特定目标向管理者提供最终的保证。进行实质性测试须依赖于符合性测试的结果，若符合性测试结果得出的审计风险偏高，而且被审计单位有利用会计信息系统进行舞弊的动机与可能，又不能提供完整的会计文字资料，此时审计人员应考虑对会计报表发表保留意见或拒绝表示意见的审计报告。

（三）审计完成阶段

审计完成阶段是审计小组报告审计结果、总结审计工作、提交审计报告、出具审计意见、做出审计决定的阶段。审计报告是审计工作的最终成果，审计报告首先应有审计人员对被审系统的安全性、可靠性、稳定性、有效性的意见，同时提出改进建议。签发审计报告之前，应当对工作底稿进行最终复核（三级复核）。

一级复核是由审计项目经理在审计过程进行中对工作底稿的复核，这层复核主要是评价已完成的审计工作；二级复核是在外勤工作结束时，由审计部门经理对工作底稿进行的重点复核；三级复核由事务所的主任会计师（审计师）进行，主要复核所采用审计程序的恰当性、审计工作底稿的充分性、审计过程中是否存在重大遗漏、审计工作是否符合事务所的质量要求等；三级复核制度是控制审计风险的重要手段。

注册会计师审计报告完成后，先要征求被审计单位的意见，并报送审计机关和有关部门。

审计报告一经审定，所做的审计结论和决定需通知并监督被审计单位执行。内部审计机构应将审计报告提交被审计单位和管理层，并要求被审计单位在规定的期限内落实纠正措施。

四、会计信息系统审计的基本方法

(一)利用传统审计方法进行信息系统审计

1. 观察、查看与穿行测试。审计人员通过到信息系统相关部门观察技术人员工作情况以了解其内控执行是否到位,上机查看以了解有关电脑是否发挥相应功能,查阅系统日志和运行维护记录以了解系统最近一段时间内是否发生错误。同时,索取并检查业务文档资料,如系统规划方案、数据字典、运行维护记录、说明文档及相关合同等以了解信息系统的相关情况。

穿行测试不是单独的一种程序,而是将多种程序按特定审计需要进行结合运用的方法。穿行测试更多地在了解内部控制时运用。但在执行穿行测试时,注册会计师可能获取部分控制运行有效性的审计证据。穿行测试是指在风险管理中,在正常运行条件下,将初始数据输入内控流程,贯穿全流程和所有关键环节,将运行结果与设计要求对比,以发现内控流程缺陷的方法。这里的穿行测试,是指审计人员亲自执行一次业务发生过程。比如,审计人员以普通人员身份试图进入对方核心机房,以检测被审计单位信息系统物理访问控制的安全性等。穿行测试是通过追踪交易在信息系统中的处理过程,来证实审计人员对控制的了解并评价控制设计的有效性以及确定控制是否得到执行。

2. 调查问卷。合理编制会计信息系统审计调查表、调查提纲、控制矩阵等,内容包括软硬件环境、网络结构以及岗位设置、人员角色及 AB 岗等,在审前调查阶段提交给被审计单位信息及有关业务部门,以获得信息系统的基本情况、总体架构与业务流程,并可能发现有价值的线索。函证(或走访)与项目有关的单位与个人,对比分析函证结果与被审计单位情况。

3. 沟通交流。好的沟通可以发现审计线索,信息系统审计师应注重与被审计单位相关人员沟通的技巧。主要方法有与被审计单位人员共同召开各种业务会议、与不同人员(技术人员、业务人员等)座谈等。

(二)利用计算机技术进行信息系统审计

1. 黑白盒测试。黑盒测试也称功能测试或数据驱动测试,是在已知软件所应具有的功能的前提下,通过测试来检测每个功能是否能正常使用。黑盒测试着眼于程序外部结构,不考虑内部逻辑结构,主要针对软件界面和软件功能进行测试。黑盒测试是以用户的角度,从输入数据与输出数据的对应关系出发进行测试的。很明显,如果外部特性本身设计有问题或规格说明的规定有误,用黑盒测试方法是发现不了的。黑盒测试法注重于测试软件的功能需求,主要试图发现下列几类错误:功能不正确或遗漏;界面错误;输入和输出错误;数据库访问错误;性能错误;初始化和终止错误等。

在测试时,把程序看作一个不能打开的黑盒子,在完全不考虑程序内部结构和内部特性的情况下，审计人员只检查程序功能是否按照需求规格说明书的规定正常使用，程序是否能适当地接收输入数据而产生正确的输出信息，并保持外部信息（如数据库或文件）的完整性。"黑盒"法是穷举输入测试，只有把所有可能的输入都作为测试情况使用，才能以这种方法查出程序中所有的错误。

白盒测试也称结构测试或逻辑驱动测试。白盒测试是通过程序的源代码进行测试而不使用用户界面。这种类型的测试需要从代码句法发现内部代码的算法、溢出、路径、条件等中的缺点或者错误，进而加以修正。它是在清楚软件内部结构和工作过程的基础上，按照程序内部的结构测试程序，检验程序中的每条通路是否都能按预定要求正确工作，而不注重它的功能。白盒测试的主要方法有逻辑驱动、基路测试等。

2. 数据测试、集成检测法和平行模拟。

（1）数据测试法。审计人员把一批预先设计好的测试数据，利用被审计程序加以处理，并把处理的结果与预期结果作比较，以确定被审计程序的处理和控制功能是否恰当有效。测试数据包含下列两类：一是正常的、有效的业务数据，以确定被审计程序对有效数据的处理是否正确。二是不正常、无效的业务数据，以确定被审计程序是否可以将这些无效业务数据检测出来，拒绝接受并给出错误信息，以便修改。优点：应用简单易行，对审计人员的计算机技术水平要求不高，因此，应用范围比较广泛。缺点：与黑盒测试类似，可能不能发现程序中所有的错弊。如果审计人员没有预想到程序中的某些错弊，没有针对它们设计测试数据进行测试，则这种审查方法不可能发现这些错弊。

（2）集成检测法。通过在正常的应用系统中创建一个虚拟的部分或分支，从而进行系统测试。例如，在某个应用系统中建立一个虚拟的职员，然后进行正常的业务处理测试。该方法的优点是：此方法是在系统正常处理过程中进行测试的，因此可直接测试到被审计系统在真实业务处理时的功能是否正确有效。该方法的缺点是：这些虚拟的测试数据可能会对被审计单位真实的业务和汇总的信息造成破坏或影响。

（3）平行模拟法。指针对某应用程序，审计人员用一个独立的程序去模拟该程序的部分功能，对输入数据进行并行处理，其结果和该应用程序处理的结果进行比较以验证其功能正确性的方法。但模拟系统的开发对计算机技术要求高，且时间长，费用较高。同时，模拟系统要随实际系统同步更新，相应要增加费用。

3. 数据分析。数据分析方法主要有以下四种。

（1）抽样数据法。审计人员从被审计单位抽样若干经济业务数据，检查信息系统处理结果是否正确，以确定系统控制是否有效的执行。

（2）数据结构验证法。结合数据字典，检查数据之间逻辑关系以验证输入数据正确性和保存数据完整性，包括业务数据与财务数据对比验证及各业务数据表间勾稽关系核对。

（3）参数法。检查设置的相关参数是否与实际时点的业务发生数据一致。

参数可以是人们根据客观经济情况规定的一种标准，即定额，也可以是经济过程中各种联系的客观反映。从形式上看，可分为静态和动态两种参数。静态的参数是指在同一时期内，不同经济现象间的数量联系，动态参数是指在不同时期内经济现象间的数量联系。

（4）利用外部关联数据法。外部关联数据是指存在于被审计单位信息系统以外，但是与该系统的数据具有内在联系，能够帮助审计人员对被审计单位的业务数据和财务数据进行有序处理的电子数据。用外部的关联数据与被审查系统中的数据进行对比分析，可以发现单独由被审计单位的数据无法发现的信息系统的问题。

4. 受控处理与再处理。受控处理法是指审计人员通过监控被审计程序对实际业务的处理，查明被审计程序的处理和控制功能是否恰当有效的方法，审计人员首先对输入的数据进行查验，并进行审计控制，然后亲自处理或监督处理这些数据，最后将处理的结果与预期结果加以比较分析，判断被审计程序的处理和控制功能是否符合设计要求。此方法的主要优点是不需要审计人员具有较高的计算机水平，只要采用突击审计的方式，就可以保证被审计程序与实际使用程序的一致性，从而保证审计结论的可靠性。

受控再处理法是指在被审计单位正常业务处理以外的时间，由审计人员亲自进行或在审计人员监督下，把某一批处理过的业务进行再处理，比较两次处理结果，以确定被审计程序有无被非法篡改，被审计程序的处理和控制功能是否恰当有效。运用这种方法前提是以前对此程序进行过审查，并证实它原来的处理和控制功能是恰当有效的。

5. 程序检查。程序是信息系统的核心，信息系统对业务的处理是否合法、合规、正确，都体现在应用程序中。实践证明，程序是差错、舞弊最容易发生的地方。程序检查方法主要有程序流程图检查法和程序编码审查法。

（1）程序流程图检查法，是利用信息系统的程序流程图来检查程序的控制功能是否可靠，业务处理逻辑是否正确的方法。例如，根据财务系统流程图，程序中应该对输入的财务信息进行合法性检验，通过追踪审查样本业务，发现当输入非法数据时，程序依然按照正常的步骤进行了处理，说明该项控制措施在程序中是无效的。

（2）程序编码审查法，是对应用系统的编码进行详细审查的一种技术。通过审查程序编码，审计人员可以识别出程序中的错误代码和非法代码等。同时可用跟踪方法进行逐行代码诊断。这种方法对审计人员的计算机水平要求较高。程序编码比较法，是指比较两个独立保管的被审计程序版本，以确定被审计程序是否经过修改，并评估程序的改动所带来的后果。

6. 程序运行记录检查。程序运行纪录是由系统自动记录下来的，包含操作的起止时间、中断、故障等方面的信息。通过对运行记录的审查，可推测被审计程序的程序化控制措施是否存在和可靠，如果记录中断则说明程序中可能存在语法或逻辑错误。同时检查数据处理结果，通过系统打印输出的结果，推断被审计程序处理功能的正确性和控制措施的健全有效性。这些打印输出包括系统错误清单、业务清单、财务报表、统计报表。此法优点是审计人员不必具有较高的计算机知识，缺点在于程序中的错误弊端不可能全部出现在一份或多份打印输出的资料上面。

(三) 利用程序监控和智能技术对信息系统进行审计

1. 程序监控。嵌入审计模块技术是指在一个应用系统中长久驻存一个审计模块，该模块检查输入系统中的每一笔事务，并识别出其中不符合预定义标准的事务，审计人员可以对这些识别出的事务进行实时的或定期的审查。这种方法的优点是可以对被审计单位的计算机数据处理系统进行动态的监控。嵌入审计模块要求在系统设计时就应予以考虑，并应建立必要的控制措施，防止未经授权的人员接触和使用嵌入的审计模块及其生成报告。由于嵌入审计模块技术的使用条件比较复杂，这种方法的适用范围较小。当前一般用于处理大数据量的系统中。

程序跟踪法，是一种对给定的业务，跟踪被审计程序处理步骤的审查技术，一般可由追踪软件来完成，也可利用某些高级语言或管理系统中的跟踪指令跟踪被审计程序的处理。

2. 智能技术。随着计算机技术的逐步发展，信息系统的审计将逐渐转换到智能化审计，大量智能技术将在这个阶段得到充分应用，如数据挖掘技术、征兆发现技术、GENT 技术等，利用这些技术可以开发专家系统、审计决策系统进行信息系统审计。

五、会计信息系统审计存在的问题以及建议

(一) 会计信息系统审计存在的问题

随着计算机技术逐步发展，会计信息系统对传统手工会计的替代使审计出现一系列问题。

1. 相关法规和准则不够完善。审计必须依法进行，会计信息系统审计也不例外。尽管我国审计署和中国注册会计师协会都已颁发了一些有关会计信息系统审计的准则和规范，但还不完善，缺乏系统性和结构性。可以说，计算机审计有关法律法规和准则的不完善，是影响我国会计信息系统审计发展的重要因素之一。

《审计法》没有明确计算机审计的法律地位，而只有明确了计算机审计的合法地位，才谈得上审计机关依法进行计算机审计，此外，《审计法》的规定是原则性的，在实践中可操作性不强。在《通知》中关于计算机审计的内容局限于对被审计单位计算机信息系统的检查，检查的重点主要在计算机信息系统是否符合标准、是否存在舞弊功能、系统所生成的电子数据是否真实三个方面，并没有对电子数据所进行的采集、分析等方面的操作规范，此外，《通知》的第一条规定"被审计单位拒绝、拖延提供与审计事项有关的电子数据资料，或者拒绝、阻

碍检查的，由审计机关按照《中华人民共和国审计法实施条例》第四十九条的规定处理"，由于审计法实施条例已经修订，此条款无从参照。

2. 审计人员综合素质不高。审计人员综合素质不高主要体现在以下三个方面。

（1）理论功底薄弱。从事审计工作时间越长，思想可能越保守、理论可能越落伍，经常用老眼光看新问题，容易被惯性思维左右，查处问题局限性大；凭老经验办新事，不爱学习新知识，缺乏现代审计意识，不能为决策者提供有参考价值、有指导意义的审计信息。

（2）专业技术不精。内部审计部门是企业不可或缺的监督利剑，也是为管理服务的特殊部门。审计工作不仅要求审计人员具备较高的理论水平、综合素质，还必须具备过硬的业务知识和技术水平。审计虽然是会计的二级学科，但在某种程度上要高于会计。目前内部审计人员大多是由会计岗位转岗为审计，造成审计队伍出现技术单一、业务不全面的问题。

（3）科学技术缺乏。传统的审计手段和方法已经很不适应知识经济及科学技术对审计工作的要求。可以说审计人员没有一定的科学技术水平，没有过硬的计算机应用能力，就无法正常完成审计工作。

会计信息系统审计是会计、审计、信息系统、网络技术与计算机应用的交叉学科。开展会计信息系统审计要求审计人员具有复合型的知识结构，既要掌握财会、审计知识，又要掌握信息系统、计算机与网络技术。但我国现在还很缺乏具有复合型知识结构的可以胜任的计算机审计人员。人才的缺乏严重制约着我国会计信息系统审计的发展。

3. 已开发软件的通用性不高。首先，现有的财务软件缺乏应有的审计接口。开展会计信息系统审计，要求计算机信息系统留有审计接口，以便通过接口取得被审系统的电子信息，进行有关的审计处理。我国现有的计算机会计信息系统大部分没有设置审计接口，有些系统的数据库还加了密，使审计软件无法访问系统的资料，这些情况严重阻碍了我国会计信息系统审计的开展与普及。其次，目前我国国内通用审计软件的功能比较简单，虽具有一定的数据访问功能，可以执行一些常用的审计程序，但是相当一部分辅助审计的软件实用性不强，通用性弱，使用效果不理想。

4. 审计信息共享程度低。目前，我国的审计信息资源存在巨大的浪费，一台计算机就是一个审计信息平台。现在许多审计信息资料与数据储存在各台电脑之中，审计信息资料没有有效地与局域网进行链接，审计信息与数据不能互通，没有实现共享。有的审计机关的局域网与相关部门没有实现互联互通，都是孤立的系统，形成一个个信息孤岛，实现远程审计比较困难，严重地影响了会计信息系统审计的应用与发展。

5. 信息系统缺乏应有的审计接口。开展会计信息系统审计要求计算机信息系统留有审计接口，以便通过接口取得被审计单位的电子信息，进行有关的审计活动。虽然我国软件协会、财务及管理软件分会曾对财务软件的数据接口提出了相关标准和要求,但许多财务与管理软件都没有对其执行。我国现有的计算机信息系统大部分没有设置审计接口,有些系统的数据库还加了密,使审计软件无法访问财务系统的资料,导致电子资料的获取成了利用计算机辅助审计的瓶颈。除已有的信息系统缺乏审计接口外,更令人忧虑的是,现在正在开发的大部分电子政务系统和企业管理系统也都没有考虑到审计接口这一要求。

(二) 相关建议

面对会计信息系统审计存在的以上一系列情况,提出下列相关建议:

1. 制定信息系统审计标准。会计信息系统的审计,首先需要审计师恪守"客观、独立、公正"的职业道德,遵循一定的程序,按法定的格式出具审计结论(评价、建议)。其次,信息系统审计发展到一定阶段,须由行业组织出面将实践经验加以总结,并把有关概念、工作流程和技术方法固定、统一起来,形成行业标准和规范。最后,信息系统的审计需要尽可能参照国际信息系统审计与控制协会标准委员会颁布的国际认可的信息系统审计标准(ISACA 的 COBIT 标准)。

2. 提高审计人员素质。开展会计信息系统审计最重要的在于人才的准备,需要一批既掌握现代审计理论与实务,又了解计算机技术的复合型知识结构的专业人才。但现阶段我国这方面人才相对整个审计市场来说仍是凤毛麟角,因此要在短期内全部由获得注册信息系统审计资格的人员实施会计信息系统审计是不太现实的,故目前采取使用两种知识类型的人员共同完成审计任务的方式。每个会计信息系统审计项目都配备专业审计人员和专业技术人员,由两种类型人员分别执行审计中的不同任务,同时也根据需要密切配合,这也是目前许多审计组织进行计算机辅助审计所采取的有效方式。

3. 加强审计人员运用互联网技术的能力。随着企业信息处理系统的大规模网络建设,审计人员不得不面对被审计单位越来越复杂的信息系统,因此,审计人员要适应信息技术的发展,将高新技术运用于审计工作。同时,信息系统审计软件要与企业的经营管理和会计核算信息系统联网,随时取得所需的电子数据和相关资料,实现对在线处理数据(磁盘或光盘数据)的审计,建立计算机环境下新审计模式。

4. 开发高效实用软件。首先,强制要求新开发的财务软件提供审计接口。我国现有财务软件大多没有审计接口,审计软件无法获取系统的电子资料。尽管国务院办公厅的 88 号文件已对会计信息系统的数据接口提出了明确要求,但对此文件的推广不够,许多单位并不清楚有相应的要求。信息化管理部门与审计部门要加强宣传,让各单位明确凡是涉及经济和会计业务处理的计算机系统,必须要为经济监督部门提供数据接口,以便今后计算机辅助审计方法的应用和审计信息化建设能顺利实施。其次,积极开发通用、实用、高效的审计软件。为了提高审计效率,降低审计风险,给会计信息系统审计打开通道,企业、社会团体、组织以及政府机构必须从实际出发,研究并开发适合不同信息化平台、运行环境以及不同审计内容的会计信息系统审计软件。

5. 强制要求会计信息系统提供审计接口。我国许多会计信息系统没有审计接口，审计软件无法获取系统的电子资料。缺乏数据接口已成为我国利用计算机辅助审计的桎梏，解决审计接口问题刻不容缓。目前，我国的信息化建设正在紧锣密鼓地进行，各行各业都在开发自己的信息系统，如果不及时提出并解决审计接口这一问题，势必影响今后我国会计信息审计的发展。尽管国务院办公厅的88号文件已对会计信息系统的审计接口提出了明确要求，但此文件的宣传不够，许多单位并不清楚相应的要求。信息化管理部门与审计部门要加强宣传，让各单位明确凡涉及经济和会计业务处理的计算机系统，必须要为经济监督部门提供数据接口，以便于今后计算机辅助审计方法的应用和审计信息化建设的顺利实施。

6. 完善大数据环境下审计取证方法。要规范相关单位在打印凭证和账册做备查资料时，完整附上原始单据，规范化整理成册，便于审计时查证。对于需获取的与被审计单位审计事项相关的其他部门的数据，审计人员要做好协调沟通和保密管理工作，确保信息安全。

7. 注重对计算机信息系统开发与功能审计的研究，积极尝试网络审计。目前我国审计机构有意无意地忽略了计算机信息系统开发与功能的审计。要确定会计信息系统提供的信息正确与否首先在于确定系统的功能是否完善，而系统的功能的完善，又有赖于系统的开发。在电子商务与网络经济条件下，审计人员必须对计算机信息系统的开发与功能进行审计。我国审计机构应积极关注和组织计算机信息系统开发与功能审计的研究，包括其规范与指南、技术和方法、风险及防范来适应我国信息化的发展。同时，随着网络审计的开展，审计证据与工作底稿将以电磁形式存储，审计信息也可以采用网上发布的形式，无纸化审计即将出现。我国规划中的金审工程就是准备用五年左右的时间，建成能对财政、银行、税务、海关等部门和重点国有企业事业单位的财务信息系统及相关电子数据进行密切跟踪，对财政收支或者财务收支的真实、合法和效益实施有效监督的信息化系统，逐步实现从单一的事后审计转变为事中审计和事后审计相结合，从单一的静态审计转变为动态审计和静态审计相结合，从单一现场审计转变为现场审计与远程审计相结合的模式。

本 章 小 结

会计信息化，是将电子计算机和现代网络通信技术广泛应用于会计工作，重整传统会计模型，并在重整的现代会计基础上，建立信息技术与会计学科高度融合的、充分开放的现代会计信息系统的过程。会计信息化系统作为企业管理信息系统的子系统，是一个用来处理会计业务，收集、存储、加工、传输各种会计数据，向会计信息使用者提供财务会计信息，面向价值管理的信息系统。实质是使会计工作实现业务流程的数字化和网络化。

会计信息化制度，是进行会计信息化工作的规范和标准，是会计信息化工作的规则、方法和作业流程的总称，是会计制度的重要组成部分。会计信息化制度设计应当满足以下六点要求：可靠性、安全性、保密性、优质性、高效性和可修改性。会计信息化制度设计包括四个方面：会计信息化岗位责任制度设计；会计信息化操作管理制度设计；计算机硬软件和数据管理制度设计；信息化会计档案管理制度设计。

会计信息化内部控制，是以信息技术为基础的控制活动，是企业为提高经济系统运行的效率、安全而采取的一系列的控制措施。会计信息化内部控制具体内容设计分为管理控制设计和应用控制设计。管理控制也称一般控制，是对会计信息系统中的组织、操作、安全和开发等系统运行环境方面所进行的控制。其中包括组织控制、人事控制、系统开发与维护、操作控制、硬件软件控制、数据资源控制和档案资料控制。应用控制，是对具体业务处理过程实施的控制。一般将会计信息系统的应用控制分为输入控制、处理和存储控制及输出控制。会计信息系统的应用控制由手工控制和程序化控制构成，但以程序化控制为主。

会计信息系统风险主要可分为四大类：基础设施方面存在的风险；计算机病毒引起的风险；计算机舞弊引起的风险；内部控制存在的风险。对应的风险防范有：基础设施方面存在的风险防范；计算机病毒入侵防范；计算机舞弊引发的风险防范；内控风险防范。

会计信息系统审计是指专业审计人员根据审计标准，对被审计单位会计信息系统的安全性、可靠性、有效性和效率性实施独立审计并发表意见，向信息系统对象的最高领导层提出一系列建议的活动。

大数据时代，云计算技术、并行处理数据库等信息技术的广泛应用，给企业商业模式、风险事项等带来了翻天覆地的变化，从而对审计变革产生极大影响。审计变革包括审计对象变革、审计风险变革、审计证据变革、审计方法变革、审计报告变革。会计信息系统审计技术的使用，一方面丰富了传统审计技术的手段，同时对审计各阶段的工作内容也发生了变化，甚至对审计程序、审计方式都产生了重要影响。

基 本 训 练

一、单项选择题

1. 下列不是会计信息化所包含的学科的是（　　）。
  A. 会计学　　　　　B. 计算机技术　　　C. 金融学　　　　　D. 系统学
2. 下列不是会计信息化制度设计要求的是（　　）。
  A. 可修改性　　　　B. 可靠性　　　　　C. 保密性　　　　　D. 可理解性
3. 会计信息系统的应用控制由手工控制和程序化控制构成，但以（　　）控制为主。
  A. 手工控制　　　　　　　　　　　　　B. 程序化控制
  C. 网络运行控制　　　　　　　　　　　D. 模糊控制
4. 下列不属于会计信息系统基础设施方面存在的风险的是（　　）。
  A. 突然断电造成的主板和 CPU 的损害　　B. 网络安全风险
  C. 计算机高级人员非法操作　　　　　　D. 硬盘损坏
5. 下列（　　）人员负责规定会计软件系统各类使用人员的操作权限。
  A. 系统维护员　　　　　　　　　　　　B. 系统操作员
  C. 软件编程人员　　　　　　　　　　　D. 电算主管
6. 内部控制有五大基本要素，（　　）是企业根据风险评估结果，采取相应的控制措施，将风险控制在可承受范围之内。
  A. 信息与沟通　　　　　　　　　　　　B. 内部监督
  C. 控制活动　　　　　　　　　　　　　D. 内部环境
7. 在信息化环境下，可以利用计算机技术进行信息系统审计，其中，审计人员把一批预先设计好的测试数据，利用被审计程序加以处理，并把处理的结果与预期结果作比较，以确定被审计程序的处理和控制功能是否恰当有效的方法为（　　）。

A. 黑白盒测试　　　　　　　　　B. 数据测试与平行模拟
C. 数据分析　　　　　　　　　　D. 受控处理与再处理

8. 会计信息系统内部控制具体可分为管理控制设计和应用控制设计。在下列选项中，不属于管理控制设计的是（　　）。
A. 组织控制　　　　　　　　　　B. 人事控制
C. 数据采集控制　　　　　　　　D. 系统开发与维护控制

9. 电算化会计与手工会计最直观、最明显的差异是（　　）。
A. 会计人员的分工不同　　　　　B. 数据处理方式不同
C. 工作职能不同　　　　　　　　D. 工作目标不同

10. 凭证一经审核，就不能修改、删除，只有（　　）后才可以修改。
A. 审核人员再审核　　　　　　　B. 审核人员负责取消审核
C. 财务主管签字　　　　　　　　D. 凭证录入人员签字

二、多项选择题

1. 会计信息化系统管理制度设计过程中应符合的原则有（　　）。
A. 合法性原则　　　　　　　　　B. 合理性原则
C. 效益性原则　　　　　　　　　D. 系统性原则

2. 下列属于信息化会计岗位的有（　　）。
A. 软件操作员　　　　　　　　　B. 数据分析员
C. 出纳　　　　　　　　　　　　D. 信息主管

3. 会计信息系统内部控制的目标有（　　）。
A. 促进企业有效实施内部控制
B. 提高企业现代化管理水平，减少人为操纵因素
C. 增强信息系统的安全性、可靠性和合理性
D. 为建立有效的信息与沟通机制提供支持保障

4. 会计信息化的主要工具有（　　）。
A. 会计核算方法　　　　　　　　B. 会计信息
C. 计算机　　　　　　　　　　　D. 互联网信息技术

5. 会计信息化系统要求的可靠性，包括（　　）。
A. 检错、纠错能力
B. 错误干扰下不会发生崩溃性瘫痪
C. 重新恢复及重新启动的能力
D. 抗病毒的能力及硬件、软件的可靠性

6. 会计信息化系统的内部控制可分为一般控制和应用控制，其中，应用控制分为（　　）。
A. 输入控制　　　　　　　　　　B. 处理和储存控制
C. 硬件与系统软件控制　　　　　D. 输出控制

7. 会计信息化制度与传统会计制度的不同主要体现在（　　）。
A. 会计核算形式和方法不同　　　B. 会计主体和对象不同
C. 会计信息存储方式不同　　　　D. 会计管理职能强弱不同
E. 会计资料档案形式不同

8. 自行开发方式的缺点有（　　）。
A. 通用性强　　　　　　　　　　B. 成本高
C. 系统开发要求高　　　　　　　D. 不能及时高效地纠错和调整

9. 电子计算机和互联网为条件的信息化会计与手工会计操作相比,主要特征有（ ）。
   A. 会计信息化以计算机和互联网信息技术为主要工具,采用人机结合方式,相互操作
   B. 数据采集要求标准化和规范化
   C. 会计信息载体无媒介化
   D. 数据处理方式集中化和自动化
   E. 会计信息的搜集和处理静态化、实时化

三、判断题

1. 会计信息化,即会计电算化。（   ）
2. 会计信息化是以会计学为核心,融系统计学、计算机技术及信息技术、企业管理等为一体的一门学科,是会计学科的分支。（   ）
3. 在会计信息系统中,类似手工条件下的凭证、账簿及报表的格式以及所记载的数据在计算机中并不存在。（   ）
4. 会计信息化制度设计要求安全性是指限制数据传送范围,防止数据泄露的能力。（   ）
5. 在内部控制制度方面,信息化会计与手工会计操作相比,原来的内部控制方式部分被改变或取消,如原来靠总账与明细账簿之间互相核对来实现的纠错控制方式已基本不复存在。（   ）
6. 会计信息系统的档案资料是指存储在计算机介质中的资料。（   ）
7. 系统维护员只能对系统进行管理和维护,不能从事系统的任何操作等工作。（   ）
8. 会计信息系统内部控制具体内容设计分为管理控制设计和应用控制设计。（   ）
9. 应用控制,是对总体性业务处理过程实施的控制,其内容与业务处理有关,取决于业务处理的需要。（   ）
10. 信息审计的根本目标,主要在于防范风险。（   ）

四、简答题

1. 什么是会计信息化?什么是会计信息系统?什么是会计信息化制度?
2. 会计信息系统与传统手工会计的差别是什么?
3. 会计信息系统内部控制的基本要素有哪些?
4. 会计信息系统存在的风险有哪些?并说一说相应的防范措施?
5. 什么是会计信息系统审计?会计信息系统审计存在哪些方面的变革?
6. 会计信息系统审计的基本方法有哪些?

第十一章 企业内部会计监督与内部稽核制度设计

学习目标

1. 理解内部稽核制度设计的意义，掌握企业会计监督制度设计的要求和内容，掌握内部稽核制度设计的职责与范围，掌握内部稽核的程序与方法。

2. 了解主要经济业务处理中的会计错弊现象，掌握会计错误的含义、形成原因、种类和认定；掌握会计舞弊的含义、特征、种类和衡量标准，熟悉会计错误与会计舞弊的异同。

重要概念

内部会计监督设计；内部稽核；会计错误；会计舞弊

案例导入

W公司是一家大型白酒生产企业，其销售分公司遍布国内各大城市。为充分调动各分公司的积极性，W公司明确以销售回款最大化为考核目标，并将奖金与销售回款直接挂钩。为此，W公司制定了严格的销售货款回收制度，要求各分公司必须在月末将销售货款汇入公司账户，并以当月最后一天的累计回款额考核销售业绩。

2015年初，因在大量投放广告促销方面尝到了甜头，各分公司纷纷向W公司申请追加广告费，并请求从销售货款中抵扣，但在考核销售业绩时仍以抵扣前的销售额为准，对此，W公司表示同意。但许多分公司并没有将抵扣的广告费用于产品宣传，有的分公司将广告费重复申报销售货款以套取奖金，有的分公司将广告费挥霍，有的分公司与广告商合谋收取高额广告费回扣。W公司对这些情况有所察觉，但考虑到各分公司总体销售情况不错，一直未采取有效措施予以制止。

2015年6月，为了充实营销队伍、进一步扩大销售量，各分公司大量招聘营销人员，公司销售费用剧增。W公司认识到，单纯以销售货款最大化考核业绩的做法弊端太多，于是开始实行综合绩效管理，逐步加强了对广告费和分公司销售人员的控制。但此举遭到分公司经理的集体抵制，一些分公司经理以辞职相要挟，要求W公司改变综合绩效管理制度。

从内部控制的角度分析，W公司内部监督存在的主要问题有：

（1）财务监督存在局限，W公司仅关注销售回款，对成本费用，尤其是广告费的监督不力。W 公司通过严格的制度安排，对资金周转实现了持续监督；但对广告费等费用的监督却没有类似的持续监督机制，且缺乏对广告费使用的专项监督。

(2) 人员监督存在缺陷。集中体现在对分公司经理缺乏有效的约束机制，导致管理制度在推行中遇到较大阻力。反映出 W 公司在组织机构设计、职责权限分配等方面存在较大问题。

(3) 对于内部监督中发现的问题，没有采取有效的改进措施。W 公司虽然察觉到广告费使用中的种种问题，但对分公司的错误做法予以迁就，使监督失去了意义。

那么，W 公司该怎么改进呢？

第一节　企业内部会计监督制度设计

会计监督是依照国家有关法律、法规和规章对会计工作进行检查督促，并利用正确的会计信息对经济活动进行全面、综合的协调和控制，以达到提高会计信息质量和经济效益的目的。我国完整的会计监督体系由单位内部会计监督和外部监督构成。

一、内部会计监督设计

单位内部会计监督是单位内部的会计人员根据国家的财经政策、会计法规，利用会计所提供的信息，对会计主体的经济活动进行全面的监督和控制，使其达到预期目标的监督。

(一) 内部会计监督制度设计的要求

内部会计监督制度设计的要求主要有以下方面。

1. 记账人员与负责经济业务事项和会计事项的审批人员、经办人员、财务保管人员的职责权限应当明确，并相互分离、相互制约。资产保管与会计核算相分离，经营责任与会计责任相分离，授权与执行、保管、审查、记录相分离。

2. 重大对外投资、资产处置、资金调度和其他重要经济业务事项的决策和执行的相互监督、相互制约程序应当明确。企业日常的经营活动通过内部控制的职责分工来控制。并不经常发生的重大经济业务事项，因涉及的资金或资产数额巨大，对企业的经营业绩、财务状况和现金流量影响重大，有时甚至关系其生死存亡，为防止资源浪费或流失，必须建立科学、合理的决策程序，其中最重要的是合理确定审批权限。此外，对外投资、资产处置、资金调度，以及其他重要经济业务事项（如资产重组、收购兼并、担保抵押、财务承诺、关联交易）的决策一旦做出，其执行过程还须由不同部门和人员相互监督、相互制约。

3. 财产清查的范围、期限和组织程序应当明确。《中华人民共和国会计法》

要求各单位要明确财产清查的范围、期限和组织程序。财产清查直接关系会计记录准确性、成本计算、损益确定、财务状况计量。只有严格财产清查制度，才能对会计记录所记载资产与实存资产的差异做出及时处理，做到账实相符，投资者、债权人的合法权益才有保障。

4. 对会计资料定期进行内部审计的办法和程序应当明确。内部审计既是内部控制的重要组成部分，也是强化内部会计监督的制度安排。内部审计主要发挥以下五方面的作用：(1) 合理保证会计资料的准确性和可靠性；(2) 保护资产的安全性与完整性；(3) 督促员工遵循内部管理制度；(4) 促进内部控制制度逐步完善；(5) 促使公司、企业防微杜渐，守法经营。

(二) 内部会计监督制度设计的内容

根据《中华人民共和国会计法》和《会计基础工作规范》的规定，内部会计监督制度设计包括以下内容。

1. 内部会计监督的依据。内部会计机构、会计人员进行会计监督的依据是：财经法律、法规、规章；会计法律、法规和国家统一会计制度；各省、自治区、直辖市财政厅（局）和国务院业务主管部门根据《中华人民共和国会计法》和国家统一会计制度制定的具体实施办法或补充规定；各单位根据《中华人民共和国会计法》和国家统一会计制度制定的单位内部会计管理制度和各单位内部的预算、财务计划、经济计划、业务计划等。

2. 内部会计监督的主体。内部会计监督的主体是企业内部的会计机构、会计人员。

3. 内部会计监督的客体。内部会计监督的客体即内部会计监督的内容。《会计基础工作规范》规定，企业的会计机构、会计人员对本单位的经济活动进行会计监督，具体内容如下。

(1) 审核和监督原始凭证。对不真实、不合法的原始凭证，不予受理。对弄虚作假、严重违法的原始凭证，不予受理的同时，应予以扣留，并及时向单位领导人报告，请求查明原因，追究当事人责任。对记载不明确、不完整的原始凭证，予以退回，要求经办人员更正、补充。

(2) 审核和监督会计账簿。会计机构、会计人员对伪造、编造、故意毁灭会计账簿或账外设账行为，应当予以制止和纠正；制止和纠正无效的，应当向上级主管单位报告，请求做出处理。

(3) 审核和监督实物、款项。会计机构、会计人员应当监督实物、款项，督促建立并严格执行财产清查制度。发现账簿记录与实物、款项不符时，应当按照国家有关规定处理。超出会计机构、会计人员职权范围的，应当立即向本单位领导报告，请求查明原因，并做出相应处理。

(4) 审核和监督财务报告。会计机构、会计人员对指使、强令编造、篡改财务报告行为，应当予以制止和纠正；制止和纠正无效的，应当向上级主管单位报告，请求处理。

(5) 审核和监督财务收支。会计机构、会计人员应当对财务收支进行监督。主要内容有：对审批手续不全的财务收支，应当退回，要求补充、更正；对违反规定不纳入单位统一会计核算的财务收支，应当制止和纠正；对违反国家统一的财政、财务、会计制度规定的财务收支，不予办理；对认为是违反国家统一的财政、财务、会计制度规定的财务收支，应当予以制止和纠正；制止和纠正无效的，应当向单位领导人提出书面意见，请求处理。单位领导人应当在接到书面意见起10日内做出书面决定，并对决定承担责任。

会计机构、会计人员对违反国家统一的财政、财务、会计制度规定的财务收支，不予制止和纠正，又不向单位领导人提出书面意见的，也应当承担责任。对严重违反国家利益和社会公众利益的财务收支，应当向主管单位或者财政、审计、税务等机关报告。

(6) 审核和监督会计管理制度的执行。会计机构、会计人员对违反单位内部会计管理制度的经济活动，应当予以制止和纠正；制止和纠正无效的，向单位领导人报告，请求处理。会计机构、会计人员应当对单位制定的预算、财务计划、经济计划、业务计划的执行情况进行监督。

另外，各企业必须依照法律和国家有关规定接受财政、审计、税务等机关的监督，如实提供会计凭证、会计账簿、会计报表和其他会计资料以及有关情况，不得拒绝、隐匿、谎报。按照法律规定应当委托注册会计师进行审计的企业，应当委托注册会计师进行审计，并配合注册会计师的工作，如实提供会计凭证、会计账簿、会计报表和其他会计资料以及有关情况，不得拒绝、隐匿、谎报，不得示意注册会计师出具不当的审计报告。

(三) 内部会计监督存在的局限性

1. 它是站在本单位立场上进行的监督，易产生小团体利益驱动下的不法行为；

2. 它是在本单位负责人领导下进行的会计监督，因而在影响单位利益的情况下，容易受单位领导的影响，其强制性和权威性受到限制；

3. 在单位负责人的不正常干预下，可能会使监督的正面作用失效，甚至转化为针对外部会计监督的反监督力量。

二、外部会计监督设计

外部会计监督又包括国家监督和社会监督。

国家监督是指财政、审计、税务等机关依照法律和国家有关规定对各单位进行的监督，是维护社会经济秩序的重要手段和形式；社会监督是指社会中介机构如会计师事务所中的注册会计师接受委托对单位的经济活动进行依法审计，并据实做出客观评价的一种监督形式。

外部会计监督的特点在于：它是代表国家、社会公众利益所进行的监督，具有强制性和权威性，同时还具有公正性和客观性。相对于内部会计监督，它的特殊作用是：(1) 对内部会计监督有弥补作用，可以弥补内部会计监督在强制性、权威性上的不足，改变受管理水平、会计业务水平所限而发生的监督不力的情况。(2) 再监督作用。对单位内部会计监督中由于小团体利益驱动尤其是单位负责人违法干预所形成的违法违纪事项可实行再监督。(3) 可以为内部会计监督创造出更有利的执法环境，促进内部监督。

(一) 注册会计师的监督

须经注册会计师审计的单位，应当向受托的会计师事务所如实提供会计凭证、会计账簿、财务会计报告和其他会计资料以及有关情况。任何单位或者个人不得以任何方式要求或示意注册会计师及其所在的会计师事务所出具不实或者不当的审计报告。

注册会计师的业务范围主要有：依法承办审计业务；承办会计咨询、服务业务。注册会计师依法独立、公正地执行业务，受法律保护。注册会计师执行业务时可根据需要查阅委托人有关的会计资料和文件，对委托人故意不提供有关会计资料和文件的，可拒绝出具有关报告。

(二) 财政部门的监督

财政部门对单位会计监督的主要内容包括：是否依法设置会计账簿；会计凭证、会计账簿、财务会计报告和其他会计资料是否真实、完整；会计核算是否符合会计法和国家统一的会计制度的规定；从事会计工作的人员是否具备从业资格等。

对单位会计资料如发现重大违法嫌疑时，国务院财政部门及其派出机构可以向与被监督单位有经济业务往来的金融机构查询有关情况，有关单位和金融机构应给予支持。

(三) 审计机关的监督

国务院审计机关和各级人民政府的审计机关依据我国宪法和法律对各级政府的财政收支，对国家的财政金融机构和企事业组织的财务收支，进行审计监督。各单位必须按法律规定接受审计机关监督。各级审计机关独立行使审计监督权，不受其他行政机关、社会团体干涉。一切属于政府审计范围的机关、企事业单位，都必须接受审计监督，审计机关的审计结论和决定，有关单位和个人必须接受。

(四) 税务机关的监督

主要是各级税务机关在税收征收管理过程中，对各单位纳税及影响纳税的其他工作所实行的监督。税务部门根据国家税收法律、法规规定，通过日常税收征管工作，一方面促使各单位依法经营，建立健全利于正确计算和反映纳税所得额情况的各项基础工作，推动各单位加强包括会计工作在内的管理工作；另一方面，督促各单位依法纳税，遵纪守法，堵塞各种税收漏洞，纠正和查处违反税法的行为,保证包括会计法在内的各项财经纪律、法规的贯彻实施。

(五) 中国人民银行的监督

中国人民银行依法对金融机构及其业务实施监督管理,维护金融业的合法、稳健运行。中国人民银行按规定审批金融机构的设立、变更、终止及其业务范围。中国人民银行有权对金融机构的存款、贷款、结算、呆账等情况随时进行稽核、检查监督。中国人民银行有权对金融机构违反规定提高或者降低存款利率、贷款利率的行为进行监督检查。中国人民银行有权要求金融机构按照有关规定报送资产负债表、损益表以及其他财务会计报表和资料。中国人民银行负责编制全国金融统计数据、报表,并按照国家有关规定予以公布。中国人民银行以国家政策性银行的金融业务,进行指导和监督。中国人民银行应当建立健全本系统的稽核、检查制度,加强内部的监督管理。

(六) 证券监督机构的监督

国务院证券监督管理机构依法对全国证券市场实行集中统一监督管理。国务院证券监督管理机构根据需要可以设立派出机构,按照授权履行监督管理职责。国务院证券监督管理机构在证券发行、证券交易、上市公司收购活动中,对证券交易所、证券公司、证券登记结算机构、证券业协会和证券交易服务机构的管理活动实施法定监督职责。国务院证券监督管理机构依法对证券市场实行监督管理,维护证券市场秩序,保障其合法运行。

第二节 企业内部稽核制度设计

企业内部稽核制度,是会计机构内部的一种工作制度,指企业会计机构指定专职或者兼职会计人员,负责审核本单位的会计凭证、会计账簿、财务会计报告和其他会计资料的制度。

企业外部稽核和内部稽核的比较如表 11-1 所示。

表 11-1

外部稽核(会计师)	内部稽核
• 内部资讯取得不易 • 较难取得完整的交易或作业 • 不易或不常接近经营者而不能认知经营者的意图 • 不易查知账外交易及辨识事实之真伪等 • 表示意见时受重要性原则之限制 • 受时间及经济上之限制,影响抽查行为 • 无法窥知企业经营之全貌与展望	• 因经授权较容易收集内部资讯 • 出席公司内部重要会议,能够接近经营者而认知其意图 • 易于察知事实之真伪等 • 由于接近经营者,容易提出建言或劝告 • 问题发生时,易于迅速回应 • 较不受时间及经济上之限制,可扩大稽核之范围与深度 • 能借宏观以判断公司整体之经营展望

一、内部稽核制度设计的意义

会计稽核是会计机构本身对于会计核算工作进行的一种自我检查或审核工作。建立会计机构内部稽核制度,其目的在于防止会计核算工作上的差错和有关人员的舞弊行为。通过稽核,可以对日常会计核算工作中出现的疏忽、错误等及时加以纠正或者制止,以提高会计核算工作的质量;可以规范会计行为,提高会计资料的质量。同时,内部稽核在保护公司资产的完整和完全、促进目标任务达成、促进流程制度落实、提高执行力、降低成本费用等方面体现了重要作用。

二、内部稽核制度设计的职责

《中华人民共和国会计法》规定,会计机构内部应当建立内部稽核制度。主要职责如下:

(1) 会计内部稽核应按照会计法、国家统一的会计制度及有关会计规章的规定办理。

(2) 单位及附属机构实施内部稽核,应由会计人员执行,未设会计人员的机构,应由指定兼办会计人员执行。

(3) 单位附属机构日常会计实务的审核,由各机构会计人员负责初核,单位会计人员负责复核,内部审核人员负责抽查;单位本身日常会计实务的稽查,由单位会计人员负责初核,内部审计人员负责抽查。

(4) 会计人员行使内部稽核职权时,在向所属各单位调阅账簿、凭证、报表及其他文件或检查现金、票据、证券或其他财务情况时,各单位不得隐匿或拒绝,遇有询问,应做详细答复。会计人员行使职权时,必要时,报经受查单位上级主管批准,可封存各有关财务或者有关凭证及其他文件,并报有关主管做进一步的处理。

(5) 会计人员执行内部稽核,应先仔细研究有关法令、制度、规章、程序及其他资料,务求充分了解有关规定,并应持有谨慎的态度。

(6) 会计人员对所属机构进行稽核时,应编制一定的稽核底稿,记录机构组织概况、业务性质、重要人事、财务概况及其他重要事项等。

(7) 会计人员对于审核过的账表、凭证、财务等均应编制工作底稿,应予适当文件签章证明并加签日期。检查现金、票据、证券的结果,应设底稿,登记检查日期、检查项目、检查结果及负责人姓名和签章证明。

(8) 内部稽核人员如发现特殊情况或提报重要改进建议,均应以书面报告,送经会计负责人报请单位主管核阅后送请有关单位办理。此报告应当作内、外部审计时的参考。

(9) 内部稽核工作底稿及报告等文件,应分类编号进档,并要妥善保管。

(10) 内部稽核与内部审计应合理分工、配合办理,避免重复检查。

三、内部稽核范围

内部稽核范围主要包括会计事务稽核、经营预算稽核、财务出纳稽核和财务变动稽核等。

(一) 会计事务稽核

主要包括对凭证、账簿、报表及有关会计事务处理程序的稽核。其主要内容如下。

1. 会计人员对于不合法的会计程序或会计文书,应使之更正,不更正者,应拒绝办理,并报告上级主管。

2. 各单位会计凭证,关系现金、票据、证券的收付者,非经会计主管或其授权人签名或盖章,不得执行。对外的收款收据,非经会计主管或授权人代签人签名或盖章,不得生效。

3. 会计人员审核原始凭证,发现有下列情形之一者,应拒绝签署:(1) 未注明支出、用途或有关依据者;(2) 依照法律或习惯应有的主要书据缺少或形式不具备者;(3) 未经事项的主管或主办人员签名或盖章者;(4) 未经经手人、验收人及保管人签名或盖章者,或应附送验收的证明而不附送者;(5) 未经主办事务人员签名或盖章所发生的财务增减、保管、转移的事项;(6) 书据上数字或文字有涂改痕迹而未经负责人员签名或盖章证明者;(7) 书据上表示金额或数量的文字、号码不符者;(8) 其他与法令不相符者。

4. 会计人员审核记账凭证,应注意以下事项:(1) 是否根据合法的原始凭证而编制;(2) 会计科目、子目使用是否正确,有无误列;(3) 摘要栏记录事由是否简明扼要,并与相关原始凭证是否相符;(4) 金额是否与相关原始凭证所载金额相符;(5) 是否载明相关原始凭证种类、页数、号数、日期等;(6) 不以本位币计数者,有无证明货币的种类、数量及折合率;(7) 记账凭证是否按时装订,并由经办人及主办人员于装订处加盖骑缝印章;(8) 记账凭证的调阅、拆订有无按规定手续办理;(9) 是否编号,有无重号、缺号,原始凭证不附记账凭证保管的,是否标明记账凭证号数,是否妥善保管;(10) 原始凭证及记账凭证是否按规定年限保管,是否按规定手续办理销毁。

5. 会计人员审核账簿,应注意下列事项:(1) 各类账簿的设置,是否与会计法及国家统一的会计制度的规定相符;(2) 各类账簿记录是否与记账凭证相符,各项账目登记是否完整;(3) 现金日记账每日收付总额及余额是否与总分类账及明细分类账现金科目当日收付及结余额相符,各明细账余额之和是否与总账相关科目余额相符;(4) 各明细账是否按时登记,并按月与总分类账有关统制科目核对,两者余额是否相符;(5) 账簿的登记、装订、保管及存放地点是否妥善;(6) 账簿是否按规定年限保管,销毁是否按规定办理手续。

6. 会计人员审核会计报表,应注意下列事项:(1) 会计报表的种类及格式,是否与会计法及国家统一的会计制度规定相符，是否适合单位管理的需要；（2）各种会计报表，是否根据会计记录编制，是否便于核对；（3）会计报表的编报期限是否符合规定；（4）会计报表所列数字的计算是否正确；（5）会计报表所列数字或文字的更正是否符合规定；（6）使用完毕的会计报表是否分年编号收存，有无编制目录备查；（7）对外会计报表有无经单位主管及会计负责人签章；（8）会计报表是否按规定年限保管，报表的销毁是否按规定办理；（9）如因会计方法、会计科目分类或其他原因而引起会计报表内容变更，有无将变更情形及对财务分析影响做适当说明。

7. 会计人员审核期末结账，应注意下列事项：（1）预收及预付款项与递延收益及递延费用时效到达或消失者，有无按期结转，预收及预付款项有无列账说明；（2）应收及应付款项有无根据相关凭证计算列账，有无漏列情况；（3）其他资产及负债各科目挂账是否适当整理，所列金额是否正确，相关凭证是否齐全；（4）各收入及费用项目至期末结账时，需调整的是否做了适当调整，调整金额是否正确；（5）各种挂账的冲销、处理是否适当，金额是否正确；（6）悬而已久的账，有无积极稽催。

（二）经营预算稽核

经营预算稽核，主要包括对预算收支估计、汇编及预算执行控制的稽核。其主要内容如下。

1. 会计人员审核经营预算的编制，应注意下列事项：（1）经营部门提供预算年度的销货收入预测，与单位营运目标是否相配合，与以往年度营业状况和今后发展趋势是否相一致；（2）生产部门提供的预测产品数量是否与销货数量相符；（3）生产部门提供的耗用原料预测数，是否与产品生产计划相协调，与过去原料耗用相比有无显著出入；（4）采购原料计划是否根据存货政策及采购政策制定的，价格预测是否合理；（5）直接人工计划耗用是否与产量相配合，工资预测是否适当；（6）制造费用预测、变动费用预测，与过去分摊率是否接近，固定费用部分有无变化；（7）推销费用与管理费用的预测，是否划分变动和固定部分，预测数与过去年度实际数有无重大变化；（8）将上述各种预测进行汇总，其结果是否符合预期目标，对财务状况有无重大影响；（9）预算编制后有无报送有关部门审议及单位主持人核准；（10）预算有无正式颁布，有无向有关部门及人员作沟通说明。

2. 会计人员审核经营预算的控制，应注意下列事项：（1）年度预算核准后有无按季、月制订执行计划，有无进一步预测未来执行情况；（2）有无按季、按月进行实际数与预算数比较，其比较结果有无反馈给相关单位；（3）有无认真研讨实际与预算之间的差异及其原因；（4）有无针对存在的问题采取纠正的措施。

3. 会计人员审核资本预算的编制与执行，应注意下列事项：（1）资本支出预算的个案建议有无通过充分研究论证，成本与效益是否相适应，有无书面评估资料；（2）资本支出建议是否适应单位长期发展需要，单位有无长期发展规划，个案建议有无纳入规划管理；（3）资本支出预算有无报经有关部门审议及单位领导核准；（4）资本年度支出预算核准后，有无按预期进度编制分期支付的计划；（5）按预算支付时，有无严格核准手续；（6）是否严格控制资本支出预算的变更；（7）年终有无对资本支出预算执行情况进行考核，针对存在问题有无采取纠正行动。

（三）财务出纳稽核

财务出纳稽核，包括对现金、银行存款、票据、证券等财务出纳日常处理手续及保管的稽核。其主要内容如下：

1. 现金、银行存款、票据及证券收付，是否按照规定的程序办理；
2. 现金、银行存款、票据及证券收付，是否按凭证随时登记和完整登记；
3. 单位及所属机构是否按限额库存现金，有无超额库存，有无现金闲置等现象；
4. 各单位备用金额是否适当，有无按期报销，有无妥善保管；
5. 有无在营业时间外收付款项现象，如有，其处理手续是否完备严密，保管是否安全；
6. 现金、票据、证券实际结存额与账表是否相符，是否按期与银行存款数核对，编制余额调节表；
7. 各单位预领的零用金，有无进行不定期检查，每次检查结果是否进行登记；
8. 现金、票据、证券等保管是否良好，有无做不定期抽查，抽查后有无记录；
9. 现金等的保管建筑是否坚固完善，钥匙及密码暗锁是否由指定人员妥善保管，库房是否采取了防潮、防盗、防震及其他安全措施。

（四）财务变动稽核

财务变动稽核，包括对购买、定制、营建及变卖等财务处理程序的稽核。其主要内容如下：

1. 会计人员审查财务订购及款项预付时是否符合计划进度及规定，是否进行了完整的登记，契约及采购、买卖合同等是否经会计人员事前审核及签章，否则无效。
2. 会计人员审核购买、变卖财物及修缮工程时，应注意下列事项：（1）财物购置、定制及修缮工程，有无预算及是否与所定用途相符，数额是否在预算范围之内，事前有无办理申请及核准；（2）日常应用的大批原物料及其他物品是否视存量及耗用情况申请采购与配发使用，经济采购量与存量控制制度是否恰当；（3）财物的购买、定制及修缮工程，有无按预计金额大小分级授权核定办理；（4）主管采购或修缮单位是否根据授权核准的申请报告办理手续，在发订购单及有关合约前有无送交会计部门会签（会签是撰拟公文的过程中，主办单位主动与有关单位协商并核签的一种公文程序，一般当公文的内容涉及本单位的多个部门或与其他单位有关时，需要进行会签）；（5）会计部门会签订购单及有关合约时，应注意契约条款与一般惯例是否相符，交货或完工期有无明定，逾期交货或完工罚款条约有无明定，对方违约或不履约时有无保证办法等；（6）财物或修缮工程的验收，有无经主管部门负责切实点验，涉及专门性问题有无会同专业单位共同办理验收手续，指定验收单位有无负责办理财务数量的点验，指定负责质量检验单位有无办理质检与签证，会计单位有无逐项查核；（7）修缮工程建设单位有无详细的施工记录以记录用工、用材及工程进度情况；（8）各种财物经验收后，是否按照规定进行登记及管理，保管是否妥善，是否按期盘点；（9）财物使用是否充分有效，有无闲置报废现象，同时财物报废有无按正常程序处理，废品有无及时处理变卖；（10）出售财物是否办理批准手续，有无记录，收入是否完整入账等。

四、内部稽核程序

内部稽核不同于内部审计或外部检查，大多数单位虽据会计法要求指定了专人负责，但不一定设有专职机构和人员，不一定按规范程序做。大多数单位的内部稽核工作主要由会计人员或相关业务人员兼做，主要稽核工作在作业处理过程中，一般均由负责下一段业务处理的人员兼做上一段业务处理的稽核工作，以期即时稽核即时纠正，达到自我牵制、自我控制的功效。定期、正规的稽核工作，须遵循稽核准备、稽核实施、稽核分析、稽核报告等要求。

（一）稽核准备

稽核准备工作包括四方面：一是要明确稽核目的和范围；二是稽核前要搜集与拟稽核项目相关的背景资料；三是针对拟稽核项目制定稽核程序，即明确具体项目的稽核目的、稽核内容、稽核顺序与抽查范围及程度；四是明确稽核人员及工作分配。

（二）稽核实施

稽核实施，主要指采用调查、检查等手段查明被稽核事项真相，以明确症结所在。依工作内容，一般分为制度稽核与作业稽核两类：制度稽核从理论方面审查事项；作业稽核从实际方面审查事项。

制度稽核重点包括如下内容：例行作业是否有明文规定可供遵循；现行规定是否合理；与单位政策是否一致；操作流程是否明确；是否贯彻牵制原则；现有资源是否有效运用；现行规定是否因内外环境变化而加以修订；对现行业务处理是否适用。

作业稽核的重点包括如下内容：实际业务处理与制度规定是否一致；各项原

始凭证与经办手续是否有案可循；作业方式是否前后一致。

(三) 稽核分析

在查明事实真相的基础上分析研究，有助于得出正确的结论。分析时，稽核人员应注意对问题进行全面了解和客观判断，万不可凭借个人主观臆测。分析研究工作主要内容时，应找出发生问题的所有因素，分析各因素彼此间的关系，决定各因素重要性的先后次序，研究所有可能解决方案，与相关人员沟通各种可能解决方案，选择最适当可行的方案。提出方案建议时，应站在管理者客观立场，并考虑实务上的可操作性。

稽核人员在稽核实施与分析时，都要形成稽核过程的文件，即要编制稽核工作底稿。稽核工作底稿应收录和记录稽核工作的计划，制度和作业检查与评价情况，稽核程序的执行、资料的汇集与结论的形成，稽核结果报告等。

(四) 稽核报告

稽核人员于工作结束后，应尽快提出稽核报告。稽核报告是稽核人员将稽核过程中汇集的资料、查明的事实、获得的结论与建议，具体通知相关部门或最高管理阶层，以便于相关部门及最高管理层进行处理，纠正和采取有效行为。

稽核报告主要形式有两种：文字报告和口头报告。文字报告即书面报告，是正式报告，可永久保存，也可避免疏忽和误解。口头报告系指一种非正式报告形式，多用于急于交换意见而采取行动时。口头报告使用灵活，但不利于长久保存备查，完毕后均应补报文字报告。

稽核报告应力求客观、简明及具建设性，编制时应遵守六项原则：(1) 正确性。形式与内容上力求正确无误，事实描述和数字计算上不得出差错。(2) 客观性。叙述基于事实，判断力求客观。(3) 简要性。简明扼要，通俗易懂，善用图表说明。(4) 完整性。资料完整，说明透彻；依据充分，内容明确。(5) 合理性。内容合理，结构严谨。(6) 及时性。报送及时，便利决策。

稽核报告的内容与格式虽然因稽核的任务和目的不同而有所区别，但一份完整的报告，必须具备以下内容：(1) 前言；(2) 目的与范围；(3) 稽核时间与过程；(4) 查核结果，包括应有的作业标准，实际的作业情形，背离标准的差异，差异的影响，造成差异的原因；(5) 改善建议。

稽核报告的编制过程，主要包括起草、初稿后协调及核定后发出。初稿后协调非常重要。初稿完成后，稽核人员应就报告内容的适当性、正确性和完整性，尤其是稽核结果，征询受查单位主管的意见，以表达稽核人员开诚布公的态度，并给予受查方澄清解释的机会，以避免猜忌误会。稽核报告的撰写者必须对报告的主题充分了解，充分保证报告内容绝对确实；客观、准确地表达应报告的内容，以避免误解；报告应叙明稽核对象、范围、方法、所负的责任、稽核中的发现、结论与意见；报告应适合接受报告者的阅读能力。

五、内部稽核方法

内部稽核人员进行内部稽核时主要采用资料检查法和资产检查法,如审阅法、复核法、核对法、盘存法、函证法、观察法、鉴定法、分析法、推理法、询问法、调节法等。

(一) 审阅法

审阅法是指通过有关书面资料进行仔细观察和阅读取得证据的一种检查方法。通过审阅借以鉴别书面所反映的经济活动是否真实、正确、合法、合理及有效。审阅法不仅可以取得直接证据,也可以取得间接证据。

1. 会计资料的审阅。会计资料包括会计凭证、会计账簿和会计报表,审阅时应注意:会计资料外在形式上,是否符合会计原理的要求和有关制度的规定;会计资料记录是否符合要求;会计资料反映的经济活动是否真实、正确、合法和合理;有关书面资料之间的勾稽关系是否存在、正确。

2. 其他资料的审阅。审阅会计资料以外的其他资料,往往是为获取进一步信息。需审阅哪些资料,应视审计时具体情况而定。如在审阅产品成本核算资料时,发现实际耗用工时与定额耗用工时相去甚远,应审阅考勤记录和派工单(或生产任务通知单)等资料,以查明该单是否存在弄虚作假。

运用审阅法,应注意:从有关数据增减变动有无异常鉴别判断有无问题;从资料反映的真实程度鉴别判断有无问题;从账户对应关系是否正确鉴别判断有无问题;从事项发生时间和记录时间的差异鉴别判断有无问题;从购销活动中有无异常鉴别判断有无问题;从资料应具备的要素内容鉴别判断有无问题;从业务经办人的业务能力和思想品德鉴别判断有无问题。

(二) 复核法

复核法,又称复算法,或验算法,是指通过重新计算有关数据指标,来验证其是否正确的一种查账技术。

1. 会计数据的复核。这主要是指对有关会计资料提供的数据指标的复核。很多会计数据都是通过一定的公式进行算数运算求得的,可能会因工作人员的疏漏,或受限于业务水平,或故意舞弊而造成数据失真。因此,在检查时就有必要对有关数据指标进行复核。

2. 其他数据的复核。这主要是复核统计资料提供的一些主要指标。如工作时间的复核,包括定额工作时间、计划工作时间、实际工作时间的复核。必要时,还应复核有关预测、决策数据。

(三) 核对法

核对法,指将书面资料的相关记录之间或是书面资料的记录与实物之间,进行相互勾对以验证其是否相符的一种查账方法。按照复式记账原理，核算的结果之间会形成一种相互制约关系。有关人员造成无意的工作差错或是故意的舞弊行为，都会使形成的制约关系失去平衡。因此，通过对以下相关资料之间的相互核对就能发现可能存在的种种问题。

1. 会计资料间的核对。会计资料间的核对包括证证核对、账证核对、账账核对、账表核对和表表核对。

2. 会计资料与其他资料间核对。这主要包括核对账单和核对其他原始记录。核对账单，即核对有关账面记录与第三方账单，查明是否相互一致，是否存在问题。如将单位的银行存款日记账同银行对账单进行核对等。核对其他原始记录，即相互核对会计资料与其他原始记录，查明有无问题。

3. 有关资料与实物的核对。核对账面上的记录和实物是否相符。核对有关盘点资料与其账面记录，或拿实地盘点获得的结果与其账面记录进行核对。

（四）盘存法

盘存法，指通过对有关财产物资的清点、计量来证实账面反映的财物是否确实存在的一种查账技术。按具体做法不同，有直接盘存法和监督盘存法两种。直接盘存法，指查账人员在实施检查时，通过亲自盘点有关财物来证实其结果与账面记录是否相符的一种盘存方法。监督盘存法，指在盘点有关财物时，查账人员不亲自盘点，而通过对有关盘点手续的观察和在场的监督，来证实有无问题的一种盘存法。盘存法可用来证实财产物资的实有情况，并与会计记录比较，借以发现差异。

在具体运用盘存法时，应注意：（1）实物盘存一般采用预告检查方式，如有需要也可采取突击检查方式；若实物存放分散则应同时盘点，无法同时盘点的，未盘存实物的保管应在查账人员的监督下进行；（2）除清点实物数量外，还应注意实物的所有权和质量等；（3）任何实质的白条都不能用以充抵库存实物；（4）确定盘点小组人选时不能完全听任被查单位安排，以防合谋；（5）遇检查日与结账日不一致，应进行必要调整。

（五）函证法

函证法，指查账人员根据稽核的具体需要，设计出一定格式的函件并寄给有关单位和人员，根据对方的回答来获取某些资料，或对某问题予以证实的一种检查方法。

函证法按要求对方回答方式的不同，又有积极函证和消极函证两种。积极函证，是指对函证的内容，不管在什么情况下，都要求对方直接以书面文件形式向检查人员做出答复。消极函证，是指对于函证的内容，只有当对方存有异议时，才要求对方直接以书面文件形式向检查人员做出答复。函证法既可用于有关书面资料的证实，也可用于有关财产物资的证实，如应收应付账款余额真实性的核实、财物所有权的核实等。

（六）观察法

观察法，指检查人员通过实地观看来取得证据的一种技术方法。如检查人员对被查单位所处的外部环境和内部环境进行观察，借此取得环境证据；检查人员对被查人员行为过程进行观察，借以发现问题和证实问题，并取得行为证据；检查人员对被查财产物资进行观察，了解其存放、保管和使用状况，借以确定盘点重点、证实账簿记录，充实证据资料。观察法除用于对被查单位的经营环境的了解以外，主要应用于内部控制制度的遵循测试和财产物资管理的调查，如有关业务的处理是否遵守了既定的程序，是否办理了应办的手续等，观察法常结合盘点法、询问法使用。

（七）鉴定法

鉴定法，指检查人员对于需要证实的经济活动、书面资料及财产物资超出稽核人员专业技术时，应另聘有关专家运用相应专门技术和知识加以鉴定证实的方法。如需要对书面资料真伪的鉴定，实物性能、质量、估价的鉴定，经济活动合理鉴定等，就有必要聘请有关专家进行鉴定。鉴定法主要应用于涉及较多专门技术问题的稽核领域，同时也应用于一般稽核实务中难以辨明真伪的场合，如纠纷、造假事项等。

（八）分析法

分析法是指通过对被稽核项目有关内容的对比和分解，从中找出各项目之间的差异及构成要素，以揭示其中问题，为进一步检查提供线索的方法。稽核工作中一般采用的分析法主要有比较分析、平衡分析、科目分析和趋势分析等。比较分析方法是揭露问题的有效手段，如用来分析成本构成的合理性，核实某些资产计价的真实性等。

（九）推理法

推理法，指稽核人员根据已经掌握的事实或线索，结合自身的经验并运用逻辑方法，来确定一种方案并推测实施后可能出现的结果的一种技术方法。推理法与分析、判断有着密切的联系，通常将其合称为"分析推理"或"判断推理"，它是一种极为重要的稽核技术。推理方法的应用，有利于把握检查对象和选择最佳的检查方法。推理方法的步骤是：提出恰当分析，进行合理推理，进行正确判断。

在具体运用推理法时，应注意：分析、推理应以已知事实为依据；推理前应核实用来推理的基础资料；推理所得结论应经核实取证后方可运用；推理时应注意结合采用分析判断等方法。

（十）询问法

询问法或称面询法，指稽核人员针对某个或某些问题通过直接与有关人员进行面谈，以取得必要的资料，从而对某一问题予以证实的一种检查技术方法。

按询问对象的不同，询问法可分知情人的询问和当事人的询问两种。对知情人的询问，是指通过找有关知晓某一问题具体情况的人员进行面谈，来获得证据或证实问题；对当事人的询问，是指找有关问题的直接负责人进行面谈，来获取资料或核实问题。因询问的方式不同，又可分为个别询问和集体询问两种。

在具体运用询问法时，应注意：应有两人以上在询问现场以相互配合；对已列入计划的询问对象予以保密，特别是对当事人的询问保密；询问时认真做好询问记录，在询问完毕后交被询问人审阅签名，以明责任；涉及多个当事人的询问应分开同时进行，以防串通。

（十一）调节法

调节法，指审查某一经济项目时，为了验证其数字是否正确，而对其中某些因素进行必要的增减调整，从而求得需要证实的数据的一种稽核方法。如在盘存法中对材料、产品的盘存日与查账日不同时，应采用调节法。银行存款账户余额和银行对账单所列余额不一致时，采用调节法。通过调节，往往还能发现更深层次的问题。

第三节 会计错误与会计舞弊的稽核制度设计

会计机构的内部监督及稽核，其根本目的是防止和减少会计错弊的发生，以避免财产损失和浪费。

会计错弊包括会计错误和会计舞弊两种含义。无论是会计错误还是会计舞弊，均与会计原则、会计目的相悖，不利于会计职能的充分发挥。这类问题发生后，都会造成会计资料之间或会计资料与实际经济活动之间的不符。

一、会计错误

（一）会计错误含义及形成原因

所谓会计错误，是指账务上的记录、计算、整理、编表等工作，违反了真实性、合法性和适当性的原则，但不含任何不良企图，纯属非故意造成的会计过失。其所犯错误的轻重与下列几项因素有关：

1. 会计人员的素质。会计人员资历的深浅与错误发生存在着一种反比例关系，资深会计人员经验丰富，业务熟练，其可能发生错误的概率自然较低；新进会计人员，经验欠缺，业务不熟练，发生错误的可能性就大。

2. 工作态度。错误往往是由于会计人员疏忽造成的，如果会计人员对工作认真负责，恪尽职守，发生错误的可能性就小；如果工作应付差事，马马虎虎，发生错误的可能性就大。

3. 内部控制的程度。企业内部控制制度健全，在会计实务处理上可能发生的错误就比较少；如果企业管理混乱、内部控制不健全，必然引起计算和复算错误。

（二）错误种类及其表现形式

会计上的错误，依其内容可分为原理错误、记账错误、计算错误三种情况。

1. 原理错误。原理错误是指运用会计原理不当造成的错误，即在会计凭证的填制、会计科目的设置、会计核算形式的选用、会计处理程序的设计等环节上出现的不符合会计原理、会计原则和法令规章制度规定的错误。

2. 记账错误。记账错误包括入账错误、过账错误、漏账错误及重账错误。入账错误，即将应记入甲账户的账项误记入乙账户。如"其他应收款"误记作"其他应付款"。过账错误，即从记账凭证过入总账和明细账所发生的种种错误，如过错账户、重过、漏过、方向过错、数字倒置等。与过账错误相似的还有一类叫作抄写错误，主要是由计算器中摘抄数字或登记账簿时，由于业务量较大或疏忽大意而造成的。漏账错误，即会计处理中遗漏记账的无意差错。漏账错误主要有全部漏账，即借贷双方都遗漏记账；部分漏账，即借贷一方遗漏记账。重账错误，即会计处理中重复记账的无意差错。重账错误主要有全部重账，即借贷双方都重复记账；部分重账，即借贷一方重复记账。

3. 计算错误。会计处理中运算上的无意差错。此类错误表现在费用计算、成本计算、利润计算、基金计提、折旧计算以及库存商品材料计数和计价、金额计算等方面。计算错误主要有：四则运算错误、确定计量单位错误、选用计算方法错误、运用计算公式错误。

（三）会计错误认定

从理论上讲，会计错误的后果可能掩盖某种事实，甚至影响财务状况的正确反映和资金的正确分配，但认定会计错误要掌握其基本特征。会计错误的特征主要有下列三个方面。

1. 会计错误的发生纯粹是一种经办人员专业能力不足、经验欠缺疏忽和过失的行为，没有任何不良企图。

2. 造成会计错误的原因很多，从表现形式上主要有：运用会计原理不当造成的错误、会计人员疏忽造成的错误、会计人员对有关法规不熟造成的错误、企业管理混乱造成的错误。

3. 发生的会计错误违反了真实性、合法性和适当性原则，不能如实反映经济活动情况。

所谓真实性，是指会计凭证的编制、账项的记录以及表的编制，应与财务经济活动的实际情况完全一致，违反真实性的会计记录和计算都属于会计错误。

所谓合法性，是指会计记录和计算，不仅要求真实正确，而且所记录和计算结果要符合法令规章的规定。如果违反法令规章制度的规定，也属于会计错误。

所谓适当性，是指对经济业务的处理、记录都要符合各种经济活动、财政收支和管理的原则。不符合管理原则的，均属于错误的行为。

认定会计错误的主要依据有三：其一，会计核算的各个环节中所做的会计处理以及通过会计核算所提供的会计资料，是否符合经济业务活动的客观事实；其二，会计核算和会计资料是否符合会计原理和会计原则；其三，所有经济活动和财务收支以及会计处理，是否完全符合规定的程序和方法，是否符合会计法和国家统一的会计制度。

（四）会计错误的防范

1. 建立健全完善的内部财务防范体系。内部财务防范体系的建立与健全，包括对货币资金收支和保管业务建立严格的授权批准程序；办理货币资金业务的不相容岗位必须分离，相关机构和人员应当相互制约，并加强款项收付的稽核，确保货币资金的安全；合理规划采购与付款业务的机构和岗位设置；建立实物资产管理的岗位责任制度，对实物资产的验收入库、领用发出、保管及处置等关键环节指定专人进行控制，防止各种实物资产的被盗、毁损和流失等，以切实从制度上把会计错误控制住。

2. 加强财会人员能力素质的培养。财会人员综合素质不高，工作执行力差，缺少认真负责的态度，工作效率低下，以至于影响单位财会工作的整体水平。一定要注重财会人员的学习培训工作，如定期进行相关业务技能的培训；对电脑基础应用和财务软件的操作和应用培训，让每一个财会人员都能够熟练使用财务软件。

3. 加强法规意识与职业道德观念的培养。现代市场经济条件下，新法规、新规定更新速度很快，长时间不学习就会导致知识的退化，能力的落伍，跟不上时代前进的步伐，更会影响财会工作，要让财会人员知道在工作中什么是底线，要能顶住外来的压力积极工作。另外，要积极加强财会人员职业道德的培养，做到拒腐防变。

二、会计舞弊

（一）会计舞弊的含义和特征

会计舞弊是指在生产经营和管理活动中，利用财务上的处理技巧和其他非法手段为个人或单位谋求不正当的利益。会计舞弊的主要特征如下：

1. 行为人都有不良目的，而且是一种故意的行为；
2. 行为人经过事先预谋，精心策划，运用公开或隐藏的非法手段作弊，一般难以察觉；
3. 使国家或经济单位遭受经济损失；

4. 参与会计舞弊的一般是单位内部人员，多是利用权力或职务方便进行。

（二）会计舞弊的种类

会计舞弊的种类可以从不同的角度进行分类。从作弊主体方面来划分，舞弊行为分成两种不同类型：个人舞弊和单位舞弊。而会计错误不存在作弊主体，且会计错误的主体往往是个人。

1. 个人舞弊。个人舞弊，指企事业单位的职工和管理人员，利用财务处理技巧或经济上的某些漏洞，采取掩盖事实真相的种种手段以达到变公共财物为私人占有的违法性舞弊，主要表现为贪污和盗窃，它们的产生可归结为两个方面：一是内部控制制度的缺陷；二是舞弊者的思想堕落。

常见的个人舞弊的表现形态可分成以下两个方面：

（1）贪污货币资金和舞弊行为。其手法有：①截留现金收入，占为己有；②收入现金不开收据，窃为己有；③侵吞代扣款项，私扣手续费；④虚报冒领工资、奖金；⑤伪造发票、收据，虚报费用；⑥涂改原始凭证，加大票据金额；⑦重复报销、假公济私等。

（2）窃取财产物资的舞弊行为。其手法有：①涂改领料单据，侵吞财物；②利用制度漏洞，直接窃取商品物资；③套购倒卖，坐地分赃；④以物易物，私分侵吞；⑤虚报损失，把报损部分私自盗卖；⑥监守自盗；⑦库存盘盈，隐匿不报，变卖贪污。

2. 单位舞弊。单位舞弊是指企业事业单位领导人为了本单位和其成员的利益，授意有关经办人员，利用不正当或非法手段，损害国家和其他单位利益的违纪性舞弊行为。单位舞弊主要表现为"真账假算"，虚假反映。它们的产生可以归结为三个方面：一是会计控制软弱，会计人员不敢坚持原则；二是单位内部没有建立对其负责人及其管理人员的行为约束机制；三是单位负责人及其管理人员沽名钓誉，认识上存在缺陷。

单位舞弊的种类很多，但其表现形态主要有以下方面：（1）收入不入账，私设小钱柜；（2）挤占和虚列成本；（3）乱列营业外支出；（4）隐瞒、截留应上交的税金和利润；（5）虚饰盈利能力，隐瞒亏损；（6）利用存货，左右盈亏；（7）违反规定，将全民所有财产转让给集体，或将预算内资金划转为预算外资金；（8）严重违反国家财物开支规定，挥霍浪费国家资财。

（三）衡量会计舞弊的标准

会计错误和会计舞弊是两个既相联系又有区别的概念，在实际经济活动中，会计错误与会计舞弊往往交织在一起，但会计错误与会计舞弊又各有其不同的特征。主要区别如下：

1. 动机不同。会计舞弊发生的行为人是出自不良企图蓄意进行违法违纪行为；会计错误发生的行为人则是因专业能力不足，业务不熟，疏忽大意或过于自信造成过失行为，主观上无任何不良意图。其本质区别：一个是有意，一个是无意；一个是故意，一个是过失。

2. 手段不同。会计舞弊发生是经过事先的预谋取得和策划，所有手段大多是冒领、窃取、伪装、粉饰等，通常是在财务上作弊而在会计上以做假账来掩饰其舞弊的事实；会计错误发生没有掩饰和伪装，一般是因为计算不准，数字多记、漏记、少记或者运用会计原理不当，对有关会计制度法规不熟悉而发生的失误过错，只是无意地违反了规定的程序和基本原则。会计舞弊和会计错误的手段不同，可能导致两者查找的难易程度不同。对比起来，会计舞弊具有鲜明的隐蔽性。

3. 结果不同。发生会计舞弊的行为人有所企图，是为了行为人的个人利益或者单位自身利益和其成员的利益，其结果会使国家或经济单位遭受经济损失；会计错误造成的后果会歪曲某种事实，甚至带来损失，但其本人或单位并没有从主观上得到不应有的益处。

通过分析会计错误和舞弊的区别，我们应可以得出衡量会计舞弊的标准。从会计舞弊发生的影响来分析，衡量会计舞弊的标准可以归纳为下列三项：（1）公共财产是否受到损失。由于财务造假使公共财产遭受损失的，属于会计舞弊。（2）蒙蔽真相，欺骗国家。为掩饰真实情况，在会计上造假记录，使国家或单位受害的，即属于会计舞弊。（3）是否利用职权牟取私利，凡是利用自己的职权牟取私利，造成会计记录失实的，属于会计舞弊。

（四）企业会计舞弊分析

1. 收益与风险分离，股东和经营管理者的目标利益不一致，是导致经营管理者会计舞弊的动因。在财产所有权与经营管理权分离的情况下，财产所有者（股东）将其财产交付委托给他人代为管理或代为经营。此时，股东授予经营者管理或经营的权力，而经营者则应对财产所有者担负起代为管理或代为经营的经济责任。这是两权分离所形成的一种受托经济责任关系，是内部控制中的外部委托代理关系。公司的利润通常是不确定的，因而公司的经营管理者也是公司风险的承担者。正是收益与风险分离，经营管理者在委托与受托的制度安排下，利用其专业技术和组织知识以及其在公司的合法权威，获得了难以制约的权力，从而导致股东（或公司董事会）往往无法控制公司；加上公司在规模扩张中的层级增多，部门分立甚至跨国经营，使某些重要岗位上的管理者的行动得不到应有的考察和监督，这种情况为管理者进行非法操作、会计舞弊、以权谋私提供了条件。

2. 信息不对称为经营管理者实施并掩饰会计舞弊提供了便利条件。经营管理者实施会计舞弊以及由此带来的"财富流失"，主要形式是欺骗，而只有在信息不对称时才有可能欺骗。因此，在信息不对称条件下，包括管理者在内的人员都可能实施会计舞弊行为。管理者的会计舞弊在信息不对称条件下表现为对股东的"欺骗"与直接撒谎。由于股东和经营管理者在行动信息上处于非对称状态，即便股东有可能对经营管理者提出尽可能确切的经营目标，管理者也可以凭借自己对公司的管理权威，拥有对公司经营管理的特殊专门知识，从而在有关信息的不对称公布上处于有利地位。在这种情况下，如果管理者具有某种损人利己、损公肥私的意图时，会计舞弊就会发生。

3. 对经营管理者外在监督的作用有限。经营管理者为了隐藏、转移一部分剩余价值，或者为了粉饰自己本来极差的经营业绩，甚至掩盖经营过程中的严重失误或失职，完全可能通过自己的"权威"以强迫会计人员或与会计人员合谋通过实施会计舞弊来达到自己的目的。

（五）会计舞弊的防范

1. 切实加强企业内部控制体系建设。从目前国内企业的现状来看，公司控股权、决策权往往控制在一个人或少数人手中，企业内部控制存在严重缺陷，内部审计的功能也不健全，此外，企业内部控制制度的设计和运行受制于成本效益原则，管理人员在执行内控制度时的判断失误等情况时有发生，一些高层管理人员将自己的行为凌驾于制度之上，导致股份公司的董事会、监事会等机构形同虚设，在这些内在因素的共同作用下，必然削弱企业内部控制制度的约束力，诱发会计舞弊行为，所以一定要加强企业内部控制制度建设。企业董事会要加强对企业内控有效性监督，对企业内部环境、风险评估、信息与沟通、内部监督等要素进行经常性、有效性的评估，评价企业内控制度在合理保证资产安全、财务报告及相关会计信息真实性、经营管理合法合规等方面的有效性，督促企业提高经营管理水平，增强风险防范能力，实现可持续发展。

2. 充分发挥财务总监的决策作用。在企业进行经营决策前，财务总监可根据国家相关法律对有关决策项目提前介入并调研论证，着重从会计数据的真实性、有效性等基础数据着手，向公司高层决策者提出合理的意见和建议，在企业决策时，积极对企业决策过程进行审查和监督，确保重大决策的合法性和合规性。

3. 依法追究舞弊者的经济责任直至刑事责任。我国《公司法》《会计法》等相关法律都明确了对提供虚假会计数据或指使会计人员虚列数据的要予以经济处罚或行政处罚，并规定单位负责人对本单位的会计工作和会计资料的真实性、完整性负责，但对于违法后的处罚程度偏轻，难以起到一定的震慑作用。必须对违法分子予以严惩，才能减少会计舞弊行为的发生。

会计错误与会计舞弊在会计资料中一般都以不恰当的形式表现出来，甚至在不少环境下以相同的形式表现出来，这给在会计错弊查证时正确区分错误与舞弊带来了种种困难。造成这一现象的根本原因是，会计错误与舞弊在外表形态上具有模糊性。依据本章关于会计错误与会计舞弊的概念及特征的叙述可以看出，错误与舞弊的最显著区别在于：行为者具有不同的动机。然而，当错误与舞弊在现象上无法区分时，对动机的考察往往也比较困难。这可能带来一个问题：将舞弊当成普通的错误，促成舞弊者继续舞弊的侥幸心理。对舞弊的查证，需要付出更多的努力。

在查找错弊的实务中，通过常规检查发现错弊的迹象时，应当采用逻辑推理、实物盘查、笔迹鉴定、疑点稽核、证人面询等多种查证方法，以查验舞弊的存在状况，正确区分错误与舞弊的性质。

（六）如何实施舞弊审计

1. 有目的的审计调查。由于审计测试及被审计单位内部控制的固有限制，审计人员依照独立审计准则进行审计，并不能保证发现所有的错误或舞弊。由于事前及事后不对称信息的存在，尤其是大股东和经营管理者具有信息上的相对优势，舞弊在事前有可能难以防止或预防，在事后也有可能难以完全明了或察觉。此时，良好通畅的信息及沟通系统无疑是至关重要的。因此，审计人员要全面调查并充分了解企业内部控制机制、信息及沟通系统。一般而言，一个组织若同时具备规范完善的内部控制制度、良好通畅的信息沟通系统及合理有效的激励约束机制，则其内部控制整体框架是较健全的，从而产生舞弊的概率较小；即使发生舞弊，其程度也并不十分严重。通过舞弊审计调查，若查明的情况与上述相反，则产生舞弊的可能性较大，且其程度会相当严重。

2. 审查和评价内部控制系统。从审计角度分析，舞弊的存在与发生，说明被审组织管理上有漏洞，内部控制存在薄弱环节。因此，实施舞弊审计时，需考虑并注意对内部控制的审查与评价。审计人员有责任通过有效及相应的检查，来评价经营业务的各个部门可能存在的风险，发现舞弊行为。评价内部控制系统的标准包括：被审组织是否建立了现实的组织目标；是否有书面政策以说明具体的管理条例及在发现违规行为时应采取的行动；是否建立和保持了恰当的授权政策；是否已制定了用以控制一些活动和保护资产的政策与程序及其机制；是否具有为管理层提供足够、可靠信息的通信渠道；是否具备良好的控制环境；是否需要提出一些协助防止舞弊的建议等。

3. 制订周密的审计计划。审计人员在实施舞弊审计时，应当明确并切实履行其审计职责，尤其要对内部控制系统进行有目的的审查与评价，以便经济有效地完成舞弊审计任务并降低审计风险。审计人员既要了解与过去有关的事件及被审计组织或被审者的诸多表现，如管理层的工作态度、责任心及诚实品质等；又要警惕可能出现的不正当行为的情况和活动，尤其要重视那些容易产生错弊的资产情况，还要进行风险分析和控制评价。在编制审计计划时，考虑到导致会计报表严重失实的错误与舞弊存在的可能性，除内部控制的固有限制外，下列情况会增加舞弊的可能性：(1) 被审计单位管理人员的品行或能力存在问题；(2) 被审计单位管理人员遭受异常压力；(3) 被审计单位存在异常交易，例如期末发生对盈亏有重大影响的交易，发生重大的关联方交易等；(4) 审计人员难以获取充分、适当的审计证据。

4. 实施舞弊审计。一般而言，舞弊审计不同于常规性审计。在舞弊审计中，审计人员应作为信息的收集者将注意力集中在已发生的事件上，寻找与舞弊行为有关的证据，并确定其具体细节、损失的金额及问题的影响范围。实施审计时从异常现象中捕捉疑点,搜寻线索,主要应关注以下八个方面:(1)审查各种货币资金的来龙去脉的真实性、合规合法性,是否存在多头开户、截留收益和转移收益现象;(2)审查实物资产是否存在虚列和虚增虚减的现象;(3)审查各种往来账户的真实性、合规合法性、账户使用的正确性,特别是债权债务的真实性,是否存在利用往来账户转移和调节收益现象;(4)审查财务成本账户、权益账户的正确性,其核算依据、计价和变化的正确性和合理合法性;(5)会计账表上反映的收入与业务部门反映的数据的相关性,审查虚增虚减和截留、转移收益现象;(6)关注会计账户中的异常现象,如反方余额、不正确的对应关系、红字冲销、频繁调账等情况;(7)审计人员实施正常的审计业务时,在怀疑被审计单位有不正当和非法欺骗行为时,必须通知上级主管,建议进行必要的调查或根据需要实施跟踪审计;(8)在发生重大错弊的情况下,对于所涉及的人员,审计人员应向更高层管理人员报告,以期较好地解决重大错弊。

三、主要经济业务处理中的会计错弊现象

(一)库存现金业务处理中的会计错弊现象

主要有:(1)白条充抵现金库存;(2)从销售收入中"坐支"现金;(3)任意扩大现金开支范围和不遵守现金开支规定;(4)建立账外"小金库",公款私存;(5)利用本单位账户为其他单位套取现金;(6)个人长期借款、挪用现金不予归还;(7)多收少记、少支多记、有收不记、无支乱记等。

(二)银行存款业务处理中的主要会计错弊现象

主要有:(1)收款不入账,套取转移资金,建立"小金库";(2)虚列购物及劳务费支付,化公为私;(3)长期不对账,转移、挪用资金;(4)出借账户、支票、付款委托书等,从中牟利;(5)逃汇、套汇、私自买卖外汇、倒买倒卖外汇、私自借贷外汇、私自境外存款等;(6)外汇核算、汇总不准确、不规范,外汇折算存在随意性,不符合一致性原则等。

(三)交易性金融资产业务中的主要会计错弊现象

主要有:(1)投资资金来源不当,如用国家专项储备物资进行投资,用变卖固定资产收入投资,用应上交款项进行投资等;(2)企业以对外投资名义转移资金,从事非法经营活动,向个体、私营企业转借资金;(3)用公款进行私人投资活动,私分收益;(4)交易性金融资产计价方法、入账时间错误,收益确认不准确、账务处理不正确;(5)投资收益不入账,形成账外资金、"小金库",期末并入"本年利润"之中等。

(四)应收账款及预付货款业务处理中的主要会计错弊现象

主要有:(1)利用应收账款项目虚增销售额。(2)转移已经收回的应收账

款挪作他用。(3) 计提坏账准备计算不准确，或有意利用坏账准备计提，或虚设坏账损失调节损益。(4) 将实际发生的坏账损失长期挂账，使企业债权虚增；或将已核定的，并冲减应收账款的坏账损失收回后，未在"应收账款"上反映，从而转移资金，形成账外"小金库"等；或者部分发生坏账损失的应收款项目的全部金额列为坏账损失处理，虚减企业债权。(5) 用预付货款方式转移企业资金，挪作他用，弄虚作假，形成账外资金方便个人贪污。(6) 预付货款合理并有合同依据，但实际预付数额大于约定数额，在所购货物收到、清算货款时又未予以相应扣除多付部分等。

(五) 应收票据业务处理中的主要会计错弊现象

主要有：(1) 应收票据管理不严，未建"备查簿"，到期票据已结清未入账；(2) 将票据转让或冲抵"应付账款"后未进行账户处理，形成虚假债权债务；(3) 应收票据取得、转让、贴现等账务处理不正确。

(六) 材料业务处理中的主要会计错弊现象

主要有：(1) 材料出、入库手续不严，未经严格计量和质检，账实不符；(2) 货款早已付清，材料长时间收不到，从中挪用资金，或材料虽已入库，但采购人员没有交回发票单据，单位长期挂账；(3) 将专项工程、职工生活福利设施建设用料计入生产经营用料，使企业生产成本不实；(4) 为调节企业盈余，完成承包指标或隐瞒盈利，利用多摊或少摊材料成本差异调节成本，或直接将生产用材料挂账，不计入成本；(5) 材料、产品等保管不善，造成损失浪费；(6) 用委托加工材料方式向委托加工单位多付材料、加工费，个人从中渔利，贪污公款；(7) 对周转使用的包装物失控，造成包装物大量丢失、毁损；(8) 出租、出借包装物押金、租金不入账，形成账外"小金库"；(9) 低值易耗品与固定资产划分不正确，造成核算混乱，成本不实。

(七) 长期投资业务处理中的主要会计错弊现象

主要有：(1) 长期投资的资金来源不正当，如企业用变卖固定资产收入、长期借款、工程用款等资金从事投资活动。(2) 以长期投资方式转移企业资金，使国有资产出现"体外"循环，不被企业控制，长期为企业"地下经济"服务。(3) 长期投资计价不正确或未包括投资手续费、佣金等费用支付，或将已含宣告发放但未支付的股利或应计利息计入投资成本，待实际收取这部分利息或股利时转作他用或被私分。(4) 股票投资中混淆成本法与权益法核算；据完成承包指标需要，用投资收益调节盈余。(5) 混淆长短期投资界限，将应属于长期投资项目列入短期投资核算，虚增企业流动资产；或相反，将短期投资列入长期投资，削弱企业偿债能力。(6) 债券折价和溢价摊销不正确，将折价购进债券的账面价值按债券面值记录，而将折价部分转移、挪用或私分；或将溢价部分直接计入生产成本、期间费用等。(7) 企业购买债券的应计利息核算不正确。

(8) 长期投资收回时核算及账务处理不正确，或有意隐瞒盈亏，或收回投资被挪用等。

(八) 无形资产业务处理中的主要会计错弊现象

1. 无形资产取得、计价方面发生的会计错弊。主要有：将不能确认为取得无形资产而发生的支出全部计入无形资产价值；未将购买无形资产时有关部门收取的相关费用计入无形资产价值，而是直接计入期间费用；自创无形资产失败后，将费用从生产成本中转出做无形资产；非专利技术和商誉，在没有经过法定评估机构评估情况下，擅自资本化并列入无形资产；有意利用虚设无形资产来调节企业损益，导致企业经营成果不实。在实际中存在着对无形资产计价不合理、不合规的问题。主要是对无形资产计价过高或过低；对无形资产计价时没有经法定手续进行评估或确认，而且是随意计价；对无形资产计价时，未经法定评估确定，而是自我随意确定其价值；在没有企业合并或接受其他单位商誉投资时，就对商誉作价入账和随意计提减值准备。

2. 无形资产转让业务中容易发生的会计错弊。主要有：混淆无形资产使用权转让和所有权转让；出让方转让无形资产使用权、所有权后，不再进行无形资产摊销或继续摊销无形资产，或购入无形资产所有权后，将资产价值一次计入期间费用，没有实行摊销。

转让无形资产账务处理不正确，不符合会计制度规定，如转让收入未计入其他业务收入，而冲减生产成本；取得无形资产支出未计入无形资产（取得所有权）、研发支出，而计入其他资产或管理费用，借无形资产转让而转移企业资金，化公为私或挪作他用。

3. 无形资产投资、摊销业务中容易发生的会计错弊。主要有：用无形资产所有权进行投资，没有相应减少无形资产，增加相应对外投资，而是账面继续保留无形资产并摊销其价值；将用无形资产使用权进行对外投资的无形资产虚减，虚增对外投资；接受投资方取得无形资产使用权后没有相应增加无形资产、实收资本，或误将取得无形资产使用权计入无形资产；无形资产摊销不平均，按受益期限平均摊销账务处理不正确，或由于虚增无形资产而使摊销不实。

(九) 固定资产业务处理中的主要会计错弊现象

主要有：(1) 固定资产认定不正确、记录不完整，混淆了固定资产和低值易耗品的区别，漏记后长期形成账外资产；(2) 固定资产不能进行正确分类，管理混乱；(3) 没有健全的固定资产购进、自建、管理、清理、报废等项制度，造成损失浪费、效率低；(4) 任意改变折旧方法，如扩大或缩小折旧范围，提高或降低折旧比率，以调节盈亏；(5) 借委托加工或联营之机无偿转移固定资产，从中牟利；(6) 计算在建工程、安装工程价值不正确，使固定资产价值不实，甚至有虚增虚减现象。

(十) 流动负债业务处理中的主要会计错弊现象

主要有：(1) 利用"应付账款"虚构债务，如截留单位收入、联营单位或下属单位缴入的利润及各种盘盈，长期挂账或用于不正当支付；(2) 利用"预收账款"转移单位收入或藏留单位收入，或为其他单位转移资金；(3) 企业因非商品交易而采用商业票据结算方式；(4) 将因无资金支付到期的应付票据的罚息，计入成本费用（罚息应计入"营业外支出"，不同于利息）；(5) 企业改变短期借款用途，用于购置固定资产投资建设、股票、债券交易等投资活动；(6) 用短期借款弥补亏损、冲抵收入，隐瞒企业经营真相；(7) 用应付职工薪酬中应计入生产成本等项目工资和应计入在建工程项目中工资的互相挤占，调节当期损益，隐瞒真实情况；(8) 将应计入原材料成本的相关应交税费直接全部计入当期生产成本，使企业当期生产成本虚增，利润虚减；(9) 代扣代缴的税费拖欠不上交，或将代扣代缴税费转账，为其他单位建立账外"银行"；(10) 应付利润中将应付给其他单位的利润部分长期挂账，为其他单位建立账外"银行"等。

(十一) 非流动负债业务处理中的主要会计错弊现象

主要有：(1) 企业改变长期借款用途，如用基建专项借款搞债券投资、计划外工程项目等；(2) 利用长期借款利息和有关费用在固定资产价值和当期损益间的分配，调节企业成本费用，隐瞒企业经营真实性；(3) 有意拖欠长期借款本息不予归还，或因借款投资决策失误，造成企业无力还本付息；(4) 没有经过国家有关部门批准，擅自发行债券，或以集资名义发行企业内部债券，为职工谋取非法利益；(5) 债券溢价收益不入账，转移收益挪作他用，或将折价损失计入生产成本；(6) 折价和溢价发行债券没有在债券到期前的利息支出中分摊，而是立即全部计入当期成本费用或损益之中；(7) 债券利息支出账务处理不正确，被用来调节生产成本，或将应计入固定资产成本的利息支出计入成本、费用，或将属于生产成本、当期损益的利息支出计入固定资产筹建工程；(8) 债券发行超出国家规定范围，违反国家批准规定的利率，擅自变动利率发行；(9) 融资租入固定资产支付的利息和手续费没有在安装、租建期间与交付使用期间正确划分，或将支付的利息、手续费从一开始就直接计入当期损益，或全部归入固定资产价值中，造成企业经营成果不实；固定资产价值确定不准确；(10) 在采用补偿贸易方式还引入设备款的核算中，企业将经销产品与返销还款产品以及正常劳务收入与来料加工收入混淆，隐瞒企业营业收入等。

(十二) 所有者权益业务处理中的主要会计错弊现象

主要有：(1) 在产权登记、清算、评估中，不按规定计算国家投资份额，借机侵占国家资产；(2) 投资资本计价不准，造成实收资本不实；(3) 注册后抽回投资资本；(4) 企业误计或有意利用汇率调节以外币投资的实收资本；

(5) 以实物投资时，其实际价值远小于投入资本登记价值，虚增投资人权益；(6) 无形资产投资作价不准确，没有经过有关部门审批、评估；(7) 接受捐赠固定资产、资金等没有相应增加资本公积，而是挪作他用（或部分挪作他用），冲减成本费用或当期收益；(8) 实际到位的注册资金额小于登记规定的最低限额；(9) 溢价发行股票，其溢价净额没有按规定转作资本公积而转作发放股利等；(10) 在分担收益和承担经济责任的核算中，如资本公积的资本化，未按投资者投资比例分配，而收益分配倾向企业、个人所有者，风险则倾向由国家资本承担，如资本公积转作实收资本，没有按出资比例增加各投资人权益。

（十三）成本费用业务处理中的主要会计错弊现象

主要有：(1) 将非生产部门发生的费用计入产品成本，或把产品生产费用在营业外和在建工程项目中列支；(2) 车间领用原材料过多，未及时退库而大量积压在车间，成本核算时将多领材料计入产品成本；(3) 职工福利经费、教育经费、业务招待费等未按规定的比例计提，或提取基数不实；(4) 乱挤乱摊成本，不应计入成本费用的支出计入成本，资本性支出一次计入成本等；(5) 虚减产品成本，将应计入成本的费用不计入成本；(6) 由于材料成本差异计算错误，或借调整差异多计或少计材料成本；(7) 将生产人员工资与非生产人员工资混淆，将成本费用支出与营业外支出相混淆，将成本费用与期间费用混淆；(8) 产品成本和材料成本差异计算方法经常变动，违反一致性原则；(9) 由于其他会计核算不正确造成企业成本不实，如固定资产不入账，少提折旧费等。

按照成本和费用的明细科目可归结为四类：(1) 直接生产费用核算会计错弊；(2) 制造费用核算会计错弊；(3) 在产品成本核算会计错弊；(4) 产成品成本核算会计错弊。

（十四）企业损益业务处理中的主要会计错弊现象

主要有：(1) 不能正确确认销售收入，有意虚增或虚减销售收入；(2) 销售退货、折让折扣等账务处理不正确，未冲减当期销售收入，退货形成账外物资；(3) 产品销售成本结转不实，或计价方法前后不一致，产成品成本差异结转不正确；(4) 产品销售税费的计算不正确，或计税依据不准，造成偷漏税收或多交税收；(5) 没有将出口退税等冲减产品销售税金，而挪作他用；(6) 将应属于产品销售收入的销售额计入其他销售收入，从而漏缴或少缴流转税等；(7) 企业投资净收益未计入利润总额，而是长期挂账或冲减成本费用，或隐瞒投资收益；(8) 将应属于企业主营业务的收入列作营业外收入，偷漏流转环节税等，或将营业外收入项目挂账，挪作他用；(9) 利润分配不符合有关规定，过于向职工消费、生活福利倾斜；(10) 企业弄虚作假、虚盈实亏，或虚亏实赢，为完成合同指标或将国有资产向企业、个人转移，侵占国家利益等。

本章小结

单位内部会计监督是单位内部的会计人员根据国家的财经政策、会计法规,利用会计所提供的信息,对会计主体的经济活动进行全面的监督和控制,使其达到预期目标的监督。外部会计监督又包括国家监督和社会监督。国家监督是指财政、审计、税务等机关依照法律和国家有关规定对各单位进行的监督,是维护社会经济秩序的重要手段和形式;社会监督是指社会中介机构如会计师事务所中的注册会计师接受委托对单位的经济活动进行依法审计,并据实做出客观评价的一种监督形式。

会计稽核是会计机构对于会计核算工作进行的一种自我检查或审核工作。《中华人民共和国会计法》规定,会计机构内部应当建立内部稽核制度。内部稽核范围主要包括会计事务稽核、经营预算稽核、财务出纳稽核和财务变动稽核等。

内部稽核不同于内部审计或外部检查,大多数单位虽据会计法要求指定了专人负责,但不一定设有专职机构和人员,不一定按规范程序做。大多数单位的内部稽核工作主要由会计人员或相关业务人员兼做,主要稽核方式为作业处理过程中,一般均由负责下一段业务处理的人员兼做上一段业务处理的稽核工作,以期及时稽核及时纠正,达到自我牵制、自我控制的功效。定期、正规的稽核工作,须遵循稽核准备、稽核实施、稽核分析、稽核报告等要求。内部稽核人员进行内部稽核时主要采用资料检查法和资产检查法,如审阅法、复核法、核对法、盘存法、函证法、观察法、鉴定法、分析法、推理法、询问法、调节法等。

会计机构的内部监督及稽核,其根本目的是防止和减少会计错弊的发生,以避免财产损失和浪费。会计错弊包括会计错误和会计舞弊两种含义。所谓会计错误,是指账务上的记录、计算、整理、编表等工作,违反了真实性、合法性和适当性的原则,但不含任何不良企图,纯属非故意造成的会计过失。其所犯错误的轻重程度与会计人员的素质、工作态度以及内部控制的程度有关。会计错误依其内容可分为原理错误、记账错误、计算错误三种情况。

会计舞弊是指在生产经营和管理活动中,利用财务上的处理技巧和其他非法手段为个人或单位谋求不正当的利益。从作弊主体方面来划分,舞弊行为分成两种不同类型:个人舞弊和单位舞弊。

会计错误和会计舞弊是两个既相联系又有区别的概念,他们的主要区别在于动机、手段和结果不同。衡量会计舞弊的标准可以归纳为下列三项:(1)公共财产是否受到损失。由于财务造假使公共财产遭受损失的,属于会计舞弊。(2)蒙蔽真相,欺骗国家。为掩饰真实情况,在会计上造假记录,使国家或单位受害。(3)是否利用职权牟取私利。凡是利用自己的职权牟取私利,造成会计记录失实的,属于会计舞弊。

基本训练

一、单项选择题

1. 企业内部会计监督的主体是( )。
   A. 单位负责人   B. 股东大会
   C. 会计机构及人员 D. 总经理

2. 企业外部的会计监督不包括( )。
   A. 注册会计师 B. 财政部门
   C. 审计机关   D. 商业银行

3. 会计错误的表现形式是( )。

A. 原理错误　　　　B. 记账错误　　　　C. 计算错误　　　　D. 以上都是

4. 下列关于会计错误形成原因的说法错误的是（　　）。
A. 会计人员的素质　　　　　　　B. 工作态度
C. 内部控制的程度　　　　　　　D. 会计人员的工资

5. 会计错误与会计舞弊的主要区别不包括（　　）。
A. 动机不同　　　　　　　　　　B. 手段不同
C. 参与人员不同　　　　　　　　D. 结果不同

6. 下列关于内部稽核方法的说法错误的是（　　）。
A. 审阅法是指通过有关书面资料进行仔细观察和阅读来取得证据的一种检查方法
B. 复核法是指通过重新计算有关数据指标，来验证其是否正确的一种查账技术
C. 核对法指将总账与明细账进行相互勾对以验证其是否相符的一种查账方法
D. 分析法是指通过对被稽核项目有关内容的对比和分解，从中找出各项目之间的差异及构成要素，以提示其中问题，为进一步检查提供线索的一种技术

7. 在审核和监督财务收支环节中，在收到书面意见请求处理后，单位领导人应当在接到书面意见起（　　）内作出书面决定，并对决定承担责任。
A. 5日　　　　　B. 1周　　　　　C. 10日　　　　　D. 15日

8. "检察人员对于需要证实的经济活动、书面资料及财产物资超出稽核人员专业技术时，另聘有关专家运用相应专门技术和知识加以鉴定证实"，这种稽核方法属于（　　）。
A. 审阅法　　　　B. 复核法　　　　C. 鉴定法　　　　D. 盘存法

9. 下列主要经济业务处理会计错弊现象中，属于银行存款业务的错弊现象的是（　　）。
A. 建立账外"小金库"，公款私存
B. 虚列购物及劳务费支付，化公为私
C. 投资资金来源不当
D. 企业因非商品交易而采用商业票据结算方式

10. 从会计舞弊发生的影响来分析，下列不属于会计舞弊标准的是（　　）。
A. 公共财产是否受到损失。由于财务造假使公共财产遭受损失的，即属于会计舞弊
B. 蒙蔽真相，欺骗国家。为掩饰真实情况，在会计上造假记录，使国家或单位受害
C. 是否利用职权牟取私利。凡是利用自己的职权牟取私利，造成会计记录失实
D. 是否导致会计财务报表因为统计错误而报告的信息不够准确

二、多项选择题

1. 财政部门对单位会计监督的主要内容包括（　　）。
A. 是否依法设置会计账簿
B. 会计凭证、会计账簿、财务会计报告和其他会计资料是否真实、完整
C. 会计核算是否符合会计法和国家统一的会计制度的规定
D. 从事会计工作的人员是否具备从业资格

2. 下列关于内部会计监督制度设计的要求，正确的有（　　）。
A. 记账人员与经济业务事项和会计事项的审批人员、经办人员、财务保管人员的职责权限应当明确，并相互分离、相互制约
B. 重大对外投资、资产处置、资金调度和其他重要经济业务事项的决策和执行的相互监督、相互制约程序应当明确
C. 财产清查的范围、期限和组织程序应当明确
D. 对会计资料定期进行内部审计的办法和程序应当明确

3. 会计舞弊产生的原因包括（　　）。
  A. 会计控制软弱，会计人员不敢坚持原则
  B. 单位内部没有建立对其负责人及其管理人员的行为约束机制
  C. 单位负责人及其管理人员沽名钓誉
  D. 单位支付的工资过少，使会计人员生活困难
4. 会计机构内部稽核工作的内容包括（　　）。
  A. 审核财务、成本、费用等计划指标项目是否齐全，编制依据是否可靠，有关计算是否正确，各项计划指标是否互相衔接等
  B. 审核实际发生的经济业务或财务收支是否符合现行法律、法规、规章制度的规定
  C. 审核会计凭证、会计账簿、财务会计报告和其他会计资料的内容是否真实、完整，计算是否正确，手续是否齐全，是否符合有关法律、法规、规章制度的规定
  D. 审核各项财产物资的增减变动和结存情况并与账面记录进行核对，确定账实是否相符
5. 会计舞弊从作弊主体方面来划分，舞弊行为分成两种不同类型：个人舞弊和单位舞弊。以下属于个人舞弊中贪污货币资金和舞弊行为的手法有（　　）。
  A. 伪造发票、收据，虚报费用
  B. 截留现金收入，占为己有
  C. 涂改领料单据，侵吞财物
  D. 库存盘盈，隐匿不报，变卖贪污
  E. 虚报冒领工资、奖金
6. 单位内部会计监督是单位内部的会计人员对会计主体的经济活动进行全面的监督和控制。下列属于内部会计监督的客体的有（　　）。
  A. 审核和监督会计人员
  B. 审核和监督财务收支
  C. 审核和监督会计管理制度的执行
  D. 审核和监督原始凭证
7. 会计错弊包括（　　）。
  A. 会计错误　　　　B. 会计舞弊　　　　C. 会计漏税　　　　D. 会计损毁
8. 会计上的错误，依其内容可分为（　　）。
  A. 原理错误　　　　B. 记账错误　　　　C. 计算错误　　　　D. 眷抄错误
9. 财务出纳稽核，包括对（　　）等财务出纳日常处理手续及保管的稽核。
  A. 现金　　　　　　B. 银行存款　　　　C. 证券　　　　　　D. 票据
10. 内部稽核程序包含（　　）。
  A. 稽核准备　　　　B. 稽核实施　　　　C. 稽核分析　　　　D. 稽核报告

三、判断题
1. 内部会计监督制度设计时，要求资产保管与会计核算相分离。　　　　　　　　（　　）
2. 单位及附属机构实施内部稽核，应由会计人员执行，未设会计人员的机构，可不必执行。　　　　　　　　　　　　　　　　　　　　　　　　　　　　　　　　　　（　　）
3. 具体运用盘存法时，实物盘存只能采取预告检查方式。　　　　　　　　　　　（　　）
4. 内部稽核制度中，单位附属机构日常会计实务的审核，由单位会计人员初核，内部审计人员负责抽查。　　　　　　　　　　　　　　　　　　　　　　　　　　　　　（　　）
5. 内部稽核既不同于内部审计，也不同于外部检查。　　　　　　　　　　　　　（　　）
6. 计提坏账准备的计算不准确，或有意利用坏账准备计提，或虚设坏账损失调节损益，

这是属于会计舞弊。   (   )

7. 记账人员与负责经济业务事项和会计事项的审批人员、经办人员、财务保管人员的职责权限应当明确，并相互分离、相互制约。资产保管与会计核算相分离，经营责任与会计责任相分离，授权与执行、保管、审查、记录相分离。   (   )

8. 核对法，指将书面资料的相关记录之间或是书面资料的记录与实物之间，进行相互勾对以验证其是否相符的一种查账方法。   (   )

9. 函证法按要求对方回答方式的不同，又有积极函证和消极函证两种。 (   )

10. 会计工作的社会监督主要是指由注册会计师及其所在的会计师事务所依法对受托单位的经济活动进行审计、鉴证的一种监督制度。   (   )

四、简答题

1. 企业内部会计监督制度设计包括哪些内容？应当符合哪些方面要求？
2. 单位负责人和会计人员应负责哪些方面的会计监督的职责？
3. 单位会计资料应接受哪些方面的监督检查？单位如何配合外部监督检查？
4. 单位内部稽核主要包括哪些方面的内容？
5. 会计错误与会计舞弊的主要区别是什么？

五、案例题

1. 2017 年 8 月，稽核人员在对 A 银行进行常规稽核期间，发现该行零售业中，存在开发商通过关联客户以商业房贷名义套取银行资金的问题，设计贷款 9 000 余万元。

（1）非现场准备阶段。稽核人员首先对该行提供的商业用房贷款资料进行了分析，发现以下特点：该行本部商业用房贷款余额在全部零售贷款业务中占比较大，达 46.7%；单笔贷款金额也较大，贷款余额在 1 000 万元以上的客户居多；部分客户存在多笔贷款，单个客户名下贷款累计金额最高达 4 300 万元。

（2）现场检查阶段。

①内部环境及业务流程分析。进入现场之后，稽核人员首先对该零售贷款内控环境及业务流程进行了解。通过与相关人员座谈，稽核人员了解到该行消贷部门人员少，且大多没有从事过授信工作，授信业务经验欠缺；在业务操作中，零售贷款的贷前调查及贷后管理工作主要通过开发商来做，贷前调查仅限于提供资料的核验。综上，稽核人员认为该行零售贷款业务内部控制比较薄弱，业务流程中风险控制存在不足之处。

②贷款档案检查。现场检查展开后，稽核人员调阅了借款人信息，发现有五位借款人表面上看起来没有联系，实则为关联客户，由房地产开发商 X 公司将各借款人紧紧联系在一起。理清借款人关系后，稽核人员对贷款资金用途进行了追踪，发现这些关联客户有不少房产近一年未办理过户手续，稽核人员认为各借款人所购房产真实性存在疑问。进一步追踪后，稽核人员发现了这些借款人的贷款均由房地产开发商 X 公司代为偿还的不正常现象。

要求：

（1）本案例中稽核人员用了什么方法，请结合材料说明。

（2）房地产开发商可在 A 银行骗贷成功，主要原因有哪些？A 银行零售贷款关联客户的整体授信风险控制不足的主要表现是什么？

2. 丹东欣泰电气股份有限公司是辽宁欣泰股份有限公司的控股子公司。主要业务是为电网、化工、冶金、光伏发电、煤炭等领域的产业提供节能变压器等输电设备和无功补偿装置系列电网性能优化设备的研发、设计、生产和销售。

2011 年，欣泰电气申请首次公开发行新股并在创业板上市，被证监会以欣泰电气之前并购的资产无法保证持续盈利为理由驳回了申请。2012 年欣泰电气再次冲击 IPO，并更换保荐机构为兴业证券,6月7日,证监会预披露了欣泰电气创业板首发招股说明书,拟于深交所创业板上市。这次首发申请在 2012 年 7 月 3 日被证监会创业板发审委审核通过。欣泰电气于 2014 年 1 月 27 日首次公开发行新股登陆深交所创业板。发行数量 2 144.5 万股,发行价格 16.31 元,主承销商为兴业证券。

中国证券监督管理委员会辽宁监管局在 2015 年 5 月入驻欣泰电气并进行现场检查。经过调查发现,欣泰电气可能存在伪造虚假会计信息等问题。在证监会出具的警示函中提出,欣泰电气存在内部控制机制有缺陷、公司治理不规范、有关信息披露不真实、财务工作有待加强等问题,并且要求欣泰电气 2015 年 10 月 31 日前予以改正。而欣泰电气方面对于这些问题的回应大多都是"已认真学习相关条款制度,对于相关人员给予批评",而董事会也表示这是公司管理不善导致的疏漏。2015 年 7 月 14 日中国证监会向欣泰电气下达了《调查通知书》,展开立案调查,证实欣泰电气不仅在申请上市时上交的文件中对经营情况和财务数据有捏造和粉饰的虚假陈述,构成了欺诈发行,在成功上市后提交的定期报告中也有虚假陈述和重大信息披露遗漏的问题。2016 年 6 月 1 日,欣泰电气发布公告称,公司因涉嫌欺诈发行和信息披露违法违规案已由证监会调查完毕,证监会将对欣泰电气及相关责任人做出罚款、行政处罚和市场禁入等措施。2016 年 6 月 17 日,证监会对欣泰电气及其中介机构违法违规案件的情况予以通报,一旦相关舞弊行为被坐实会立刻采取处罚措施。2016 年 7 月 8 日,证监会正式对欣泰电气欺诈发行做出行政处罚,启动强制退市程序。

要求:根据以上案例,简要分析财务舞弊的内部治理原因,并为其内部控制提出相关建议。

主要参考文献

1. 孙光国，陈艳利，刘英明．会计制度设计［M］．大连：东北财经大学出版社，2017.
2. 李凤鸣．会计制度设计［M］．上海：复旦大学出版社，2015.
3. 财政部．企业会计准则［M］．北京：经济科学出版社，2016.
4. 财政部．国家档案局．会计档案管理办法．
5. 荆新，王化成，刘俊彦．财务管理学［M］．北京：中国人民大学出版社，2012.
6. 李端生，王玉兰．会计制度设计（第六版）［M］．东北财经大学出版社，2016.
7. 中华人民共和国会计法．

敬 告 读 者

为了帮助广大师生和其他学习者更好地使用、理解、巩固教材的内容，本教材提供课件和习题答案，读者可关注微信公众号"会计与财税"获取相关信息。如有任何疑问，请与我们联系。

QQ：16678727

邮箱：esp_bj@163.com

教师服务 QQ 群：606331294

读者交流 QQ 群：391238470

经济科学出版社

2020 年 9 月

会计与财税

教师服务 QQ 群

读者交流 QQ 群

经科在线学堂